아메리칸
비즈니스

AMERICAN
BUSINESS
SINCE 1920
How It Worked

아메리칸 비즈니스
미국 기업은 어떻게 성장했는가

토머스 K. 맥크로Thomas K. McCraw, 윌리엄 R. 차일즈William R. Childs 지음

양석진 옮김 | 이준만 감수

ITDAM BOOKS

프롤로그

　이 책에서 우리는 끊임없이 변화하는 소비자 수요와 발전하는 기술에 기업이 대응해가는 과정을 기업 내부인의 관점에서 서술했다. 경영자, 기업 그리고 산업에 초점을 맞추어, 1920년 이후로 기업이 어떤 방식으로 운영되어왔는지를 보여주고자 했다. 더불어, 현대 미국의 여러 사회·문화적 맥락을 통시적으로 살펴보았다. 이 책에서 제시하는 기업 사례와 시대적 배경을 통해 거의 100년이 넘는 기간 동안 미국 기업의 경영방식이 진화해온 과정을 더욱 심도 있게 이해할 수 있도록 돕고자 했다.

　원제가 'American Business Since 1920: How it worked'인 이 책은 의사결정 구조를 둘러싼 오랜 논쟁을 다루며, 재능이 특출한 경영자들과 그들이 이끌던 조직의 사례를 통해 분권식 경영체제로 변모하는 시대적 흐름을 보여준다.

　이 책에서 다루는 대표적인 경영자를 몇 명만 손꼽으면 다음과 같다. 1920년대 헨리 포드(Henry Ford, 1863~1947)와 그의 경쟁자인 GM의 알프레드 슬론(Alfred Sloan, 1875~1966), 1930년대 P&G의 닐 맥엘로이(Neil H. McElroy, 1904~72), 제2차 세계대전 기간에 미국 정부의 군수물자통제계획(Controlled Material Plan, CMP)을 성공적으로 이끈 퍼디낸드 에버슈타트(Ferdinand A. Eberstadt, 1890~1969), 1950년

대와 1960년대 RCA를 진두지휘한 데이비드 사노프, 그리고 20세기 후반과 21세기 전반에 맥도날드 프랜차이즈 시스템을 꾸려나간 레이 크록. 또한 이 책에서 우리는 아마존과 이베이 그리고 구글 같은 현대 기업의 성공 스토리도 들여다보았다.

- 20세기에 성공한 기업 일부도 심도 있게 분석했으며, 2000년대 초대형 기업도 다루었다.
- 이 책은 이 책을 발행한 출판사인 윌리-블랙웰의 유명한 미국 기업 시리즈 중 한 권이다.
- 『아메리칸 비즈니스: 미국은 어떻게 성장했는가』는 학부와 대학원에서 미국 역사를 다루는 교양수업과 고급 과정 수업의 교재로 사용할 목적으로 쓰였다.

역자의 말

이 책은 원문 제목 American Business Since 1920이 의미하는 그대로 1920년 이후 미국 기업들의 경영 사례와 미국 경제의 중대한 사건들, 그리고 그 영향을 통시적으로 다루고 있다. 역자는 학부와 대학원에서도 경영학을 전공했고, 십여 년간 미국 기업 분석과 자본 시장 관련 일에 종사했음에도 불구하고, 부끄럽지만 이 책을 통해서 비로소 미국 기업활동의 역사적 맥락을 이해한 면이 많았다. 오늘날 한국의 경제와 사회는 미국의 경제·사회적 현상으로부터 많은 영향을 받고 있다. 그러나 많은 한국 국민들이 미국 경제와 사회의 역사적 이해가 부족하니 무비판적으로 받아들이거나, 오히려 정치·이념적으로 곡해해서 받아들이는 경우가 많다. 그리하여 이 책을 통해서 한국의 독자들, 그중에서도 특히 경영학을 공부하는 학생들과 글로벌 업무 환경에서 일하는 기업인들에게 기업활동과 경제 현상 전반에 대한 객관적이고 통시적인 관점을 제시하고 싶었다. 그러던 차에 오랜 친구이자 훌륭한 변호사인 잇담 대표 임정근 변호사의 권유로 이 책을 번역하게 되었다.

1장에서는 1920년대부터 시작된 포드와 GM간의 자동차 전쟁을 통해서 포드의 아성에 도전하는 GM의 경영전략을 입체적으로 설명한다. 소위 "포드 방식"의 대량생산 및 대량판매가 대세를 이루던 자동차 시장에서, GM의 알프레드 슬론은 의사결정 구조를 분권화하고, 다양하고 유연한 전략을 적극적으로 도입하였다. 지금은 당연한 방식으로 받아들여지는 자동차 할부금융과 보상판매 방식, 그리고 소비자의 소득수준과 계층마다 차별화된 브랜드 도입을 통해 후발주자인 GM은 미국 자동차 최대강자의 반열에 오를 수 있었다. GM 성공의 핵심적 키워드는 바로 분권화 방식의 의사결정구조이다. 중앙집권형 의사결정 방식과 분권화 방식 사이에서 균형점을 찾으려 애썼던 슬론의 고민은 비단 글로벌 기업의 관리자에게만 국한되는 과제가 아니다. 일반 직장인들을 포함해서, 인간 사회에서 조직의 유형과 규모를 불문하고 리더로서의 책임과 권한을 부여받은 사람들이라면 한번쯤 고민해봤을 화두일 것이다.

2장은 20세기초부터 경제대공황 시기까지를 전반적으로 다루는데, 이 기간 동안 미국 경제는 2차 산업혁명의 절정기로 고도 성장을 이루게 된다. 그 과정 속에서 노사간 갈등이 사회문제로 대두되는가 하면, 대기업들의 반사회적인 경제활동으로 인하여 반독점법이 제정되는 사회적 토대가 무르익기도 하였다. 한편 2차 산업혁명으로 인한 폭발적 경제 성장으로 앤드루 카네기와 제이피 모건 같은 대형 자본가들이 등장하였다. 또한 기업들의 대규모 자본 투자에 대한 필요성이 증대되고 이는 자연스레 금융시장의 성장으로 귀결되었다. 그로 인하여 일반인들의 주식 시장 참여가 본격적으로 시작되고, 투자되는 자금의 규모도 커지면서 기업의 소유와 경영의 분리가 본격적으로 시작되었다. 이는 한편으로는 주주 자본주의라는 사회적 현상을 불러왔지만, 다른 한편으로는 당시의 미성숙한 금융시장이 부실한 산업 환경과 결합하여 수많은 금융 사기 및 사건을 야기했고, 결국에는 경제대공황이라는 역사상 유례없는 고통의 시기로 이어지게 되었다. 자본주의 질서의 붕괴로 인한 사회문제는 정부가 적극적으로 나서서 사회를 개혁하는 토대와 명분을 제공했다. 정부의 경제 개입은 많은 향후 미국 사회에서 이념적 갈등의 씨앗을 심기도 했지만, 사회보장 확대와 여러 정부 지원책에 힘입어, 엄혹한 대공황과 같은 시기에도 IBM과 듀퐁 그리고 RCA 같은 기업들이 대기업으로 성장하는 토대가 되기도 하였다.

3장은 P&G의 브랜드 매니지먼트를 본격적으로 다룬다. P&G의 최고경영자였던 닐 맥엘로이가 도입한 경영 방식인 브랜드 매니지먼트는 사실상 P&G의 독자적 발명품이라 해도 과언이 아니다. P&G의 브랜드 매니지먼트는 당시 태동하던 라디오 및 텔레비전과 같은 매스미디어의 탄생으로 전 세계 다른 기업들도 앞다투어 카피하였고, 오늘날 광고산업이 성장하는 밑거름이 되었다. 브랜드 매니지먼트는 당시 최고경영자인 닐 맥엘로이 개인의 분권화 방식에 대한 나름의 철학이 담겨 있기도 하지만, 오랜 기간 동안 축적된 유연한 의사소통을 추구하는 P&G 내부의 기업문화가 없었다면 불가능했다. 당시 미국 국민들의 가처분 소득은 크게 증가함에 따라 수요는 보다 섬세하게 분화되어가는 한편, 자신들의 소비에 대한 결정권에 대한 요구가 커져갔다. 그렇기에 어찌보면 시장 세분화라는 트렌드와 브랜드 매니지먼트라는 P&G의 경영방식은 자연스러운 결론이었을 것이다. 하지만 그 과정에서 P&G가 이 기회를 놓치지 않은 것은 의사결정권자가 중간관리자들 및 직원들과 자유롭게 의사소통을 했기에 가능했다고 본다. 이러한 의사소통은 형식적으로 만들어지는 것이 아니라 적극적인 직원들의 연대 의식이 있었기에 가능했다. 이러한 연대 의식의 생성 배경에는 P&G가 윌리엄 프록터(창업자 윌리엄 프록터의 손자이며 동명)의 재임시절 세계 최초로 Profit sharing 제도와 토요일 휴무제를 도입하고, 직원 상해 연금, 48시간 근무제, 노동이사제 등을 선구적으로 채택하는 등 직원들을 동등한 사업의 파트너로 참여시키는 등 오늘날의 기준으로도 파격적인 노력을 기울인 점이 자리하고 있다. 이 책에는 소개되지 않았지만, 그 근간에는 윌리엄 프록터 본인 스스로가 창업자의 손자임에도 불구하고 조부회사의 공장에서 손에 기름칠을 해가며 일반 직원들과 스스럼 없이 지내는 한편 이들과의 인간적인 교류를 통해 본인 회사에 대한 통찰력을 길러온 경험이 자리한다.

4장은 프랭클린 루즈벨트 대통령이 취임하던 1933년부터 재임 중 임종을 맞이하던 1945년까지의 시기를 다룬다. 이 시기 루즈벨트는 경제대공황으로 파괴된 경제와 금융 시스템을 재건하기 위해 여러 혁신적인 제도를 도입하였고, 그 과정에서 많은 정치적인 논란을 겪기도 하였다. 하지만 그의 재임시에 추진되었던 소위 뉴딜정책과 같은 경기부흥책과 FDIC, 글래스 스티걸법과 같은 제도 개혁은 오늘날까지 미국 경제 및 금융 제도에 있어서 근간을 이루고 있다. 그뿐만 아니라 당시의 경제 재건 및 개혁 프로그램들은 2007년 금융 위기와 이를 극복하는 과정에서 미국의 정치 경제에 다시금 중요한 화두로 등장하였고, 2020년 코로나 팬데믹으로 인한 경제적 위기 상황에도 여전히 많은 시사점을 던져준다. 역시 4장의 중요한 주제는 미국의 당시 전시동원체제의 운영 방식이다. 자본주의와 민주주의를 채택한 국가에서 강제적인 국가권력의 행사가 요구되는 전시동원체제를 시장경제체제와 어떻게 조화시키느냐는 문제는 전쟁의 운영뿐만 아니라 국가의 정체성과도 직결되기에 중대한 문제다. 이 문제를 해결하는 데 퍼디넌트 에버슈타드라는 천재적인 사업가이자 투자자의 역할이 지대했다. 그는 획기적인 CMP 제도를 수립하는 데, 과거 GM의 알프레드 슬론과 P&G의 닐 맥엘로이의 분권화 의사결정 방식에 큰 영감을 받았다. 4장에서는 세계대전을 거치며 보잉을 비롯한 항공업이 성장하는 배경뿐만 아니라 전후 군산복합체로 기형적인 성장을 이루며 많은 부정 스캔들이 발생한 배경에 대해서도 역사적 맥락 역시 설명하고 있다.

5장은 2차 세계대전 종전 직후인 1945년부터 1970년사이의 시기의 이야기다. 이 시기를 관통하는 중요한 흐름은 미국과 소비에트연방으로 대표되는 두 진영간의 냉전체제이다. 아울러 이 시기는 전후 베이비 부머가 등장하기 시작함과 동시에 미국 경제가 재건을 통해서 성장을 구가하던 시기이다. 그에 따라 전반적인 시민들의 소득과 생활 수준의 향상은 자연스레 인권운동과 환경운동의 확산으로 이어졌다. 이 시기에 형성된 경제 사회적인 시류는 여전히 오늘날까지 미국 사회와 경제 전반에 영향을 크게 미치고 있어, 당시의 상황들을 이해하는 것은 현재와 향후의 미국을 이해하는 데 이정표가 될 것이다.

6장은 여성과, 흑인 그리고 히스패닉계 등의 소위 미국내 소수자들의 경제 및 기업활동의 기원과 역사적 흐름, 그리고 현재 상황을 다룬다. 인종적 소수자의 경제활동에 대한 연방정부 차원에서의 지원 및 촉진 정책을 통해서 다양성을 추구하고 이를 통해서 국민 분열을 막으며 나아가 사회적 화합과 경제적 성장을 추구하고자 하는 미국의 고민을 엿볼 수 있다. 이는 사회적으로 동일성을 강하게 유지하고 있는 한국사회에서는 다소 먼 이야기처럼 들린다. 미국 경제성장을 견인하고 있는 실리콘밸리의 많은 창업자가 인도와 아시아 및 유럽 각국 이민자 출신이라는 점은 여러모로 시사하는 바가 크다. 무엇보다 한국의 기업 분야에서 여성의 역할이 제도적으로 및 문화적으로 여성의 역할에 많은 제한이 존재하는 것이 현실이다. 미국의 사례를 참고하자면, 여성을 비롯한 한국사회의 소수자들의 경제활동에 대한 제한을 축소하고 이들의 경제활동을 촉진하는 것은 사회 및 인권의 관점에서뿐만 아니라 경제적으로도 큰 의미가 있다.

7장은 미국의 첨단산업, 특히 전기전자산업, 방송산업 그리고 제약산업과 바이오테크산업에 있는 기업들의 이야기를 전한다. 특히 이 장의 주인공은 단연 RCA와 이 회사의 처음과 끝을 같이 했던 데이비드 사노프이다. 그는 러시아 출신 유대인으로 어린 나이에 미국으로 망명하여, 산전수전 끝에 라디오와 텔레비전 그리고 방송산업에 획을 긋는 대단한 역할을 하였다. 그 뿐만 아니라 그가 선도하던 당시 라디오 및 통신 기술은 미국이 2차 세계대전에서 승전보를 울리는 데도 큰 역할을 하였다. 하지만 그의 젊은 시절 성공이 회사의 성장에 걸림돌이 된 것일까? 그의 카리스마적인 리더십은 회사를 전기전자 및 방송산업의 선두주자로 올려놓았지만, 오히려 독단적이고 중앙집중적이며 상명하복적인 경영 스타일로 인하여 RCA는 경쟁에 도태되기 시작하고, 급기야 일본 가전산업의 도전에 직면하면서 역사의 뒤안길로 사라지고 말았다. 역설적이게도 이 사례에서 급변하는 산업환경 속에서 분권적인 경영 시스템의 장점이 드러난다. 7장은 전통적인 화학산업과 제약산업 기업들이 분권적인 의사결정 구조로 개편하면서 적극적으로 기술과 시장의 변화를 받아들이고, 바이오테크 기업으로 거듭나는 과정 또한 역사적 사실들 위주로 그려낸다.

8장은 본격적으로 맥도날드의 프랜차이즈 사업을 서술한다. 많은 한국인들이 맥도날드를 단순한 패스트푸드 프랜차이즈 기업으로만 알고 있다. 하지만 맥도날드를 세계적 기업으로 올려놓은 장본인인 레이 크록은 패스트푸드 프랜차이즈 사업의 본질을 부동산과 금융의 관점에서 재해석했고, 이를 통해서 사세를 세계적으로 확산시켜 나갔다. 그 와중에도 패스트푸드업의 요체인 품질관리와 위생관리를 그 어느 항목보다 중요시했다는 점을 간과하면 안 될 것이다. 맥도날드 브랜드의 창업자인 맥도널드 형제는 대학 근처도 가지 않았지만 자신의 레스토랑을 극단의 과학적이고 체계적인 방식으로 운영해왔다. 그 노하우가 맥도날드의 성장에 큰 밑바탕이 된 것은 부정할 수 없다.

9장은 IT 산업의 발전을 주제로 해서 여러 기업들과 기술 진보에 관한 이야기를 펼친다. 미국의 IT 산업을 논할 때 IBM을 빼놓을 수 없다. IBM은 뉴딜과 2차 세계대전의 시기 동안 정부와의 긴밀한 관계를 통해서 빠른 성장을 이룩할 수가 있었고, 20세기 중반 들어서는 전 세계 컴퓨터산업을 사실상 지배하다시피 하였다. 하지만 대형 공룡 IBM은 당시로서는 하찮아 보이던 마이크로프로세서와 O/S를 인텔과 마이크로소프트이라는 소기업에 외부 하청을 줌으로써, 초대형 경쟁사를 키우고 사세 하락의 단초를 스스로 제공하는 우를 범했다. 9장은 휴렛패커드를 필두로 한 많은 실리콘밸리의 기업들이 성장하고, 이들 기업에서 근무했던 인물들이 또다른 벤처기업과 벤처캐피탈을 창업하는 과정 또한 그려낸다. 마지막으로 아마존과 구글, 그리고 최근 등장한 공유경제 관련 기업들이 역동적으로 변신과 변화를 거듭하는 사례들도 언급한다. 이 사례들을 통해서 20세기의 기업 환경이 얼마나 빠르고 무자비하게 변화하고 있는지를 알 수 있다.

10장은 20세기초부터 시작된 미국 자본주의의 금융화가 1980년대 이후 본격적으로 미국 경제의 주요 현상으로 자리 잡는 과정을 보여준다. 미국 자본주의의 금융화에는 많은 경제·사회적인 요인이 자리하고 있지만, 가장 큰 요인으로 하면 미국 산업구조가 탈공업화되면서 산업의 중심이 금융업과 서비스업으로 재편되는 추세와 함께 전후 일반 시민들의 소득 증가와 연금 및 세제 개편으로 막대한 유휴 자금이 금융시장으로 몰리게 된 점을 꼽을 수 있다. 금융자본주의가 대두되며 효율적인 자금의 배분이라는 금융의 본질적인 기능이 효과를 발휘하게 된 점은 긍정적이나, 대형 금융사기를 비롯해서 무엇보다 1980년대의 저축은행 위기와 IT 버블의 붕괴 그리고 불과 10년 전의 금융위기 등과 같은 금융시장발 대형 사건들이 거의 10~20년 주기로 발생했다는 부정적인 단면도 무시할 수 없다. 1980년대 후반 냉전체제가 종식되었고, 신자유주의 열풍이 전 세계를 휩쓸었다. 그리고 빈부 갈등이 커지고 기업 및 금융시장의 부정스캔들의 우후죽순 터져나왔다. 이러한 문제들은 비단 미국뿐만 아니라 2022년을 맞이하는 한국사회에도 여전히 유효한 숙제이다.

마지막으로 11장은 2007년과 2008년의 금융위기와 뒤이은 대침체 시기를 이야기한다. 주택 모기지 대출상품을 근간으로 하는 파생금융상품 시장의 붕괴에서 촉발된 금융위기는 미국을 비롯한 전 세계 금융시장에 커다란 충격을 가했고, 이 시장 충격에서 세계 각국이 회복하는 데에만 10년 가량의 시간이 걸렸다. 이 사태의 근원을 들여다보면 신자유주의로부터 시작된 규제 완화로 인하여 시장의 위험이 점증하고 있었다는 것을 알 수 있다. 금융위기에 대한 반작용으로 루즈벨트 대통령 시절의 규제 강화와 정부 주도의 경제 부흥 정책이 미국 정치인들과 지식인들 사이에서 부활했다. 구체적으로 연준의 양적 완화와 미국 재무부 주도의 TARP, 그리고 행정부가 주도하고 입법부가 의결한 ARRA 정책이 실시되었고, 도드-프랭크법과 같은 금융산업에 대한 리스크 관리 강화를 골자로 하는 규제 조치가 뒤를 따랐다. 오바마 행정부는 경제위기 상황을 서민을 구제하기 위한 개혁적인 입법을 처리할 수 있는 기회로 판단했고, 오바마 케어 같은 정책들도 실시하기에 이르렀다. 10년 전의 금융위기를 극복하는 과정은 거기서 그치지 않고 현재까지 미국의 정치와 경제에 영향을 미치고 있다. 2020년 코로나 팬데믹으로 인한 경제위기가 닥치자 미국 정부는 여러 성과와 시행착오를 발판 삼아서 빠른 조치를 내놓았지만, 당시의 이념 논쟁은 오늘날까지 이어지고 있다.

100년 가까이 되는 긴 여정을 이 책 한 권으로 같이하다 보면 오늘날 한국의 경제 및 기업 현상과 겹치는 지점들을 발견하게 될 것이다. 한국 사회 및 기업들이 벤치마크로 삼아야 할 점들도 있을 것이고 반면교사로 삼고 고민해보아야 할 지점들도 있을 것이다. 역자는 이 짧은 책을 통해서 독자들이 그러한 생각할 거리를 찾을 수만 있어도 번역에 큰 의미가 있다고 본다.

2023년 3월
양석진

차례

CHAPTER 2
기업복지 자본주의, 금융제도 그리고 대공황

CHAPTER 3
P&G의 브랜드 관리

CHAPTER 6

여성과 소수인종의 부상

CHAPTER 7

과학과 R&D,
텔레비전에서 바이오테크까지

CHAPTER 8

프랜차이즈 산업의 성장과 맥도날드

CHAPTER 9

IT 혁명과 실리콘밸리가 불러온 변화의 질풍

INTRO

과거와 오늘날을 살아가는 미국인의 삶의 질

1920년에 미국인 대부분이 삶을 살아가던 방식은 오늘날과 사뭇 달랐다. 그해 미국인의 절반은 농촌이나 소도시에 거주했다. 지역사회에는 대개 철도, 고속도로, 전화기 같은 현대적 의미의 이동 및 통신 수단이 없었고, 미국 내 다른 지역과 단절된 채로 삶을 살았다. 이민자를 제외한 미국인 대다수는 태어난 곳에서 150마일(약 240킬로미터)을 벗어나지도 못했다.

1920년에는 미국 전체 가구의 3분의 1에만 전기가 공급되었다. 그래서 요리와 청소, 세탁 같은 가사노동에 드는 시간이 일주일에 70시간이나 되었다. 인류 역사상 가장 위대한 사회 변화 중 하나인 전기가 대중에게 보급된 오늘날에는 냉장고와 전자레인지, 세탁기와 건조기, 진공청소기, 식기세척기, 음식물 쓰레기 처리기 같은 가전기기는 물론이고 패스트푸드 및 테이크아웃 레스토랑 같은 서비스업이 보편화하여 가사노동 시간이 70시간에서 15시간으로 급감했다.

1920년에는 미국인 가운데 아이패드와 스마트워치는 차치하고 텔레비전, 컴퓨터, 휴대전화조차 소유한 사람이 없었다. 이메일도 없었고, 문자메시지도 존재하지 않았으며, 대량생산하는 소비재 상품도 구경할 수 없었다. 그러하니 온라인 또는 휴대전화로 주식시장에 투자하는 것은 꿈도 꾸지 못할 일이었다.

당시에는 비행기 여행이 대중화되지도 않았고, 현금인출기에서 현금을 찾을 수도 없었다. 우리가 오늘날 흔히 사용하는 신용카드도 존재하지 않던 시절이다. 쇼핑몰이나 슈퍼마켓도 없었다(쇼핑카트는

1937년이 지나서야 보급되었다). 그 시절에는 십 대 중반만 되어도 생계 유지가 절박해서 돈을 벌어야 했기 때문에, 고등학교도 졸업하지 못 하는 사람이 부지기수였다. 반면, 오늘날에는 미국인의 85퍼센트가 고등학교를 졸업한다. 당시에는 미국인 30명 중 1명이 겨우 대학교 를 졸업할 수 있었지만, 오늘날에는 4명 중 1명이 대학 학위를 소지 하고 있다.

1920년에는 미취학 아동과 거동이 불편한 노인은 물론이고 집안 에 환자가 생기면 이들을 돌보는 일까지 모두 가정의 테두리 안에 서 해결했다. 그나마 의사가 가정으로 왕진을 가서 환자를 돌보는 경 우가 있기는 했다. 당시에는 폐결핵, 결핵, 콜레라, 디프테리아, 홍역, 독감, 장티푸스같이 오늘날에는 상상하기 어려운 병들로 많은 사람 이 목숨을 잃었는데, 그 사망인구가 오늘날의 10배를 웃돌았다. 현 대 이전에는 많은 분야에서 위생 상태가 열악했다. 다섯 가구 중 한 가구만이 집 안에 수세식 화장실을 설치해놓고 있었다. 마땅한 출 산제한제도와 피임기구(스스로 욕구를 제한하는 것 이외에) 또한 없거나 사용이 불법인 경우가 많아서, 가족계획이 거의 불가능했다. 이렇게 1920년대에 많은 영역에서 미국인의 삶을 지배하던 열악한 상황은 오늘날에도 여전히 선진국을 제외한 많은 나라 대다수 사람들의 삶 에서 현재진행형이다.

미국인 대부분과 다른 선진국의 많은 소비자들이 냉장고와 같은 현대식 가전제품의 혜택을 누리며 살게 된 지도 이제 40년이 흘렀 다. 이들 상품의 발명, 개발, 제조 그리고 마케팅에 많은 미국 기업이 지대한 역할을 했다. 존 F. 케네디(John F. Kennedy) 대통령이 당선된

1960년 당시에 미국 가정의 86퍼센트가 가전냉장고를 보유하고 있었으나, 프랑스는 전체 가구의 41퍼센트, 영국과 이탈리아는 30퍼센트에 그쳤다. 20세기가 끝나는 시점이 되어서야 유럽 각국의 냉장고 보급률이 미국 보급률과 엇비슷해지는데, 이는 미국식 냉장고로 대표되는 이른바 아메리칸 스타일의 생활방식이 전 세계로 널리 퍼져 나간 상황을 여실히 보여주는 사례다.

이 책의 구성 및 전개 방향

1920년 이후 미국 기업사는 논리적 흐름에 따라 크게 여섯 시기로 구분할 수 있다. (1)1920년대, (2)1930년대 경제대공황 시기, (3)뉴딜정책과 제2차 세계대전 시기, (4)전후戰後 시기, (5)1980년대부터 2000년대까지 시기, (6)2007년과 2008년의 금융위기.[1] 다음 장부터는 시기별로 지대한 영향을 미친 개인과 기업 그리고 기업사적으로 의미 있는 산업에 대해 설명한다. 특히 시기별로 그들이 펼친 활약상을 서술할 것이다. 물론 개개인이 실제로 활약한 시기 또는 기업과 산업이 시작된 시점은 이 책에서 중점적으로 다루는 시기보다 앞설 수 있다. 또한 이들의 영향력이나 중요성이 오늘날까지 여전히 이어지고 있다는 점을 잊어서는 안 된다.

---

1 미국 정부가 코로나 팬데믹의 시작을 공식적으로 인정한 2020년 3월부터는 기업사·경제사적으로 새로운 정의를 내릴 수 있으리라 전망한다.

각 장에서는 미국의 주요 산업에 포진해 있는 기업과, 이를 설립했거나 경영한 기업가들의 관점을 따라간다. 이를 통해 그들이 조직을 어떻게 운영해왔는지를 기업 내부인 시점에서 보여주려 한다. '개괄하는 장들(2장, 5장, 6장, 10장)'에서는 미국식 자본주의 시스템이 진화하는 양상과 그 속에서 주요 경영자와 기업가 들이 경영 관련 의사결정을 내리는 과정을 서술한다. 덧붙여, 그 양상과 과정에 투영되는 사회·문화·정치적 상황을 분석할 것이다. 20세기를 지나 21세기로 접어들면서 기업인과 조직 들이 어떻게 의사결정을 내리고 변화해 갔는지를 살펴보면, 미국 기업이 미국시장을 벗어나 세계로 뻗어나가는 과정을 심도 있게 이해하게 될 것이고, 미국식 자본주의와 다른 국가의 정치·경제 간 차이점도 선명하게 드러날 것이다.

현대 미국 기업사의 중요한 특징

1920년대 이후로 미국 기업사에는 네 가지 두드러진 현상이 나타나고 있다. 이러한 추세는 일시적으로 동력이 약해지기도 했지만, 대부분의 사례에서 지속되고 있다.

휘몰아치는 변화의 바람

모든 자본주의 경제는 공통적으로 쉴 새 없이 변화하는 속성이 있지만, 미국 경제와 기업활동에서 이 속성이 유독 더 눈에 띈다. 미국

시장이 그야말로 가공할 속도로 변화하기 때문이다. 1920년 이후로 경제의 변화 속도가 더욱 빨라졌고, 시간이 지날수록 변화에 가속도가 붙었다. 인류 역사에서 1920년 이후 세대가 겪은 것보다 더 빠르거나 더 가혹한 변화를 경험한 세대는 1920년 이전에는 없었다.

소비자와 기업가의 역할과 권한 확대

소비자와 기업가의 역할과 권한을 확대한 주요 동력은 증가한 일인당 소득이다. 1920년부터 2014년까지 일인당 소득이 여섯 배 늘었다. 유례를 찾아볼 수 없을 정도로 부가 증가하면서 직업의 속성 또한 상당한 변화를 맞이했다. 1920년에는 전체 인구의 30퍼센트가 농업에 종사했으나, 오늘날 농업인구는 1.5퍼센트일 뿐이다. 1920년만 해도 전체 인구의 약 30퍼센트가 광산업, 건설업, 제조업 같은 2차 산업에 종사했으나, 오늘날에는 전체 인구의 12.6퍼센트에 지나지 않는다. 소매업, 금융업, 요식업, 의료 서비스업, 위생 및 청소업, 음악 관련 교육업 등 서비스업 분야에서 창출하는 직업에 종사하는 인구는 1920년대에 40퍼센트 수준이었으나, 오늘날에는 80퍼센트에 이른다.

이 두 가지 큰 변화, 즉 소득 증가와 농업 및 생산업에서 서비스업으로 바뀐 직업 구성은 소비자의 구매력을 높이고 기업가에게 사업 기회를 늘려준 긍정적인 효과를 가져왔다. 예를 들면, 자동차가 등장하면서 수백만 미국인이 거리와 시간의 제약에서 벗어났고, 택시, 버스, 배달과 운송같이 자동차와 관련한 새로운 사업을 시작할 수 있는 엄청난 기회를 맞이하게 되었다.

미디어의 발달 또한 소비자와 기업가에게 지대한 영향을 미쳤다. 소비자와 기업가의 권한 및 역할은 1920년대에 AM 라디오가 등장하면서 성장하기 시작했고, 1940년대에 FM 라디오와 흑백텔레비전이 나오면서 점차 커졌다. 그러다 1960년대에 컬러텔레비전이 등장하고, 1990년대와 2000년대 초기에 HDTV(고화질 텔레비전)와 디지털 케이블이 보급되면서 그 영향력은 더욱 증대했다. 오늘날에는 컴퓨터와 휴대전화로 온라인 콘텐츠 스트리밍 서비스를 활용할 수 있게 되면서, 더욱 진화한 모습으로 발전했다. 또한 1980년대 들어 정부가 나서서 주도한 작은 프로젝트인 '인터넷'이 1990년대 월드와이드웹(World Wide Web)[2]으로 이어졌다. 이제 제품과 서비스는 소비자의 관심을 끌기 위해 경쟁했다. 특히 1995년에 민간 영역에서 넷(Net)을 사용하기 시작하면서, 과거에는 생각지도 못한 사업 기회들이 많은 사업가와 이른바 '앙트레프레너(entrepreneur)' 들을 불러 모으고 있다.

이렇게 성장한 소비자와 기업가 들의 영향력은 과거 자본주의 시스템에서 배제되었던 계층으로까지 확대되었다. 1960년대와 1970년대에 붐이 일었던 시민인권운동이나 페미니즘처럼 시민사회가 주도하는 정치적 운동에 연방정부가 대응책을 내놓기 시작했다. 그에 따

---

2   1989년 CERN(Conseil Européenne pour la Recherche Nucléaire, 유럽입자물리연구소) 소속 과학자들[그중에서도 팀 버너스-리(Tim Berners-Lee)의 공로가 크다. 9장 참고]이 연구 과정과 성과를 여러 대학교 및 연구기관과 자동으로 공유하기 위해 최초로 만들었다.

라 여성과 소수자 들이 20세기 후반 들어 소비자 또는 사업가로서 점점 더 많은 영향력을 행사하기 시작했다.

중앙집중형 방식과
분권형 방식의 경쟁

끊임없는 의사결정이야말로 비즈니스의 본질이다. 회사 내부에서는 매일 매시간 수백만 건의 의사결정이 내려진다. 그렇다면 누가, 어떤 근거로, 누구의 이익을 위해 의사결정을 하는가?

1920년대를 지나며, 미국 기업 상당수의 규모가 점점 커졌다. 그에 따라 의사결정 구조를 어떻게 구축해야 하는지가 기업 안에서도 첨예한 문제로 떠올랐고, 특히 여러 요소를 고려해야 하는 복잡한 사안이 되었다. 우수한 경영관리 시스템을 보유한 기업은 특정 현안과 관련해 가장 정확한 정보를 모을 수 있는 부서나 직원에게 의사결정권을 넘겨주었다. 이때 조직 안에서 해당 직원의 직급과 부서의 위상이 어떠한지는 중요하지 않다.

이 책에서 인용하는 많은 사례에서 알 수 있듯이, 의사결정권을 어디에 두어야 하는가는 기업과 조직이 오랜 내부 학습을 통해 해답을 찾아가야 하는 대단히 어려운 문제인데, 대다수 경영자들이 상당한 시행착오 끝에 비로소 해답을 찾는 경우가 많다. 이 답을 얻지 못한 기업은 일시적인 어려움을 겪는 데 그치지 않고, 시장에서 영원히 사라지기도 했다. 일례로, 20세기 후반 들어 주식시장 및 금융시장의 상황과 현안들이 기업 경영에 관한 의사결정을 거치는 방식과 방향에 큰 영향을 미쳤고, 경영자들에게도 중요한 고려사항이 되었다. 이러한 현상들 때문에 의사결정 방식을 둘러싼 논쟁은 더욱 뜨거워졌다.[3] 그래서 기업들은 경영 목표를 단기적인 이익 창출에만 맞추었고, 신규 제품의 품질과 서비스 질을 개선하는 등의 장기 전략을 짜는 일에는 관심을 두지 않게 되었다.

경제 시스템의 붕괴를 막기 위한
규제 및 개혁 조치

경쟁은 여기에 관여하는 인간들의 행위에 담긴 장점과 단점을 모두 드러내는 효과가 있다. 기업 경영자들은 생존의 압박감에 짓눌려 모든 수단을 동원해서라도 이익과 성과를 내려고 한다. 그래서 종종 경쟁사나 회사에 고용된 직원 또는 소비자를 상대로 부도덕하거나 심지어 불법적인 행위를 저지르기도 한다. 새로운 법이나 규제도 대개 심각한 문제가 발생한 뒤에 만들어지는 것이지, 예방 차원에서 미리 마련하는 경우는 매우 드물다.

미국 경제는 민간 요소와 공적 요소가 혼합된 경제다. 기업 대부분은 민간이 소유하고 있고, 시장은 그야말로 수급과 가격을 맞추는 가장 강력한 조정자다. 그러나 사회적 목적을 달성하기 위해 정부가 감독과 규제에 나서고 정부지출을 집행하는 일도 경제 분야에서 큰 비

---

3 기업 규모가 커지면서 금융시장에서 조달한 자금이 기업의 성장에 중요한 역할을 했고, 자연스럽게 경영자는 주식시장과 투자자들의 반응을 간과할 수 없게 되었다. 동시에 전문경영인의 부상도 이러한 현상의 밑바탕에 깔려 있는 요인이다.

중을 차지한다. 기업과 정부의 관계에서 정부 역할의 주목적이 기업 활동을 촉진하는 것이어야 하는지 혹은 규제하고 감독하는 것이어야 하는지는 끝나지 않는 쟁점이다. 정부는 계약관계 관련 법들을 집행하고 사회간접자본(교통 및 운송, 통신 및 은행 등)을 지원해서 기업활동을 장려한다. 끊임없이 변화하는 경제·사회적 환경에서 정부가 변화에 뒤처지지 않게 쫓아가며 기업을 적절히 규제하는 일은 항상 필요하다.

1930년대부터 1980년대까지 미국 정부는 기업가정신을 훼손하지 않고 기업들의 부정행위를 억제하는 데 나름의 성과를 냈다고 볼 수 있다. 그러나 규제제도라는 것이 결코 완벽할 수는 없다. 1970년대 들어 미국 정부는 다양한 산업을 통제하는 고삐를 느슨하게 풀기 시작했다. 규제 완화는 특히 통신산업과 항공운수업에서 소비자의 선택지를 다변화하고 창업활동을 촉진하는 긍정적인 결과를 낳기도 했다. 하지만 규제 완화는 1980년대 미국의 저축은행 위기(Savings & Loan Crisis)[4]와 2007년 및 2008년의 금융위기에서 볼 수 있듯 상당한 부작용을 초래하기도 했다.

---

4   1986년부터 1995년에 걸쳐 저축은행들이 연쇄 도산한 사태. 이 기간에 3,234개의 저축은행이 파산했다. 주요 원인은 1970년대의 경기침체와 급격한 이자율 변동, 그리고 1980년대의 규제 완화에 따른 저축은행들의 과도한 위험추구형 투자행위와 기업들의 부정행위 등이다. 이 사태로 약 1,600억 달러의 비용이 발생했고, 이 중 상당 부분은 연방정부의 재정, 즉 납세자들의 돈으로 메워졌다. 이 사태를 수습하는 과정에서 금융기관을 규제하는 여러 법안이 제정되었다.

대기업의 탄생과 성장

거의 모든 기업은 소규모 회사, 또는 오늘날의 용어로 이른바 스타트업에서 시작한다. 대기업으로 성장한 기업들은 대개 그 경영자들이 상황에 맞추어 시의적절한 전략을 개발하고 활용해서 시장의 요구에 성공적으로 대응한 결과다. 한 가지 예외인 RCA(Radio Corporation of America, 이제 존재하지 않는다)를 제외하면, 이 책에서 다루는 모든 기업은 오늘날 대기업으로 성장한 회사들이다.

대기업이 자랑하는 거대한 기업 규모는 한편으로는 이들이 속한 산업 자체의 속성이 자연스럽게 작동한 결과물이기도 하다. 자동차나 항공기 제조업, 전자제품 생산업, 석유화학업 등은 대부분 막대한 규모의 자본을 지출해야 하는 산업이다. 이러한 산업에 속한 회사들은 오랫동안 치열한 경쟁 끝에 생존한 기업으로서, 미국에서건 다른 지역에서건 거의 모두 거대기업으로 성장했다. 그러나 인쇄업, 가구상, 보석상, 동네 선술집이나 레스토랑 같은 요식업, 도배나 배관이나 미장 같은 인테리어 및 수리 관련 업체를 포함한 많은 종류의 산업에서는 제 분야에서 성공한 기업조차 대기업으로 발전한 경우가 거의 없다. 미국의 여러 비즈니스 영역에 종사하는 수백만 기업중 단지 몇천 곳만이 오늘날 대기업이라 할 수 있다. 전 세계 대다수 나라에서는 노동력의 대부분이 대기업이 아니라 중소기업을 포함한 비非대기업에 고용되어 있다.

규모가 다른 기업들 사이에는 지속적인 공생 및 거래 관계가 형성되어 있다. 거대기업은 중소 규모의 공급업자 또는 하도급 업체로부터 물품을 구매하거나, 이들을 대상으로 자사 제품을 판매하기도 한다. 이러한 거래관계에서는 대기업이 시장지배력을 틀어쥐는 것이 일반적이다. 심지어 대형 자동차 타이어 제조사만 해도 자동차 제조사에 판매하는 자사의 신제품 타이어 가격을 결정할 수 있는 교섭력이 거의 없다. 타이어 제조사의 이익 대부분은 소비자에게 교체 타이어를 판매하면서 발생한다. 월마트 같은 메가(Mega) 유통업체나, 맥도날드 같은 대형 프랜차이즈 기업, 아마존 같은 대형 전자상거래 기업은 납품업체나 공급업자가 대기업이건 중소기업이건 관계없이 이들에게 막강한 영향력을 행사한다.

거대기업이 다른 업종 기업과 경쟁사에 미치는 영향력을 어디까지 허용해야 하는지를 두고 예전부터 이러저러한 정치적 논쟁들이 있어왔다. 요즘에는 거대기업이 형성되는 과정과 배경을 많은 사람들이 일정 정도 이해하고 있지만, 과거에는 정확하게 이해하지 못한 상태에서 이러한 논의가 진행되어왔다. 중소기업들 또한 대기업과 경쟁하기 위해 서로 연합하는 과정에서 이를 저지하려는 반독점법에 따라 기소되는 경우도 있었다. 당국 역시 경제적 효율성을 희생하더라도 시장에서 많은 경쟁자 수를 유지하기 위해 중소기업들의 경제활동을 저지하기도 했다.

의심의 여지없이 기업이 지나치게 거대해지거나, 경영자들이 터무니없이 많은 급여를 받거나, 로비스트들이 소비자나 공공 이익이 아닌 자신들의 의뢰인 이익만을 위해 무리하게 로비를 벌이는 등의 불공정 사례가 무척 많았다. 이들 사례는 19세기 철도산업부터 시작해 미국 역사에서 허다했다. 중요한 점은 유권자들이 이러한 불공정 행위를 과연 용납할 수 있느냐이다. 결국에는 유권자들이 시정 조치를 내리도록 정부에 압력을 행사할 것이기 때문이다.

의사결정 구조에 접근하는 두 가지 방법

기업 규모와 관계없이 경영자에게 가장 어려운 문제 중 하나는 의사결정 권한을 어디에 위임해야 하느냐이다. 기업이 직면하는 사안 중에는 반드시 최고경영자가 톱다운(top-down) 방식으로 의사결정을 내려야만 하는 것이 있고, 직원들에게 재량권이 어느 정도 돌아가야지만 직원들의 회사 기여도와 업무 만족도를 높일 수 있는 사안도 있다. 경영자는 이 두 가지 방식 사이 어디쯤에서 균형점을 찾아야 할까.

인간사회 어느 조직이건 의사결정 구조와 관련해서는 중앙집중 또는 톱다운 방식의 접근법과 분권화 또는 바텀업(bottom-up) 방식의 접근법 사이에서 적절한 균형점을 찾아야 한다. 이를테면 가족 내부에서 다음과 같은 질문이 생길 수 있다. 모든 가족구성원은 매일 저녁식사를 같이해야 할까? 아이들의 취침시간은 부모와 아이들 중 누가 정하는 게 옳을까? 아이들이 학교에 입고 갈 옷은 부모가 결정해야 할까 아니면 아이들이 골라야 할까? 집안 전체에 적용할 수 있는 법칙이 한 가지 있어서 그것만으로 원하는 결과를 모두 얻을 수 있나 하면 그렇지는 않다. 마찬가지로, 외부 시선으로 보면 철저한 상명하복의 계급체계와 엄격한 중앙집중형 의사결정 구조를 지닌 군대조직(미국 군대에는 엄격히 구분된 23개의 계급이 있다)에도 전투계획의 일환으로, 장교들이 특수한 상황에서 적절하게 대처할 수 있도록 명령체계를 효과적으로 구성하려는 논의와 시도 들이 있어왔다.[5]

훌륭한 기업 경영자는 중앙집중형과 분산형 중에서 어떤 방식이 효율적인지 끊임없이 고민하고, 그 균형점을 찾으려고 노력해야 한다. 회사가 효율적으로 조직될수록, 의사결정권은 자연스럽게 특정 사안과 관련된 중요한 정보를 신속하고 정확하게 수집할 수 있는 부서와 담당자에게 돌아간다.

이 책에서는 실제 기업들이 의사결정 구조를 구축하기 위해 치열하게 겪어온 시행착오와 성공사례를 제시한다. 포드자동차사의 헨리 포드와 RCA사의 데이비드 사노프는 중앙집중형 방식과 분권형 방식 사이에서 그들만의 적절한 균형점을 찾는 데 실패했다. 이들의 실패 사례는 알프레드 슬론(GM), 닐 맥엘로이(P&G), 퍼디낸드 에버슈타트 (제2차 세계대전 기간의 CMP), 그리고 레이 크록(맥도날드사)의 성공사례와 여러 측면에서 대비된다. 20세기 후반 들어, 분산형 의사결정 구조는 IT(Information Technology, 정보통신)와 이커머스(e-commerce, 전자상거래) 혁명과 결합해 더욱 급진적인 형태로 진화한다. 그 변화의 중심에는 아마존(Amazon)의 제프 베조스(Jeff Bezos), 이베이 (eBay)의 맥 휘트먼(Meg Whitman), 구글(Google, 오늘날 Alphabet Inc.)

---

5   상황에 따라 톱다운 방식이 적합할 수도 있고, 바텀업 방식이 효율적일 수도 있다. 군대에서는 두 가지 접근법을 절충해서 개별 상황의 특수성에 맞춰 명령체계를 구성한다.

의 세르게이 브린(Sergey Brin)과 래리 페이지(Larry Page) 같은 경영
자들이 있었다.

세 차례의 산업혁명과
기업환경의 패러다임 변화

이 책에서 제시하는 여러 가지 사례 이면에는 두 가지 두드러진
거시적 변화가 자리 잡고 있다. 바로 제1차, 제2차, 제3차로 이어지
는 산업혁명과 경영자 자본주의(managerial capitalism)에서 금융자본
주의(financial capitalism)로 이행하는 자본주의 패러다임의 변화다.

이 책에서 언급하는 사례들은 제2차 산업혁명 중반부터 제3차 산
업혁명 중반 사이에 해당한다. 제1차와 제2차 산업혁명에서 발생한
여러 변화 과정을 통해 제3차 산업혁명으로 이행하는 변화도 이해할
수 있다. 산업혁명의 일반적인 정의는 서유럽과 미국에 적용되는 개
념이지만, 세계 다른 지역에서도 일정 정도 시간이 지난 후에 유사한
사회·경제적 변화가 나타났다.

제1차 산업혁명은 1760년부터 1840년까지 이어지는데, 이 시기
를 거치며 인류는 인력과 가축이 생산하는 기존 에너지를 석탄 화력
에 기반한 증기기관으로 대체할 수 있었다. 제1차 산업혁명 이후에
인류는 수백만 년 동안 조상들이 해오던 방식대로 태양의 위치를 살
펴서 시간을 측정하지 않고, 이제는 시계라는 기계를 통해 시간의 흐
름을 측정하고 노동을 체계적으로 관리할 수 있게 되었다. 이 시기에

섬유산업과 다른 여러 산업에 관련된 대형 생산시설들이 생겨났다. 이제 노동을 세분화해서 옷감과 시계, 손목시계와 소형 무기를 대량 생산할 수 있게 되었고, 동일한 규격의 제품을 대량생산해서 규모의 경제가 가져오는 효과를 누리게 되었다. 그로 인해 이렇게 많은 제품이 소비자에게 더욱 저렴한 가격으로 공급되었다. 거의 모든 부분에서 시장의 힘은 사업 주체들 사이에 경쟁을 불러들였다. 사업 자금은 주로 신용에 의존해서 조달하게 되었고, 제1차 산업혁명기의 시장 자본주의 시대에는 혈연관계 또는 가족을 중심으로 한 인맥이 중요한 축을 이루었다.

제2차 산업혁명은 1840년대부터 20세기 중반에 걸쳐 진행되었고, 그 산업 기반인 교통 및 운송 수단(철로, 자동차, 트럭, 비행기 등)과 통신수단(전보, 전화, 라디오 등)에서 기술적 변화를 불러왔다. 제1차 산업혁명의 중심축이던 증기기관은 이제 전기 및 내연기관에 자리를 내어주게 되었다. 그에 따라 내연기관으로 움직이는 운송수단을 운용하고 대규모 공장에서 설비를 가동하려면 많은 양의 석탄과 석유가 필요해졌다. 또한 대량생산된 제품을 판매하기 위해 매스 마케팅이라는 개념이 생겨났다. 새로운 교통 및 운송 체계를 활용하고 대량생산 및 대량판매 시스템을 효율적으로 처리하기 위해 대규모 기업과 새로운 형태의 비즈니스가 나타나고, 진화해갔다. 때문에 최종 소비자 손에 들어오는 제품의 가격은 점점 저렴해져갔다. 이러한 경영자 자본주의 시기에, 기업은 주식시장과 유럽 및 미국 동북부의 투자은행들을 통해 자금을 조달했다. 19세기 말과 20세기 초에 미국 기업들은 광산과 채굴, 공장 그리고 판매와 유통 채널에 투자하기 시작했는데, 이들 투자 대상은 유럽과 남미는 물론이고 심지어 중국에까지 소재하는 경우가 많았다.

　제3차 산업혁명은 20세기 중반 들어 어마어마하게 쏟아지는 정보를 효율적으로 처리해야 하는 기업들의 절박한 필요와, 제2차 세계대전 당시 군사작전에 필요한 정보를 관리하려는 군 당국의 요구에 힘입어 태동했다. 제3차 산업혁명이 몰고 온 변화는 오늘날 미국의 많은 기업과 산업의 토대를 만들었고, 여전히 상당한 영향을 끼치고 있다. 제3차 산업혁명의 주요 핵심은 정보통신기술과 지식산업이다. 이렇게 제3차 산업혁명 시기를 거치며, 서비스 산업과 1차 및 2차 산업(농업, 광산업, 건설업, 제조업 등)의 간극은 더욱 벌어졌다. 예를 들어, 서비스업의 고용인구는 크게 증가한 반면 1차 및 2차 산업의 고용인구는 크게 감소했다. 이제 경제성장을 이끌어내는 주역은 전자제품 제조업, 화학가공업, 제약업, 컴퓨터 기기 및 소프트웨어 제조업처럼 과학에 기반한 산업과 함께, 유례를 찾을 수 없을 만큼 엄청난 속도로 팽창하는 금융 서비스업이다. 과거와 달리 지금은 모든 산업이 기업 규모와 상관없이 세계 경제와 어떤 방식으로건 연결되어 있다.

　20세기 초반에는 다수의 대기업이 미국 경제를 지배하고 있었다. 철도업이라든지, 제철·철강업이라든지, 정유업과 광산업 기업들은 상당히 자본집약적인 특성을 띤다. 이들 기업을 운영하려면 상당한 규모의 자금이 필요했다. 처음에는 필요한 자금을 투자자의 자본금으로 조달했고, 그다음에는 기업의 사내 유보이익을 활용했다. 이들 기업은 워낙 대규모이다 보니[1890년대 펜실베이니아철도회사

(Pennsylvania Railroad)는 미국 연방정부 공무원보다 많은 수의 직원을 고용하고 있었다], 기업 경영이 기업의 소유권과 분리될 수밖에 없었다. 이제 수백 명 혹은 수천 명의 주주들이 정기적으로 모여서 기업 운영과 관련해 주요한 의사결정을 할 수 없게 된 것이다. 대신에, 전문경영인이 자금 조달, 공장 가동, 제품 판매 및 노사문제까지 중요한 의제를 놓고 결정을 내렸다(미국에서는 점점 더 많은 수의 전문경영인들이 경영대학원에서 전문적이고 체계적인 경영수업을 받고 있다). 이들 전문경영인은 의사결정을 앞두고 기업의 장기적인 성과와 방향을 고려하게 되었다.

전문경영인이 이끄는 대기업 대부분은 중앙집중화되고 기능적인 조직체계를 갖추고 있는데, 이러한 경영 시스템은 규모의 경제를 통해 원가를 절감하는 데 초점을 맞추었다. 일부는 수직 계열화되어, 중앙의 경영진이 원자재 구매부터 생산과 마케팅까지 관여하며 주요 지시를 내려보냈다. 전문경영인들은 철도회사나 전기제품 제조사부터 제철 플랜트까지 대형 장치산업들의 대규모 설비와 기술설계 과정을 관리해야 했고, 블루칼라 노동자뿐만 아니라 사무직의 화이트칼라 인력까지 감독해야 했다. 경영자와 그 아래 직원 그리고 공장 노동자까지 기업에 종사하는 모든 이가 당시 미국에서 성장하던 중산층을 구성했다.

경영자들이 끊임없이 변화하는 시장에 대응하면서, 중앙집중화·기능화·전문화된 조직을 중심으로 가동되던 경영자 자본주의는 20세기를 거쳐 진화해갔다. 많은 경영자가 시장 변화에 성공적으로 대응했지만, 그렇지 않은 이들도 허다했다.

창조적 파괴 속 미국 기업

1920년대 미국은 다른 어떤 나라보다 많은 양의 농산물과 산업재를 생산하고 있었고, 미국의 일인당 소득은 이미 세계 최고 수준이었다. 1920년부터 2014년까지 미국의 국민소득은 6배 증가했는데, 이는 인류 역사상 유례를 찾아볼 수 없을 정도로 엄청난 성장이다.

비록 어두운 단면도 있지만, 1920년 이후 미국 기업사에서 가장 중요한 현상이라고 하면 바로 이 급격한 경제성장을 들 수 있다. 이렇게 가파른 성장세는 중소기업이건 대기업이건, 혹은 단순 가공업이건 하이테크 산업이건 관계없이 모든 종류의 기업에서 일반적으로 확인할 수 있는 현상이다. 미국 경제는 이렇게 오래도록 지속된 성장 기간을 지나오면서 경제대공황이라는 길고 엄청난 경제적 재난을 만나기도 했으나, 그 암흑기에도 많은 기업이 성장세를 이어나갔다.

개천에서 용이 나오듯, 이른바 아메리칸 드림을 실현하는 실제 사례도 종종 있어서, 여기에 자극을 받은 많은 이가 꿈을 실현하기 위해 고군분투했다. 많은 사람들이 막대한 부와 눈부신 성공이라는 꿈을 이루는 데 실패했지만, 그들조차 본인 세대 또는 자식 세대에 삶의 질이 크게 개선되었다. 국민 한 사람 기준으로 보면, 미국 국민은 다른 나라에 비해 실패도 많이 겪었으나, 새로운 사업을 시작하는 사례도 무척 많았다.

창업과 실패 그리고 재창업으로 이어지는 순환은 자본주의가 존립하는 근본원리라고 할 수 있다. 하버드대학교 경제학자인 조지프 슘페터(Joseph Schumpeter, 1883~1950)[6]가 즐겨 이야기했듯이, 내부적 동요 상태야말로 현대 자본주의의 요체다. 그의 표현에 따르면, 자본주의 자체는 변화의 과정이다. "자본주의는 끊임없이 구체제를 파괴하는 한편, 끊임없이 새로운 체제를 만들어내는 과정을 통해 체제 내부에서 경제적 구조를 끊임없이 혁명적으로 변모시킨다." 슘페터는 이 과정을 가리켜 "끊임없이 몰아치는 창조적 파괴라는 강풍"이라고 비유했는데, 미국 경제를 가장 잘 표현한 비유라고 할 수 있다.

슘페터와 많은 다른 학자들은 이 창조적 파괴를 수행하는 이를 가리켜 앙트레프레너(기업인 또는 경영자)라고 했다. 앙트레프레너는 사업에 모험을 거는 사람을 뜻하는 프랑스어다. 독일의 사회학자 카를 리프크네히트(Karl Liebknecht, 1871~1919)[7]는 1907년에 "자본주의의 기본 법칙은 당신 아니면 나이지, 결코 당신과 내가 함께임을 의미하지 않는다"고 언급한 바 있다. 하지만 한 기업가의 성공이 반드시 다른 기업가의 실패나 파멸을 의미하는 건 아니다. 리프크네히트의 이데올로기적 주장과는 달리, 미국의 자본주의 시스템은 제로섬게임(zero-sum game)이 아닌 포지티브섬게임(positive-sum game)

---

6 오스트리아-헝가리 제국 출신의 경제학자로 오스트리아학파에 많은 영향을 주었다. 1920년대에 미국으로 건너가 하버드대학교에서 경제학 교수를 지냈다. 그의 유명한 문구인 '창조적 파괴'는 자본주의의 역동성을 가장 잘 드러내는 표현 중 하나다. 그의 이론은 경기변동이론과 경제발전론에 지대한 영향을 끼쳤다.

7 독일 출신의 공산주의 이론가이자 혁명가. 로자 룩셈부르크와 함께 스파르타쿠스 연맹과 독일공산당을 이끌었으나, 로자 룩셈부르크와 함께 정부 당국에 체포되어 살해되었다.

으로 진화해왔다. 그러하니 소비자의 구매력이 증가하면서 점점 더 많은 기업가와 기업이 번창하는 것이 아니겠는가.

미국 기업의 성공과 그림자

20세기 초반에 발간된 학술연구에서 대부분의 저자들은 애국심이나 선량한 마음으로 미국식 자본주의의 발전과 성장이 지닌 긍정적인 측면을 주로 강조했다. 학계에서는 1800년부터 1960년대까지를 미국 역사에서 아무런 퇴보도 없이 발전과 전진을 이룩한 시기로 가르쳐왔다. 이런 주장의 대표적인 예를 들면 이렇다. 조지 워싱턴은 거짓말을 하지 않는 정직하고 위대한 지도자였고, 노예제도는 잔혹했던 남북전쟁을 치르지 않았더라도 자연스레 소멸했을 것이다. 미국 여성은 세계 어떤 나라보다도 훌륭하게 인권을 보장받고 있다. 미국은 결코 정당하지 않은 군사작전을 펼친 적이 없다. 이러한 역사교육은 내용이 정확하지도 않을뿐더러 여러 면에서 의심스럽다. 20세기 후반 들어 많은 학자들이 이러한 사상을 학생들에게 계속 주입하는 것은 학생에게도 나라의 발전에도 전혀 도움이 되지 않는다고 생각하게 되었는데, 여기에는 타당한 측면이 있다.

1960년대에 자본주의 역사를 긍정적으로만 해석하는 경향에 반작용이 일기 시작했다. 이제 많은 역사학자들이 미국에 만연한 인종주의와 성차별, 미국의 패권주의적 대외정책들, 미국 국내의 불공평한 소득분배 구조와 같은 미국 역사와 사회의 부정적인 속성을 두고 과거보다 폭넓게 연구하고 있다. 또한 기업사와 관련해서도 많은 역사 비평가들이 미국식 자본주의의 성공에도 사실은 맹목적인 배금주의라는 추악한 속성이 들어 있다고 정확히 지적한다. 미국식 자본주의는 최악의 경우 속물적 자기 중심주의를 부추기고, 정신적이고 문화적인 성취를 등한시하며, 물질적인 성공에만 지나치게 몰입하게끔 한다. 나아가 개인의 권리를 지나치게 강조하는 탓에, 가족과 공동체의 구성원으로서 개인이 지니는 의무의 의미를 퇴색하게 만든다. 미국식 자본주의 아래서 일부 사람들이 엄청난 부를 축적할 수 있었지만, 다른 많은 사람들은 여전히 가난에서 벗어나지 못하고 있다. 미국 자본주의 체제에서 매일같이 쏟아지는 광고는 대중의 일반 상식과 정신적 행복의 가치에도 회의를 느끼게 한다. 이러한 자본주의의 부정적인 측면은 미국 국토를 오염시키고, 궁극에는 전 세계에 환경 재앙을 일으킨다. 하지만 전문가들조차 경제 발전을 위해서는 이러한 부정적인 측면이 동전의 양면처럼 불가피한 것인지 똑 부러지게 단언하지 못한다. 이 문제는 상아탑만이 아니라 일반 지식인들 사이에서도 여전히 끝나지 않은 논쟁거리다.

이 책에서 우리는 미국식 자본주의의 어두운 측면도 당연히 짚을 것이다. 하지만 이 책의 집필 의도는 독자들에게 미국의 많은 기업이 대다수 미국 시민의 물질적 삶을 개선하는 데 크게 기여했다는 반박할 수 없는 사실을 환기하는 데 있다. 이러한 역사적 평가는 20세기 후반에 등장한 자본주의에 대한 비판 속에서 자칫 묻히기 쉽다.

1920년 이후에 미국 기업들이 거둔 성공사례를 소개하기에 앞서,

우선 제2차 산업혁명 기간에 가장 중요한 소비재 중 하나였던 자동차 산업을 이끈 비즈니스 리더들의 이야기부터 시작하겠다.

CHAPTER 1

1920년대 현대 경영관리 기법의 탄생: GM, 포드를 누르다

자동차 산업의 탄생

20세기 초기의 자동차 산업은 그야말로 미국 기업의 독창성을 가장 잘 상징한다고 할 수 있다. 텔레비전과 컴퓨터 그리고 휴대전화가 현대인의 삶에 필수불가결한 용품으로 자리매김한 것과 마찬가지로, 제2차 세계대전이 발발하기 이전부터 자동차는 필수재로 인식되기 시작했다.

자동차와 트럭은 각각 1880년대와 1890년대에 유럽에서 처음 생산하기 시작했다. 1899년까지 미국 기업 30곳에서 연간 2,500대의 자동차를 생산했다. 미국시장은 당시 세계에서 가장 부유했고 또 급속히 팽창하고 있어서, 자동차 제조업이 성장하는 데 필수인 대량판매 시장을 제공했다. 1920년대까지만 해도 자동차 시장은 미국 안에서 단일 시장으로는 규모가 가장 컸다. 미국의 완성 자동차 제조업은 철강, 고무, 유리 공급업자들과 산업 연관성이 매우 높았고, 연료와 윤활유를 공급하는 정유산업 그리고 부품 정비업체들에 대한 의존성도 상당해서 미국 경제 전반에 미치는 파급효과가 매우 컸다. 그래서 자동차 자체는 20세기 미국에서 가장 중요한 생산품목이 되었다. 1970년대까지 미국의 모든 기업 중 약 18퍼센트는 어떤 식으로든 자동차나 트럭의 제조, 공급, 판매, 서비스 또는 운행과 연관되어 있었다.

한편 지방자치단체와 주정부 및 연방정부는 자동차 산업의 발전 속도를 쫓아가며 산업 발전을 촉진하거나 규제에 필요한 제도를 정비해갔다. 이들 정부와 지자체는 도로와 교량 건설에 공적 자금을 투입하고, 자동차 소유자 및 운전자가 자동차를 등록하도록 유도하고, 면허를 발급하고 신호등을 곳곳에 설치하고 속도제한제도를 마련하며 교통경찰 인력을 확대해갔다. 이렇듯 20세기 후반 들어 주정부와 연방정부는 안전과 연료 효율 기준을 정립해나갔다.

1920년대에 자동차는 미국 소비자경제의 중심이 되었고, 1970년대에 일본 자동차가 성공을 거두기 전까지 미국의 자동차 대부분은 미국에서 자체 생산한 자동차였다. 현재 시점에서 보면 상상이 잘 안 되겠지만, 1920년대 중반까지만 해도 전 세계 자동차의 80퍼센트가 미국에서 생산한 자동차였다. 당시 미국에는 5.3명당 1대의 자동차가 보급되어 있었다. 반면, 영국과 프랑스에서는 자동차가 44명당 1대였다.

자동차를 가리키는 영어 단어는 'automobile'인데, '자율적으로 (autonomous) 움직인다(mobility)'는 뜻이다. 이렇듯 운전은 미국 전역의 많은 시민에게 일상에서 일탈하는 수단이자, 개인의 해방을 표현하는 상징이 되었다. 자동차 보급에는 세계 인류 역사에서 자유를 향한 개인의 거대한 도약이라는 의미도 담겨 있다.

트럭 역시 소비자와 기업가 모두에게 '자유'를 의미한다. 트럭은 농산물을 도시의 소비지로 보급하고, 리테일 상품을 공장에서 백화점으로 실어 나르며, 가정의 세간살이를 옮기는 데 주요한 운송수단이다. 사업하는 사람들은 트럭이라는 운송수단으로 값비싼 명화나 배관장비를 실어 나르는 것부터 타코 같은 음식을 배달하는 일까지 다양한 재화와 서비스를 소비자에게 제공할 수 있다. 게다가 단순히 트럭을 몇 대 더 추가하는 것만으로도 자신의 운송사업을 확장할 수 있다. 실제로 오늘날 아마존 같은 이커머스 업체들과 유피에스(UPS), 페덱스(FedEx) 같은 기존의 유통 대기업, 그리고 중소 운송사들까지 트럭이라는 운송수단에 기대는 사업 의존성은 매우 크다.

대부분의 새로운 산업이 부흥할 때와 마찬가지로, 소수의 몇몇 용기 있는 기업가들이 미국의 강력한 자동차 제조업을 탄생시켰다. 열거하면 랜섬 올즈(Ransom Olds, 1864~1950)[1], 제임스 패커드(James Packard, 1863~1928)[2], 닷지(Dodge) 형제[3], 그리고 월터 크라이슬러(Walter Chrysler, 1875~1940)[4]가 바로 그들이다. 이들 중 가장 위대한 거인이라면 단연 헨리 포드와 알프레드 슬론이다. 포드는 전 세계 모든 제조업을 통틀어 가장 잘 알려진 기업가고, 슬론은 포드의 경쟁사인 GM을 세계에서 가장 큰 제조업체로 탈바꿈시킨 장본인이다. 1920년대와 1930년대에 포드와 슬론이 벌인 경쟁은 기업사에서 가장 위대한 서사 중 하나며, 의사결정 구조의 분권형 방식이 지닌 위대함을 여실히 증명한 경영학 사례의 결정판이라 할 수 있다.

---

1   자동차를 생산했던 올즈자동차사의 설립자. 1908년 GM에서 올즈자동차사를 인수했으나, 2000년대 들어 실적이 저조해 2004년 최종적으로 생산이 중단되었다.
2   패커드자동차사 설립자. 이 회사는 고급 자동차에 특화된 기업이었다. GM과 포드의 경쟁이 절정으로 치닫던 시기인 1953~54년에 중소 자동차 회사인 내시(Nash), 허드슨(Hudson), 스튜드베이커(Studebaker)와 합병해서 AMC(American Motors Corporation)가 되었다.
3   존 F. 닷지(1864~1920)와 호러스 E. 닷지(1868~1920) 형제로, 닷지자동차사 설립자다. 두 형제 모두 1919년과 1920년대 초반에 세계를 휩쓴 스페인 독감으로 사망했고, 닷지자동차사는 1928년 크라이슬러사에 인수되었다.
4   크라이슬러자동차사 설립자. GM 뷰익 브랜드의 최고책임자였으나 회장인 빌리 듀런트와 갈등을 빚어 1919년 사임하고 크라이슬러사를 설립했다.

헨리 포드, 대량생산 그리고
중앙집중형 경영관리

헨리 포드는 미국 미시간주 디어본에서 성장했다. 어릴 적부터 기계나 사물 조작하기를 매우 좋아해서, 손목시계 따위를 분해하고 다시 조립하며 놀았다고 한다. 16세에 디트로이트의 기계공장에서 일을 했는데, 나중에는 한 전력회사의 수석 엔지니어가 되었다. 그가 창업한 처음의 두 자동차 제조업체는 망했지만, 세 번째 회사가 세계를 바꾸었다.

포드가 1903년에 세 번째 회사를 일으켰을 때, 다른 자동차 회사들은 다양하고 값비싼 차종을 소량 생산하고 있었다. 그러나 이제 어엿한 장년이 되어 자신감 넘치고 건장한 풍채를 지닌 포드는 자동차 사업에 뚜렷한 소신을 품고서 함께 일하는 동료에게 이렇게 말했다. "내가 생각해봤는데, 자동차를 동일하게 만드는 거야. 모든 자동차가 공장에서 출시될 때는 똑같은 모습을 하고 있는 거지. 마치 핀 공장에서 핀이 나올 때 모든 핀이 똑같은 규격과 모양인 것처럼 말이야." 그의 목표는 "한 종류의 자동차를 대량으로 만들어내되, 거기에 들어가는 부품과 재료는 최고의 품질로 만드는 것이었다. 이를 위해 가장 우수한 직원을 고용해야 하고, 현대적 기법으로 가장 단순한 디자인을 고안해내야 한다. 또한 가격이 충분히 저렴해서, 적당한 급여를 받는 노동자라면 한 대 정도는 거뜬히 살 수 있어야 한다. 그 차를 운전하며 가족과 함께 하나님의 광대하고 드넓은 품 안에서 축복의 시간을 보낼 수 있어야 한다." 포드의 T모델(Model T)은 1908년에 출시되었는데, 이는 자동차 산업 전체에 혁명과도 같은 사건이었다. T모델 출시를 기점으로 포드는 다른 모델 작업을 모두 종료하고, 오직 T모델만을 개량해서 T모델의 생산원가를 낮추는 데 모든 노력과 에너지를 집중했다.

포드의 기적과도 같은 생산방식에서 중요한 단계는 이동식 조립 라인(moving assemble line, 컨베이어 벨트 시스템)을 업그레이드하는 것이었다. 1914년까지 T모델의 섀시 조립에 투입되는 시간이 12시간 30분에서 1시간 30분으로 급감했다. 포드는 생산공정을 개선하는 데 끊임없이 집중했고, 그 결과로 T모델의 판매가격은 1908년 최초의 850달러에서 1925년 290달러(2016년 기준으로 3,988달러 상당)[5]로 뚝 떨어졌다. 그해 포드자동차사의 판매량은 1천만 대를 돌파했다.

그러나 자동차 가격을 대폭 낮출 수 있게 해준 바로 그 생산공정 때문에 공장 노동자들의 이탈이 속출했다. 포드는 1914년까지 연간 1만 5,000명의 노동자를 유지하기 위해, 매년 5만 명을 신규로 채용해야 했다. 이렇게 엄청난 3배수의 노동자 이탈률은 이동식 조립 라인을 통해 밀려드는 작업에서 느끼는 심리적 압박과 단조로운 노동의 지겨움이 원인이었고, 궁극에는 완결된 형태의 중앙집중형 관리방식 때문이었다. 이러한 현상에 포드는 일당을 5달러(당시 노동임금의 2배에 달하는 액수)로 인상하고 노동시간을 하루 9시간에서 8시간으로 단축하는 방식으로 대응했다. 조립 라인 방식의 생산공정과 일당 5달러라는 당시로서는 마법에 가까운 경영기법으로 헨리 포드는

---

5   2020년 12월 기준으로 약 440만 원

일약 세계적인 유명인사가 되었다. 실제로 1920년대에 소련 정책 당국에서 포드의 경영기법을 면밀히 연구하기도 했다.

임금 인상과 노동시간 감축이 실제로 작업 현장의 근무조건을 크게 개선하지는 못했지만, 일부분이나마 노동자들에게 작업의 단조로움을 보상해주는 효과는 있었다. 여기서 한 단계 더 나아가, 포드는 임금을 낮추지 않고 근무 일수를 6일에서 5일로 단축했다. 이동식 조립 라인 생산방식은 산업시대 이전의 장인들이 직접 만든 제품에 자부심을 느끼고 자의식을 투여하던 전통과는 대조적이다. 역설적이게도, 공장에서 자동차를 조립하는 사람들이 그 자동차를 소유할 수 있을 정도로 소득이 증가하자, 감소한 장인정신 또는 자부심을 상쇄하는 수준으로 노동자들의 자치의식이 고취되었다. 포드는 자사 직원들이 회사에서 생산한 자동차를 구매할 수 있는 능력을 보유하기를 바랐고, 실제로 그의 많은 직원들이 자사의 자동차를 소유했다.

하지만 정도에서 벗어난 중앙집중형 경영관리 방식 때문에 포드가 자신의 기업에 인간미를 불어넣고자 애쓴 노력은 빛이 바랬다. 업튼 싱클레어(Upton Sinclair, 1878~1968)[6]는 포드 시스템의 이러한 측면을 소설 『The Flivver King: A Story of Ford-America』(1937)에서 분명하고 직관적으로 묘사했다. 이 소설에서 작가 싱클레어는 포드의 선한 의지와 많은 사람들이 헨리 포드를 추종하는 이유를 정확히 인지하고 있었다. 하지만 정작 소설 속 포드 자신은 포드식 조립

---

6   미국의 사회운동가이며 소설가이자 정치가. 1934년 캘리포니아 주지사 선거에 도전했으나 낙선했다.

공장의 작업환경이 얼마나 직원들을 무력하게 만드는지, 그리고 왜 노동자들이 포드식 가치를 따르라고 강요하는 회사의 행태(악명 높은 잠복경찰이 노동자들의 사생활을 감시하기까지 했다)를 거부하는지 전혀 이해하지 못했다. 더욱이 그는 자사 노동자들이 왜 노동조합에 가입하는지조차 이해하지 못했다.

헨리 포드의 경영전략 밑바탕에는 이렇게 근시안적인 접근방식이 있었다. 포드는 두 가지 기본 원칙을 고수했는데, 첫째로 고품질의 자동차를 생산하고자 했고, 둘째로 가능한 한 저렴한 가격에 자동차를 판매하고자 했다. 포드는 T모델 가격을 1달러 낮추면, 최소 천 명의 새로운 구매자가 나타날 거라고 주장하곤 했다. 1916년에는 다음과 같이 언급했다. "440달러 하는 자동차는 사지 않을 소비자들도 360달러는 기꺼이 지불할 것이다. 올해 우리 회사는 440달러에 대략 50만 대의 자동차를 팔았다. 만약 360달러라면 아마도 판매 대수를 80만 대까지 늘릴 수 있을 것이다. 비록 한 대당 이익은 줄어들겠지만, 판매 대수가 늘어나고 직원도 더 채용할 수 있어서, 결국에는 모든 면에서 이익이 되리라고 생각한다."

세상에서 가장 큰 부자인데도, 포드의 발언은 그를 추종하고 자신들과 같은 보통사람으로 신뢰했던 일반 시민에게 큰 호소력을 지니고 있었다. 포드자동차사는 언론에도 상당한 공을 들였기 때문에, 포드는 항상 좋은 귀감으로 묘사되곤 했다. 그래서 대중이 포드를 존록펠러나 앤드루 카네기 같은 약탈적 기업가와 달리 '깨끗하게' 수십억 달러의 부를 축적한 인물로 인식했던 것도 그다지 놀랄 일은 아니다. 포드 자신은 자본주의가 안고 있는 여러 함정을 향해 평소

경멸감을 숨기지 않았다. 특히 '금융활동'을 비판적인 시각으로 바라보았다. 그는 주주들을 경멸해서 '기생충'이라고까지 묘사했다.

1919년에 포드는 자신의 활동을 제약하려고 드는 주주들의 영향력을 차단하기 위해 회사에서 발행한 주식을 모두 회수하는 방식으로 상장폐지하고 회사를 개인기업으로 돌렸다. 이 사건은 중대하면서도 불길한 길의 서막일 뿐이었다. 전기작가 데이비드 루이스(David Lewis, 1941~2001)[7]의 표현을 빌리면, 단 한 번의 시도로 거대한 포드자동차사는 변덕스러운 '무식쟁이 천재'의 철권통치 아래 놓이게 되었다. 그 후 얼마 지나지 않아, 포드는 딜러들에게 현금으로 자사의 자동차를 매입하도록 강요했고, 포드자동차사의 많은 딜러들은 은행에서 대출을 받아야 했다. 이러한 상황이 벌어진 건 포드가 평소에 내비치던 금융활동에 대한 혐오 때문이었다. 바로 그 시점에 헨리 포드가 이끄는 회사는 떠오르는 신흥 강자이자 위협적인 적수인 제너럴 모터스(General Motors Corporation)의 도전에 직면하게 된다.

알프레드 슬론과
분권형 경영방식

헨리 포드의 가장 강력한 맞수가 될 이 인물은 태어나서 10년간은 미국 코네티컷주 뉴헤이븐에서 도시 소년으로 성장했다. 알프레

---

7   미국의 철학자. 심리철학, 인식론, 논리철학, 확률철학, 과학철학 분야에 기여했다.

드 슬론의 아버지는 성공한 사업가로서, 1880년 중반 가족을 데리고 브루클린으로 이사했다. 슬론은 브루클린폴리텍 기술전문대학교(오늘날 뉴욕대학교 공과대학)에서 전기공학을 공부했는데, 학업 성적이 매우 우수한 학생이었다. 그는 "일 분 일 분을 쪼개가며 공부해서 1년 조기 졸업할 수 있었다"고 회상했는데, 실제로 편입한 MIT(Massachusetts Institute of Technology)[8]에서 3년 만에 학위를 땄다.

슬론은 1895년 대학을 졸업하고(그의 회상에 따르면 그는 매우 여위고 어려서, 다른 사람의 이목을 끌지 않는 평범한 학생이었다고 한다), 뉴저지에 있는 직원 25명의 작은 회사인 하얏트 롤러 베어링사(Hyatt Roller Bearing Company)에 취직했는데, 회사 월 매출액이 2,000달러 수준[9]이었다. 슬론의 아버지는 이 회사가 곤경에 처하거나 상황이 개선되고 나서 사세를 확장할 때 재정을 지원하곤 했다. 하얏트사가 점점 많은 제조업체에 제품을 판매하게 되면서, 슬론은 자동차 산업에 관해 많은 것을 알게 되었다. 슬론은 하얏트사의 롤러 베어링을 랜섬 올즈의 올즈자동차사라든지, 윌리엄 듀런트(William C. Durant, 1861~1947)가 경영하는 GM 같은 회사에 납품했다. 그의 제품을 가장 많이 구매한 고객은 단연 헨리 포드였다.

"푸른 눈의 빌리"라고 불리던 듀런트는 선구적인 혜안의 소유자로

---

8 1914년 설립된 MIT 경영대학의 명칭은 MIT Sloan School of Management다. 동문인 그의 명예에 헌정한 것인데, 실제로 슬론은 모교에 상당히 많은 기부를 했다.

9 물가 환산이 가능한 가장 오래된 시점인 1913년 기준으로 2,000달러라고 가정하면, 2021년 기준으로 약 5만 6,000달러고 원화로는 약 6,200만 원이다.

서 1908년 여러 회사를 합쳐서 GM사를 설립했는데, 그때는 마침 포드사가 T모델을 시장에 처음 출시한 해였다. 사업가로서 산전수전을 다 겪고 수완이 뛰어난 듀런트는 회사 자체를 사고파는 일도 마다하지 않았고, 오히려 즐기기까지 했다. GM은 성장세를 이어갔지만, 당시에는 서로 경쟁하는 작은 기업들의 느슨한 연합체에 지나지 않았다! GM이 생산하는 여러 잡다한 자동차 중 당시 단연 최고 모델이던 뷰익(Buick)의 매출 기여도가 매우 높았는데, 듀런트는 뷰익이 창출한 수익 대부분을 성과가 저조한 다른 자동차 라인을 지원하는 데 활용했다.

이러한 부실경영을 보고 뷰익 라인의 책임자인 찰스 내시(Charles Nash, 1864~1948)[10]와 월터 크라이슬러가 분노해서 회사를 박차고 나가 자동차 회사를 설립하기도 한다. 알프레드 슬론은 이 문제를 두고 "듀런트 회장은 위대한 사람이지만, 큰 약점이 있다. 회장은 무언가를 창조하는 일에는 대가지만 그것을 관리하는 능력이 부족하다"고 언급했다.

그럼에도 여전히 듀런트는 다른 사람들이 보지 못하는 것을 보고 있었다. 그는 자동차 산업의 미래가 거대한 하나의 기업집단 안에서 자동차 생산과 관련한 모든 요소를 결합해내는 데 달려 있다고 생각했다. 이는 곧 엔진과 부품 제조부터 섀시 및 차체 작업과 완성차 조립까지 전 과정을 통합한다는 의미였다. 말하자면 원재료부터 완성품에 이르는 제조와 조립의 모든 공정을 결합하는 이른바 '수직적

---

10   GM에서 사임하고 내시 모터스(Nash Motors Company)를 설립했다.

통합'을 이뤄내야만 대량생산 시스템에서 생산하는 산출물의 품질을 믿을 수 있는 수준으로 끌어올릴 수 있다는 뜻이다. 또한 규모의 경제를 이용하면 생산을 늘리고 개별 자동차의 단가를 낮출 수 있다는 얘기이기도 하다. 당시에 듀런트와 포드는 둘 다 수직적 통합에 집착에 가까운 집중도를 보였다. 포드가 포드사 내부에서 이러한 통합을 구축하고 발전시켜나갔다면, 듀런트는 관련 기업을 인수하고 GM사 우산 아래 통합해서 수직적 통합을 달성해갔다.

듀런트는 하얏트 롤러 베어링사를 그가 "유나이티드 모터스(United Motors)"라고 즐겨 부르던 GM사의 주변부 부품 하도급 업체 그룹에 병합시키고자 했다. 1916년 무렵에 하얏트사는 직원 4,000명의 성공적인 기업으로 성장했고, 슬론과 그의 가족이 회사 지분의 대부분을 소유하고 있었다. 듀런트는 1,350만 달러[11]를 들여 하얏트사를 매입하고, 알프레드 슬론을 유나이티드 모터스의 사장으로 임명했다. 2년 뒤에는 유나이티드 모터스와 GM을 합병하고, 슬론을 GM의 부사장 겸 이사회 집행위원회 일원으로 임명했다. 그러다 1920년에 주주단에서 반발이 일었고, 듀런트는 축출되었다. GM의 주요 투자자인 피에르 듀폰(Pierre du Pont, 1870~1954)[12]은 스스로 GM 회장에 취임하고, 슬론을 자신의 비서실장으로 선임했다.

이제 갓 45세가 되어 능력의 정점에 오른 슬론은 여러 난제에 봉

---

11 2016년 기준으로 3억 달러, 원화로 3,300억 원 수준
12 경영자이자 자선사업가. 듀폰사 회장(1915~19)과 GM 회장(1920~23)을 지냈다. 1902년 사촌들과 함께 듀폰사의 지분을 매입해서 가족의 지배권을 강화했고, 듀폰사가 현대적 경영 시스템을 갖추는 데 큰 역할을 했다.

착했다. 내부적으로는 GM의 조직이 여전히 정리되지 않아 혼란스런 상태였고, 듀런트가 추진하던 여러 전략이 회사의 재무구조를 상당히 악화시키고 있었다. 외부적으로는 1920년과 1921년의 경기침체로 회사가 거의 고사 직전에 이르렀는데, 이 사안이 가장 심각한 문제였다. 슬론은 "자동차 산업 시장은 거의 소멸할 지경이었고, 그로 인해 GM의 이익도 사라졌다"고 회상했다.

이런 어려움이 있었지만, GM은 짧은 불경기를 잘 견뎌냈고 슬론은 1923년 GM그룹 회장에 취임했다. 취임 직후에 그는 빌리 듀런트나 헨리 포드와는 완전히 다른 경영방식을 선보였다. 듀런트와 포드는 언론홍보에 적극적이었으나, 슬론은 대중매체 앞에 나서지 않고 피했다.

그는 사생활이 거의 없었고, GM의 성공 말고는 아무데도 관심이 없는 것처럼 외부에 비쳤다. 기업사에서 가장 뛰어난 업적 중 하나로 손꼽히는 사례가 바로 슬론이 GM사를 곤경에서 회생시켜 세계에서 가장 큰 기업으로 탈바꿈시킨 일이다.

《포춘》의 한 기자가 묘사했듯이, 그는 사적인 일에는 지극히 비인간적인 초연함을 잃지 않지만, 비즈니스와 관련된 일에는 매우 인간적이고 주변 사람을 감동하게 만드는 열정을 보여준다. 그는 사내 회의에서건 다른 장소에서건, "나는 자네가 이러이러한 일을 처리했으면 하네"와 같은 투로 명령을 내리지 않았다. 오히려 그는 데이터를 보면서 어떤 지점에서 어떤 부분을 달성할 수 있겠다고 지적하고, 아이디어를 제시했다. 그는 공개 토론에서 사실관계를 검토하고 함께 고민하면, 모든 직원과 임원이 다 같이 합의할 수 있는 사고의 토대를 마련할 수 있으리라고 생각했다. 경영은 직원이 상급자에게 명령이 아닌 일종의 카운슬링, 즉 조언을 받는 일이라고 여겼다. 헨리 포드와 달리 슬론은 홀로 회사를 끌고 가기보다, 의사결정권을 넘겨받은 많은 관리자들이 회사 경영에 참여하고 기여하는 방식을 높이 평가했다. 한 직원은 슬론의 경영방식을 슬론이 한때 팔고 다녔던 롤러 베어링에 비교하며 이렇게 묘사했다. "그 스스로 (조직에) 윤활유를 넣고, 부드럽게 운전해서, 마찰을 제거하고 작업을 해나가는 스타일이다." 스스로 권한이 비대해지는 것을 거부하고, 직원들을 독려하며 그들에게 권한을 돌려주었다. 이러한 방식으로 슬론은 GM사가 자동차 산업에서 매우 유리한 고지에 설 수 있도록 GM사를 이끌었다.

GM 대 포드: 탈중앙화 경영방식의 승리

헨리 포드가 포드사를 개인기업으로 만들었을 당시, 그는 디트로이트시 근처에 있는 리버 루즈의 자동차 종합 공단 건설 프로젝트에 상당한 금액을 투자했다. 이때 지출한 막대한 비용은 1920년과 1921년에 걸친 경기침체와 겹치며 포드사의 재무구조를 악화시켰다. 이렇게 취약해진 포드사의 재무 상태와 포드 자신이 은행과 금융에 내비쳤던 혐오감이 작용해서, 포드사는 자사 딜러들에게 현금으로 자사의 자동차를 구매하도록 강요했다. 반면, 알프레드 슬론은 GMAC(General Motors Acceptance Corporation)라고 하는 GM 자회사를 설립했다. 이 금융 에이전트 회사[13]는 GM 딜러들이 자동차를 대량구매하는 데 필요한 자금을 융통해주고, 소비자들이 자신의 신용으로 자동차와 트럭을 구입할 수 있게 도왔다. 포드는 결코 받아들이지 않았던 이 할부 금융방식을 도입해서, GM은 자동차 최종 소비자의 구매력과 딜러 및 자사 경영자들의 선택권을 모두 끌어올렸다. 이렇게 해서 GM은 당시 경기침체를 헤쳐나갈 수 있었다.

1920년대와 1930년대에 슬론은 포드를 앞서려면 더욱 섬세하고 세련된 경영방식을 도입해서 빠르게 변화하는 시장에 대처해야 한다고 생각했다.

중고차 시장에 대한 인식이 확립되어 있지 않았다. 여러 종의 자동차 시장의 침투율(점유율)을 집계한 통계도 없었다. 아무도 개인들이 어떤 자동차를 사서 보유하고 파는지 기록한 자료를 관리하지 않았다. 그래서 생산 스케줄은 시장 수요와는 아무런 상관이 없었다. 우리 회사도 생산해내는 제품 라인별 생산 조절 계획이나 시장 예측 같은 것이 없었다. 판매 현장에서 발생하는 마케팅 문제를 해결할 수 있는 제품 라인이라는 개념도 생각하지 못했다. 제품 품질도 어떤 날은 좋고 어떤 날은 불량일 정도로 들쭉날쭉했다.

헨리 포드보다 훨씬 앞서서, 슬론은 자동차 산업이 일종의 차액거래 또는 보상판매(trade-in) 비즈니스로 변모하리라고 내다보았다.

---

13 한국에서는 현대자동차와 현대캐피탈의 관계와 매우 흡사하다.

실제로 결국에는 자동차 거래 4건 중 3건은 중고차 거래였다. 또한 슬론은 사람들이 자동차 구매를 일종의 소득 수준과 신분 상승의 상징으로 여기리라는 것을 인식하기 시작했다. 그래서 그는 GM사의 제품 라인을 다양화해서 시장 변화에 대응했는데, 우선은 포드사의 T모델과 경쟁하기 위해 고안한 쉐보레를 시장에 내놓았다. GM사는 타깃 구매계층을 소득 구간별로 나누고 그에 맞춰 모델을 순차적으로 배치했다. 상류층 고객을 겨냥하여 고가제품인 폰티악, 그다음에 올즈모빌, 뷰익, 그리고 최상위의 캐딜락을 출시했다. 당시 GM사는 "모든 소득계층 사람과 모든 용도를 타깃으로 하는 자동차"라는 콘셉트로 자사 자동차를 홍보했다. 1920년대 중반에 들어서면 GM사의 자동차와 트럭은 스타일과 기본적인 설계 및 생산 품질에서 포드사를 따라잡았고, 어느 순간 앞서 나갔다.

헨리 포드는 전략이 매우 단순했고, 이 전략을 끝까지 밀고 나갔다. 포드는 한 가지 차종에만 집중해서 성능을 높이고, 색상도 검정색 한 가지로 통일하고, 사양도 동일하게 맞춘 다음 대량생산해 원가를 낮췄다. 초기에는 이 전략이 성공을 거두었으나, 1920년대와 1930년대에 잔인할 정도로 급변하는 시장환경에서 빛을 잃고 말았다. 1921년에 포드사의 미국 국내시장 점유율은 56퍼센트였으나, 1925년경에는 40퍼센트까지 떨어졌다. 그동안 GM사의 시장점유율은 13퍼센트에서 20퍼센트까지 성장했다. 1929년에는 두 회사가 150만 대로 동일한 수의 자동차를 생산하며 동률을 이뤘다. 그러나 1937년에 GM사의 시장점유율은 42퍼센트까지 상승한 반면, 포드사의 점유율은 21퍼센트로 내려앉았다. 그 기간에 크라이슬러사가

25퍼센트의 시장점유율로 치고 올라와 2위를 차지했다.

포드는 1920년대 새로운 경제의 변화를 거부했다. 그는 외부 기후나 환경으로부터 운전자를 보호할 수 있는 '폐쇄형 자동차'를 원하는 소비자의 수요에 빠르게 대응하지 못했고, 다양한 스타일과 다양한 색상과 매년 변화하는 모델을 요구하는 소비자 심리를 파악하는 데에도 늦었다. 재정비를 위해 1년여 동안 리버 루즈 공장을 폐쇄하고 나서, 1928년에 포드는 마침내 A모델을 생산하기 시작했다. 이 모델은 분명히 기존 T모델보다 월등했지만, 당시 포드사가 출시한 유일한 모델이었다. 1929년에 출시한 두 번째 모델인 링컨은 캐딜락과 벌인 경쟁에서 그다지 좋은 성과를 내지 못했다. 1933년이 되어서야 비로소 포드사는 해마다 자동차 모델을 내놓기 시작했다. 그리고 1938년에 드디어 GM사의 하이엔드 자동차 모델인 폰티악, 올즈모빌, 뷰익에 대적하기 위해 중형급 자동차(머큐리)를 출시했다.

포드사 내부는 혼란에 휩싸였다. 정보가 정확하지 않았고 규칙적으로 공유되지도 않았다. 관리자들은 문제를 제대로 인지하지 못했고, 문제가 발생해도 책임 소재를 정확히 파악하지 못했다. 예산을 배분하는 업무 프로세스도 엄청나게 뒤처져서, 가뜩이나 과중한 업무에 시달리는 회사 경리들이 회사 장부에 기장된 숫자를 합산하고 계산하는 것이 아니라, 저울로 인보이스 서류 더미 무게를 재는 방식으로 회계를 처리하는 웃지 못할 관행이 벌어졌다. 포드사는 결국 자기 성공의 희생양이 된 셈이다. 회사가 지나치게 비대해져서 헨리 포드 본인이 강조하는 방식으로는 회사를 경영할 수 없게 된 것이다.

그래서 한때 화려했던 포드사의 경영자 팀이 해체되었는데, 어찌

보면 자연스러운 수순이었다. 1933년, 70세가 다 된 헨리 포드는 이제 완고하고 까탈스럽고 고집스러운 최고경영자가 되어 있었다. 그의 독재적인 경영방식은 젊은 경영자들을 회사 밖으로 밀어냈고, 회사를 떠난 그들은 분권형 방식의 경영 시스템을 도입한 GM사와 다른 회사들로 자리를 옮겨서 새로운 기회를 찾았다. 1930년대 들어 포드사는 그나마 완전히 나락으로 빠져들지는 않았다. 여기에는 여러 요인이 있는데, 그중 포드사의 브랜드와 우수한 제조품질을 들 수 있다. 또한 정부의 반독점법에 따른 제재가 예상되자 이를 피하기 위해 슬론이 의도적으로 자사의 시장점유율을 45퍼센트 이하로 유지한 점도 포드사가 연명할 수 있었던 중요한 요인 중 하나다.

슬론이 새로운 소비자경제 시대의 시장 수요에 발맞춰 설계와 마케팅 전략을 발전시켜나가는 동안, 여기에 필요한 효과적인 경영구조를 고안해내지 못했다면 슬론의 시도는 실패하고 말았을 것이다. 1920년대 이전에는 상품과 제품에 따라서가 아니라, 기업의 본질적인 기능에 맞춰 조직을 구성했다. 이 기능에는 세 가지가 있는데, 바로 원자재 및 부품 구매, 제조 그리고 판매다. 이 주요 기능을 담당하는 임원들은 판매하는 제품의 종류나 수량에 관계없이, 모든 제품의 성패와 경영실적을 책임졌다. 그래서 특정 제품 라인에 문제가 생기거나 실적이 좋지 않으면 책임 소재를 밝히거나 적절한 대응방안을 찾아낼 수 없었다. 1920년대 새로운 소비자경제 시대의 수요에 부합하기 위해 슬론은 분권화된 다중부서 구조의 경영관리 시스템을 고안해냈다. 다양성을 원하는 소비자의 수요 때문에 제품 라인을 다변화할 수밖에 없었고, 이는 반*독자적인 경영권을 위임받은 개별 경영진이 각각 운용하는 제품별 사업 부문의 탄생으로 이어졌다. 임원과 경영진은 제각기 자신이 운용하는 사업 부문의 '최하단까지 책임졌다'. 다시 말해, 임원 각자가 자신이 맡은 사업 부문의 구매, 제조, 마케팅 전 과정을 관리하고 그 결과를 책임지게 되었다.

오늘날 관점에서 보면 거대한 기업 안에 제품별로 존재하는 사업 부문 각각에 독자적인 재량권을 쥐여주는 것은 그다지 복잡한 개념이 아니다. 이동식 조립 라인의 생산방식만큼이나 일반적인 상식이다. 그러나 1920년대만 해도 이 개념은 가장 획기적이고 지적인 발전이었고, 슬론이 이렇게 독창적인 시스템을 도입하기 위해 세부사항을 정리하는 데만도 상당한 시간이 걸렸다. 슬론조차 세월이 다소 흐르고 나서야 중앙집중형 방식과 분권형 방식 사이에서 균형점을 찾는 일이 경영과 관련한 의사결정의 핵심이라는 점을 깨달았다. 또한 여기서 '원활한 의사소통'이 매우 중요하다는 점도 알아차렸다. 기업이 성공을 거두려면 의사결정 구조의 중앙집중형 방식과 분권형 방식이 적절히 조화를 이루어야 하는 것이다.

다중부서 구조 덕분에 이러한 복합적 의사결정(중앙집중형 방식과 분권형 방식의 결합)이 가능해졌다. 다중부서 경영관리 개념이 지닌 장점은 거대한 기업을 작은 규모의 의사결정 단위로 나누어서 유기적이고 효과적인 집합체로 재구성할 수 있다는 것이다. 이 구조는 직원들이 진급할수록 팀워크를 발휘해 함께 일할 수 있는 인센티브를 제공했다. 슬론은 전全사업부 위원회(cross-divisional committees)를 제도화해서 협업활동을 장려했고, 고위 경영진이 이 위원회에 반드시 참여하도록 했다. 이러한 제도적 장치 때문에라도 핵심 의사결정권자들은 서로 의사소통을 할 수밖에 없었고, 분권형 방식의 의사결정 체계가 조율된 통제방식과 함께 조화롭게 운용되었다.

조율된 통제방식은 주로 재무 성과 보고와 사업부 간 자금 배분 기능을 통해 이뤄졌다. 슬론은 이 두 가지 절차에 심혈을 기울였다. 그래서 GM사는 얼마 지나지 않아, 목표 예산 및 재무비율(이를테면 재고회전율, 고정비율과 변동비율 분석, 매출액 대비 순이익률) 같은 도구를 활용하는 측면에서 가장 세련된 경영방식을 운영하는 미국 기업 중 하나가 되었다. 물론 이러한 일련의 과정과 작업은 성공하기가 대단히 어려워서, GM사가 순조롭게 헤쳐나간 것만은 아니었다. 관리자들은 본사의 최고위 경영진에게 보고하는 수치를 근거로 삼아 제품별, 라인별로 계속 조정해나갔다. 슬론은 이를 두고, "분권화를 통해 직원의 업무 주도권과 책임감을 키우고 직원 각자의 능력을 계발했으며, 사실에 근거한 의사결정과 조직의 유연함이라는 성과를 얻을 수 있었다. 그리고 부서 간 상호조정 또는 조율된 통제라는 과정을 통해 우리는 조직의 효율성을 높이고 비용을 절감할 수 있었다. 조율된 분권화가 결코 적용하기 쉬운 콘셉트가 아니라는 점은 분명하다"고 말했다.

포드와 GM의 경쟁이 던지는 시사점

1920년대와 1930년대에 포드사와 GM사가 벌인 자동차 전쟁이 우리에게 시사하는 점은 무엇인가. 먼저, 포드사가 누리던 '선점자

우위'는 일시적인 강점일 수 있으나, 영원한 우위를 보장하지 않는다는 점이다. 시장은 적응을 거부하거나 적응능력이 없는 기업에는 가혹한 징벌을 내리기 때문이다.

헨리 포드는 변화의 냉혹한 측면, 특히 제조업의 한 특징인 창조적 파괴를 이해하고 있었다. 그는 이렇게 말하기도 했다. "시장에서는 어떤 아이템도 영원히 쓰일 수 없다. 심지어 장소도 고정된 것이 아니다. 우리는 한때 전 세계에서 가장 큰 규모였던 하이랜드 파크 공장을 결국 버리고 리버 루즈 공장으로 이전했는데, 그건 새 공장이 원재료에 대한 공정이 덜 들어서 비용을 절감할 수 있었기 때문이다. 우리는 전체 사업 부문을 폐기 처분하기도 했는데, 이제는 아주 일상적인 일이 되었다."

하지만 포드는 자신의 선견지명을 마케팅에 적용하지 못했다. 그는 제품별 판매정책부터, 제품별 디자인, 판촉광고까지 모든 측면에서 마케팅이 기업의 성공을 위해 생산공정만큼이나 중요하다는 점을 인정하려 들지 않았다. 그는 소비자 기호에 거의 관심을 기울이지 않았는데, 소비자 기호가 매우 변덕스럽다고 생각했기 때문이다(이 점에는 타당한 측면도 있다). 그는 실제로는 소비자가 시장경제를 주도한다는 사실을 이해하지 못했고, 기업이 시류에 역행하면 재앙을 초래한다는 점도 납득하지 못했다.

자동차 전쟁은 의사결정 방식을 어떻게 구성하느냐가 기업이 성공을 이어나가는 열쇠라는 점을 잘 보여준다. 만약 포드의 사례처럼 조직의 최상위 결정권자가 모든 의사결정을 내리면, 기업은 곧 두 가지 상황에 직면하게 된다. 첫째, 조직 규모가 비대해지며 의사결정의

질이 떨어진다. 의사결정권자로서는 알아야 할 사항이 지나치게 많아지고, 그 내용 또한 대부분은 시간이 지나면서 바뀌기 마련이다. 둘째, 의사결정 과정에 참여하지 않는 직원들은 일상 업무에서 피로감을 느끼게 되고, 조직에 기여하는 부분이 상당히 줄어들 것이다. 하지만 단순히 의사결정권 자체를 아래 조직으로만 전가하는 것이 곧 해답이 될 수는 없다. 왜냐하면 의사결정권을 아래로만 위임하면 조직이 방향을 잃고 무정부 상태가 될 수 있기 때문이다.

자동차 전쟁을 통해 우리가 알 수 있는 또 한 가지는 중앙집중형 시스템과 분권형 시스템 사이에서 적절한 균형점을 찾아서 계속 조정해가며 변화하는 시장환경에 적응하는 일이 오늘날 기업 경영에 중요한 과제라는 점이다. 최적의 정보가 모이는 지점에서 의사결정을 내리도록 하려면 조직구조를 올바르게 설계해야 한다. 1920년대와 1930년대의 GM사와 제2차 세계대전 이후의 많은 기업이 이러한 숙제에 내놓은 답이 바로 다중부서 구조의 분권형 경영조직이다.

헨리 포드와 알프레드 슬론을 대비하다 보면 미국 기업과 미국 문화 전반에서 하나의 아이러니한 특징이 보인다. 미국 문화 전통에서는 고독한 영웅을 낭만적으로 기리고, 구조화된 조직을 통해 여러 사람들 사이에서 협업을 이끌어내는 리더는 과소평가하는 경향이 있다. 개인주의는 숭배하는 대신에 관료주의는 매우 저급한 단어가 되었다. 정규교육 과정을 마치지 못한 외로운 천재이자 다소 허황되고 독단적인 억만장자인 헨리 포드는 아마도 가장 미국인다운 인물로 묘사되는 반면, 조용하고 논리를 들어 설득하는 엔지니어이자 체계적으로 사고하는 조직가인 알프레드 슬론은 20세기 미국인 중 가장 성공한 기업 경영자로 회자되고 있다.

그러나 자동차 전쟁이 시사하는 가장 중요한 점은 뭐니 뭐니 해도 변화하는 시장의 가혹함이라 할 수 있다. 미국 자동차 제조사들은 결국 더 효과적인 경영 시스템을 보유한 일본 자동차 제조사들의 먹잇감이 되고 말았다. 오랜 시간이 흘러 GM사가 정부의 구제금융을 받는 시련을 겪는 동안, 포드사라는 가족기업은 놀라운 재도약의 사례를 보여준다. 긴 세월에 걸친 이 자동차 전쟁은 그야말로 시장 변화의 가혹함을 보여주는 일례다.

CHAPTER 2

기업복지 자본주의, 금융제도 그리고 대공황

실제 기업 사례를 분석하기에 앞서, 이 장에서는 세 가지 주제를 가지고 논의를 좀 더 확대하고자 한다. (1)20세기 초창기의 이른바 '뉴에라(New Era, 새로운 시대)[1]' 시기에 기업이 노동조합 및 시민사회와 관계를 설정하기 위해 들인 노력, (2)기업의 흥망성쇠에서 금융제도가 한 역할, (3)미국 역사상 가장 길고 심각했던 경제대공황. 이 이야기를 하다 보면 20세기 미국 기업들의 성공과 그 배경에 대해 폭넓게 이해하게 될 것이다.

1920년대 기업복지 자본주의

대부분의 일반 미국인들처럼, 기업가들 또한 대공황이 촉발했던 사건과 사회적 시류에 대응해야 했다. 당시에는 노동자들이 대거 실직하면서 노동쟁의가 일어났고, 소비자 사회가 부상하면서 시장에서 경쟁이 치열해졌으며, 효율성과 가격경쟁력을 중시하는 경제 분위기가 팽배했다. 그리고 기업가에게는 '약탈적 기업가' 또는 '전쟁모리배' 같은 부정적인 이미지가 따라다녔다.

제1차 세계대전 이전만 해도, 상당수 기업가들은 노사갈등을 최

---

1 미국 역사에서 1921년부터 1929년까지 경제대공황과 뉴딜정책 이전의 시기 즉 1920년대를 지칭한다. 때로는 1919년부터 1933년까지를 가리키기도 한다. 이 시기의 중요한 특징으로 과거 대비 저인플레이션 현상, 자동차 회사와 같은 대기업의 성장으로 인한 경제 발전, 중산층의 성장, 소득 증가로 인한 인권 의식의 고양 등을 들 수 있다.

소화하고 경쟁에서 받는 압력을 완화하면서 가급적 긍정적인 이미지를 심을 수 있도록 기업활동을 전개했다. 당시에도 노사관계에 중점을 둔 프로그램 자체가 전혀 새로운 것은 아니었다. 1880년대와 1890년대 조지 풀먼(George Pullman, 1831~97)[2], 1910년대 헨리 포드와 존 록펠러(John D. Rockfeller, 1839~1937)[3]는 이미 기업복지 프로그램을 제도화해서 노동조합과의 갈등을 완화하고, 노동력 이탈을 줄이기 위해 노력했다. 그러나 풀먼의 시도는 1890년대 들어 실패했고, 포드의 복지 프로그램은 그가 여러 가지 실책을 하며 1930년대에 GM사와의 경쟁에서 밀리는 데 일조했다. 록펠러의 노력 또한 노동조합의 활동을 일시적으로 줄이는 수준에 그쳤다.

1920년대 뉴에라 시대 상공업 분야의 사조(일부 학자들은 당시 유럽의 사회주의 운동과 대비해서 '미국계획[4]'이라고도 한다)는 크게 네 가지 요소로 구성되는데, 첫째는 고임금과 저물가다. 이 현상은 노동자들이 소비를 늘리도록 유도했다. 기업은 노동자들이 구매하는 제품을 파악해서 어떤 품목을 생산할지 계획할 수 있었다. 이로써 자본주의 사회에서 생산 및 구매와 관련해 중요한 의사결정 과정은 결국 소비자 손에 달린 셈이 되었다. 둘째는 노사관계의 새로운 시대다. 기업

---

2   미국의 엔지니어이자 기업가로, 침대차(Pullan sleeping car)를 발명해서 야간열차의 이동을 가능하게 했으며 미국 국내 이동을 획기적으로 활성화하는 데 이바지했다.

3   미국의 사업가이자 대부호로, 1870년 스탠다드 오일사[엑손모빌(Exxon Mobile)의 전신)]를 세워서 석유사업으로 성공했으며, 록펠러재단을 설립했다.

4   1920년대 노동운동에 대한 반작용으로 나타난 움직임이다. 고용주들이 노동운동을 비非미국적인 것으로 간주하고 반노조 활동을 펼쳐서 노동조합에 가입하는 노동자 수를 줄였다.

관리자들은 인사관리라는 새로운 사회과학 분야를 활용해서 노동인력의 효율성을 높이고, 보험과 연금제도, 직원 이익 배분 시스템, 노사위원회 같은 복지제도를 사내에 정착시키려고 했다. 이를 통해 궁극에는 노동자의 충성도를 끌어올리고 노동인력의 이탈을 막으려고 했다. 셋째로는 경쟁에서 비롯된 효율성 촉진을 들 수 있다. 많은 경영자들이 치열한 경쟁이 안고 있는 낭비적인 속성을 알고 있었기에, 동업자 조합(또는 협회)을 통해 경쟁자들과 협업해서 경쟁이 가져오는 낭비적 속성을 제거하고자 했다. 넷째는 미국사회에서 부각되는 기업의 이미지 제고다. 경영자들은 경영대학의 전문교육에 지원을 늘리고, 민간활동에 참여했다. 이를테면 예술활동에 기부금을 지원했고, 키와니스 클럽(Kiwanis)[5]이나 상공회의소 같은 지역의 기업인단체에 참여를 독려했다. 기업문화 역시 대학생들에게 스며들었는데, 1920년대 들어 유행한 학생 동아리는 대학생들에게 기업에 대한 우호감을 심어주었다.

그러나 애석하게도 뉴에라 시대는 완성 단계에 이르지 못했다. 노동자들은 종종 복지 프로그램을 거부했는데, 그들이 스스로 복지 프로그램을 계획하고 구성하는 데 참여하지 못했기 때문이다. 노동자들은 복지 프로그램을 경영자들이 노동자들의 삶을 통제하기 위한 수단으로 간주했는데, 이 판단은 정확한 인식이었다. 소수의 관리자만이 복지 프로그램을 경영철학으로 발전시켜나갔을 뿐, 대부분은

---

5 기업인들의 봉사활동 단체로 1915년 설립되었으며, 미국 인디애나주 인디애나폴리스에 본부를 두고 있다.

한두 가지만 받아들이는 데 그쳤다. 다만 GM사와 듀폰사의 복지 프로그램은 예외였으며, 양사의 접근방식은 20세기 후반 들어 다른 기업들의 복지제도에 본보기가 되었다.

그러나 1920년대 후반에 기업의 실적이 감소하면서 과거에 추진되던 값비싼 복지정책들이 퇴조하고 말았다. 특히 당시 상무부 장관이던 허버트 후버(Herbert Hoover, 1874~1964)[6]가 주창한 여러 가지 경쟁적인 복지제도를 기업들이 무력화하려고 시도했는데, 오히려 이는 1930년대에 반독점법이 출범하는 계기가 되었다. 그래서 대공황이 미국 경제를 덮치자, 사회에 참여하는 일반 시민이 늘면서 기업은 대중과 정치인의 손쉬운 표적이 되었다. 결국 미국 연방정부가 나서서 기업이 노동자의 권리를 보호하도록 강제하는 여러 법령을 제정하기에 이른다.

뉴에라 시대의 여러 시도가 실패한 데에는 대다수 기업이 복지 프로그램을 도입하지 못한 점이 일정 정도 원인으로 작용했다. 그러나 미국 금융제도가 안고 있는 문제와 경제구조의 취약점 역시 실패의 주요한 원인이 되었다.

금융제도의 기능

1920년대와 1930년대 GM사와 포드사의 '자동차 전쟁'에서 GM

---

6 공화당 출신의 제31대 미국 대통령

사가 거둔 승리는 재무혁신 덕분이기도 하다. GM사는 재무혁신을 적극 받아들인 반면, 포드사는 멸시에 가까운 태도를 보였다. 당시 GM의 CEO인 알프레드 슬론이 GM사를 회생시킨 데에는 GMAC의 역할이 컸다. GMAC는 당시 GM사의 재무부서 직원들이 주도해서 설립했는데, GM사에 소속된 딜러와 리테일 고객들에게 자동차 구매에 필요한 신용을 제공하는 역할을 했다. 좀 더 폭넓게 이야기하면, GM 본사에서는 직원들이 재고회전율, 순이익률, 총투자수익률(ROI)과 같은 재무비율을 능숙하게 활용하고 있었다. 재무비율은 기업의 오퍼레이션 분석에 필수요소다. 이 분석을 살펴보면 회사의 현 상태를 재빠르게 진단할 수 있고, 연간 재무 수치의 변화를 파악해서 회사가 매년 어떤 방향으로 나아가고 있는지 판단할 수 있다. 또한 관리자들이 자사의 재무비율을 동종 산업 또는 유사 산업의 다른 기업들과 비교하며 여러 가지 유용한 정보를 얻을 수 있다.

금융 시스템의 기본적인 기능은 우선 투자자(또는 저축활동을 하는 사람)의 잉여자금을 기업(또는 자금 사용자)에 융통해주는 것이다. 그리고 기업이 벌어들인 이익 중 적정한 몫을 투자자에게 되돌려주는 것이다. 금융 시스템은 10년짜리 채권을 발행하고 나서 만기에 상환하는 것처럼 자금의 수요와 공급 사이에 생기는 시간적 간극을 메꾸기도 하고, 돈이 남아도는 지역에서 자금이 필요한 다른 지역으로 자금을 송금하는 것처럼 공간적 간극을 채우기도 한다. 이러한 자금 이동에는 매개체가 역할을 해야 한다. 그 역할 중 중요한 것이 수많은 가계 예금자로부터 자금을 받아 이른바 풀링(pooling)하는, 즉 대규모의 자금을 조성하는 일이다. 이 역할을 하는 기관이 바로 은행, 보험회사, 투자신탁, 연금과 뮤추얼펀드 같은 투자기구다. 자금이 필요한 기업은 이들 금융기관이나 투자기구가 모아놓은 자금망에서 자금을 융통할 수 있다. 융통하는 방식으로는 기업이 금융기관에서 대출을 받을 수도 있고, 금융기관에게 주식 또는 채권을 발행할 수도 있다. 자금 조달에 성공한 기업은 소비자에게 제품을 판매하거나 서비스를 제공하고, 여기서 벌어들인 기업 이익의 상당 부분을 주식 배당이나 채권 및 대출에 대한 이자 명목으로 투자자에게 돌려준다.

미국 기업은 전통적으로 세 가지 주요한 방법으로 기업 운영에 필요한 자금을 조달했다. 가장 중요한 자금 원천은 기업이 영업활동으로 벌어들이는 이익(또는 이익잉여금)이다. 그다음으로는 대출 또는 채권 발행을 통한 차입이고, 마지막으로 주식 발행이다. 사실상 많은 기업은 유가증권시장에서 'IPO(initial public offering)'를 통해 한 번에 대량으로 주식을 발행해서 자금을 조달하기도 한다. 주식시장에서 주식을 사고파는 형태는 주로 '세컨더리 시장거래' 또는 '2차적 시장거래'로서 단순히 주식의 소유자만 바뀌는 거래다. 그렇다면 왜 회사의 주식가격이 그 회사의 경영과 사업에 중요한 것일까? 우선 주식가격은 그 회사의 현재 및 미래의 성과에 대한 시장의 믿음을 나타내기 때문이다. 둘째, 다우존스산업지수(Dow Jones Industrial Average Index)와 같이 많은 회사의 주식가격을 시장의 인덱스로서 합산한 지표는 국가경제의 상대적인 건강 수준을 가리킨다. 셋째, 특히 1920년 이후에 점점 더 많은 미국인들이 증권시장에 참여해서 시장을 민주적으로 만들었고, 증권시장이 성장하면서 일반 시민들의 주머니 자체가 바로 국부國富의 보고寶庫가 되었다. 1929년에는 1억 2,300만 미국인 중 약 1,000만 명만이 주식시장에 참여했는데, 21세기 초에는 미국 인구의 3분의 1에 달하는 1억 명이 시장에 발을 들이고 있다.

대기업이건 중소기업이건, 모든 기업은 몇 가지 기본적이고 매우 긴급한 재무적 문제에 직면하고 있다. 말하자면, 직원들 급여를 어떻게 지급할 것이며, 하루하루 기업 운영을 위해 기업 신용을 어떻게 유지할 것이며, 시제품 개발과 신규 공장 건설을 위해 대규모 자금을 어떻게 조달할 것이냐 하는 문제들이다. 이들 문제는 때때로 무자비하게 기업을 괴롭히기에, 문제를 적절히 관리하기 위해서는 신뢰할 만한 재무정보를 지속적으로 수집하고 분석해야 한다. 관리자들은 자사의 재무 데이터뿐만 아니라 인플레이션율, 이자율, 실업률, 투자지표, 소비지출같이 경제 전반에 관한 수치 또한 수집하고 분석해야 한다.

투자자에게도 비슷한 요건이 있다. 기업 소유주건, 개인 투자자건, 또는 은행이나 보험사나 연기금 같은 기관 투자자건 간에, 투자자한테는 반드시 신뢰할 수 있는 정보가 있어야 한다. 정확한 정보가 있어야만 투자자들은 얼마를 어디에 투자할지, 이를테면 주식에 투자할지, 장기 채권에 투자할지, 아니면 단기 대출로 자금을 운용할지를 두고 합리적인 판단을 내릴 수 있다.

1920년까지 미국 금융제도의 역사

금융에서 이룬 혁신은 미합중국이 건국한 후로 미국 경제를 지탱하는 버팀목이었다. 1790년대, 미국 초대 재무장관인 알렉산더 해밀턴(Alexander Hamilton, 1755? 1757?~1804)[7]은 미국의 대외 신용도를 높이고 국내 통화량을 늘리기 위해 독창적인 정책을 펼쳐서 미국 재정의 초석을 건전하게 다졌다. 해밀턴은 미국의 성장 잠재력에 거대한 도박에 가까운 명운을 걸었는데, 사실상 그가 시행한 많은 정책이 이러한 도박에 뿌리를 두고 있다. 그의 정적인 토머스 제퍼슨(Thomas Jefferson, 1743~1826)[8]은 당시 해밀턴이 제시하는 정책들에 반대했다. 하지만 제퍼슨이 막상 제3대 미국 대통령에 취임하고 나서 루이지애나를 매입하기 위해 1803년 프랑스와 성공적으로 마무리 지은 거래(루이지애나 매입거래)는 해밀턴이 구축해놓은 국가 신용 시스템이 없었다면 불가능했을 것이다. 당시 매입한 이들 지역의 매입가격은 1,500만 달러 수준이었는데, 이는 1,140만 달러 수준의 그해 미국 정부 일 년 치 세수를 초과하는 금액이었다. 이 거래를 위해 미국 정부가 발행한 국채의 상당한 물량을 네덜란드와 영국의 은행들이 매입했다. 미국은 조달한 현금을 프랑스 나폴레옹 정부에 건네고, 당시 미국 국토 크기만큼 되는 토지를 양도받았다.[9]

---

7 미국 건국의 아버지 중 한 명으로, 정치인이자 사상가. 미국 독립전쟁 당시 조지 워싱턴의 보좌관으로 활동했으며, 워싱턴이 대통령에 오르자 초대 재무장관을 지냈다. 1804년 오랜 정적인 애런 버(Aaron Burr)와 결투를 벌이다가 총상으로 사망했다.

8 미국 건국의 아버지 중 한 명이자 제3대 미국 대통령. 미국 독립선언서의 초안을 작성했다. 그가 재임 시절 매듭 지은 루이지애나 매입거래는 그가 임기 중에 달성한 가장 큰 업적 중 하나로 평가된다.

9 루이지애나 매입거래로 양도받은 지역은 오늘날 텍사스주와 콜로라도주, 뉴멕시코주 일부, 아이오아주, 미주리주, 캔자스주, 오클라호마주, 그 밖의 상당한 지역에 이른다.

또한 미국의 지방은행과 국제 투자자 들은 운하와 철도 건설에 자금을 투자했고, 이 운하와 철도는 미국 동부 지역과, 프랑스로부터 매입해서 이제 발전을 거듭하고 있는 지역을 연결하기 시작했다. 나아가 미국 금융 시스템은 교량 건설, 철광석 산지 개발, 제련설비 건설에 자금을 공급하기 시작했다. 말하자면, 미국의 금융 시스템은 미국 산업이 제1차 산업혁명기에서 제2차 산업혁명기로 전환하는 데 자금줄 역할을 한 셈이다. 앤드루 카네기(Andrew Carnegie, 1835~1919)[10]는 당시 일고 있던 금융 분야의 변화와 제조업 혁신을 어떻게 결합해야 하는지를 잘 이해한 성공적인 사업가 중 한 사람이다. 그는 본인이 소유한 기존 사업체의 이익을 본인이 소유한 다양한 사업 분야에 재투자하는 방식으로 금융 분야의 변화와 제조업 혁신을 결합하고자 했다. 1901년 그는 카네기철강회사를 4억 8,000만 달러에 유에스스틸사(US Steel Corporation)에 매각했는데, 유에스스틸사는 인수대금의 상당 부분을 차입으로 조달했다(이렇게 해서 유에스스틸사는 당시 미국에서 최초로 10억 달러 규모의 기업으로 성장했다).

이러한 시류를 활용해서 유에스스틸사를 설립한 J. P. 모건(J. P. Morgan, 1837~1913)[11]은 19세기 말과 20세기 초에 활동한 기업가 가운데 금융과 경영제도를 결합한 진정한 대가라 할 수 있다. 당시 철

---

10 19세기 말과 20세기 초에 활약한 미국의 철강 재벌이자 자선사업가. 카네기철강회사와 카네기멜런대학교를 설립했다.

11 미국의 은행가로 제이피모건의 설립자다. 철도와 전신에 투자해서 막대한 부를 쌓았고 AT&T를 세웠다. 카네기로부터 카네기철강회사를 인수하며 철강업에도 진출해서 유에스스틸사의 사세를 크게 키웠다.

도회사와 제조업 분야의 초기 기업들이 발행한 주식과 채권을 매입한 미국 투자자들 다수가(초기에는 영국과 유럽 대륙 투자자들이 대부분이었다) J. P. 모건을 중심으로 모여들었다. 투자자들이 강조한 점은 기업의 장기적인 성장 전망이었다. 그러나 다른 투자자들은 기업을 효율적으로 키워가기보다는 단기적으로 돈을 버는 데 더 관심이 많았다. 예를 들어 제이 굴드(Jay Gould, 1836~92)[12] 같은 사람은 망해가는 철도회사를 사들여서 여러 부문으로 쪼갠 다음, 하나씩 매각해서 단기 이익을 거두었다. 또한 특정 기업에 극히 적은 액수를 투자한 다음, 그 회사가 아주 잘 운영되고 있다고 허위정보를 유포해서 전체 회사 지분을 실제 가치 이상의 값을 받고 매각하기도 했다. 이러한 불법행위는 당시 진폭이 컸던 경기 사이클과 수차례 발생했던 금융시장의 패닉 현상을 초래하는 주범이었다. 대표적인 금융시장의 패닉은 1870년대와 1890년대 중반에 발생했다. 이 패닉 현상은 많은 미국 기업의 도산과 미국인들의 고용 불안정을 유발했고, 약탈적 기업가라는 명칭이 출현하는 토대가 되었다.

1920년대 월스트리트와 주식시장

제1차 세계대전 이전만 해도, 미국의 금융시장은 우선주 배당이나

---

12 철도 개발자이자 투자자. 금을 매점매석해서 막대한 부를 축적했으나, 후세에 약탈적 자본가라는 오명을 쓰게 된다.

기업채권 이자처럼 장기에 걸쳐 정기적으로 수익을 내는 투자상품에 투자하는 사람들 위주로 운영되고 있었다. 당시는 미국 전체 금융시스템이 올드가드(Old Guard, J. P. 모건은 1913년 임종 직전까지 이 그룹의 일원이었다)의 영향 아래 놓여 있었고, 1907년 시장이 패닉에 빠져들 때도 이들이 자금을 시장에 투입해서 국가적 위기 상황을 모면할 수 있었다. 그러나 경제가 급속히 성장하면서 올드가드 같은 사적 그룹이 시스템을 통제하는 일은 불가능해졌고, 이에 많은 미국인이 올드가드로 대표되는 중앙집권적 금융세력에 염증을 느꼈다. 그래서 집중화된 산업권력(특히 기업집단 문제)을 어떻게 통제할지를 둘러싸고 많은 논의가 진행되었고, 미국 연방정부는 클레이튼 반독점법(Clayton Antitrust Act, 1913)[13]과 연방공정거래위원회법(Federal Trade Commission Act, 1914)을 제정해서 이러한 기업활동을 규제하려 했다. 금융 분야에서는 통화가 시장에 원활하게 공급되도록 하기 위해 연방준비제도(Federal Reserve System, 이하 연준)가 1914년 설립되었다. 연준을 통해 시장에 공급된 통화의 혜택이 농업과 제조업에 종사하는 일반 국민에게도 돌아갈 수 있도록 하기 위해서였다. 그러나 제1차 세계대전과 그 여파로 연준이 발전하는 데 상당한 지체를 겪게 된다.

연준 설립은 20세기 초반의 30여 년 동안 벌어졌던 광범위하고 복잡한 이념 논쟁이 불러온 결과 중 하나다. 일각에서는 거대기업들이 부상하면서, 생산수단을 활용해 이윤을 창출할 수 있는 기회를 앗

---

13 시장에서 가격 조작과 독점을 금지하는 내용이 주요 골자며, 노동권을 보장했다.

아갔다고 지적했다. 실제로 많은 미국인이 공장의 노동자나 하위 사무직으로 전락했다. 그들은 이제 생산수단으로 돈을 벌 여유도 없었고, 오히려 생산수단과는 괴리된 월급쟁이 노동자가 되었다. 이러한 괴리로, 주주민주주의를 주창하는 이념적 운동이 태동했다. 주주민주주의는 더욱 많은 개인이 증권시장에 투자자로 참여하도록 독려해서, 개인들을 자본 또는 생산수단과 연결하고 이들이 산업자본주의를 통제하는 권한을 보유할 수 있도록 해야 한다고 주장했다. 진보 개혁가들과 뉴욕주식거래소(New York Stock Exchange, NYSE)의 경영진이 모두 주주민주주의가 다양하게 발전하게끔 돕는 역할을 했다. 그렇게 해서 일반 대중의 투자(mass investment)라는 개념이 생겨났고, 대량생산(mass production)과 대량보급(mass distribution)과 함께 경영자 자본주의를 구성하는 한 축이 되었다. 이 대중투자는 자금이 필요한 기업의 수요와 기업의 재무정보를 알고 싶어하는 대중의 요구를 충족하는 역할을 할 뿐만 아니라, 기업권력과 투자자 권력 사이의 균형을 잡는 정치적인 의미도 담고 있었다. NYSE의 경영자들은 주주자본주의가 경영자들의 부정행위를 견제할 수 있기 때문에 정부의 감시는 필요 없을 것이라고 주장했다. 하지만 그들의 계획대로 되지 않았다.

흥미롭게도 제1차 세계대전 시기에 미국의 일반 시민을 대상으로 전쟁국채를 발행했는데, 이를 계기로 많은 시민들 머릿속에 주주자본주의의 개념이 자리를 잡게 되었다. 그래서 제1차 세계대전 이후에 점점 더 많은 개인들이 증권시장에 진입했다.

트레이더(또는 투기꾼)들은 당시에 올드가드가 독점하다시피 한 우선주보다는 새로이 시장에서 거래되기 시작해서 가격이 싼 보통주를 매입하기 시작했다. 트레이더들은 회사 경영에는 그다지 관심이 없었다. 그들의 주된 관심사는 증권 트레이딩을 통해 최대한 빨리 이익을 회수하는 것이었다. 그들은 주식을 매입할 때 거래금액의 10퍼센트만을 선납입하고 나머지는 차입금을 통해 투자하는 이른바 마진 거래방식을 주로 활용했다. 가격이 오르면 주식을 팔아서 차입금을 바로 상환하고, 남긴 거래 차익으로 다시 재투자하는 방식이었다. 이들은 당시 우선주 투자자들처럼 장기 투자를 통해 배당을 받지 않고, 주식가격이 단기 상승하는 시점에서 주로 기회를 노렸다.

1920년대 들어 새로운 유형의 투자자들이 이전보다 많은 자금을 동원해서 투자활동에 나섰다. 당시 공화당 정부가 주도한 세제 혜택과 미국 기업들이 거둔 기록적인 이익 성장 그리고 국가 채무 감소로, 많은 자금(이른바 유동성)이 금융 시스템으로 흘러 들어왔다. 보험회사나 은행과 마찬가지로, 투자신탁(오늘날 뮤추얼펀드의 조상과도 같다) 같은 새로운 투자기구를 통해 많은 신규 자금이 모였다. 내부 정보를 활용해서 이익을 얻는 투기꾼의 불법행위와 은행 관리자의 부실한 은행 대출관리로 금융 시스템이 오염되기도 했다. 1920년대 이전에는 올드가드의 가치와 이들 중심의 친목관계가 금융 시스템을 통제하는 근간이었다면, 1920년 이후의 금융 시스템은 근본적으로는 제도적 통제가 없는, 이른바 '자유시장'이었다. 1928년 무렵이 되자, 증권시장에 '투기의 거품' 현상이 나타났다. 이듬해에 이 거품이 터졌고, 1929년 11월에는 주식시장의 가치가 50퍼센트 넘게 폭락했다. 주주자본주의라는 이데올로기가 사실상 타락한 셈이다.

그러나 주식시장의 붕괴 자체가 대공황의 원인이 되었다고 할 수만은 없다. 오히려 이 현상은 미국 경제가 건강하지 못한 요소를 안고 있다고 시장이 보내는 신호였다.

경제대공황

1929년부터 1941년까지 미국 경제를 덮친 대공황은 말 그대로 미국 역사상 엄청난 충격이었다. 초반 4년 동안 미국의 국내총생산(Gross National Product, GNP)은 31퍼센트가량 하락했다. 더는 사람들이 주택을 짓지 않고 기업들이 새로운 기계설비를 구매하지 않아서, 투자 또한 87퍼센트라는 믿을 수 없는 감소폭으로 하락했다. 실업률은 1929년에 3퍼센트 정도였으나, 1932년 25퍼센트로 치솟았다. 이는 당시 기준으로 가장 높은 수치였고, 여전히 이 기록은 깨지지 않고 있다.[14] 모든 경제 분야가 급격한 침체기로 접어들었다. 광산업, 농업, 건설업, 금융업 등 예외가 없었다. 은행, 목재, 시멘트 및 철강 등 경제의 근간이 되는 산업들도 마찬가지였다. 은행들이 파산하자 소기업과 중소 상인들 사이에서 회사 운영에 필요한 자금이 돌지 않았고, 이들이 사내에 유보해둔 이익도 말라갔다. 수백만 사람들의 삶이 곤궁해졌고, 실제로 굶어죽는 사람들까지 생겨났다. 왜 이런 일

---

14 대침체기의 절정이던 2009년 10월의 실업률은 10퍼센트였고, 코로나 팬데믹 발생 직후인 2020년 4월에 집계한 공식 실업률은 14.8퍼센트(미국 연준 세인트루이스 경제연구소)다.

이 벌어졌을까?

자본주의 시스템에는 투자와 구매력 사이에 무자비한 관계성이 있다. 노동자는 자신이 생산하는 재화와 창출하는 서비스를 얻기 위해 돈을 벌어야 한다. 만약 노동자의 구매력이 감소하면 기업은 번창할 수 없고, 투자자 또한 기업에 투자할 이유가 사라진다. 이 투자와 구매력의 관계성을 파악하면 비로소 대공황이 일어난 배경을 이해할 수 있게 된다. 당시 미국 경제의 네 가지 현상, 말하자면 (1)부와 소득의 격차, (2)허약한 제반 산업, (3)불건전한 은행 시스템, 그리고 (4)취약한 기업 경영구조가 일련의 정부 정책 실패와 맞물리며 구매력과 투자의 관계를 상당히 압박했다.

부와 소득의 불균형한 분포는 1920년대를 특징짓는 사회 현상 중 하나다. 뉴에라 시대의 여러 목표를 반영하듯 일부 산업에서 임금이 십 년 동안 11퍼센트가량 상승했으나, 모든 노동자에게 혜택이 돌아간 건 아니었다. 많은 노동자, 이를테면 자동차 제조업과 건설업에 종사하는 노동자들은 일 년에 몇 주는 일거리 없이 지내기도 했다. 반면 1920년대 기업들은 모든 경제주체가 창출하는 이익의 80퍼센트 이상을 벌어들였고, 배당도 65퍼센트 이상 늘었다. 전체 인구의 1퍼센트가 전체 부의 59퍼센트를 차지했고, 하위 87퍼센트에 해당하는 부의 비중은 10퍼센트밖에 되지 않았다. 상위 6만 가구의 부의 규모가 하위 2,500만 가구의 규모와 비슷했다. 이처럼 1920년대에는 부가 상당히 불평등하게 분포되어 있었다.

이 지점이 미국 기업사에서 왜 중요한가? 당시에는 부유한 가정에만 냉장고, 자동차, 라디오 같은 수많은 소비재를 구매할 여력이 있었다. 그래서 도입된 할부금융제도가 노동자들이 소비를 늘릴 수 있도록 제도적으로 돕는 역할을 했다. 하지만 1920년대 말에 가면 이들 노동자 상당수의 채무가 급격히 늘어나는 부작용도 있었다. 국가 전반의 구매력이 감소하면 투자자들 또한 위축될 수밖에 없다.

이렇게 부의 분포가 편중된 데다 제반 산업이 허약한 속성을 드러내자 미국 경제에 암운이 드리웠다. 취약한 산업의 수가 많은 것도 문제이지만, 동종 업계에서 수많은 기업이 한정된 시장을 놓고 출혈경쟁을 하고 있었다. 더 큰 문제는 이 취약한 산업에서 고용한 미국 인구가 가장 많다는 데 있었다. 대표적인 취약 산업으로는 광산업, 석유와 가스 등의 에너지 산업, 섬유산업이 있었다. 섬유산업의 경우에는 동종 업계 내부의 경쟁도 치열했지만, 합성섬유처럼 외부의 새로운 대체제도 거세게 도전해오고 있었다. 1920년대 중반에 이르면, 건설업과 철강업 또한 극한 경쟁 상황에 내몰리게 된다. 산업 내부에서 주요 기업들이 과도한 경쟁을 지속하자, 제품가격을 인하할 수밖에 없었고, 대량해고도 불가피해졌다. 이러한 현상은 당시의 어려운 경제 상황을 더욱 악화시켰다. 자동차 제조업이 생산을 감축하자, 고무와 유리 생산업자, 볼트와 너트 제조사를 포함해 자동차 산업과 연관된 많은 산업이 시류에 편승할 수밖에 없었다. 이처럼 노동자 해고는 구매력 감소로 이어졌고, 투자자들 또한 주식시장에서 투자를 계속할 수 없었다. 그러다가 이 모든 상황이 1928년 들어 다른 양상을 드러내기 시작했다.

미국 경제의 또 다른 문제점은 대다수 기업의 경영구조가 취약하다는 것이었다. 이 현상은 1920년대에 기업들이 빈번하게 인수합병을 진행한 결과였다. 당시에는 두 종류의 인수합병이 대세였다. 그중 한 가지는 GM과 듀폰사 경영자들의 업무방식과 관련이 있는데, 지주회사 구조에서 사업회사를 다변화하고, 의사결정 구조를 분권화하는 방법이다. 여기에는 경쟁의 압박에서 오는 리스크를 분산하려는 목적이 있었다. 이 인수합병은 경영진이 시장 변화에 대응하는 의도되고 계산된 행보로서, 1920년대 지주회사 사례에서는 예외적인 방식이다.

다른 기업들은 지주회사 경영구조를 악용했다. 이론적으로 '지주회사'는 기업 경영 차원에서 다른 계열 회사를 소유하고 감독하기 위한 법인체로서, 19세기에 존 록펠러가 조직해서 성공적으로 발전시킨 스탠다드 오일 트러스트(Standard Oil 'trust')의 현대적 버전이다. 하지만 록펠러와 달리 1920년대 경영자들은 피라미드 방식의 회사 지배구조를 만들고 그 산하에 여러 회사를 두었는데, 이들 회사는 제품을 만들거나 서비스를 제공하지 않고, 단순히 자금 조달을 위한 법인 역할만 했다. 기업의 주식과 채권을 발행하거나 차입하는 방법은 종종 추정된 기업가치를 근거로 삼는데, 이 기업가치가 정확하게 회사 자산의 실질 가치를 반영하지 못했다. 오히려 자산이 전혀 없거나 내부에 인력조차 없는 경우도 허다했다. 이러한 회사는 말 그대로 유령회사 내지 껍데기 회사로서 금융사기를 위해 설립된 곳이었다. 즉, 사기계획이 탄로 나기 전에 허위정보를 퍼뜨려 인위적으로 주가를 올리고 주식을 팔아서 이익을 챙겨 나가는 구조다.

이러한 종류의 피합병회사들은 종종 회사의 성장을 뒷받침할 적합한 관리체계(경영구조)도 없이 급격하게 성장했다. 가장 악명 높았던 회사가 사무엘 인설(Samuel Insull)이 미국 중서부에서 설립한 전기회사 그룹이었다. 인설이 당시 가지고 있던 직함만 해도 65개 기업의 회장, 7개 기업의 사장 그리고 85개 기업의 이사였다. 컴퓨터도 없던 시절에 어떻게 한 개인이 이렇게 수많은 기업을 실질적으로 운영할 수 있었을까? 대답은 예상대로 인설이 운영에 실패했다이다. 1932년에 그의 왕국은 붕괴하기 시작했고, 결국에는 투자자들의 수백만 달러 자금을 공중으로 날렸으며, 노동자 수천 명의 직장을 앗아갔다.

불건전한 은행 시스템 또한 부의 불균등, 허약한 제반 산업 그리고 취약한 경영구조만큼이나 미국 경제 전역에 걸친 심각한 문제로, 대공황의 주요한 직접적 원인이기도 하다. 1920년대에는 미국 은행 시스템에 두 주류가 있었다. 하나는 미국의 연방준비제도에서 관리하는 은행들로 구성된 시스템이었다. 당시만 해도 은행에는 도산을 막기 위한 보험장치가 없었지만, 대출을 실행하거나 현금 유보금을 쌓는 일과 관련해 엄격한 가이드라인이 있었고 은행들은 이를 반드시 준수해야 했다. 대체로 연준 아래 있는 은행들은 그럭저럭 잘 운영되는 편이었다.

또 다른 시스템은 대부분 주 단위 또는 지역 단위 은행들로 구성되었는데, 이들 은행의 운영을 감독하는 정부의 조치가 전혀 없거나 있더라도 상당히 부실했다. 주식시장 투기꾼에게 대출을 해주는 부실경영 내지 부정행위 때문에 1920년대에는 7,000여 곳의 은행이 폐업하기도 했다. 주정부 단위의 예금보험제도는 상당히 미약해서, 은행이 도산하면 예금자는 은행에 예치한 예금의 대부분 내지 전부를 잃곤 했다.

1920년대와 1930년대 초반에 정부 정책은 취약한 경제 부문의 문제를 가중시켰다. 공화당 정부의 조세정책으로 많은 자금이 시장에 유통되기 시작했으나, 그중 상당 부분이 주식 투기시장으로 몰렸다. 관세정책 또한 미국 기업들의 해외 진출을 가로막았는데, 다른 국가들도 미국의 관세 인상에 대응해서 자국의 관세를 인상했기 때문이다. 미국의 관세정책은 자국 농민들에게도 피해를 끼쳤는데, 당시 미국의 곡물 생산량은 국내 소비 수준을 넘어서고 있었다. 그러한 상황에서 1920년대 미국 농업은 점차 침체기로 빠져들고 있었고, 농업가구를 지원하는 정부 정책은 전혀 추진되지 않았다. 또한 정치 지도자들은 영국과 프랑스 정부가 미국 정부로부터 빌린 전쟁차관을 전액 상환해야 한다고 주장했다. 하지만 당시 미국 경제를 보면 전쟁 채권을 전액 상각해도 아무런 문제가 없었을 것이다. 문제는 미국 정치인들의 이 주장이 유럽 경제를 상당히 압박했다는 데 있었고, 이 점이 도리어 미국 경제에 부정적인 영향을 미쳤다.

많은 학자들은 미국 연준의 여러 조치(응당 해야 할 조치들에 부작위로 일관하는 태도를 포함해서)를 비판한다. 하지만 객관적인 시각으로 바라보면, 당시에 연준은 통화 공급을 통제하기에 충분한 경험이 없었다. 연준이 발족하고 막 업무를 시작할 무렵에 제1차 세계대전이 발발해서 기구 자체가 제대로 운영될 수 없었기 때문이다. 현재 시점에서 돌이켜보면, 1920년대 연준은 통화량을 줄여야 하는 시점에 오히려 공급량을 늘렸고, 1930년대에는 국가경제가 침체기에 빠지는 사태를 막기 위해 유동성 공급을 늘려야 했는데 오히려 아무런 조치도

하지 않았다.

1929년 가을에 주식시장이 붕괴한 사태는 미국 경제의 여러 문제가 점점 악화되는 상황에서 나타난 심각한 반작용이라고 볼 수 있다. 요약하면, 1930년대 대공황은 부의 불균형한 분배, 부실 산업, 취약한 기업 경영구조와 엉성하게 관리되던 은행 시스템, 농업 분야의 침체, 잘못된 방향으로 추진되던 정부 정책들, 그리고 통제받지 않던 주식시장의 부정거래 행위들이 복합적으로 만들어낸 산물이라고 할 수 있다.

경제대공황 시기에 성장한 기업들

대공황은 미국인에게 혹독한 시기였기에, 대다수 미국 역사책은 1930년대를 미국 기업에도 대재앙의 시대로 묘사한다. 이 판단은 대체로 정확하나, 모든 기업에 똑같이 적용되는 것은 아니다. 비록 수십만 소기업과 자영업자 들이 이 10년 동안 파산하고 몰락했지만, 훨씬 많은 수의 새로운 기업이 나타나서 사라진 기업들의 자리를 대체해나갔다. 새로운 기업들은 대개 식료품 관련 업체와 소매업처럼 노동집약형 산업 분야의 영세한 기업들이었다. 1929년에는 미국에 약 150만 개의 상점이 있었고, 1939년에는 약 180만 개의 상점이 있었다. 많은 회사가 사실상 동네 구멍가게 같은 영세한 법인들이었다. 이 소규모 기업들은 셀프 서비스 형태의 슈퍼마켓 체인이 성장하고 전국적으로 빠르게 확산하면서 곧 사라져갔다. 그렇긴 해도 엄혹한 경기침체기에 새로운 회사가 끊임없이 등장한 현상은 미국 기업 시스템의 회복 탄력성을 잘 보여주는 사례라 할 수 있다.

일부 대기업은 대공황 시기에 오히려 사세를 확장해나갔다. 듀폰사는 저렴한 원자재 가격과 과학자처럼 숙련된 고급 인력의 저임금을 십분 활용해서 이 10년 동안 R&D 투자를 대폭 늘렸다. 그 결과, 1930년대 중반에 듀폰은 혁신 제품 두 가지를 시장에 내놓았다. 바로 합성고무 제품인 네오프렌과 나일론인데, 둘 다 엄청난 히트 상품이 되었다. 실제로 1929년부터 1936년 사이에 미국에는 매년 73여 개의 기업 부설 연구소가 신설되었다. 1930년대 설립된 대표적인 스타트업 두 곳이 바로 휴렛 팩커드사(Hewlett Packard)와 폴라로이드사(Polaroid)인데, 두 회사 모두 그 후 초대기업으로 성장한다.

대공황 시기에 정부에서 주도하는 사회·경제 관련 프로그램이 증가하자, IBM(International Business Machine)은 급증하는 데이터 처리 수요에 대응하며 사세를 확장할 기회를 거머쥐었다. 예를 들어 1935년에 사회보장법(Social Security Act)이 제정되어, 경제활동에 종사하는 모든 노동인구의 정보 파일을 구축할 필요가 생겼다. 이에 오늘날 컴퓨터의 조상이라 할 수 있는 IBM의 전자기계식 펀치 카드 시스템이 정부의 요구를 충족해주었다. IBM의 수장인 토머스 J. 왓슨 시니어(Thomas J. Watson Sr., 1874~1956)는 이러한 성장 기회를 놓치지 않도록 단단히 준비했다. 대공황 초창기에 그는 직원 해고를 최소화했고, 대신 자신의 급여를 대폭 삭감했다. 비록 당시에는 펀치 카드의 수요가 적었지만, 그는 IBM에서 펀치 카드 장비를 제조하게

끔 했다. 이를 계기로 IBM은 미국의 사회보장 시스템이 자리를 잡는데 기여했고, 이 사회보장제도에 더 많은 노동자를 등록해서 국가가전시경제를 헤쳐갈 수 있도록 지원했다.

대공황이 시작되고 처음 4년간 GNP는 31퍼센트나 급감했고, 투자활동은 87퍼센트라는 충격적인 감소율을 기록했으며, 소비지출은 19퍼센트로 하락했다. 원재료 가격과 노동자의 임금을 깎아버린 바로 그 디플레이션 때문에, 소비재 가격 또한 급격히 떨어졌다. 많은 가정이 몇 년째 새 집, 새 자동차, 새 옷조차 사지 못했다. 그러나 신규 상품은 사지 못하더라도 식사나 세탁, 설거지를 안 하고 살 수는 없는 법이다. 여가활동이나 여흥도 멈출 수 없다. 당시에도 미국인들은 가족끼리, 친구끼리 극장을 즐겨 찾았다. 당시 미국 노동자의 연간 급여가 1,000달러에 약간 못 미치는 수준이었는데, 영화 관람료는 평균 20센트가량이었다. 매주 영화표가 8,000만 장 팔렸는데, 당시 미국 인구가 1억 2,799만 명 정도였던 점을 감안하면 엄청난 수치다. 오늘날과 비교하면 2016년 미국의 주간 평균 영화표 판매금액이 약 1,690만 달러가량이고, 인구는 3억 2,300만 명 이다. 대공황 중에도 가장 극심한 시기에 제작부터 배급까지 수직적 통합을 이뤄낸 영화산업은 1930년 내내 상당한 영업이익을 누릴 수 있었다.

1930년대 들어 소비자들의 가처분소득이 많이 줄어들긴 했지만, 영화표를 살 정도의 여유는 있었고, 많은 사람들이 당시에도 여전히 고가지만 필수재로 인식되기 시작한 제품들을 구매하고 있었다. 예를 들어 1,000만여 가구가 신형 냉장고를 어렵사리 장만했다. 프리지데어사(Frigidaire), 노르지사(Norge), 켈비네이터사(Kelvinator),

켄모어사(Kenmore) 등이 생산한 냉장고를 들여놓으면서 일반 가정에서는 매일 식료품을 구입할 필요가 없어졌고, 식료품 운송에 드는 비용과 시간을 절약할 수 있었다. 당시 크레인사(Crane), 콜러사(Kohler), 스탠다드사(Standard) 같은 회사에서 생산한 가내 수세식 화장실 설비는 1920년에 20퍼센트밖에 보급되지 않았지만, 1940년이 되면 보급률이 미국 가정의 60퍼센트에 이른다. 냉장고와 가정용 편의기구의 판매량이 증가하면서 그 가격 또한 자연스레 떨어졌다.

이제, 대공황 시기에 어쩌면 20세기를 통틀어 가장 성공적인 기업 중 한 곳에 대한 이야기를 해보려 한다. 이는 기업 경영사의 중요한 사례를 분석한 이야기며, 기업이 미국에서 소비자경제 부흥기에 맞이한 사회·문화적 변화의 얼마나 중요한 대상인지를 밝혀주는 이야기다.

CHAPTER 3

P&G의 브랜드 관리

경제대공황 기간에 프록터앤드갬블(Procter & Gamble, P&G)이 비즈니스에서 거둔 성공사례는 우리에게 효율적으로 운영되는 기업은 최악의 시기에도 혁신이 가능하고 성공할 수 있다는 사실을 보여준다. 나중에 P&G로 불리는 이 회사는 미국 역사가 걸은 사회·문화적 질곡을 같이하며, 미국이라는 나라의 전형적인 특성을 띠게 된다. 말하자면 불굴의 창업가정신, 소비재에 열광하는 성향, 청결, 젊음, 육체적 아름다움에 심취하는 특징 그리고 강매하는 전통 등이 여기에 속한다.

P&G의 다품목 판매와 마케팅 전략

영국에서 건너온 양초 제조업자인 윌리엄 프록터(William Procter)와 아일랜드에서 이민 온 비누 생산업자인 제임스 갬블(James Gamble)이 1837년 미국 신시내티에 설립한 P&G는 순식간에 급성장했다. 1859년경에는 직원 수가 80명뿐이었는데, 연간 매출이 백만 달러를 넘었다. 150년 뒤에 이 회사는 미국에서 가장 큰 기업 중 하나로 성장했고, 전 세계에서 14만 명의 직원을 고용했다. 매출액은 더욱 증가했는데, 절반 이상이 해외 수출에서 나왔다(2013년 840억 달러, 원화로 92조 원의 매출액을 실현했다). P&G는 미국에서 가장 큰 광고 사업자로, 2013년에 97억 달러(2021년 기준 113억 달러, 약 12조 원)를 광고비로 지출했다. 또한 미국에서 규모가 가장 큰 가정생활용품 및 소비재 브랜드의 생산업자다. P&G의 브랜드가 부착된 제품들은 P&G가 경쟁을 벌이는 제품 카테고리의 절반 이상을 선도하고 있다.

기본적으로 P&G는 마케팅 회사다. P&G가 사업에서 첫 성공을 거둔 계기는 1878년 생산공정에서 발생한 직원의 실수였는데, 소비자들이 여기에 독특한 반응을 보였다. 한 직원이 어느 날 점심식사를 하려고 사무실을 비웠는데, 비누 믹서기의 전원을 끄는 걸 깜박 잊었다. 식사시간 동안 믹서기는 비누 원료에 공기를 계속 주입했고, 평소보다 많은 공기가 비누에 첨가되었다. 회사에서는 고객들이 이 '물에 뜨는 비누'를 계속 주문할 때까지 이러한 사실을 전혀 모르고 있었다. 당시에는 아버지인 윌리엄 프록터의 대를 이어 할리 프록터 (Harley Procter)가 회사 경영을 맡고 있었는데, 그는 매우 특별한 사업 기회가 생겼다는 사실을 직감적으로 알아차렸다. 그는 이 비누바의 이름을 〈시편〉 45절에서 영감을 받아 기존의 'P&G 화이트 소프'에서 '아이보리'로 바꾸었다. 그리고 이사회를 설득해서 아이보리 제품의 장점을 대대적으로 홍보했는데, 당시 지출한 광고비가 선례를 찾기 힘들 정도로 어마어마했다. 1882년에는 이 제품의 첫 광고 카피를 종교잡지에 싣기 시작했다. 그리고 광고 타깃으로, 당시 광고업계에서 주로 겨냥하던 도소매상이 아닌 일반 소비자를 공략했다. 1890년대에 할리 프록터가 개발한 광고 슬로건 두 가지는 향후 100년 동안 소비자 머릿속에 아이보리 비누의 이미지를 뚜렷이 남기는 데 기여했다. 바로 이 제품은 '물에 뜬다'와 '99.44퍼센트 순도다'라는 슬로건이다(아이보리의 순도 수치는 화학성분을 분석한 실험에 근거했는데, 그 실험결과에 따르면 아이보리 제품에 포함된 불순물 함량 비율은 다른 제품의 그것과 비교해 낮긴 했지만 미세한 정도로, 차이가 크지 않았다).

P&G는 미국 역사에서 최초로 컬러 광고를 시도했으며, 경쟁사보다 앞서 최초로 광고대행사를 고용했다. 1900년에는 회사에서 자사의 광고 카피를 직접 제작하는 것이 광고업계의 관행이었다. P&G는 종종 아기를 광고 소재로 삼았고, 이를 통해 자사의 비누제품이 피부에 매우 순하다는 점을 선명하게 각인시키고자 했다. 이 콘셉트를 적용해서 아이보리 제품 라인을 주방세제로까지 넓히고, 부엌 싱크대에 쌓인 접시를 설거지해야 하는 식당 종사자와 가사 노동자들에게 피부에 전혀 자극적이지 않다는 점을 강조했다.

P&G는 마케팅 전략을 개발하며 나날이 성장했고, 생산설비도 확장해야 했다. 그래서 1880년대 신시내티 근교에 '아이보리데일'이라는 대형 생산공장을 신설했다. 1901년에는 비누의 주요 원재료 중하나인 면실유를 자산 생산 라인에 포함시켰고, 몇 년 후에는 캔자스시티와 뉴욕의 스태튼아일랜드에도 새로운 공장을 세웠다. 1930년대가 되면 P&G는 대량수출을 시작하는데, 당시 200여 개의 브랜드제품을 전 세계로 수출했고, 비누제품만 140여 개에 달했다.

비누는 생산하기에 단순하고, 제품 대부분이 화학적으로 거의 동일하다. 생산업자의 진짜 업무는 이들 제품의 브랜드를 창안하고 효과적으로 광고하는 일이다. 기존 브랜드 제품이 있다는 사실 자체만으로도 새로운 경쟁자가 시장에 진입하기 매우 힘들기 때문이다. 당시까지 P&G는 경쟁사 제품들, 특히 레버 브라더스사(Lever Brothers)의 럭스 비누와 럭스 플레이크 세탁비누, 그리고 콜게이트-팜올리브사(Colgate-Palmolive)의 팜올리브 제품과 캐시미어 부케 비누의 도전을 받으며 치열하게 경쟁하고 있었다. 세 회사는 모두 광고에 엄청난 비용을 지출했다. 이들 회사는 제품가격을 낮추면서 이익을 내야만 했고, 그러기 위해서는 생산과 판매에서 규모의 경제를 달성해야 했다. 따라서 자연스럽게 대량판매 시장을 개척해야만 했기 때문이다.

P&G는 도전해오는 경쟁사의 새로운 비누제품에 체계적으로 대응했다. 1919년에 아이보리 플레이크 제품을 내놓았고, 1927년에는 기업을 인수해서 옥시돌 세탁비누와 숫돌 성분을 첨가해서 연마 기능을 강화한 라바 제품을 출시했다. 라바 브랜드 상품은 미국 전역의 자동차 정비소로 대부분 팔려나갔고, 옥시돌은 P&G의 블록버스터급 상품이 되었다. P&G의 첫 액체 형태 샴푸인 드렌이 사용자 모발의 기름을 지나치게 많이 제거해서, 회사는 소실된 유수분을 보완하기 위해 컨디셔너 제품을 개발했다. 이 컨디셔너라는 제품 자체가 나중에는 또 다른 필수 미용제품이 되었다.

P&G의 기업문화

1930년대 P&G는 흥미로운 기업문화를 발전시켜나간다. 당시 P&G는 다소 답답하고 전통에 집착하는 기업 이미지로 널리 인식되었다. 그래서인지 이미지대로, 입사 지원자들은 첫 인터뷰를 하면서 P&G의 문화가 다소 경직되어 있고 형식을 중시한다는 느낌을 받았다. 지원자들은 우선 여러 시험을 통과해야 하는데, 여기에는 심리 테스트도 포함되어 있었다. 관리자들은 직급과 상관없이 모두 어두운 색의 정장과 흰색 셔츠를 입고 있었다. 노조활동은 제한되었으며, 사내 카페테리아는 사용 공간이 성별로 구분되었다. 외부 채용보다는 주로 내부 승진을 통해 관리자를 배출했고, 신입사원이 입사하면 대부분 P&G가 평생직장이 되었다. 영업사원들은 한 달에 한 번 자동차를 세척할 수 있었고, 유료 주차장이 아닌 길거리에 주차해야 했다. 그리고 신규 제품이 출시되거나 광고 캠페인이 시작될 때마다 관련 사항을 사내 기밀로 엄격하게 지켰다.

1907년부터 1948년까지 41년 동안 이 기업의 CEO 자리에는 단두 명이 올랐다. 첫 CEO는 "소령"이라고 불리던 윌리엄 프록터였는데, 그의 조부는 창업자이자 오하이오 주방위군(Ohio National Guard) 장교였다.[1] 윌리엄 프록터는 낯을 많이 가렸고, 매사에 근엄했다. 그는 사람들에게 신뢰감을 주는 한편, 사회의식이 높았다. 그의 경영방식은 GM의 알프레드 슬론과 비슷한 면이 많았다. 그는 직원들에게 업무 지시를 직접 내려보내지 않았고, 오히려 설득을 통해 회사를 이끌어갔다. 그의 직원이자 후임자로 일명 "레드(Red)"라고 불리던 리처드 레드먼드 듀프리(Richard Redmond Deupree)는 그를 완벽하게 보완했다. 사교적이고 유쾌한 경영자인 듀프리는 마케팅에 본능적인 열정을 쏟았다. 이 두 명의 CEO는 P&G를 명실상부하게 미국에서 가장 혁신적인 소비재 기업이자, 전체 산업을 통틀어 변화하는 외부

---

[1] 프록터앤드갬블의 창업자 중 한 명인 윌리엄 프록터는 영국에서 미국으로 건너와 1837년 주방위군에 입대했고, 같은 해에 동서인 제임스 갬블과 함께 P&G를 창업했다. 1907년 당시 CEO인 윌리엄은 창업자인 윌리엄과 그의 조부 윌리엄과는 동명이인이다.

환경에 가장 빠르게 대응하는 기업으로 키워냈다.

또한 P&G는 기업의 사회적 책임을 다하기로도 유명했다. P&G는 여러 복지 프로그램을 도입하는데, 당시는 앞서 설명했다시피 '미국 계획'이 대세를 이루며 기업가를 중심으로 반노조 기류가 강하게 형성되던 시기였다. 1886년에 P&G는 미국에서 최초로 직원들이 토요일에 반차 휴가를 쓸 수 있도록 했다. 1910년대와 1920년대에는 장애인연금제도와 퇴직연금제도를 시범적으로 도입하기 시작했고, 1일 8시간 근무와 연간 48주 근무시간을 보장했다. 실업보험제도도 존재하지 않던 시절에, 이러한 P&G의 복지제도는 P&G를 미국에서 가장 일하고 싶은 기업으로 만드는 데 기여했다.

특히 당시에 근무시간을 보장할 수 있었던 것은 P&G가 중요한 전략적 변화를 도입했기 때문이다. 1920년 P&G는 도매유통상을 건너뛰고, 소매상에 자사 제품을 직접 판매하기 시작했다. 도매유통상들은 일반적으로 P&G의 원재료 가격이 떨어져서 P&G의 제품가격이 낮을 때 재고를 쌓아두었다. 다시 말해, P&G가 도매 판매가격을 인상하면, 도매상들은 재고를 시장에 풀고, 가격이 다시 떨어질 때까지 신규 제품의 입고를 연기했다. 그래서 중간도매상을 제외하자, P&G는 생산물량을 일관되게 유지할 수 있게 되었고, 직원들의 노동시간 보장제도도 정착시킬 수 있었다. 이렇게 미들맨 또는 중개인을 도려내는 전략은 곧 미국의 여러 기업 사이에서 광범위하게 채택되었고, 나중에는 또 다른 형태의 분권화와 소비자 권한을 강화하는 전략의 토대가 되었다.

1930년대에 미국 경제는 악화되었지만, P&G는 괄목할 만한 경영

성과를 일구었다. IBM과 마찬가지로, 정리해고는 최소한도로 진행되었다. P&G가 일시적으로 직원 급여를 10퍼센트 감축했을 때, 레드 듀프리는 자발적으로 자신의 급여를 삭감했다. 이 회사는 경제대공황을 거치는 동안 해마다 순이익을 냈고, 1937년에는 창사 이래최고의 실적을 기록했는데, 매출액 2억 달러에 순이익이 2,700만 달러였다. 매출과 이익에서 가장 기여도가 높은 제품은 아이보리, 옥시돌 그리고 크리스코였다. 이 크리스코 상품은 합성 쇼트닝 제품으로 1912년에 처음 제조되었는데, 요리에서 라드를 대체하게 된다. 당시 P&G는 경영 성과 측면에서 주요 경쟁사들을 모두 앞지르며, 레버 브라더스 또는 콜게이트-팜올리브의 매출 두 배 이상의 많은 판매액을 기록했다. 이 세 회사의 비누 판매량이 미국에서 80퍼센트를 차지했는데, P&G 한 개 회사의 매출이 50퍼센트에 조금 못 미치는 수준이었다. 1930년대 말에 P&G는 원재료비로 연간 약 9,000만 달러[2], 직원 급료로 2,300만 달러 그리고 광고비로만 1,500만 달러를 지출했다.

P&G의 소비재 시장 구축

P&G는 어떻게 비누시장과 그 밖의 수많은 소비재 시장을 구축했을까? P&G는 당시 기준으로 상상할 수 있는 거의 모든 방식을 동원

---

2   2020년 기준으로 24억 달러, 원화로 약 2조 6,000억 원

해서 제품을 홍보했다. P&G는 당시 광고예산의 절반가량을 라디오 방송의 멜로드라마인 연속극에 투입했다. 이 연속극을 영어로 흔히 소프 오페라(soap opera)라고 하는데, 바로 P&G가 연속극에 비누 광고를 협찬한 데에서 유래한 단어다.

다른 광고 행사로는 무대에서 열리는 콘테스트가 있었는데, 참가자는 이 시합에서 어떤 문장을 완성해야 했다. 이를테면 "나는 아이보리 비누를 좋아합니다. 왜냐하면 … 하기 때문입니다"라는 문장을 경기 규칙에 맞게 완성하는 식이었다. 우승자는 현금, 손목시계, 냉장고, 자동차, 카펫, 라디오, 진공청소기, 스타킹 등 다양한 상금과 상품을 받았다. 수천 명의 P&G 영업사원들은 이러한 콘테스트를 소매센터에서 열어서, 소매점 점주들에게 P&G 제품의 매출이 성장하리라는 확신을 심어주고, P&G 제품의 매입을 늘리도록 독려했다. 영업사원들이 집집마다 방문해서 고객에게 자사 비누의 할인 쿠폰을 뿌리는 방법도 효과가 있었다.

P&G의 대량 마케팅 기법은 광범위한 상업적 현상 내지 문화 현상을 만들어내는 데에도 기여했는데, 바로 현대적 의미의 광고산업이 성장한 것이다. 일찍이 경제학자 조지프 슘페터가 언급했듯이, "괜찮은 비누를 만들어내는 것만으로는 부족하다. 사람들이 씻도록 유도하는 일 또한 필요하다." 20세기가 시작되면서, 사내 또는 인하우스(in-house) 광고 에이전시의 업무는 광고에 특화된 외부 기업으로 넘어가기 시작했다. 광고업이라는 새로운 산업에 속한 기업들은 맨해튼에 모여들어 클러스터를 형성하기 시작했고, 1923년 무렵에 맨해튼 메디슨가는 광고산업과 동의어가 되었다. 대학 학위를 보유

한 광고회사의 남성 직원들은 '현대적인 것들'의 전도사를 자처하며 일반 시민, 특히 여성을 대상으로 현대적인 삶의 방식을 이른바 교육하고 다녔다. 개인적으로 특정 브랜드를 지지하는 사람들[대다수가 베티 크로커(Betty Crocker)나 엘렌 부클랜드(Ellen J. Buckland) 같은 가상인물이었다]도 나타나서, 광고를 홍보하거나 입소문을 내기도 했다. 이렇게 이웃과 수다를 떨면서 홍보하거나 여성 잡지에 기고하는 것과 같은 개인적 차원의 접근법은 광고 카피를 활용해서 제품 판매를 촉진하기도 하지만, 제품의 장점과 우수성을 널리 알리는 이점도 있었다. 제품은 종종 광고에 실리면서 기존에 알려진 특징과는 다른 새로운 측면이 사람들에게 발견되어 새로이 부각되기도 한다. 예를 들어 플레시먼스 이스트(Fleishmann's Yeast)라는 효모제품은 처음에는 제빵에 사용되었으나, 나중에는 비타민제로, 더 나아가 변비약으로 각광받았다. 이렇게 해서 마케팅 소비자주의는 하나의 현대적인 문화 현상으로 자리매김했다.

흥미롭게도 1920년대와 1930년대 초기에 광고업자들은 라디오라는 새로운 전기매체에 신중하게 접근했다. P&G와 다른 소비재 회사들도 처음에는 직접적으로 광고하는 방식을 피하고, 오히려 제품 정보를 제공할 수 있는 라디오 프로그램을 제작했다. 예를 들어, P&G는 〈프라이팬을 든 자매(Sisters of the Skillet)〉와 〈크리스코 요리 토크쇼(Crisco Cooking Talks)〉 같은 TV쇼 제작을 지원했다. 광고업자들은 저녁시간에 방송하는 라디오 예능 프로그램에 자사 이름이나 자사 제품의 브랜드를 붙이기 시작했다. 이를테면 '이파나 트러바도어(Ipana Troubadours)'라든지 '에이앤피 집시(A&P Gypsies)'

가 그런 예다. 팜올리브사는 제작을 지원하는 프로그램에 나오는 가수 이름을 폴 올리버(Paul Oliver)와 올리브 팔머(Olive Palmer)로 바꾸기도 했다.

P&G는 1933년에 자사의 첫 소프 오페라, 즉 멜로드라마인 〈퍼킨스 아줌마(Ma Perkins)〉를 방영했다. 한 미망인의 일상을 그린 드라마였는데, 주인공인 퍼킨스 아줌마는 주변 친구들의 어려움을 항상 동정하고 이해심 많은 사람이었다. 1930년대 후반기에 들어, P&G는 라디오 방송국들이 이와 유사한 프로그램을 주당 5시간에 걸쳐 방송하기로 계약하고, 그 비용을 지불했다. 이 어마어마한 방송시간이 P&G의 19개 드라마에 할당되었는데, 각 드라마의 러닝타임은 15분 정도였다. 드라마는 주로 매력적인 인물이 일상에서 많은 일을 겪으며 가정생활을 헤쳐나갈 지혜와 교훈을 얻는다는 내용이었다. 타깃 시청자층은 18세부터 50세 사이의 여성들이었는데, 이들은 가정용 소비재의 주요 고객이었다. P&G는 1940년대 후반에 소프 오페라를 텔레비전 방송에도 도입했고, 1950년대 중반에는 13개 텔레비전 프로그램을 제작 및 지원했다. P&G의 드라마 중 〈애즈 더 월드 턴즈(As the World Turns)〉(1956~2010)와 〈가이딩 라이트(Guiding Light)〉(1937년에는 라디오에서, 그 후 1952년부터 2009년까지는 텔레비전에서 방영)는 미국 역사상 최장기 드라마다.

이 소프 오페라가 미국 문화에 끼친 영향은 논쟁거리가 많지만, 광고와 판촉도구로서 거둔 효과는 의심의 여지가 없다.《에드버타이징 에이지》의 편집자들은 P&G가 소프 오페라를 활용한 방식을 두고 "미국 광고 역사상 가장 오랫동안 지속되고 가장 성공한 미디어 전략"이라고 주장한다.

그러나 1930년대 후반에 들어서면서 광고업자들은 여러 연구를 거듭한 끝에, 소비자들이 간접적인 제작 지원보다 직접적으로 광고하는 형태에 더 즉각적인 반응을 보인다는 점을 알아차렸다. 이로써 미국에 끊임없는 광고의 시대가 도래하게 되었다. 처음에는 라디오에서 시작했지만, 그 후에는 텔레비전에서, 그리고 오늘날에는 뉴스와 인터넷의 SNS에서 매일, 매시간 광고가 흘러나오고 있다.

닐 맥엘로이와 브랜드 매니지먼트

P&G는 현대 광고산업에서 소프 오페라와 함께 브랜드 매니지먼트라는 새로운 기법이 발전하는 데 기여했다. 종종 산업 혁신이 탄생하게 된 기원을 알아내기가 어려운데, 브랜드 매니지먼트라는 경영기법은 그 탄생 시점과 기원을 정확히 확인할 수 있다. 1931년 3월 13일, 닐 맥엘로이는 회사의 오래된 '한 쪽짜리 메모 규칙'을 어기고, 3쪽짜리 보고서를 작성했다. 그런데 이 보고서가 P&G의 미래를 바꾸었다. 맥엘로이는 카메이 비누 광고 캠페인 부서에서 일하고 있었는데, 답답함을 느꼈다. 그가 보기에는 자신이 밀고 있는 제품이 레버사와 팜올리브사의 제품뿐만 아니라 자사의 플래그십(flagship, 대표 상품) 제품인 아이보리 비누 브랜드와도 경쟁하고 있었기 때문이다. (이와 비슷한 답답함을 느낀 크라이슬러 형제는 1910년대에 빌리 듀런트가 이끌던 GM사를 떠나 크라이슬러자동차사를 창업했다.) 맥엘로이는 회사에

서 카메이 제품과 아이보리 브랜드 각각에 개별적이고 구체적인 관심을 기울여야 한다고 주장했다. 그의 논지는 브랜드 각각에 단독 경영자를 배정하고 더 큰 규모의 팀을 배치해서, 브랜드별로 생산에서 마케팅까지 전 과정에 전념해야 한다는 것이었다. 즉, 관리조직은 오로지 한 브랜드에만 집중해야 한다는 얘기였다.

그 후 각 브랜드는 개별 회사처럼 운영되었고, 브랜드마다 서로 차별화되었다. 광고 캠페인에서 카메이와 아이보리는 각기 다른 소비자 시장을 겨냥했고, 이로써 서로 경쟁하지 않게 되었다. P&G의 목표는 한 가정에 카메이 비누나 아이보리 비누 중 아무거나 파는 것이 아니라, 둘 다 판매하는 것이었다. 광고 또는 비즈니스에 종사하는 사람들이 흔히 말하듯, '제품 차별화'는 이제 제품 제조 그리고 특히 마케팅에서 중요한 요소로 자리 잡았다.

P&G의 현대적인 브랜드 매니지먼트 시스템은 광범위하게 보급되어, 회사마다 조금씩 형태는 다르지만, 21세기 들어 전 세계 대부분의 소비재 기업이 모두 채택하게 되었다. 일반적으로 브랜드 매니저 또는 브랜드 관리자들은 회사에서 전도유망하고 에너지 넘치는 젊은 임원들이 맡아왔다. 닐 맥엘로이를 포함해서 듀프리 이후 P&G의 CEO 대부분은 마케팅 분야에서 경력을 쌓은 이력이 있다.

마케팅에서 괄목할 만한 혁신 중 하나인 브랜드 매니지먼트는 미국 기업사에서 끊임없이 이어지는 트렌드를 잘 보여준다. 바로 중앙 집중형 방식과 분권형 방식의 의사결정 구조 사이에서 균형점을 찾아가는 것이다. 최고경영진은 어떤 브랜드를 도입하고 인수하고 매각할지를 두고 전략적인 의사결정을 하며, 개별 브랜드 매니저와 그

팀 들은 개별 브랜드를 판매하기 위한 세부적인 마케팅 전술을 개발한다. 정확하게 의사결정을 내리기 위해 가장 중요한 점은 최고경영자건 브랜드 매니저건 소비자들이 원하는 상품에 대한 세부적인 정보를 확보하고 있어야 한다는 것이다.

스멜서 박사와 시장 리서치 본부

닐 맥엘로이의 성공 공식은 '소비자가 원하는 것을 알아내고 그것을 그들에게 팔아라'였다. "닥(Doc, 박사 또는 의사를 뜻하는 Doctor의 별칭)"이라는 애칭으로 불리던 폴 스멜서(Paul Smelser)는 체구는 작지만 매사에 적극적이고 진지했으며, 깔끔한 정장과 넥타이 차림으로 회사에 나타나서 어떠한 문제건 직원들과 함께 해결책을 찾기 위해 고군분투하는 사람이었다. 그에게 '닥'이라는 애칭이 붙은 건 그가 존스홉킨스대학교에서 경제학 박사학위를 받았기 때문이다. 그는 이 회사에서 면실유와 다른 농산물의 가격을 통계적으로 분석하고, 미래가격을 예상하는 업무를 시작했다. 닥은 임원들에게 답하기 어려운 질문을 건네곤 해서 그들을 당황하게 만들었다. 이를테면 "아이보리 비누 제품의 몇 퍼센트가 얼굴과 손 미용에 사용되는지 아시나요? 설거지용으로는 판매제품의 몇 퍼센트가 사용되는지 아시나요?"같은 질문이었다. P&G는 스멜서가 던진 질문의 답을 찾기 위해 1925년 공식적으로 시장 리서치 본부를 발족했다. 스멜서는 1959년에 은퇴하기 전까지 이 본부를 이끌었다.

나중에는 수백 명으로 규모가 확대되는 닥의 연구인력은 상세한 질문 리스트를 마련해서 설문조사를 진행하는 체계적인 시스템을 구축했다. 스멜서는 특히 집집마다 방문해서 설문을 수행하는 인터뷰 전담 직원들을 십분 활용했다. 이들을 이끌었던 한 관리자에 따르면, 이 인원은 대부분 젊고 대학 학위를 보유한 여성들로서, 업무를 위해서라면 홀로 미국 전역을 여행할 수 있을 정도로 독립심이 강한 직원들이었다.

　　이들은 인터뷰 대상자하고 유대감과 신뢰를 형성하기 위해 눈에 띄거나 야하지 않은 옷차림으로 단정한 이미지를 심어주려고 애썼다. 그래서 보수적인 옷차림에 하이힐을 신고 글러브를 끼고 모자를 썼으며, 소지품으로는 소형 핸드백 정도만 지니고 다녔다. 인터뷰를 하는 동안에는 인터뷰 대상자에게 설문지나 서류를 작성하도록 요구하지 않았고, 노트에 기록도 하지 않았다. 그들은 모두 인터뷰를 마친 후에 차로 돌아와서 인터뷰 동안 나눈 대화를 복기하며 보고서를 속기로 남겨야 했다. 인터뷰 전담 직원들은 인터뷰를 진행하며 주부들과 세탁, 요리, 설거지, 그 밖의 P&G 제품을 사용하는 가사활동과 관련해 솔직한 대화를 주고받았는데, 이 대화 내용은 회사에 엄청난 정보의 밑천이 되었다. 아울러 그 인터뷰는 신규 제품을 자연스레 고객에게 소개하는 자리가 되기도 했다. P&G는 또한 수백 명의 여성 인력을 고용해서 집에서 빵을 굽거나 설거지를 하거나 빨래를 하는 등의 가사활동을 할 때 P&G 제품을 사용해보고, 그 결과를 리서치 본부에 보고하도록 했다.

　　소비자 인터뷰에서 수집한 답변과 시제품에 대한 반응을 도표로 만들어 비교하는 과정에서, P&G 제품과 경쟁사 제품의 사용 양태와 특히 소비자 선호도에 관해 상당히 많은 정보를 얻었다. 리서치 팀은 이 정보를 가지고 라디오 방송 청취자 수의 정확한 통계는 물론이고, 라디오 방송국조차 입수하기 힘든 라디오 방송 관련 통계자료도 작성할 수 있었다. 스펠서 박사가 P&G에 재직한 34년 동안 3천 명이 넘는 여성 인력들(남성 인력도 있었다)이 리서치 본부에서 조사원으로 근무했다.

1960년대 들어서는 기술 발전으로 P&G의 조사원들이 마케팅 조사를 위해 직접 가정을 방문할 필요가 사라졌다. 1970년대에는 연간 약 150만 건의 전화 인터뷰 내지 우편 인터뷰를 할 수 있게 되었다. 리서치 본부는 'DAR(Day After Recall)'이라는 조사방식을 도입했는데, 이는 P&G의 텔레비전 광고를 보고 나서 소비자가 광고를 얼마나 기억하는지와, 광고가 소비자의 구매행위에 미치는 영향을 측정하는 조사방법론이다. P&G의 광고대행사들은 포커스 그룹 조사방법과 여론조사 기법을 개발한 다음 이 조사결과를 반영해서 자사 제품을 소비자 수요와 기호 변화에 맞춰 변화시켜갔고, 자사 광고도 정교하게 만들어갔다.

전 세계 모든 메이저 소비재 기업이 사업을 성공적으로 이끌기 위해 시장 리서치를 수행해왔지만, P&G는 21세기에도 여전히 이 분야에서 독보적인 존재다. 스펠서 박사가 은퇴한 후, P&G는 여러 중요한 변화를 맞이했다. 우선 보유한 브랜드 개수가 크게 늘었고, 시장이 이제 전 세계로 확대되었다. 그래서 시장 리서치 업무도 이전보다 훨씬 정교해져야만 했는데, 사무용 컴퓨터 도입으로 업무가 전산화되고 인터넷이 보급되면서 이 작업이 가능해졌다.

21세기 초반에 P&G가 판매하는 브랜드는 많아서 유명한 브랜드(자체 개발뿐만 아니라 인수를 통해 취득한 것)만 나열해도 리스트가 상당히 길 정도인데, 대표적인 브랜드만 제시하면 다음과 같다.

비누 및 세탁용 세제: 아이보리, 세이프가드, 치어, 다우니, 미스터 클린, 볼드, 바운스, 캐스케이드, 조이, 돈

면섬유 제품: 바운티, 차민, 팸퍼스, 러브스, 탐팩스

식품 및 음료수: 폴저스, 프링글스, 아이암스 애완동물 식품류

헬스케어 관련 제품: 빅스44, 나이퀼, 프릴로섹, 펩토비스몰

개인위생 관리제품: 크레스트, 오랄비, 스코프, 슈어, 팬틴, 헤드앤숄더, 올레이, 커버걸, 맥스 팩터, 클레롤(2001년 인수), 웰라(2003년 인수), 질레트(2005년 57억 달러에 인수, P&G 역사상 가장 큰 규모의 인수였다.)

질레트 인수로 면도 제품군은 물론이고 듀라셀 건전지 제품군과 다른 제품군도 P&G의 제품 계열에 편입되었다.[3] P&G에서 계속 진화하는 브랜드가 너무 많아서, P&G가 사업을 전개하는 180여 개 국가의 소비자들은 일주일 또는 하루라도 P&G 제품을 쓰지 않으면 생활이 안 될 정도였다.

---

3 KKR이 1988년 듀라셀을 인수해서 1989년 기업공개를 했고, 1996년 질레트사가 듀라셀을 70억 달러에 인수했는데, 2005년 P&G가 질레트사를 인수했다.

브랜드 매니지먼트의 시사점

오늘날 의미로 브랜드[4]라는 단어의 역사는 백 년 남짓으로 길지 않다. 브랜드는 프린트 기술과 전자 미디어가 부상하고 셀프서비스가 점진적으로 도입된 상황과 밀접한 관련이 있다. 브랜드를 대중 광고와 결합하는 오늘날의 관행은 19세기에 시작되었고, 그 대표적인 사례가 싱거 재봉틀과 닥터 마일스 특효약이다. 저가의 식료품과 가정용품 시장이 성장하면서 브랜드가 발전하는 가장 큰 전기가 마련되었는데, 이들 제품은 개인 소비자에 맞춰 포장하기 편리하고 브랜드화하기도 쉬웠다. 대표적인 것으로 나비스코사(Nabisco)의 유니다 비스킷, 하인즈사의 케첩, 질레트사의 안전 면도날 등이 있었다. 나중에는 마케팅 업계에서 "상품의 자리를 브랜드가 채운다"는 말도 생겨났다. 즉, 브랜드가 시장에 뿌리를 깊게 내리면 브랜드 상품의 품질이 괜찮고 가격도 합리적인 한, 브랜드 없는 상품은 브랜드 상품과 경쟁이 안 된다는 뜻이다.

20세기 초에 아이보리 비누와 함께 경쟁사인 라이프보이사(Lifebuoy)와 팜올리브사의 제품은 당시 각지에서 생산되던 브랜드 없는 일반 비누제품 수천 개를 싹 몰아냈다. 마찬가지로 가내에서 자급하려고 만들던 비누도 사라지게 되었다. 브랜드 비누는 가격도 무척 저렴한 데다 품질도 믿을 만해서, 비누를 직접 만들 필요가 없었던 것이다. 이

---

4   상표 또는 상표명이라는 의미이나, 원래는 목장의 소유자를 소에 표시하기 위해 찍는 낙인 또는 인두라는 뜻에서 출발했다.

렇게 많은 가정에서 이들 제품을 구매하면서 고된 노동과 시간을 줄일 수 있었는데, 주부들로서는 엄청나게 편리해진 셈이다. 이러한 현상은 하인즈사, 캠벨사(Campbell), 리비사(Libby), 그 밖의 회사들이 제조하고 판매하던 통조림 식품에서도 비슷하게 나타났다.

몇몇 브랜드 제품은 막대한 광고비를 지출하고 품질이 우수한데도 금방 사라졌다. 다른 브랜드들 또한 특별한 사유 없이 시장점유율이 오르락내리락하며, 근근이 버티기도 했다. 소수의 브랜드만이 곧장 시장의 선두주자로 올라서서 오랜 기간 자리를 지켰다. 1920년대 시장에서 1위를 차지한 뒤로 오늘날까지 여전히 독보적인 위치를 굳히고 있는 브랜드 상품으로는 P&G의 아이보리 비누제품군, 리글리사(Wrigley)의 껌, 코카콜라사의 소프트드링크 제품군, 굿이어타이어사의 타이어, 질레트사의 면도날, 캠벨사의 수프와 나비스코사의 크래커, 델몬트사의 과일 음료수 등이 있다.

오랜 기간 특정 상품이 시장에서 우위를 지키려면, 우선 쓸모가 있어야 한다(요즘 세상에 마차용 말채찍 브랜드를 아는 사람이 있기나 할까). 둘째로는 제품의 품질이 일관되게 양호해야 한다. 그렇지 않으면 경쟁 상품에 밀려 곧장 시장에서 퇴출되고 만다. 셋째로 소비자들은 가치와 효용 수준이 예상에 못 미치는 브랜드는 곧장 내다버리기 때문에, 기업은 자사 브랜드를 누가 어떤 이유로 구매하는지 면밀히 주시해야 한다. 바로 이런 점들이 스멜서 박사와 시장 분석 관리자들의 지휘 아래 P&G의 시장 리서치 본부가 얼마나 중요한 역할을 했는지 잘 설명해준다.

20세기 브랜드와 관련해 중요한 지점은 다음과 같다. 브랜드 매니지먼트 개념에서 기업의 근본은 단기에 매출을 극대화하기보다, 장기에 걸쳐 소비자가 제품에 대한 충성도를 기르도록 하는 데 있다. 제품 충성도는 기존 제품의 시장지배력을 유지해주기도 하지만, 신규 제품의 출시와 판매를 촉진하기도 한다.

모든 소비자가 특정 브랜드에 동일한 태도를 보이지는 않기 때문에, 브랜드 충성도는 쉽게 달성할 수 있는 목표가 아니다. 일부 소비자는 특정 브랜드를 자신의 이미지로 만들어가는 경우도 있어, 깊은 심리적 애착관계로 발전하기도 한다. 이런 부류의 사람들은 자신을 외부에 표현하고자 하는 욕구가 강해서, 자신이 구매한 배지 같은 상품을 드러내놓고 과시하기도 한다. 가격도 중요한 요소이기 때문에, 브랜드 상품의 품질만이 마케팅에서 유일한 이슈는 아니다. 중요한 점은 소비자가 느끼는 가치가 일관되게 소비자가 지불한 금액에 상응하느냐이다. 아마도 전체 소비자 그룹의 30퍼센트 정도는 브랜드에 그다지 관심이 없을 수도 있다.

그러나 기업은 자사 브랜드에 반응하는 시장의 미묘하지만 매우 작은 트렌드에도 면밀하게 관심을 기울여야 한다(코카콜라사는 1980년대에 '뉴코크' 제품을 시장에 출시하면서 이 교훈을 얻었는데, 그 대가가 무척 컸다. 이 캠페인은 마케팅 역사에서 가장 처참한 캠페인 중 하나로 인식되기 때문이다). 이처럼 소비자 성향과 시장 트렌드에 세심한 주의를 기울여야 한다는 점 자체가 20세기와 21세기 초에 소비자 구매력이 성장한 증거라고 할 수 있다. 1970년대와 1980년대에 기업들이 단기 이익만을 추구한 결과, 브랜드 매니저들이 여러 실수를 저질렀다. 일부는 제품의 가격을 너무 올렸고(이를테면 GM사의 자동차), 일부는 가격을 낮추지 않은 채 원가 절감을 위해 품질만 낮췄으며[할스턴사(Halston)의 의류], 일부는 브랜드를 무분별하게 확장했다(프리토레이 레모네이드, 크리스틸 펩시). 1990년대에 몇몇 기업은 '브랜드 공정 감독관 또는 브랜드 에쿼티 관리자' 제도를 도입해서, 이들에게 브랜드 매니저들이 무분별하게 브랜드를 활용해서 가치를 훼손하지 못하도록 방지하는 역할을 맡겼다.

P&G는 아이보리 브랜드를 '수평적으로' 유사한 여러 제품군과 결합해서 대단한 성공을 거두었다. 아이보리 브랜드를 도입한 제품 및 상품군은 아이보리 비누바부터, 아이보리 플레이크, 아이보리 스노우, 아이보리 샴푸, 아이보리 액상 주방세제로까지 확장되었다. 디즈니사도 유사한 방식으로 콘텐츠 제작 관련 서비스 영역에서 '수직적으로' 브랜드를 확대해 성공을 거둔 사례다. 디즈니사는 만화영화 제작에서 만화책(코믹북 포함), 테마파크, 실사영화, 완구류, 리테일 쇼핑몰, 브로드웨이 극장 뮤지컬과 쇼, 그리고 해외 관객을 대상으로 하는 관광 가이드로까지 영역을 넓혀나갔다.

21세기의 P&G

새로운 천 년인 2000년으로 들어서며, P&G 경영자들은 기업문화에 변화를 주어야만 하는 상황에 봉착했다. 2000년에 주가가 폭락한 것이다. 경영진은 기존 방식에 집착하기보다 회사 안팎에서 의견을 청취하는 전략을 선택했다. 최고위 경영진은 직원들의 복장을 자율화하고 직원들이 자유로이 블로그도 개설할 수 있도록 허용했다. 이 블로그를 통해 직원들은 새로운 아이디어에 대한 외부인 의견도 확인할 수 있었다. 그래서 다소 폐쇄적이고 경직되었던 기존 문화는 "서로 소통하며 발전한다"는 슬로건에 따라 개방적으로 바뀌어갔고, 신상품과 회사의 신규 전략에 대한 제안이 곳곳에서 쏟아져 나왔다. 2007년에는 회사를 가정용품군, 미용제품군, 건강제품군 중심의 세 가지 제품군별 사업 부문으로 나누었다.

P&G는 이제 세계시장에서 사업을 전개하고 있다는 사실을 새삼 인식하게 되었다. 회사에서 서열 2위 자리인 글로벌 사업 유닛의 수장은 여성인 수전 아놀드(Susan Arnold)가 맡았다. 20여 개가 넘는 고위 임원급 자리도 새로 신설했는데, 이는 회사의 의사결정 구조에 더욱 분권화된 시스템을 도입한 결과다. 글로벌 섬유제품 비즈니스 그룹, 글로벌 퍼스널케어 비즈니스 그룹, 글로벌 헤어케어 비즈니스 그룹, 그리고 글로벌 월마트 팀을 각각 맡고 있던 사장[5]들이 이제 북

---

5   미국 기업조직에서 Chairman/Chairwoman 또는 단순히 Chair라고 하면 통상 이 사회(Board of directors) 수장을 의미하며, 주로 이사회에서 이들을 선임한다. 이사회는 통상 주주들이 선임한다. Chairman은 이사회와 함께 CEO를 선임하거나 파면할 권한을 지니며, 대개 회사의 일상 업무에는 관여하지 않는다. 이 책에서는 Chairman을 회장으로 번역했다.
    CEO는 통상 기업 운영과 관련해 기업을 대표하고 경영 전반의 의사결정을 책임지는 인물로서, 이사회를 제외하고 해당 기업에서 직책이 가장 높다. 이사회에 출석해 보고할 의무가 있으며, 한국 기업에서는 대표이사에 해당한다. CEO와 Chairman을 겸직하기도 하고 President와 CEO를 겸직하기도 하지만, 그렇지 않은 경우도 있다. 이 책에서는 편의상 CEO를 영문 그대로 사용한다.
    President는 CEO와 다소 혼동되기도 하는데, 실제로 규모가 크지 않은 기업이나

미 지역, 아시아 지역, 중부 및 동부 유럽 지역, 중동 지역, 아프리카 지역을 자신이 맡은 제품군별로 관리하도록 했다. 마지막의 월마트 팀은 당시 소매 유통시장의 거대 강자인 월마트가 소비재 가격 책정과 매장 내부의 제품 배치에 미치는 전례 없이 막강한 영향력을 감안해서 신설된 조직이었다. 이렇게 새로운 정책을 도입하자, 주식가격은 곧 회복되고 고점을 갱신했다.

투자자들이 압력을 넣는 데다 2007년과 2009년 사이에 세계 경제를 덮친 금융위기의 여파로 매출이 급감하자, P&G는 2014년 반려동물 식품 브랜드인 아이암스와 유카누바를 캔디 제조 및 판매 회사인 마스(Mars)에 29억 달러(약 3조 2,000억 원)를 받고 매각했다. 그해 말에 P&G는 거의 100개에 가까운 브랜드의 생산과 판매를 중지한다는 계획을 발표했다. 계획의 기본 골자는 회사 전체 이익의 90퍼센트 이상을 창출하는 80개가량의 제품에 집중하겠다는 것이었다. 당시 CEO인 A. G. 래플리(A. G. Lafley)는 "적을수록 좋다"라는 경영 모토를 발표하며, "우리 목표는 성장이고, 또한 일관된 현금흐름과 이익을 창출하는 것이다. 우리 조직은 앞으로 더욱 기민해질 것이고 시장적응력을 높여나갈 것이다"라고 말했다.

단일 사업을 하는 회사의 경우에는 흔히 CEO가 President를 겸직한다. 지주회사나 여러 사업 부문을 거느린 기업에서는 각 사업자회사 또는 각 사업 부문에서 직책이 제일 높고 해당 사업에 관한 의사결정을 책임지는 사람이 President이고, 지주회사 또는 전체 회사를 총괄 관리하는 사람이 CEO다. 이때 각 사업 부문의 President는 CEO에게 사업 내용을 보고할 의무가 있다. 이 책에서는 President를 사장으로 번역했다.

브랜드가 된 인물

지금까지 브랜드 개념을 소개했는데, 마치기 전에 P&G, 월마트 그리고 다른 기업들이 판매하는 소비재 제품과 더불어, 브랜딩이 이제 사람에게도 확대되었다는 점을 강조하고 싶다. 헨리 포드나 에스티 로더(Estee Lauder), 랄프 로렌(Ralph Lauren) 같은 기업가들의 이름은 오랜 기간 자신이 이끄는 기업에서 판매하는 제품의 마케팅에 동원되기도 했다. 하지만 20세기 중반 들어, 유명한 개인은 그 자신이 하나의 '브랜드'가 되었다. 스포츠와 문학처럼 사람들의 이목이 집중되는 분야에서 마이클 조던, 페이튼 매닝, 마리아 사라포바, 타이거 우즈, 톰 클랜시, 대니엘 스틸, 스티븐 킹, 그리고 J. K. 롤링 같은 유명인들은 스스로 유명한 브랜드가 되었다.

모델들은 자신의 사업이 번창하도록 확장하는 데 개인 브랜드를 활용했다. 이들 중 대표적인 사람이 캐시 아일랜드(Kathy Ireland)일 것이다. 그는 잡지 《스포츠 일러스트레이티드》(수영복판)에 13년 연속 모델로 등장한 경이로운 기록을 보유하고 있고, 《포브스》에서 선정한 자수성가한 미국 여성 60명에 오르기도 했다(2016년 39위). 2011년에는 약 1만 5,000개 상품의 라이선스를 보유하고 있었으며, 이 라이선스를 통해 그해 약 20억 달러를 벌어들였는데, 이는 유명한 마사 스튜어트(Martha Stuart)의 수입보다도 많은 금액이었다. 그밖에 사업을 일으켰던 모델로는 지젤 번천(Gisele Bundchen), 하이디 클룸(Heidi Klum) 그리고 신디 크로포드(Cindy Crawford)가 있다.

때로는 유명한 개인이 브랜드가 되어가는 과정 자체가 매우 특이한 결말로 이어지기도 한다. 마릴린 먼로와 엘비스 프레슬리 그리고 다이애나 황태자비의 요절이 '괜찮은 커리어 변경[6]'으로 회자되곤 하는데, 이들의 죽음 자체가 그들을 애도하는 대중이 그들에 대한 기억을 떠올리는 상품을 구매하도록 유도하기 때문이다. 마릴린 먼로 최악의 영화들은 영화의 고전이 되었고, 엘비스 프레슬리의 고향인 멤피스주 그레이스랜드는 매년 50만 명 이상의 관광객을 불러들이고 있다. 엘비스의 죽음(1977년 8월 16일)이 하나의 팝 문화가 된 것처럼, '사람들의 황태자비'로 기억되는 다이애나비의 죽음(1997년 8월 31일) 또한 마찬가지였다. 그의 사후 10년이 되는 날에는 수많은 책과 잡지가 출간되었고, 그가 생전에 한 많은 선행을 기념하며 메달과 주화 접시들이 판매되기도 했다. 이러한 유형의 브랜드는 조지프 슘페터가 자본주의의 속성을 두고 한 발언을 떠올리게 한다. "나는 종종 과거에 발생해서 성공을 거둔 모든 현상이 결국에는 누군가의 비즈니스이지 않았을까 하고 생각해본다."

---

6 표현 자체가 부적절하게 들릴 수도 있다.

CHAPTER 4

뉴딜정책과 제2차 세계대전, 정부 규제와 전시동원의 시대(1933~45년)

경제대공황 시기에 P&G와 대형 영화 제작사들 그리고 일부 특수 업종의 기업들처럼 성장과 발전을 이룬 사례도 있었지만, 미국인과 미국 기업들은 미국 경제 전반에 걸쳐 유례를 찾기 힘든 시련과 고통을 겪었다. 2장에서 설명했다시피 부의 편중, 허약한 기업, 취약한 기업구조, 불건전한 금융 시스템, 주식시장의 불확실성, 그리고 정부 정책의 실패는 복합적으로 작용하며 미국 역사상 가장 긴 경기침체 기를 초래했다. 경기가 저점을 지나가던 1932년에 치른 대선에서, 기업에 대한 해박한 지식을 자랑하던 현직 대통령은 기업활동 경험이 전혀 없는 직업정치인에게 패했다. 프랭클린 루스벨트(Franklin D. Roosevelt, 1882~1945)[1]는 취임해서 기업 관행의 결함이 노출되기 시작한 정부 정책을 검토하고, 관행을 재정비해서 경제성장의 튼튼한 토대를 만들었다.

미국 유권자들이 연속해서 네 번 대통령 자리에 올려놓은 루스벨트는 극심한 경기침체기에 미국이라는 국가의 지도자로서 경제위기를 타개했고, 1945년 추축국들과 치른 전쟁을 승리로 이끌었다. 1933년 FDR이 대통령 당선 연설을 하던 시점의 경제 상황과 그가 현직 대통령으로서 숨을 거둔 1945년 4월까지의 경제 상황을 비교하면 엄청난 차이를 발견할 수 있다. 실업률만 해도 25퍼센트에서 1.9퍼센트로 개선되었다. FDR 정부 12년 동안 미국의 경제·사회·문화는 엄청난 변화를 겪었는데, 이는 앞으로도 다시없을 변화였다.

---

1   민주당 소속의 제32대 미국 대통령. 미국인들은 그를 FDR이라는 약칭으로 부르기도 한다. 그의 먼 친척이자 공화당 소속의 제26대 미국 대통령인 시어도어 루스벨트(Theodore Roosevelt)는 흔히 TR이라고 부른다.

1930년대 뉴딜개혁에서 시작해 제2차 세계대전 당시 전시동원령까지, 미국인은 자국의 많은 부분을 개혁해나갔다. 1945년 무렵에는 미국이 경제적으로 세계에서 가장 번성한 국가가 되었고, 미국 기업은 경영구조를 분산하고 정부와 협력하며 미국의 경제적 번영에 기여했다.

프랭클린 루스벨트와 뉴딜정책

1933년 루스벨트 대통령은 취임사에서 미국의 경제 시스템을 믿는다고 천명했다. 동시에 미국 경제의 몇몇 중요한 부분에는 개혁이 필요하다고 역설했다. 그는 미국 경제를 병들게 했던 과잉생산 문제를 완화하고, 경제체제를 건강하게 만들기 위해 저돌적인 정책들을 추진했다. 대통령과 개혁 성향의 내각은 은행제도와 증권업을 개혁했다. FDR의 뉴딜정책에서 추진한 경제개혁은 기업활동의 투명성을 높이고, 이를 통해 투자자와 소비자의 권익이 강화되는 효과를 노렸다. 20세기 당시의 거대한 산업 트렌드도 이와 유사했다. 이렇게 개혁적인 조치들이 경제 회복의 절대 요인은 아닐 수 있으나, 미국 경제가 장기적으로 성장하는 데 초석을 다지는 역할을 한 것만은 분명하다.

1930년대 루스벨트표 개혁안들은 경제개혁 운동이면서, 동시에 오랫동안 미국의 골머리를 앓게 한 사회 이슈들의 합의안을 정치적으로 도출하는 작업이기도 했다. 당시 미국 행정부가 직면한 정치적 이슈 중에는 미국사회에 만연한 여성과 노인, 경제적 약자와 장애인 그리고 소수인종에 대한 차별문제와, 노동자와 소비자 위에 군림하던 대기업의 불공정 행위 문제가 있었다. 뉴딜정책이 이들 문제를 완벽히 해결한 것은 아니지만 일정 정도 개선했고, 특히 후대 개혁주의자들이 진보적 조치를 추진할 수 있도록 동력을 제공하며 영감을 불어넣었다.

1930년대 들어 연방노동법이 개혁되어 노동조합의 권리가 강화되자, 노동자들의 사회적 영향력이 커졌다. 그래서 GM사와 포드사 그리고 다른 대기업들에서 노동자들이 그동안 요구하던 노동조합 단결권을 수용하기에 이르렀다. 당시 미국의 비농업 산업인구의 7퍼센트만이 노동조합을 결성했는데, 이 숫자는 1940년에 2배를 넘어섰고, 1945년에는 3배, 1960년대에는 정점을 찍었다.

1920년대 부와 소득의 계층 격차는 뉴딜정책이 시행되며 줄어들기 시작했다. 1930년대 중반부터 1980년대 중반까지 미국은 중산층이 압도적으로 많은 사회였는데, 1930년대부터 시작된 소득 격차의 감소가 인구통계적인 추세와 맞물리며 직업 구성의 변화에 작용한 측면도 있다. 그러나 소득 격차의 해소에는 루스벨트 행정부가 추진한 제도적 장치와 정책이 상당히 기여한 것도 사실이다. 정부가 시행한 정책 중에는 사회보장제도, 실업보상제도, 최저임금제, 노동조합에 대한 지원, 누진소득세제도 등이 있다. 달리 보면, 뉴딜정책은 1920년대 뉴에라 시기에 여러 기업의 경영자들이 추진한 기업복지제도와 같은 민간 영역의 제도를 국가 정책으로 제도화한 셈이다.

하지만 루스벨트 대통령이 취임한 해인 1933년 초의 매우 짧은 이른바 허니문 기간 이후부터 1930년대 말까지 뉴딜정책의 긍정적인 효과는 국민들의 피부에 와닿지 않았을뿐더러, 미국 기업인 다수는 루스벨트 정부의 정책에 상당히 적대적으로 변했다. 미국의 국가경제부흥청(National Recovery Administration, NRA)은 기업들이 벌이던 파괴적인 경쟁을 완화하기 위해 동일 산업에 있는 기업들로 구성된 산업협회를 지원하거나 제품의 가격과 임금을 인상하기 위해 노력했다.

이 시도는 1935년에 미국 연방대법원이 행정부의 행정 조치들에 위헌판결을 내리면서 완전히 실패로 돌아갔지만, 사실 그 이전부터 삐거덕거렸다. 행정부의 부실한 관리능력과 정부가 추진한 계획의 실패사례를 보고 많은 기업이 대통령에게 반감을 품게 되었다. 뉴딜정책의 공공사업들로 인해 임금이 상승하고 조세 부담이 가중되자, 보수 성향의 유권자와 정치인 들 또한 루스벨트 대통령에게 분노하기 시작했다. 대기업 경영자와 은행가 들의 반감이 특히 거셌는데, 이들은 은행과 증권업을 규제하는 정부의 조치가 정도를 넘어섰다고 판단했다. 이들 대다수는 민주당 행정부에서 뉴딜정책을 밀어붙이는 이유가 파렴치하게도 권력을 놓치지 않기 위해서라고 믿었다(실제로 그러한 측면도 있었다). 심지어 알프레드 슬론과 피에르 듀폰처럼 사회적으로 명망 있던 경영자들도 루스벨트에 대한 증오를 비이성적일 정도로 쏟아내며, 루스벨트의 재선을 막기 위해 반대당인 공화당 대선 캠페인에 막대한 자금을 기부했다. 전미자유연맹(American Liberty League)은 1934년 반反뉴딜 구호를 개시했는데, 이들의 공세는 전후

시대와 이후 시대에 걸쳐 미국인들의 정치 지형에 영향을 미쳤다.

그러나 1930년대에 듀폰 집안 같은 재벌가들이 공개적으로 주도하는 기업인단체에서 뉴딜정책에 공격을 퍼붓자, 오히려 미국 대중의 FDR 지지도는 상승했다. 대통령은 경제적 왕당파(economic royalist)[2]와 조직화된 자본가 세력을 끊임없이 비판하며 일반 대중에게 상당한 지지를 얻었고, 이를 기반으로 광범위한 사회·경제적 개혁을 추진해나갔다.

NRA가 비록 실패하긴 했지만, 루스벨트 행정부에서 추진한 양대 경제 회복 프로그램은 1940년대 제2차 세계대전 시기에 전시동원 체제가 가동되기 전까지 1930년대 미국 경제를 느리지만 꾸준히 회복시키는 데 상당히 기여했다. 양대 프로그램 중 규모가 큰 것이 RFC(Reconstruction Finance Corporation, 말하자면 경제재건금융공사)였는데, 허버트 후버 대통령이 처음 설립한 기구다. 후버 행정부의 당시 의도는 철도회사나 보험사와 은행처럼 국가경제의 근간이 되는 기업들이 정부 지원을 받게 되면 낙수효과가 발생해서 미국의 모든 경제주체에 고르게 이익을 가져다주리라는 것이었다. 그러나 후버 행정부에서 RFC에 접근한 방식은 대출을 기반으로 했기에, 역설적이게도 지원 대상인 기업들의 재정문제를 더욱 악화시키는 결과를 낳았다. 그래서 FDR은 다른 접근법을 선택했다. 그는 제시 존스(Jesse Jones)라는 텍사스 휴스턴 출신의 은행가를 RFC의 회장으로

---

2 1936년 재선에 성공한 FDR은 취임사에서 정재계 기득권을 비판하며 실제로 경제적 왕당파라는 표현을 사용했다. FDR은 이들을 미국 독립전쟁 당시에 대영제국의 지배를 합리화하고 독립에 반대한 왕당파에 비유했다.

임명하고, 기업을 지원할 새로운 방법을 모색하도록 했다. 존스의 주도 아래 RFC는 재무적 어려움에 처한 기업들의 우선주를 매입했는데, 이 조치로 기업에는 유동성을 공급하였지만, 정부가 대상 기업의 경영에 직접 참여할 수 있는 권한을 넘겨받지는 않았다(일반적인 상황에서는 보통주 주주만이 기업의 주주총회에서 주요 안건에 투표할 권리가 있기 때문에, 우선주 주주는 경영 관련 의사결정에 영향을 미치기 어렵다). 또 다른 경제 회복 프로그램으로는 1933년 설립된 주택대출기구(Home Owners Loan Corporation)가 있다. 이 회사는 2만 달러(당시 평균 주택 가격이 5,000달러[3] 수준이었다) 이하의 주택을 소유한 개인이 주택을 구매하기 위해 받은 담보대출의 만기를 기존의 3~6년에서 15년까지 장기로 차환해서, 주택 소유주들이 대출 원리금 상환을 두고 느끼던 부담을 해소해주었다. 이러한 정부 지원 프로그램들은 20세기 후반까지 주택 구매자들을 대거 주택시장으로 유인해서 주택 건설업을 회생시키는 데 기여했다.

규제의 분권화와 확대

뉴딜정책은 지지자와 반대론자가 모두 공통으로 주장했듯이, 미국 경제를 혁명적으로 변화시키지는 못했다. 1940년대 산업구조는 1930년대와 별반 차이가 없었다. 그러나 정부 규제가 트럭 운송업과

---

3 2021년 기준으로 10만 7,000달러, 원화로 1억 1,800만 원 수준이다.

항공산업, 에너지와 송배전업까지 확대 적용되며, 뉴딜정책 아래서 시장을 관리하는 정부의 능력은 눈에 띄게 성장했다. 게다가 이미 정부 규제 아래 놓인 산업들, 이를테면 철도업, 은행업, 정보통신업 및 방송산업은 정부의 더욱 엄격한 감독을 받게 되었다. 미국 시민들은 1930년대에 발효된 여러 규제 법안이 미국의 경제 시스템을 더욱 합법적으로 가다듬었다고 여겼다.

뉴딜정책 중 기업개혁 프로그램은 은행업과 증권업에 변화를 가져왔는데, 이 두 산업은 1920년대 미국에서 가장 많은 문제를 야기한 분야지만, 20세기 중반에 미국 경제를 성장시키는 데 견인차 역할을 한 중요한 산업이기도 하다. 1929년 주식시장 대붕괴 직후에 뱅크런(bank run, 은행 예금 가입자들이 일시적으로 한꺼번에 은행 계좌에서 예금을 인출하며 벌어지는 혼란 사태)이 발생했는데, 테네시주와 켄터키주, 뉴욕시, 필라델피아주, 보스턴, 시카고, 톨레도 및 세인트루이스주 등 전국 각지에서 사태가 벌어졌다. 뱅크런으로 시중에 유통되는 통화량이 급감했고, 이는 투자자들의 자금 부족으로 이어졌다.

루스벨트 대통령은 취임 선서를 마치고 곧바로 제1차 세계대전 시기부터 강화해온 대통령의 권한을 사용해서 '은행 강제 휴일'을 선포했다.[4] 정부 당국의 은행 감독관들은 은행을 재구조화하는 한편, 회생이 불가능한 은행은 폐쇄했다. 은행 강제 휴일은 일시적이나마 은행 시스템에 대한 신뢰를 회복했고, 사람들은 은행 계좌에 다시금

---

4 뱅크런이 발생하는 상황에서 은행이 계속 운영될 경우, 예금자의 예금 인출이 걷잡을 수 없이 확대되어 은행이 지급 불능에 빠질 우려가 있었기 때문이다.

저축하기 시작했다.

일반 시민이 은행 시스템에 보이는 신뢰를 유지하기 위해, 개혁적인 정부 당국은 글래스스티걸법(Glass-Steagall Act)[5]을 국회에서 통과시켰는데, 이 법은 미국 경제에서 두 가지 주요한 변화를 이끌어내게 된다. 이 법은 미국 연방예금보험공사(Federal Deposit Insurance Corporation)를 설립하는 근거가 되는데, 이 기구는 은행이 파산하면 예금 가입자에게 예금 지급을 보장하는 역할을 한다. 은행이 파산하면 일반 예금의 100퍼센트[처음에는 2,500달러[6] 한도까지 보장했으며, 오늘날에는 25만 달러(2억 7,500만 원 상당)까지다]까지 보장해주는데, 그 재원은 연방예금보험공사에 가입한 회원 은행들이 납부하는 수수료였다. 나아가, 일반 상업은행이 예금 가입자들의 예금으로 주식시장에서 투기성 투자행위를 하거나, 예금 가입자가 아닌 은행만의 이익을 위해 투자하는 일체의 활동이 금지되었다. 1934년부터 저축은행은 일반 상업은행과 분리되어 연방저축은행보험공사(Federal Savings & Loan Insurance Corporation, FSLIC)의 감독을 받게 되었다. 연방저축은행보험공사는 저축은행의 영업과 관련한 규정을 마련했고, 저축은행들로부터 수수료를 징수해서 은행이 파산할 경우 예금 가입자들에게 예금을 지급하는 데 사용했다. 연방준비제도의 개혁과 함께 뉴딜정책의 은행 관련 법령은 미국의 은행 시스템을 안정화하는 데 큰 역할을 했다. 은행 파산 건수가 1920년대와 1930년대 초기에는

---

5   법의 주요 골자는 상업은행과 투자은행의 분리, 즉 은행업과 증권업의 분리다. 은행의 고수익 고위험 투자를 제한하는 것이 목적이다.

6   오늘날 물가 기준으로 5만 3,000달러, 원화로 약 5,800만 원 수준이다.

매년 수백 건에 이르렀는데, 1943년부터 1974년 사이에 한 자릿수로 감소했다.

글래스스티걸법은 또한 은행이 고객사 정보를 경쟁사에 넘기지 못하도록 금지했다. 회계사도 마찬가지로 고객사 정보를 경쟁 고객에게 넘기지 못하게 금지되었다(외부감사인인 경우에 해당). 이러한 규제 조치들로 인해 새로운 유형의 현대적 직업인 경영 컨설팅이 나타났다. 경영 컨설턴트는 특정 프로젝트에서 모은 정보와 지식을 합법적으로 다음 프로젝트로 이전할 수 있었고, 이를 통해 기업끼리 정보와 지식을 주고받을 수 있게 되었다. 이러한 방식으로, 1920년대에 GM사와 듀폰사에서 고안한 여러 혁신적인 아이디어(특히 분권화 및 다중부서 형태의 경영 시스템)가 제2차 세계대전 이후에 다른 기업과 다른 산업으로 전파되었다.

그러던 중에, 의회가 미국의 자본시장을 개혁하기 위해 일련의 복합적인 법을 발의해서 통과시켰다. 이 새로운 법들은 은행과 증권회사는 물론이고, 주식시장에 상장된 수천 곳의 기업들에도 영향을 미쳤다. 1933년에 제정된 증권거래법(Securities Act)과 1934년에 제정된 증권거래소법(Securities Exchange Act)은 주식시장에 상장된 모든 회사가 주주와 정부에 연간 사업보고서를 상세하게 공개하도록 의무화했다. 이 사업보고서는 과거에 회사 기밀정보로 분류되어 일반에는 공유하지 않던 방대한 양의 경영정보를 담고 있었는데, 이제 정보를 일정한 보고서 양식에 따라 작성하도록 의무화된 터라, 독립된 외부감사인(공인회계사)에게 확인을 받아야 했다. 1938년에 제정된 법은 이 의무사항을 모든 '공개'기업으로 확대했는데, 여기서 공개기업은 주식시장 상장 여부와 상관없이, 발행주식이 매도자와 매수자 사이에서 자유로이 거래되는 기업을 가리킨다. 철도회사와 전력회사는 이미 이전부터 비슷한 보고서를 감독 당국에 제출하고 있었지만, 이제는 모든 공개기업이 매출액과 순이익, 임직원 급여와 보너스를 공시해야만 했다.

이처럼 기업의 운영사항을 햇빛 아래 훤히 드러내놓는 일이 처음에는 많은 기업들에게 낯설었지만, 사실상 이는 수십 년간 미국 경제를 병들게 했던 금융사기와 기업의 부정행위, 분식회계 같은 기업의 범죄행위에 대응하는 차원에서 나온 결과물이었다. 이들 개혁 조치는 대부분의 영역에서 상당히 오랫동안 효과를 발휘하게 된다. 수십 년 후에 규제와 감독 조치는 많이 완화되었지만, 당시에는 공시 의무가 존재하는 것만으로도 감독 당국이 많은 부정행위를 적발하는 데 도움이 되었다.

증권 관련 법들이 통과되기 전에는 기업 경영자들의 반발(예나 지금이나 규제에 반발하는 현상은 일종의 조건반사다)이 있었다. 하지만 미국의 내로라하는 학자와 법률가 들이 입안한 개혁안은 이 법안에 반대한 사람들에게 오히려 긍정적 이익을 안기는 결과를 가져왔다. 개혁 법안이 제정 및 집행되면서, 잠재적 투자자들은 1920년대에 시장을 혼탁하게 만들었던 불투명성이 이제 사라졌다고 확신했다. 경제 대공황이 최저점을 지나던 1933년에는 1억 6,100만 달러[7]에 해당하는 기업들의 신주가 발행되었는데, 이는 1929년 발행량의 20퍼센

7   2021년 기준으로 약 34억 달러, 원화로 3조 8,000억 원

트밖에 안 되는 수치였다. 1933년 3월 중순경에는 하루 주식 거래량이 57만 5,850주 정도였다. 64년이 지난 1997년에는 하루 거래량이 최초로 10억 주를 넘어섰다. 그 후로 이러한 거래량은 일상이 되었다. 만약 뉴딜정책 시기에 이들 개혁이 쌓아놓은 토대가 없었다면, 이 같은 규모의 거래는 불가능했을 것이다.

이렇게 정교하게 얽혀 있고 분산된 규제 시스템은 투자자에게 견고한 신뢰를 형성했다. 은행과 증권업을 규제한 방침은 주로 민간 영역에서 실행했는데, 이를 통해 법 집행을 분권화하고 중앙집권화된 공공 관료제의 필요성을 없앴다.[8] 법을 엄격하게 적용하고 위법행위를 민형사상으로 강력히 제재하자, 기업은 이제 특화된 법률가를 고용하게 되었고, 특히 외부감사 의무화라든지 법령상 의무사항을 준수하기 위해 독립된 외부감사인을 두었다.

뉴딜개혁이 은행업과 증권업에 대한 신뢰를 튼튼하게 구축했지만, 개혁 조치와 그 밖의 정부 지원 프로그램이 미국 경제를 대공황에서 벗어나게 해준 것은 아니다. 1939년에는 실업률이 17퍼센트로 감당할 수 없을 만큼 높은 수준이었다. 비록 1938년에 몇몇 중요한 개혁 법안이 의회를 통과했지만[예를 들어 공정근로기준법(Fair Labor Standards Act)], 강도 높은 개혁의 시기가 대부분 이로써 끝이 났다. 이제 프랭클린 루스벨트 대통령은 주요 관심을 국외 문제로 돌리기

---

8 한국과 일본, 다수의 유럽 국가에서는 정부(금융위원회나 금감원)에서 세부적인 기준까지 상세하게 정해놓고 이를 준수하도록 정기적으로 감독하지만, 미국은 연방정부에서 큰 원칙을 정하고 이를 준수하는 기준은 민간에 자율적으로 위임하되, 그 자율적인 행위가 정부에서 정한 원칙을 위반하면 책임을 지게 하는 구조다.

시작했다. 바로 그 시점부터 경제대공황이라는 긴 터널의 끝이 보이기 시작했다.

제2차 세계대전 발발과
미국 참전

　1930년대 세계를 멀리 인공위성에서 바라본다면, 주요 천연자원과 소비시장에 대한 지배권을 두고 치열한 각축전을 펼치는 열강이 눈에 들어올 것이다. 일본, 독일, 이탈리아는 각각 중국, 유럽 중부, 아프리카에서 군사행동을 개시했다. 대영제국은 아프리카와 남아시아, 그 밖의 식민지에 걸쳐 있는 제국 영토를 지키기 위해 이들과 전쟁에 돌입했다. 프랑스도 아프리카, 중동, 동남아시아의 식민지를 놓치지 않기 위해 나섰다. 미합중국 역시 태평양 서부 지역에서 영향력을 확대해나갔다. 복잡한 인종 갈등은 경제적 갈등을 더욱 부추겼다. 이러한 갈등은 제1차 세계대전에서 비롯된 갈등의 연장선상에 있었다. 편의상 1939년 9월 1일 개시된 독일의 폴란드 침공을 제2차 세계대전의 시작으로 삼겠다.

　제2차 세계대전은 문화와 사회 전반은 물론이고 산업에 끼친 영향 측면에서도 20세기 인류 역사상 가장 중요한 사건이다. 이 전쟁은 20세기 초반부터 21세기 후반까지 여러 산업에 제일 중요한 추진력을 제공했다. 전쟁의 영향을 받은 산업들은 철강, 자동차, 전기장치와 같은 기존의 제2차 산업혁명의 주역인 산업들과는 본질적으로 달랐으며, 제3차 산업혁명의 근간이 되었다. 이 새로운 산업들은 기계적인 대량생산 시스템이 아니라 과학연구와 지식을 다루는 업무에 기반을 두고 있었다. 여기에는 진일보한 정보통신 산업과 초기 컴퓨터 제조업을 포함한 전자산업, 항공우주 산업, 원자핵에너지 관련 산업, 합성화학 및 제약업, 첨단 의료장비 산업 같은 업종이 두루 포함된다.

전쟁은 미국사회를 근본부터 흔들었고, 미국의 모든 산업과 많은 기업을 변화시켰다. 변화로는 대략 여섯 가지를 들 수 있다. (1)여성들이 가정이 아닌 외부 일터에서 일을 하기 시작했다. (2)민간산업과 군수산업의 거대한 조직에서 수백만 명의 사람들이 일을 하게 되었다. (3)미국 서부 지역과 이른바 선벨트 지역에 엄청난 인구가 유입되었다. (4)경기변동이 완화되었다. (5)미국 근로자를 대상으로 소득세와 원천징수제도가 도입되었다. (6)어쩌면 가장 중요할 수도 있는 지점인데, 미국 경제가 장기간에 걸쳐 번영하기 시작했다. 1940년대 초에서 1970년대 초까지 이어진 이 시기는 미국 기업과 노동자, 소비자 들에게 황금기였다.

세계적인 규모의 전쟁에 종지부를 찍은 것은 엄청난 양의 군수물자를 양산할 수 있는 미국의 놀라운 생산능력이라 할 수 있다. 1941년 12월 8일[9]이 되어서야 미국은 이 전쟁에 참전한다. 그러나 미국의 정치인들과 군 수뇌부가 전쟁에 투입할 병력과 군수물자의 규모를

---

9   1941년 12월 7일 일본이 진주만을 공습했고, 다음 날인 12월 8일 루스벨트 대통령은 대국민 담화를 통해 추축국에 선전포고를 했다.

결정하고 계획을 세우는 데에만 1년이 걸렸다. 이처럼 미국의 병참 계획이 지체되었고, 미국 행정부가 전시 상황에서 외교적 사안을 고민하느라 시간이 상당히 흘렀다. 1944년 봄이 되어서야 비로소 미국과 연합군은 유럽 동부에서 독일군과 혈전 중인 소련군을 지원하기 위해 유럽 서부에 제2전선을 구축할 수 있었다. 일단 유럽 상륙[이른바 오버로드 작전(Operation Overload), 노르망디 상륙작전]이 개시되자, 독일의 패배는 시간문제였다. 미군이 엄청난 속도와 가공할 범위로 전시동원을 해내서 가능한 일이었다.

그러나 미국은 다른 나라들이 겪지 않을 문제에 봉착하게 된다. 정부가 주도하는 중앙통제 방식으로 민간 영역에 강제 조치를 내리지 않고 자본주의 경제가 기반으로 삼는 자율적인 시장 메커니즘을 해치지 않고서, 과연 어떻게 미국 같은 민주자본주의 국가가 전쟁에 필요한 물자를 조달하고 인력을 동원할 것인가? 다소 과장해서 이야기하면, 경제권력이 없는 자유방임주의 정부가 독자적으로 활동하는 민간 업자들을 원만하게 조율해가며 대규모 전쟁을 수행하는 일이 과연 가능할까 의문스러울 것이다. 왜냐하면 1941년 당시 미국 연방정부는 중국을 제외한 주요 전쟁 당사국들에 비해 국가경제를 통제할 권한이 상당히 미약했기 때문이다.

그러나 미국은 군수물자를 동원하는 문제를 독일과 일본에 비해 매우 훌륭하게 풀어나간다. 당시 두 국가는 중앙 정부나 군부에서 민간산업을 강력하게 통제하고 있었다. 독일은 군수물자를 생산할 때 물량보다는 품질에 초점을 맞추다 보니, 전쟁무기의 종류가 상당히 다양했고, 디자인과 규격도 표준화되지 않았다. 이는 군수물자를 생산하는 데 상당한 시간이 걸렸다는 뜻이고, 전장에서 장비와 부품을 수리하기가 비상식적으로 어려워지는 결과를 낳았다.

이 사실을 잘 보여주는 통계가 있다. 독일은 군용 트럭은 151개 모델, 군용 오토바이는 150개 모델, 항공기는 425개 모델을 생산했다. 독일 군수시설 노동자의 생산성은 미국 노동자의 절반 수준에 지나지 않았다. 일본의 전시동원 체제는 미숙한 관리와 물자 부족 문제를 고스란히 드러냈는데, 그 주된 이유는 미국 잠수함 부대가 일본 본토에 있는 공장으로 부품을 운송 중이던 선박 대부분을 침몰시켰기 때문이다. 이탈리아는 육군 군수설비와 항공물자를 생산하는 국가 전체 능력이 당시 미국의 3위 군수장비 계약자인 포드자동차사의 생산능력에도 미치지 못했다.

미국 전시 생산능력의 우수성

전쟁 기간에 미국 민간기업들은 탱크 8만 6,000대, 지프차 60만 대, 육군 트럭 200만 대, 대포 19만 3,000문, 총기류 1,700만 개 및 탄알 410억 발을 생산해냈다. 미국 동부 연안과 남부의 걸프만 그리고 서부 연안의 조선소는 연안 순찰과 상륙에 사용할 6만 5,000대의 소형 선박과 1만 2,000대의 대형 전함 및 상선을 진수했다[캘리포니아에 있는 카이저 조선사(Kaiser Shipyards)는 표준화된 공법으로 이들 선박의 생산을 주도했다].

숫자만으로는 규모를 한 번에 이해하기 쉽지 않으나, 만약 이 선박

들을 선수와 선미를 마주보게 해서 바다 위에 줄 세우면, 뉴욕시에서 오마하까지 거리[10]가 된다. 가장 놀라운 점은 미국이 전쟁 당시 생산한 항공기만 해도 거의 30만 대였다는 사실이다.

알루미늄 생산은 4배가량 늘었고, 항공기 제조에 쓰이는 마그네슘 생산은 350배 증가했다. 전시에 생산되는 고무의 85퍼센트는 연방정부가 자금을 투자한 합성고무 제조사들로부터 조달했는데, 이들 회사는 전후에 가장 큰 고무 수출회사가 되었다. 철강 생산은 1938년 2,800만 톤에서 1943년 1억 1,000만 톤까지 늘었는데, 생산량이 대부분 군수용으로 쓰였다.

자동차 제조사들은 민간 자동차 생산을 중지하고, 탱크와 지프차, 군용 트럭 및 장갑차, 기타 군수장비 생산에 돌입했다. 이들이 생산한 군수물자의 40퍼센트는 항공기 또는 관련 부품이었다. 이들은 45만 개 이상의 항공엔진을 생산했는데, 이는 당시 전체 생산량의 56퍼센트에 해당했다. 당연히 엔진을 제조하려면 대량생산 기술 못지않게 정밀기계 공법도 필요했다.

제2차 산업혁명의 토대가 된 모든 요소, 즉 규모의 경제, 부품의 상호교환성, 대량생산 시설의 수직·수평적 통합, 대량보급 체계 등은 미국 산업의 전시동원 체제를 매우 생산적으로 탈바꿈시켰다. 이러한 성공이 일본에 미국이 거둔 승리의 열쇠이자, 유럽 서부전선에서 연합군이 우세할 수 있었던 핵심 요소다. 1944년이 되면 미국의

---

10 뉴욕 맨해튼 도심에서 미국 중부 네브래스카주 오마하 도심까지 고속도로 I-80을 통한 직선거리로 계산하면 약 1,240마일(1,997킬로미터)로, 경부고속도로의 4.8배에 이른다.

생산량은 영국과 독일 그리고 일본의 총생산량을 넘어선다. 이 성과는 그야말로 미국 산업의 저력과 복원력 그리고 미국 정부의 유연함을 단적으로 보여주는 사례다. 그렇다면 미국식 시스템은 어떻게 작동한 것일까?

전시동원 체제의 문제점

실제로는 미국 정치인과 국가 지도자 들이 제2차 세계대전 당시 구체적으로 전시동원 계획을 세우는 데에만 1939년부터 1942년 말까지 상당한 시간이 걸렸다. 루스벨트 대통령은 이 기간에 다수의 정부기관을 창설했는데, 이들 기관의 관할 영역과 역할이 중복되어 혼선을 빚고 하고 군수물자 생산을 지연시키기도 했다. 막대한 규모의 전시동원 체제에서 불가피한 실수와 이견이 표출했다. 공공기관과 민간기업 중 누가 희소한 핵심 원재료를 우선적으로 구매할 것인가가 흔한 갈등사항 중 하나였다. 기업의 최고경영자들은 정부가 할당한 생산계획이 불가능한 일이라며 항의하기도 했다. 군 수뇌부는 군수물자 공급에 차질이 생기자 불만을 토로했다. 다음은 미국 상무부의 권위 있는 역사기록인 「The United States at War」(1946)에서 인용한 글인데, 당시의 혼란상을 잘 보여준다.

우선 당분간은 들어온 주문에 맞춰 생산하는 일이 완전히 불가능하다. 생산시설이 불능 상태에 빠진 것이다. 현재 수주 물량이 우리의 생산 가능 총량을 초과한다.

둘째, 그에 따라 많은 생산 프로그램 사이에서 그리고 관리자들 사이에서 충돌과 갈등이 발생하고 있다.

셋째, 구매자들이 마구잡이로 주문을 하다 보니 생산량과 실제 계약 간에 혼선이 빚어지고, 수요와 생산의 균형은 찾아볼 수 없었다.

넷째, 민간 생산기지를 군수용으로 전환하는 데 많은 낭비가 따랐다. 생산 전환도 비극적으로 상당히 늦은 데다가, 평시물자에 대한 수요도 더 증가하는 상황에서 많은 공장을 군수용으로 전환했다.

다섯째, 신규 군수시설을 건설하고 기존 시설을 확장하기도 했지만, 이들 시설을 제대로 사용할 수도 없었고 때로는 필요도 없는 시설을 만드는 사례도 있었다.

마지막으로 우선권을 발급하는 시스템이 작동하지 않았는데, 그 '우선권이 부풀려졌기 때문이다.' 군수품 조달계약을 맺은 기관들에서 희소자원과 부품을 받아갈 구매권 총합이 실제로 존재하는 양을 초과해서, 우선권 또는 배분권은 단순히 수렵면허에 지나지 않았다.11

전쟁 초기에 전시동원 계획을 입안한 정책 담당자들은 절박하게 전략물자를 분배하기 위한 실용적인 방안을 강구하고자 했다. 이들은 앞서 설명했다시피 무엇을 '우선적으로' 해야 할지 분류하는 작업부터 시작했다. 여기서 '우선적'은 특정한 구매자를 일반 수요자보

---

11 우선권 및 배분권에 따라 질서 있게 자원이 배분되지 않고, 또 물품이 턱없이 부족하다 보니 시장에 공급되는 즉시 우선권 또는 배분권을 가진 기관들이 낚아채다시피 했다는 뜻이다.

다 선호한다는 의미이지, 실질적으로 그들에게 요청한 물품을 공급한다는 뜻은 아니었다. 그렇다고 육군과, 해군 그리고 다른 정부 구매자들 사이에 차이를 둘 수도 없는 노릇이었다. 이들이 모두 똑같은 가중치로 동일한 물자들의 '우선권'을 쥐고 있었기 때문이다. 심지어 같은 부대 안에서도 하위 부서끼리 일정한 보급물품을 두고 경쟁해야 했다.

분권방식의 군수물자통제계획을 통한 전시보급 문제의 해결

우선권 시스템이 불러온 혼란 상태는 일본이 진주만을 공습한 때로부터 일 년이 더 지난 1942년 11월까지 계속되었다. 당시 루스벨트 행정부는 이름이 다소 지루하지만, 완전히 새로운 개념의 군수물자 조달전략을 발표한다. 바로 군수물자통제계획(Controlled Material Plan, CMP)이다. 그 작전은 퍼디낸드 에버슈타트가 열정을 다해 만들어낸 독창적인 산물이었다. 에버슈타트는 명석하고 박식한 투자은행가였는데, 정부의 제안을 받고 육해군 군수물자조달위원회(Army and Navy Munitions Board)의 의장직을 맡기 위해 워싱턴으로 자리를 옮겼다. 그는 나중에 이 군수작전을 진두지휘하는 막강한 전시물자생산위원회(War Production Board)의 부회장이 된다.

에버슈타트는 독일계 유대인 아버지와 독일계 베네수엘라 출신의 가톨릭 신자인 어머니 사이에서 태어났다(에버슈타트 자신은 장로교인이었다). 그의 부모는 뉴저지에 정착해서 가족을 부양했다. 에버슈타트는 사립학교를 졸업하고 프린스턴대학교로 진학했다. 대학교 1학년 때 거친 행동으로 제적을 당하기도 했지만, 우수한 학업 성적으로 졸업했다. 그는 학업을 이어나가기 위해 유럽으로 건너갔고, 제1차세계대전 중에는 프랑스에서 미 육군 포병장교로 복무했다. 그 후 컬럼비아대학교 법과대학을 졸업하고 월스트리트의 한 법무법인에 취직했다. 그는 매력과 차가운 거만함 사이를 아슬아슬하게 오가며 담대한 포부를 지닌 젊은이였다. 1920년대에는 동료끼리 과장되게 칭찬하며 친밀감을 표시하는 문화가 유행했는데, 그는 이를 아주 질색했다. 어디서건 가장 빛나고 명석한 그는 엘리트 중심의 혁신적인 기업금융 분야를 선호했는데, 당시 이 업계에서 명석하지 못한 직원들은 곧장 퇴출되었다.

1925년에는 법조계를 떠나서, 딜런리드(Dillon, Reed)라고 당시 월스트리트에서 상위에 있던 투자은행의 파트너가 되었다. 그때 그는 탁월한 외국어 능력을 발휘해서 독일의 석탄과 제철 기업을 포함한 유럽 고객사들에게 대출투자를 성공적으로 진행했는데, 회사로서는 상당히 중요한 거래였다. 그는 직업과 일에 열정적으로 몰입했다. 심지어 그의 자녀 넷 중 셋이 그가 유럽 출장 중일 때 태어났다. 1928년에는 닷지자동차사를 크라이슬러사에 매각하는 데 핵심 역할을 했다. 그해 말 그는 딜런리드사에서 수익 배분문제로 갈등을 겪다가 해고되었고, 1931년 자신의 회사인 F. 에버슈타트(F. Eberstadt & Co)를 설립했다.

투자은행 대부분이 대공황기에 시련을 겪으며 비즈니스 기회를 잡지 못했지만, 에버슈타트는 성공 기회를 거머쥘 수 있는 틈새시장을 발견해서 훌륭하게 개척해갔다. 그는 중소기업을 고객으로 끌어들였는데, 이들 대부분은 가족기업이었다. 에버슈타트의 투자은행은 번창해갔고, 1939년《포춘》에서 그와 그의 회사가 거둔 성공을 조명했다. 에버슈타트는 당시에 변화하던 조세제도를 사업 기회로 포착했다. 1930년대 정치적으로 격렬했던 환경에서 루스벨트 행정부는 미국 연방의회를 압박해서 상속세법을 통과시켰고, 많은 주가 연방의회의 결정을 따랐다. 가족기업의 상속자들은 창업자가 사망하면 상속세를 내기 위해 회사를 매각하는 경우가 허다했다. 에버슈타트는 이들에게 창업자가 생존해 있을 때 주식시장에 상장하는 방법을 해결책으로 제시했다. 그렇게 하면 창업자 가족이 보유하고 있던 보통주 중 소수 지분을 시장에 매각해서 상속세 재원을 마련할 수 있다. 이 방법으로, 나중에 창업자가 사망해도 상속자는 대주주 지분을 유지하면서 일관되게 회사를 경영할 수 있었다. 당시 에버슈타트가 자문을 제공한 '작은 블루칩' 기업들 중에는 대기업으로 성장한 곳도 있다. 대표적인 사례가 맥그로힐사(McGraw-Hill), 노위치 파머칼사(Norwich Pharmacal), 빅터 화학회사(Victor Chemical) 등이다.

법률과 투자 분야의 경력을 통해 확연히 드러나는 에버슈타트의 특출한 재능은 독창적인 구조를 고안하고, 이를 담대하게 추진하는 실행력이었다. 그는 투자기구를 하나 창안해 시장에서도 제법 성공을 거두는데, 이것이 20세기 후반에 펀드라고 불리는 투자신탁이다. 또한 그는 레버리지바이아웃(Leveraged Buy Out, LBO) 방식을 투자에 처음 활용한 사람 중 한 명이다. 이 레버리지바이아웃은 기업을 인수합병하는 한 가지 방식으로, 인수에 필요한 자금을 다양한 형태의 대출로 조달하고 피인수기업의 자산과 현금흐름을 통해 상환하는 기법이다. 그와 함께 전시동원 계획의 입안자로 참여한 한 동료는 그를 두고 이렇게 언급했다. "그는 아무리 판단하기 힘든 사안이라도 결정을 내릴 수 있는 사람이다. 특히 영향력 있는 사람들의 이해관계를 거스르거나 심기를 건드리는 일이라도 과감히 결정하고 행동했다."

1942년 9월, 에버슈타트는 전시물자생산위원회 부회장 자리에 올랐다. 임무에 착수한 그는 눈앞에 놓인 혼란스러운 상황을 지켜보며 소스라치게 놀랐다. 그리고 즉시 미국이 국가 전시 상황에서 총동원령을 진두지휘하려면 단호한 리더십이 필요하다고 판단했다. 그러면서 민간사업자와 군수업자들 사이에서 충돌과 갈등을 피해야 한다는 점 또한 이해하고 있었다. 그는 군수물자 관련 계획에 시장의 작동원리와 힘을 이용하지 않으면, 미국 경제가 지닌 잠재력을 제대로 활용하지 못하게 된다는 점도 인지하고 있었다. 그가 당면한 과제는 시장원리가 제대로 작동하게끔 시스템을 만들되, 그 시스템을 통해 시장 참여자들이 필요한 물품을 제때 필요한 만큼 생산해서 필요한 곳에 보급하도록 유도하는 것이었다.

에버슈타트의 목적은 군수물자를 생산하고 보급하는 모든 단계에서 효율성을 극대화하는 것이었고, 이 과정에서 상위 결정권자들의 개입을 최소화하는 것이었다. 이 점은 평시에 GM의 알프레드 슬론과 P&G의 닐 맥엘로이가 표방했던 목표와 동일했다. 실제로 에버슈타트는 자신의 사상과 접근법에서 슬론의 영향을 많이 받았다고 시인했고, 슬론식의 사고를 통해 의사결정을 분권화하려고 매우 독창적인 방법을 창안해냈다.

그는 주변의 젊은이 가운데 재능 있고 똑똑한 사람들을 조력자로 선발했다. 1942년 초가을에는 약 6주 동안 회의 8가지를 주관했는데, 이 회의에서 다양한 의견과 계획을 논의하고 때로는 치열하게 논쟁하기도 했다. 그의 보고서를 보면, 논쟁과 논의를 거쳐 탄생한 군수물자 생산계획 실행조직은 조직구조가 피라미드 형태였다. "우리 작전은 의사결정권자의 통제 아래 있었지만, 의사결정권을 아래로 분권화하는 방식으로 운영되었다. 최상위에 있는 조직은 가장 일반적이고 포괄된 문제들에만 천착하되, 시간 안에 임무를 수행할 수 있으면 가능한 한 신속하고 완벽하게 운영과 관련한 의사결정을 아래로 분권화했다."

CMP는 주요 전략물자 세 가지를 배급했는데, 바로 철강, 알루미늄 그리고 구리였다. 기존 '우선권' 방식에서는 생산물에 점수를 매기고 세 가지 전략물자를 엄격히 통제했지만, CMP 방식은 이 우선권 방식과는 완전히 다른 강력하지만 단순한 기법이었다. 에버슈타트가 판단하기에는 이 세 가지 금속이 군수물자 생산의 가장 핵심이었기 때문에, 전시물자생산위원회에서 기존 시스템이 순위와 점수를 매기던 다른 수많은 품목에까지 주의를 기울일 필요가 없었다.

CMP는 수요와 공급을 일치시키고 필요에 따라 각 수요처로 배분하는 물량을 신속하게 변경하기 위해, 프로세스별 단계를 신중하게 배열했다. 우선, 예측 조사관들이 세 가지 주요 금속의 한 달 치 생산 가능 물량을 계산했다. 다음으로 육군이나 해군을 비롯한 수요처에서 이들 금속을 주문하도록 CMP 직원들이 요청한다. 이 주문처는 사실 GM사나 보잉사 같은 1차 군수품 납품 계약자들이다. 1차 군수품 납품 계약자들은 자신들의 제품사양은 물론이고 자신들과 계약한 하도급자들의 사양까지 등록해야 한다. CMP는 예측의 정확도를 상당히 중요시했다. 그다음 만약 수요처에서 과실이 생기면, 형사상 소송을 포함한 불이익을 안겼다.

1차 군수품 납품 계약자들은 공급받은 전략물자를 자신들의 생산 공장뿐만 아니라 자신들과 계약을 맺은 하도급자의 시설에도 할당했다. 결함이 많던 과거의 우선권 시스템과 다른 점 중 하나는 1차 공급업자와 수요기관 모두에 전략물자의 용도를 수시로 변경할 수 있는 권한이 있었다는 것이다. 예를 들어 1차 납품업체가 구리 원재료 할당량 중 일부의 용도를 한 프로젝트에서 다른 프로젝트로 바꿀 경우, 이를테면 구리 코일에서 구리 관으로 바꾸려고 할 때는 정부의 허가를 받지 않고 자신들의 재량껏 할 수 있었다. 이는 사실 수직적으로 통합된 관리 시스템에서 자원을 효율적으로 배분하기 위해 민간기업들이 평상시에 해오던 방식이었다.

CMP는 군민관의 최고 의사결정권자들이 내리는 중대한 몇 가지 전략적 의사결정에만 초점을 맞췄다. 예를 들어 철강을 관리하는 부처 담당자가 예측하기에, 향후 몇 달 동안 해군에서는 전함 몇 대를 만드는 데 철강이 얼마간 들어갈 테고 육군에서는 탱크를 생산하는 데 비슷한 양의 철강이 필요하다면, 전함이 우선 건조되어야만 한다. 왜냐하면 해외 전장으로 탱크를 실어 나르려면 전함이 필요하고 그 전함들은 탱크를 선적하기 위해 바다에 떠 있어야 하기 때문이다. 시간이 지나고 상황이 바뀌면 탱크를 먼저 생산해야 하는 경우가 생길 수도 있다. 비슷한 방식으로 해군에서는 한편으로는 항공모함, 순양함, 구축함, 잠수함 중에서, 그리고 다른 한편으로는 화물수송선, 병력수송선, 연료탱크 중에서 어떤 배를 먼저 건조할지 결정해야 했다.

이처럼 전략적 결정은 피라미드 최상단의 소관이었지만, 피라미드 하단에서는 상황에 따라 생산에서 융통성을 발휘할 수 있었다. 생산과 보급 시스템을 운용하는 각기 다른 계층에서 수천 가지 트레이드오프(tradeoff)가 생겨났다. 각각의 트레이드오프는 최적의 선택에 필요한 정보가 모이는 지점에서 결정되었다. 이 점이 바로 효율적 관리체계의 묘미이자, 분권화된 의사결정 시스템의 승리라 할 수 있다.

CMP는 조직관리 문제에서 미국식 특유의 해법을 잘 보여준다. 독일과 같은 군사 통제 시스템을 미국에서는 받아들일 수 없었다. 산업조직과 군사조직을 합쳐버리는 일본식 시스템도 미국에서는 작동할 수 없었다. 미국식 해법은 평상시 민간기업의 모델을 복제한 것이었는데, 이들 민간기업은 분권화 및 다중부서 시스템을 도입하는 한편, 수직적으로 통합된 조직을 통해 최적의 정보가 모이는 지점에서 의사결정을 내리도록 했다.

제2차 세계대전과 미국 산업의 변화

CMP가 성공적으로 작동할 수 있었던 데에는 또 다른 이유가 있었다. 바로 전쟁 수행에 필요한 물자를 생산하는 대가를 정부에서 미국의 민간기업들에 지불했다는 점이다. 제2차 세계대전 당시 전쟁부(Department of War)[12] 장관이었던 헨리 스팀슨(Henry L. Stimson 1867~1950)[13]은 다음과 같이 언급했다. "만약 자본주의 국가에서 전쟁에 돌입하거나 전쟁 준비를 한다면, 민간기업이 그 과정에서 돈을 벌 수 있게 해줘야 한다. 그렇지 않으면 민간기업들은 이 일에 나서지 않을 것이다."

가장 대표적인 예가 세제 혜택을 통한 인센티브 제도다. 군수물자를 생산하기 위해 생산설비를 전환하려고 민간기업이 자금을 지출하면, 과거보다 더 빨리 이 지출을 비용으로 생각하고 그만큼 세금의 감면 폭을 넓혀주었다. 세제 혜택은 특히 철강, 알루미늄, 구리처럼 CMP의 근간이 되는 주요 원재료와 연관된 산업에 종사하는 기업들에 큰 힘이 되었다. 또한 합성고무 산업에서는 정부 보조금이 생산설비를 건설 및 증설하는 데 큰 역할을 했다. 전 세계에 있는 미 육군과 미 해군 장병들에게 보급품으로 널리 퍼지기 시작한 코카콜라와 리글리 츄잉껌도 매출이 크게 성장했고, 전후에는 전 세계로 시장을 넓힐 수 있었다. 하지만 핵심 지원방법은 '원가 가산방식' 계약을 체

---

12 1789년부터 1947년까지 존속했던 연방정부 산하 전쟁 관련 부처. 1947년 육군부(Department of the Army)와 공군부(Department of the Air Force)로 나뉘며 해체되었다가 1949년 육군부와 공군부가 기존에 독립적으로 운용되던 해군부(Department of the Navy)와 합쳐져서 오늘날 국방부(Department of Defense)가 되었다.

13 미국의 정치인이자 외교관이다. 윌리엄 태프트 대통령 정부에서 전쟁부 장관(1911~13), 후버 대통령 정부에서 국무부 장관(1923~33), 루스벨트 및 트루먼 대통령 정부에서 전쟁부 장관(1940~45)을 지냈다.

결하는 것이었다. 전시동원령 아래 군수물자를 생산하던 미국의 많은 민간기업은 원가에 적정한 수준의 합의된 이윤을 덧붙여 판매가격을 보장받는 방식으로 실질적인 혜택을 보았다. 이 제도는 궁극에는 루스벨트 대통령의 간절한 열망인 전쟁 조기 종결에 기여했을뿐더러, 생산 과정에서 미 육해군 관료들이 군수품과 무기의 설계를 수시로 변경해서 일으킨 문제점도 동시에 완화했다.[14]

모든 생산대금에 지불하는 비용의 재원은 정부 차입, 조세 그리고 국채를 통해 마련했다. 루스벨트 대통령은 전시 동안 국가 재정이 허락하는 한 비용을 지불하고자 했으나, 조세 수입은 전체 전쟁비용의 50퍼센트 정도도 되지 않았다. 조세 수입을 늘리려면 세수 기반 자체를 넓혀야 했다. 1940년에는 미국인 700만 명만이 소득세[납세자들이 분기 또는 연간 단위로 미연방국세청(Internal Revenue System)에 직접 납부한다]를 지불할 정도의 수입을 벌어들였다. 1942년의 연방조세법(Revenue Act)은 미국의 소득세법을 근본적으로 바꿔놓았다. 이 세제 개편은 미국에서 직업을 가진 모든 시민을 조세 시스템 안으로 편입시켰다[연간 624달러 이상을 벌어들이는 사람에게 납세의무가 생겼다. 2016년 기준으로 9,216달러(약 1,000만 원) 수준이다]. 그리고 전쟁 기간에는 기존 소득세에다 5퍼센트의 승리세(Victory Tax)가 추가로 과세되었다. 연방조세법은 원천징수제도 또한 도입하고, 임금 노동자의 모든 급여에서 일정 금액의 세금을 우선적으로 징수했다. 그래서 제

---

14 생산에 들어가고 나서 설계를 변경하면 막대한 추가비용이 발생하기에, 원가보상제도가 없었다면 민간기업이 상당한 금전적 손실을 입거나 군수업체와 민간업체 간에 빈번한 분쟁거리가 되었을 것이다.

2차 세계대전이 끝날 무렵에는 미국 인구의 70퍼센트인 약 4,200만 명이 소득세를 납부하게 된다.

미국 정부는 조직적인 방식으로 미국인들의 애국심에 호소해서 소득세 확대와 전쟁국채 발행의 필요성에 동의를 구했다. 많은 잡지들이 국채가 발행되기 전부터 국채 발행에 관한 커버스토리를 실었다. 유명한 연예인들이 라디오 방송에 출연해서 국채 발행을 홍보하고 소득세 납부를 독려하기도 했다. 전쟁 기간에 가장 유행했던 노래인 「화이트 크리스마스(White Christmas)」를 만든 유명한 작곡가 어빙 베를린(Irving Berlin)은 "저는 오늘 소득세를 납부하고 왔어요"라는 글을 기고하기도 했다. 디즈니 스튜디오는 만화영화를 개봉했는데, 도널드 덕이 부양가족인 세 조카 휴이, 듀이, 루이의 세액공제 금액을 계산하고, 자신이 내야 할 소득세의 납부신고서를 작성한다는 내용이었다. 이렇게 다양한 형태의 광고들에 라디오 방송국과 영화 제작사들이 자금을 지원했고 연예인들은 시간과 재능을 기부했다.

그래서 미국인들은 애국 시민이 응당 해야 할 의무로 여기며 미국 정부가 발행하는 국채를 앞다투어 사기 시작했고, 확대된 조세제도를 적극 지지했다. 이렇게 변화된 국가 재정 시스템은 전쟁 후에도 이어졌다. 다른 선진국에서는 국가 재정 세수의 많은 부분이 기업에서 자발적으로 계산하고 납부하는 부가가치세 또는 마트 계산대에서 소비자가 납부하는 매출세와 같은 간접세 방식으로 징수된다. 따라서 20세기의 제2차 세계대전은 현대 미국의 조세제도에도 가장 격변한 사건이었다.

소득세 확대와 연방정부 예산의 증액은 전쟁 기간에 있었던 수많은 변화 중 단지 작은 부분일 뿐이다. 다른 많은 변화들이 미국의 산업·사회·문화에 지대한 영향을 미쳤다.

전쟁 기간에 정치 쟁점이 된 문제 중 하나가 바로 중소기업의 상황이었다. 전시동원령의 책임자들로서는 시간이 극도로 부족해도 상당한 물량의 생산을 감당할 수 있는 체력을 갖춘 기업들에 의존할 수밖에 없었다. 불가피하게 대기업들이 군수물자 및 전쟁 수행과 관련한 계약을 체결할 수밖에 없었다는 뜻이다. 중대한 군수계약의 30 퍼센트(금액 기준)가 10개 기업과 체결되었는데, 나열하면 GM사, 커티스라이트사(Curtis-Wright, 항공기 및 항공엔진), 포드사, 컨솔리데이티드 벌티사(Consolidated Vultee, 항공기), 더글라스 항공사(Douglas Aircraft), 유나이트 항공사(United Aircraft), 베들레헴 철강(Bethlehem Steel), 크라이슬러사, GE사(General Electric), 그리고 록히드사(Lockheed, 항공기)였다. 1942년 연방 상원위원회 보고서를 보면, 미국 전체 군납계약의 75퍼센트가 미국 전체 18만 4,000개 제조사 중 고작 56개 기업과 체결되었다. 이러한 정부 정책은 창업가들의 작지만 도전적인 기업들을 미국적 가치의 이상향으로 묘사하며 추앙하던 오래된 문화가 쇠퇴하는 결과를 가져왔다. 중소기업들은 대기업에 부품을 공급하는 하도급자 위치로 전락했다.

1930년대부터 전시 연방의회는 대기업에 끊임없이 정치 공세(당시 중소 소매상인들의 끈질긴 요청에 따라 대형 유통 체인점에 대한 법령이 제정되었다)를 퍼부으며, SWPC(Smaller War Plants Corporation)를 설립해서 작은 기업들에 대출을 제공하고 더욱 많은 군수계약을 체결할 수 있도록 지원했다. SWPC는 전쟁이 끝나고 중소기업청(Small

Business Administration, SBA)으로 탈바꿈했다. 기업 경영자나 관리자가 아닌 정치인들이 이데올로기적 신념을 지니고 조직적으로 공공정책을 만들어간 사례는 전후시대 미국 정치를 계속해서 격동적으로 만들었다.

그동안에 군수물자와 무관한 수천 개의 중소기업은 문을 닫았고, 소매기업들은 급격한 변화를 맞이했다. 여기에는 주유소나 자동차 정비소, 잡화상, 가전제품 딜러 등이 포함되었다. 전시물자생산위원회는 민간용 라디오 세트, 식기세척기, 전기면도기, 전기다리미, 토스트기, 전기스토브, 믹서기, 와플아이언(Waffle iron), 전기장판 등의 생산을 전면 중단했다. 1941년부터 1943년까지 시기에 냉장고 생산은 99.7퍼센트 급감했고, 피아노 공장은 피아노 제작을 중지하고 군용기 제작에 필요한 목재 또는 알루미늄 부품 생산에 주력했다. 중요한 점은 1942년 3월 이후에 민간용 자동차 생산이 전면 중지되었다는 것이다.

민간에는 생필품을 배급제로 보급했는데, 대상 품목은 고무제품, 휘발유, 연료유, 나일론, 작업용 신발, 고기, 설탕, 커피, 지방 및 식용유 등이었다. 또한 낙하산, 군용 텐트, 군복 등을 만드는 데 쓰이는 천을 확보하기 위해 여성용 의류 중 주름이 있는 옷들은 생산하지 않았고, 남성용 정장은 아랫단을 접는 것이 금지되었으며, 조끼 생산도 제한되었다.

배급제, 가격 통제, 징수에 대한 권한은 연방정부에 있었으나, 모든 조치를 실행하는 일은 고도로 분권화되어 있었다. 지역사회에만 6,000여 개의 위원회가 설치되어 배급제 실행에 관여했다. 지방자치단체 수장들은 이들 위원회를 해당 지역 인사들로 채우고, 시민들이 이 제도를 따르도록 애국심에 호소했다. 사람들은 이제 쿠폰을 지급받고 배급장부에 도장을 찍는 데 익숙해졌다. 쿠폰과 배급장부 도장은 소매상들에게 지급되었는데, 이들은 물품을 제공받기 위해 구매자에게 받은 장부와 도장을 다시 배급기관에 제출했다. 수천 개에 달하는 각 지역 징병위원회는 징집 프로그램을 운영하면서, 입대 연령에 도달한 남성들에게 1-A(즉시 징집 가능)부터 4-F(부적합)까지 등급을 부여했다. 워싱턴에 있는 연방정부 관료는 여기에 일절 관여하지 않았다. 이처럼 GM의 알프레드 슬론과 P&G의 닐 맥엘로이가 주창한 분권적인 시스템은 민간 영역에서 큰 활약을 했다.

배급제의 중요성을 둘러싸고 학자들 사이에 이견이 있다. 분명한 것은 미국인은 연합국인 영국, 프랑스, 중국 및 소비에트연방뿐만 아니라, 적국인 일본, 이탈리아 및 독일과는 달리 전쟁을 직접 본토에서 겪지 않았다는 점이다. 사실 미국은 제2차 세계대전 참여국 중 전쟁 기간에 소비지출이 증가한 유일한 국가로, 1938년부터 1944년까지 소비가 22퍼센트 증가했다. 영국은 같은 기간에 22퍼센트 하락했다. 더 주의 깊게 살펴볼 점은 미국의 GNP가 1939년과 1944년 사이에 두 배 가까운 93퍼센트가량 증가했다는 것이다. 미국이 이제 전 세계에서 가장 큰 경제대국이라는 점을 감안해도, 이렇게 짧은 기간에 이토록 성장 폭이 컸다는 점은 놀라운 일이다. 그래서 미국은 전후 다양한 방식으로 많은 국가에 영향을 미치게 된다.

제2차 세계대전은 노동력에 대한 수요를 전례 없이 크게 늘렸다. 여기에는 군 병력 및 군수산업 인력만이 아니라, 다양한 민간 인력도 포함된다. 미국 경제는 인력 수요를 충족하면서 많은 미국인의 삶에 변화를 가져다주었다. 실업률은 1933년 25퍼센트, 1939년에도 여전히 17퍼센트를 유지했으나, 1944년에는 1.2퍼센트까지 떨어졌다. 1,600만 명의 남녀 인력이 군 관련 산업에서 근무했다. 이 중 1,000만 명은 군대에 징집된 인원이었다. 제조업의 평균 주당 근로시간은 38시간에서 45시간 이상으로 증가했다. 방위산업에서 창출하는 일자리가 전체 노동인구의 9퍼센트에서 40퍼센트까지 증가했다.

민간 인력 중에는 21세부터 64세까지의 여성 300만 명이 인구통계상 가장 큰 그룹이었다. 1944년에 여성은 항공기 프레임 제조공장에 고용된 전체 노동자의 40퍼센트를 차지했고, 엔진 및 프로펠러 공장에서는 30퍼센트, 조선소에서도 10퍼센트에 해당했다. 정부의 대국민 홍보 프로그램은 국가적 정신에 이른바 '리베트공 로지' 이미지를 활용했다. 리베트공 로지는 당시 유명한 국정 홍보 포스터에 등장하는 여성인데, 젊은 여성의 이상적인 표상으로 널리 유포되었다. 실제로도 노동 현장에서 최초로 기혼 여성 수가 미혼 여성 수를 앞질렀다. 하지만 여성은 동일 노동을 하는 남성에 비해 처우가 좋지 않았고, 전쟁이 끝나자 대부분 강제로 일을 그만두거나 귀국한 참전 군인 출신 남성들에게 임금의 많은 부분을 양보해야 했다.

그러나 여성은 전시동원 체제에서 생산활동에 상당히 기여하며 오랫동안 노동시장 진입을 가로막고 있던 장벽을 허물었고, 언론, 미디어, 음악, 주식시장 등에서 기회를 잡을 수 있었다. 뒤에서 설명하겠지만, 1960년대와 1970년대 정부 프로그램들은 여성의 사회 진출을 장려했고, 그 덕분에 나중에는 경영자 계층으로 진입하거나 창업에 나서는 여성도 나타났다.

전시동원 체제는 미국 역사상 국내에서 가장 큰 규모의 인구 이동을 불러왔다. 1,600만 명의 군인과 가족들 그리고 1,500만 명에 달하는 민간인이 자동차와 버스 그리고 열차를 타고 직업이 있고 산업이 있는 지역으로 이동했다. 대표적인 지역이 중서부, 남부 그리고 서부다. 더불어 100만 명의 남부 출신 사람들이 북부 지역으로 이동했다. 이 중 20만 명은 흑인이었다. 한편 60만 명의 북부 출신 미국인들이 남부로 이동했다. 약 140만 명의 미국인이 캘리포니아로 삶의 근거지를 옮겼는데, 그중 20만 명이 남부 출신 흑인이었다. 이 모든 인구 이동은 남부, 서부 그리고 중서부에서 크나큰 인종 갈등을 일으키기도 했다. 하지만 동시에 이러한 현상은 나중에 시민권리 개혁운동의 토대가 되었다.

미국 노동자들은 전쟁 기간에 부채를 상환하고 저축을 할 수 있었다. 그래서 이제 이들은 경마경기에도 참여하고, 나이트클럽과 극장에도 드나들게 되었다. 당시 일반인이 구매할 만한 소비물자가 부족했기 때문에 많은 사람들은 전후에 경기침체를 예상했지만, 예상과 달리 전후에 억눌린 수요가 폭발하면서 경기침체를 저지하는 효과를 가져왔다.

우리는 뉴딜정책과 제2차 세계대전이 미국 기업에 미친 영향과 관련해, 항공사의 성공사례를 짚어보며 이 장을 마치고자 한다. 항공기 조립은 제2차 산업혁명에서 제3차 산업혁명으로 이전하는 과정에서 가장 규모가 큰 예시가 되는 산업일 것이다. 왜냐하면 항공기 제작에는 수백 개의 다양한 산업재(자동차보다 훨씬 많다)가 쓰이고, 무수히 많은 테크놀로지와 엔지니어링 관련 개발 프로젝트(항공역학, 기계공학, 금속 및 재료공학, 공조기술, 하이테크 제어 시스템과 관련해서 여러 분야에 걸쳐 있고 복잡한 프로젝트)가 동원되며, 숙련된 고급 노동력과 끊임없는 품질관리가 필요하기 때문이다.

보잉과 미국 항공산업의 성장

미국은 달리기에 비유하자면 항공기 생산을 도움닫기도 없이 스탠딩스타트 자세로 시작한 것이나 다름없었다. 1939년 이전의 20년 동안 미국은 총 1만 3,500대의 군용 항공기만을 생산했다. 1940년 5월, 루스벨트 대통령은 매년 5만 대의 항공기를 생산하도록 주문했다. 이를 두고 야당과 정치적으로 반대편에 서 있는 사람들은 무책임하다고 비난했다. 비행사인 찰스 린드버그(Charles Lindbergh)도 "역사적인 잡담"이라며 평가절하했다. 하지만 시간이 지나고 나서야 FDR의 목표는 사실상 과소평가된 것으로 드러났다. 미국의 항공기 생산실적은 다음과 같이 FDR의 목표치를 훌쩍 뛰어넘었다.

1941년: 2만 6,000대
1942년: 4만 8,000대
1943년: 8만 6,000대
1944년: 9만 6,000대
1945년: 5만 대

이처럼 미국은 전쟁 기간에 총 30만 대 이상의 항공기를 생산했고, 그 실적은 일찌감치 추축국의 항공기 생산량 합계를 훌쩍 넘어섰다. 독일은 점령지 유럽 대륙에서 수천 명의 전쟁포로를 강제 동원하며 기를 쓰고 노력했지만, 항공기 생산이 여기에 미치지 못했고, 최고치를 찍은 1944년에도 4만 대밖에 생산하지 못했다. 일본도 역시 1944년에 항공기 생산의 정점을 기록했지만, 생산 대수가 2만 8,000대였다. 독일과 일본이 생산한 전투기 대부분은 방어용인 소형 단발엔진 전투기였다. 반면, 미국의 신형 전투기 대부분은 대형 다발 엔진 폭격기 및 수송기였다. 소비에트연방을 제외한 참전국은 모두 민간기업에 대금을 지불하고 비행기 제작을 주문했는데, 영국은 비커스사(Vickers), 독일은 메서슈미트사(Messerschmitt), 일본은 미쓰비시사가 대표적인 항공기 제조사였다. 미국 본토 전역에는 350개의 새로운 항공기 공장이 들어섰고, 상당수가 캘리포니아와 텍사스에 자리를 잡았다. 해군과 육군 소속 항공단 장교들은 민간기업과 긴밀히 협조하며 다양한 기종의 항공기 설계에 참여했다.

생산 무게 기준으로, 미국 최대 항공기 제조사는 캘리포니아에 있던 더글라스사였다. 더글라스사는 전쟁 기간에 고용을 크게 늘려서, 직원 수가 1940년 1만 7,000명에서 1943년 15만 4,000명까지 증가했다. MIT 출신의 젊은 엔지니어인 도널드 더글라스(Donald Douglas)가 1921년 이 회사를 창업했다. 1920년대와 1930년대에는 회사의 성장이 느린 편이었다. 당시 항공산업에 있던 다른 회사들과 마찬가지로, 이 회사도 생산 및 판매가 줄곧 불규칙적인 패턴을 그렸다. 예를 들어 판매된 항공기 대수가 1939년 314대, 1944년에는 절정기로 1만 2,000대, 1946년 들어 다시 감소해 127대를 기록했다. 전후시대에도 사정은 비슷해서, 민간 및 군의 항공기 수요는 해마다 들쭉날쭉했다.

이처럼 판매량이 예측하기 힘들 정도로 변화무쌍하면 재무, 인사, 생산 및 마케팅까지 회사 운영과 관련한 모든 영역에서 많은 문제를 일으키게 된다. 당시 도널드 더글러스는 기존의 프로펠러 항공기 시장에서 벗어나 제트엔진 항공기 시장으로 새로이 진입하기를 주저했다. 그래서 제트엔진 시장으로 진입할 타이밍을 놓쳤고 항공기 매출도 불규칙해서, 더글러스사는 시장 주도권을 보잉사로 넘겨주게 되었다. 그 후 1967년 더글러스사는 맥도넬사와 합병하며 역사 속으로 사라졌다. 이 합병으로 새로 탄생한 맥도넬 더글러스(Mcdonell Douglas)가 이후 미국 방위산업에서 가장 큰 공급업자가 되지만, 이 회사 역시 1997년 보잉사에 인수되면서 사라졌다.

1916년 윌리엄 보잉(William Boeing)이 설립한 보잉사는 미국 전후시대에 항공기 산업이라는 큰 도박판에서 최종적으로 판돈을 가져가는 승자가 되었다. 독일과 오스트리아 이민자의 아들인 빌 보잉은 미시간주에서 자랐고 예일대학에서 수학했다. 처음에는 아버지가 경영하는 목재회사에 필요한 목재를 구하기 위해 워싱턴주에 가게 되었다.[15] 그곳에서 제1차 세계대전 와중에 보잉상업항공사(Boeing Commercial Airplanes)의 전신인 태평양항공사(Pacific Aero Products

---

15 그는 1909년 워싱턴주 시애틀에서 열린 박람회에서 비행사들이 비행기를 타는 모습을 우연히 보고 매료되어, 그 후 비행기와 관련한 벤처사업을 시작하게 된다.

Company)를 설립했다. 수상항공기는 이 회사만의 전문 제품이었고, 이 회사의 기술자들은 대형 항공기를 잘 만드는 것으로 유명했다.

보잉사는 1920년대에 사업적 성공을 거두었다. 일련의 합병을 거쳐 보잉사는 1929년 미국항공운송회사(United Aircraft and Transportation Company)의 한 사업 부문이 되었다. 그 덕에 빌 보잉과 다른 많은 사람은 백만장자가 되었다. 투자자들은 이 회사를 통해 여객기 사업을 포함한 항공 관련 회사들을 통합해갔다. 당시 다른 합병들과 마찬가지로 이 합병도 나중에는 실패로 끝나고, 보잉사는 독립회사로 되돌아가게 된다. 1930년대 초에 미국 의회는 10년간 보잉사가 연루된 것으로 보이는 금융 부정행위를 다루는 국정감사에 착수했다. 이에 빌 보잉은 반발하며 본인이 소유한 회사 지분을 처분했다.[16] 그의 이름을 딴 이 회사의 경영권은 결국 필립 존슨(Phillip Johnson, 1894~1944)이라는 사람 손에 들어가게 된다.

1939년 보잉사는 파산위기에 몰린 상황에서 정부와 소규모의 항공기 생산계약을 체결하는데, 주된 생산 항목은 255대의 소형 훈련기와 38대의 폭격기(정부가 추가로 주문하면 42대 이상을 추가 생산할 수 있는 옵션이 포함되어 있었다)였다. 시간이 지나면서 드러나지만, 이 폭격기가 바로 B-17로 역사상 가장 성공적인 군용 비행기 중 하나다.

---

16 미국 정부는 보잉사의 반독점 행위를 제재하고 나섰고, 이에 반발한 빌 보잉은 보유 주식을 매각했다. 회사는 유나이티드 에어크래프트 코퍼레이션[United Aircraft Corporation, 훗날 United Technology Corporation(UTC)], 보잉 에어플레인(Boeing Airplane Company), 유나이티드 항공(United Air Lines) 등 3개사로 분할된다.

B-17 주문이 물밀듯이 밀려 들어와서, 주문 대수가 적을 때는 수백 대에서 많을 때는 수천 대에 이르렀다. 보잉사의 시애틀 공장 직원은 1928년 1,800명에서 시작해 1945년 4만 5,000명까지 늘어났다. 보잉사와 다른 기업들은 합산해서 총 1만 3,000대의 B-17를 양산했다. 이른바 '날아다니는 요새'라 불리는 이 폭격기의 3분의 1은 적군의 포탄에 떨어졌지만, 유럽 서부전선에서 사라진 독일 전투기 3대 중 2대를 이 B-17가 격추했다.

1942년 보잉사는 더욱 큰 항공기 제작에 돌입하는데, 이 비행기가 오늘날까지 있었던 항공기 중 가장 정교한 항공기인 B-29 슈퍼포트리스(Superfortress)다. 전쟁 기간에 보잉사의 전폭기는 유럽에 떨어진 폭탄의 절반가량을, 그리고 일본에 떨어진 폭탄의 99퍼센트를 투하했다. B-29는 일본을 타깃으로 삼은 폭탄의 절대 다수를 실어 나르는데, 그중에는 도쿄에 떨어진 엄청난 폭발력의 소이탄과 히로시마하고 나가사키에 투하된 원자폭탄도 있었다. B-17 무게의 3배에 이르는 B-29는 연료를 재투입하지 않고 거의 6,000마일[17]가량을 비행할 수 있었다. 1945년 중반까지 B-29가 거의 4,000대 생산되었다.

전쟁 기간에 보잉사는 큰 성공을 거두었지만, 이 점이 전후시대 또는 그 이후에 이 회사의 성공을 보증하지는 않았다. CEO인 필립 존슨은 1944년 사망했고, 이 회사의 전직 법률고문이던 윌리엄 알렌

---

17 약 9,700킬로미터. 지구 둘레가 4만 킬로미터이므로 지구의 4분의 1을 연료를 재투입하지 않고 횡단할 수 있는 셈이다.

(William Allen)이 존슨의 후임자가 되었다. 당시 많은 하이테크 기업이 전쟁이 끝나자 기술자와 직원 들을 내보냈던 것과 달리, 보잉사는 폭격기를 상업용 여객기로 전환해서 회사가 보유한 뛰어난 엔지니어 팀과 생산 팀을 계속 유지할 수 있었다. 덧붙여, 보잉사는 중형 비행기부터 현대식 초대형 제트 폭격기까지 다양한 기종에서 정부의 수주를 계속 따냈다.

이처럼 정부 수주로 만들기 시작한 폭격기 중 하나가 바로 B-52 스트라토포트리스(Stratofortress)다[이 폭격기는 냉전체제를 신랄하게 비판한 1964년작 할리우드 영화인 〈닥터 스트레인지러브(Dr. Strangelove)〉에 등장한다]. 재래식 무기는 물론이고 핵무기까지 운송할 수 있는 이 기종은 미국의 전략공군사령부(Strategic Air Command)의 핵심 근간이 되었다. 보잉이 생산한 B-52 750기 중 90기 이상은 여전히 비행을 하고 있다. 이 폭격기는 베트남전쟁과 1991년 걸프전, 나토(NATO)군의 1999년 유고슬라비아 작전, 그리고 21세기 들어서는 아프가니스탄과 이라크전쟁에도 투입되었다.

그런데 왜 전시 경험이 중요한가? 전쟁 기간과 그 직후의 항공산업이 전후 50년간 미국 기업의 경영방식이 변화하는 중요한 전조가 되었기 때문이다. 항공역학, 금속공학, 전기역학 같은 분야에서 거둔 과학과 공학 관련 성취들 덕분에 미국의 항공산업은 상대적으로 매우 짧은 10년 동안 B-29에서 B-52로 진입할 수 있었다. 이 새로운 기술은 민간시장으로 이전되었고, 보잉사는 다른 두 경쟁사인 더글라스사와 록히드사보다 시장 변화에 훨씬 잘 적응했다. 여기서 보잉사의 발전상을 간단히 살펴보자. 1954년 보잉사는 707 제트 여객기를 개발했는데, 이 모델은 단숨에 전 세계 민간 항공산업의 주요 기종이 되었다. 보잉사 공장에서는 계속해서 새로운 모델을 출시했다. 1963년에는 727기종, 1967년에는 수정된 모델로 현재까지 베스트셀러인 737기종, 1969년에는 B-52의 절반 가까운 무게에 거대한 4개 엔진으로 비행하는 747기종, 1982년에는 연료 효율성을 높인 757기종과 767기종, 1997년에는 현재까지 가장 복잡하고 세련된 모델인 777기종을 출시했다. 2008년에는 787 드림라이너(Dreamliner) 기종을 출시했는데, 이 모델은 철제가 아닌 복합재료로 제조해 상당히 가볍고 연료 효율성도 매우 높아서, 한 번에 250명가량을 태우고 비행할 수 있었다.

하지만 항공기 제조업은 항상 경기변동을 탔고, 전시건 평시건 상관없이 주문과 생산이 가파르게 오르내렸다. 오늘날 항공기 산업은 상당한 규모의 자본지출이 필요한 산업이고 항공기의 내용연수(또는 수명)도 매우 길기 때문에 항공운수 업체들은 새로운 구매 주문을 툭 하면 연장했고, 필요한 부품을 교체하면 기존 항공기의 내용연수를 십 년 이상 늘릴 수도 있었다. 그래서 항공기 제조업은 요동치는 수요와 간헐적으로 발생하는 현금 부족 사태, 신규 항공기 주문 취소나 연기 등에 고질적으로 시달렸다. 더글라스사와 록히드사 및 다른 경쟁사들은 모두 민간 항공기 시장을 포기했고, 대신 정부가 발주하는 방위 및 우주항공 프로젝트에 의존했다.

보잉사는 1960년대 후반에 상당한 위기를 맞이하고, 당시 10만 5,000명이던 직원을 3만 8,000명으로 감축했다. 1970년 이후 고용은 다시 증가했다. 1990년대에는 경영자들이 이른바 '린 생산(lean manufacturing)' 기법을 도입했는데, 이는 일본 기업인 도요타의 경영 관리 기법을 모방한 방안이었다. 2002년에 들어서는 방위시장에 더욱 집중하기 시작했는데, 당시 보잉사에서 주력하던 주요 군용 기종은 C-17 글로벌마스터 II(Globalmaster II) 수송기, 아파치 헬리콥터 그리고 A/A-18과 F-15 제트 전투기였다. 보잉사는 미사일과 위성 통신 시스템도 만들었다. 21세기 초로 접어들면 보잉사는 록히드사와 협업해서 국제우주정거장을 건설하게 된다. 이제 회사의 매출은 민간시장 매출과 국방성 발주시장으로 나뉘었는데, 규모는 거의 비슷했다. 보잉사는 전 세계 최고의 첨단기술을 보유한 기업이지만, 유럽의 심각한 도전에 직면하게 된다. 바로 유럽의 여러 정부에서 공적 자금을 대고 구성한 컨소시엄으로, 민간업체의 가면을 쓴 '에어버스 인더스트리(Airbus Industrie)'가 도전해온 것이다. 보잉사는 유럽 정부가 에어버스 인더스트리에 보조금을 지원한다고 불만을 제기했지만, 보잉사 역시 미국 정부가 발주하는 군수계약 및 우주 관련 프로젝트 계약을 통해 지원을 받았다.

미국 항공 및 군수 산업의 부정부패 스캔들

보잉은 기술문제와 반노조 활동으로 발전이 지체되기도 했는데, 아무래도 가장 심각한 문제는 소송이었다. 이 소송문제는 주로 군수계약과 얽혀 있었다. 2003년과 2005년 사이에 두 명의 CEO가 해고되었고, 다른 두 명의 고위 임원이 정부와 계약 및 협상을 하는 과정에서 있었던 불법행위로 구속되었다. 2006년에는 계약에 입찰하는 과정에서 경쟁사의 정보를 도용한 혐의로 총 615만 달러의 벌금을 물어내야 했다.

군수계약은 전 세계 모든 나라에서 부정부패가 만연한 영역이다. 드와이트 아이젠하워 대통령(Dwight D. Eisenhower, 1890~1969)[18]은 1961년 고별 연설에서 이러한 문제점을 미리 예견했다. 연설에서 그는 냉전체제의 정치가 만들어낸 '군산복합체'의 비윤리성을 경고했다. 레이건 행정부 시절 FBI가 일윈드 작전(Operation Ill Wind)을 수사한 결과, 방위산업 계약과 관련해서 12명의 해군 및 공군 조달 업무 담당 장교들과 60명 이상의 민간인이 연루된 사기, 뇌물 그리고 불법 캠페인 기부금과 같은 범죄행위들이 드러났다. 연방의회가 1988년 조달윤리법(Procurement Integrity Act)을 제정하고부터는 범죄 스캔들 건수가 당분간 줄어드는 듯했다. 그러다가 2000년대 이라크전쟁 기간 중에 더욱 많은 군납 관련 비리가 드러났고, 이 중 상당수가 건설 및 유전 개발 서비스 회사인 할리버튼사(Halliburton)와 얽혀 있었다.

미국 역사를 긴 안목으로 살펴보면, 냉전체제 이후에 발생한 군납 관련 기업의 부정 스캔들은 미국 전통에서 많이 벗어난 일이다. 그러나 국방예산은 비대해졌고(국방 순위에서 미국의 국방예산은 미국 다음가는 상위 10개 국가의 국방예산을 합친 것보다 많다), 이제는 연방 국회의원

18　제2차 세계대전 전쟁 영웅이자, 공화당 출신의 제34대 미국 대통령

들까지 본인 유권자들의 이익과 본인 선거를 위한 기부금 때문에 군납계약에 관여하고 있다. 그래서 얼핏 부정부패는 불가피해 보인다. 문제의 본질은 정치적인 데 있으므로, 정부가 스스로 개혁하고 이 문제를 극복해야 한다. 그러나 정부도 일반 시민도 이를 멈추기 위한 의지를 아직까지는 보여주지 않고 있다.

PHOTO 1

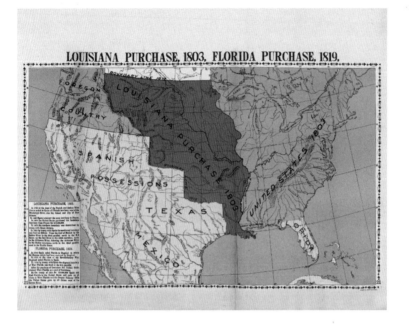

제3대 미국 대통령인 토머스 제퍼슨은 조지 워싱턴 대통령 행정부에서 초대 국무
장관을 지냈다. 그는 당시 워싱턴 행정부의 재무장관이던 알렉산더 해밀턴과는 정
치적 라이벌이었고, 여러 정책에서 충돌했다. 하지만 제퍼슨의 대통령 재임 시절
최대 업적 중 하나인 1803년 루이지애나 매입거래는 해밀턴이 구축해놓은 국가
신용 및 국채 발행 시스템이 없었다면 불가능했을 것이다. 루이지애나 매입거래
로 프랑스에서 양도받은 지역은 오늘날 텍사스주와 콜로라도주, 뉴멕시코주 일부
와 함께, 아이오와주, 미주리주, 캔자스주, 오클라호마주를 포함한 상당한 지역에
이른다.

헨리 포드와 에젤 포드(아들이자 포드사 후계자)가 포드사의 1,500만 번째 T모델
과 1896년형 4륜 전동자전거 곁에서 찍은 사진(1928년 5월 26일). 헨리 포드 부
자가 자사의 1,500만 번째 T모델을 하이랜드 파크 공장에서 몰고 나온 뒤, 헨리의
첫 자동차 모델인 4륜 전동자전거 옆에서 포즈를 취하고 있다. 이 4륜 전동자전거
로 헨리 포드는 자동차를 처음 생산하기 시작했고, T모델은 전 세계 자동차 시장
의 판도를 바꾸었다. 그러나 1927년경에 두 모델은 모두 시대에 뒤떨어진 모델이
되고 만다. 그래서 포드사는 A모델의 생산에 주력하기 시작했다. GM사와 경쟁을
벌이며 시장의 압박을 느낀 포드사는 변화하지 않을 수 없었다.

자료: 베트만 제공

천재 사업가인 GM사의 알프레드 슬론 2세. 52세인데도 여전히 호리호리하다.
1927년에 찍은 사진인데, 이 해에 GM사의 강력한 도전을 받은 헨리 포드는 거대
한 공장들의 문을 닫고, 포드사의 새로운 자동차 모델인 A모델 생산에 박차를 가
했다. 슬론의 분권화되고 다중부서 구조를 띤 경영 시스템은 제2차 세계대전 이후
에 미국의 여러 기업과 전 세계 기업들로 퍼져나간다.

닐 H. 맥엘로이의 유명한 1931년 메모는 전 세계 소비재 기업들이 앞다투어 받아
들이는 P&G의 '브랜드 매니지먼트' 전략의 서막을 올렸다. 맥엘로이는 1957년부
터 1959년까지 2년여 동안 미국 국방부의 장관을 역임했다.

P&G는 아이보리 브랜드를 '수평적으로' 여러 유사한 제품군에 도입해 대단한 성
공을 거두었다. 아이보리 브랜드가 도입된 제품 및 상품군은 아이보리 비누바에서
시작해, 아이보리 플레이크, 아이보리 스노우, 그리고 아이보리 샴푸, 아이보리 액
상 식기 세척 세제로까지 확장되었다. 아이보리 브랜드는 '깨끗하고 안전하고 순
한' 이미지를 강조하기 위해 광고에 아기를 등장시켰다.

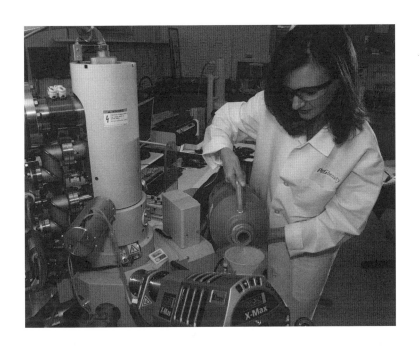

오하이오주 신시내티시에 있는 P&G 연구실 모습(2010년 5월 13일). 프록터앤드
갬블주식회사는 세계 최대 소비재 기업으로서 우주항공과 의학 실험에 주로 사용
되는 첨단기술을 활용해서 자사의 팬틴 헤어케어 브랜드를 실험하고 검사했다. 팬
틴 제품은 매년 30억 달러의 매출액을 기록했다. P&G는 샴푸, 컨디셔너, 스타일
링 제품 가짓수를 3분의 1가량인 116개 정도로 줄였는데, 이는 소비자의 구매를 돕
고 네 가지 머리카락 타입에 따라 제품 특성별로 집중하기 위해서였다.

투자은행의 투자전문가이자, 미국 전시물자생산위원회 부회장을 지낸 퍼디낸드 에버슈타트. 그의 독창적인 군수물자통제계획은 제2차 세계대전 기간에 미국의 산업물자 동원령을 추진하는 근간이 되었다.

B-17 플라잉 포트리스(Flying Fortress) 전폭기의 조립공장 현장. 남성들 옆에서
같이 일하는 여성들을 눈여겨보기 바란다. 윌리엄 보잉이 1916년 설립한 보잉사는
미국의 전후 항공기 시장에서 가장 많은 혜택을 받은 기업이다.

제2차 세계대전 시기에 남성들의 참전으로 발생한 노동력 부족을 메워야 할 필요가 있었던 미국 정부는 여성의 노동 참여를 독려하기 위해 리베트공 로지 포스터를 제작해 배포했다.

CHAPTER 5

전후 경제 번영기와
사회혁명(1945~70년)

제2차 세계대전 이후의 중요한 네 가지 역사적 상황이 종전 이후 미국 역사에 커다란 영향을 미쳤다. 그 역사적 상황이란 첫째로 미국과 소비에트연방이 장기간 주도한 냉전체제, 둘째로 종전 이후 28년간 지속된 경제성장, 셋째로 베이비 부머 세대(1946년과 1964년 사이에 출생한 세대)의 등장, 그리고 마지막으로 시민권리운동, 페미니즘과 환경운동 같은 사회운동의 시작을 말한다. 네 가지 모두 기업의 활동 방식에 영향을 주었다. 전후시대[1] 초기에는 기업과 기업활동이 문화의 중심에 자리 잡고 있었다. 전후시대가 끝나갈 무렵에는 기업이 사회적 책임을 둘러싸고 과거와는 다른 태도를 보이도록 요구받기 시작했다.

냉전과 기업

제2차 세계대전이 끝나자 미국은 명실상부한 강대국이 되었다. 미국의 경제력은 미국이라는 나라를 특별한 존재로 만들었는데, 종종 미국의 정치 및 경제 지도자들조차 어떻게 미국이 이렇듯 중요한 위치를 차지하게 되었는지 잘 이해하지 못하는 듯하다. '냉전시대'의 이데올로기에 갇힌 미국 외교관들은 반대 진영의 공산주의하고 사회주의와 벌인 이념전쟁에서 서구적 민주주의와 자본주의 가치를 선도하는 미국의 리더십을 구상했다. 냉전시대 양 진영의 갈등은 이

---

1   1945년부터 1968년까지 시기

넘논쟁과 우방국에 대한 경제적 지원, 상대방에 대한 제재 그리고 상대의 적에 대한 군사 지원 같은 내용을 포함한 외교전 형태로 표출되었다.

제2차 세계대전이 끝나기 전에 미국은 서유럽의 군사력과 경제력을 강화하고, 남미와 아프리카 그리고 아시아를 포함한 전 세계 우방국들의 경제성장을 이끌기 위한 계획을 추진했다. 1944년 뉴햄프셔주 브레튼우즈에서 열린 국제회의에서, 미국 외교관료들은 국제통화기금(International Monetary Fund, IMF)과 세계은행(World Bank)이라는 두 개의 국제기구 창설을 지원하고 나섰다. 이들 기구의 주된 목적은 과거 두 차례 일어난 세계대전의 원인이 되었던 파괴적인 경제패권 경쟁이 재현되지 않도록 막는 것이었다. 미국은 대영제국과 프랑스의 영향력에서 벗어나 두 기구를 설립하는 과정에서 세심하게 국제 역학관계의 균형을 잡았다. 당시 미국이 이들 기구 설립에 필요한 자금의 대부분을 제공했기 때문에, 미국이 주도해서 이들 기구를 일정 정도 통제할 수 있으리라는 공감대가 형성되었다. 두 기구의 설립 목적은 전 세계 모든 국가 사이에 자본의 흐름을 확대하고, 무역장벽을 없애며, 나아가 시장의 힘을 빌려 지속적인 성장을 이룩하는 것이었다. 요약하자면, 미국은 두 국제기구의 설립을 통해 전 세계에서 더욱 자유로운 무역을 촉진하고자 했다.

냉전시대에 미국의 대외 경제전략은 다른 국가에 미국식 자본주의를 전도하는 계획을 포함했다. 유럽 경제 부흥 프로그램[이른바 마셜플랜(Marshall Plan, European Recovery Program)]에 따라 미국 주도의 원조계획이 1947년 시작되었다. 미국은 서유럽 국가들의 경제 재건을 위해 120억 달러 이상의 자금을 지원했는데, 주로 전쟁으로 파괴된 공장이나 사업장을 재건하는 데 쓰였다. 또한 이 프로그램에는 160개 이상의 미국 민간기업 경영자단체 및 노동자단체가 참여했으며, 이들은 지원 대상인 유럽 국가들을 방문해서 미국식 기업 운영방식을 교육했다. 미국 정부는 또한 서유럽 국가들이 역내 국가 사이의 무역장벽을 제거하도록 종용했고, 노동조합의 성장을 지원했다. 한편 경영 컨설팅 회사들은 분권화 및 다중부서 구조의 경영방식을 미국 국내 기업뿐만 아니라 해외 기업들에도 전파했다. 그래서 1967년에는 500대 기업 중 86퍼센트가 분권형 구조를 채택했다. 이들 기업이 규모 면에서 성장하고 사업 영역 또한 세계화하자, 그 경영방식이 서유럽 기업들의 경영방식과 기업문화에도 영향을 미쳤다.

한편, 미국 국내 기업들 또한 전후시대의 여러 경제·사회적 트렌드에 적응하며 변화를 받아들일 수밖에 없었다.

전후시대의 경제 추세

제2차 세계대전 당시부터 1973년까지는 미국 경제성장률이 이례적으로 높았던 시기다. 1890년부터 제2차 세계대전 직전까지 미국의 일인당 실질 GNP는 해마다 1.2퍼센트 성장률을 기록했다. 1945년부터 1973년까지 연간 성장률은 3퍼센트였고, 1973년 이후부터 2000년 말까지는 2퍼센트였다. 2001년부터 2006년까지는 성장률이 0.9퍼센트였다. 이러한 차이가 얼핏 대수롭지 않게 보일 수도 있다. 그러나 1퍼센트 성장률을 복리로 계산하면 일인당 소득이 두 배가 되는 데 72년이 걸리고, 2퍼센트로 계산하면 36년이 걸리고, 3퍼센트로 계산하면 겨우 24년이 걸린다. 이렇게 보면 1945년부터 1973년까지는 미국의 경제성장 관점에서 이례적으로 생산적인 시기였던 셈이다.

일부 국가가 이보다 높은 전후 경제성장률을 기록하기도 했지만, 전체적으로 보면 미국의 산업 시스템이 거둔 성과는 다른 모든 국가를 압도했다. 전쟁에 참여한 국가 중 미국만이 유일하게 본토를 공격받지 않은 나라였고, 미국의 압도적인 군수물자 생산능력 덕분에 미국 경제는 다른 국가들과 달리 제2차 세계대전 와중에도 성장세를 기록했다. 전쟁 직후부터 1960년대까지 미국의 노동시간당 생산성은 당시 다른 선진국의 2배, 그리고 개발도상국의 수배 이상을 달성했다. 당시 세계 인구의 16분의 1에 지나지 않는 미국 국민이 전 세계의 모든 재화 및 서비스의 40퍼센트를 생산했다.

이 시기에는 거의 모든 경제지표가 긍정적인 추세를 보였다. 제2차 세계대전 기간에는 미국 가정의 40퍼센트가량이 주택을 보유했는데, 1972년에는 이 숫자가 62퍼센트로 증가했다. 이처럼 대다수 일반 시민들로서는 미국사회의 많은 사람이 꿈꾸던 이상인 '아메리칸 드림'을 실현한 셈이다. 240만 명가량의 참전군인들이 참전군인협회(Veteran Administration)를 통해 저금리로 주택대출을 받을 수 있었다. 800만 명의 제대군인들이 이른바 '지아이 빌(GI Bill)'이라 불리는 제대군인구호법에 따라 대학교 같은 고등교육의 학자금을 지원받거나 직업교육 등의 혜택을 누릴 수 있었다. 230만 명가량이 대학교육을 이수했는데, 대부분은 학부 과정이었지만 일부는 석사 이상의 학위를 취득하기도 했다. 1947년에는 미국 대학에 진학하는 학생의 절반이 지아이 빌에서 지원하는 프로그램의 혜택을 받았다.

당시 미국 산업은 모든 영역에서 견고한 경제성장을 이룩하고 있었다. 전쟁 당시 내려졌던 소비성 내구재의 통제령이 해제되자, 억눌렸던 소비자 수요가 유례를 찾아볼 수 없을 정도로 폭증했다. 쇼핑센터가 전국 각지에 생겨났으며, 미국인들은 새로 산 자동차를 몰고 쇼핑센터로 갔다. 쇼핑센터에서 소비자들은 수천만 대의 텔레비전과 오디오 세트, 가전제품 그리고 에어컨 등을 구매하기 시작했다. 미국에서 소비자의 구매력이 상승한 현상은 경제 영역에만 그치지 않고 한 걸음 더 나아갔는데, 광고업자들이 이 '미국식 삶의 방식'을 삶의 이상향으로 선전한 것이다. 1959년 당시에 부통령을 지낸 리처드 닉슨(Richard Nixon)은 모스크바에서 열린 정상회담 일정 중에 소비에트연방의 국가원수이자 공산당 서기장이던 니키타 흐루쇼프(Nikita Khrushchev)와 벌인 유명한 '부엌논쟁2'에서 이와 비슷한 주장을 펼쳤는데, 그 장면이 전 세계에 그대로 방송되며 상당한 센세이션을 일으켰다.

---

2   1959년 모스크바를 방문한 닉슨 부통령과 흐루쇼프 서기장이 모스크바에서 열린 미국무역박람회의 부엌 전시장에서 우연히 만나 서로 자기네 체제를 자랑하며 논쟁을 벌인 사건이다. 흐루쇼프가 전시장의 식기세척기를 보고 소련에서는 이런 사치품을 살 수 있지만 미국 노동자는 사지 못할 것이라고 주장하자, 닉슨은 미국의 모든 노동자가 이 정도는 구비하고 있다고 반박했는데, 이 장면이 전 세계에 중계방송되었다.

억눌렸던 소비가 폭발하며 특히 선벨트 지역의 경제성장에 상당히 기여했는데, 이 지역은 미국의 전후시대가 시작된 뒤로 미국의 경제·사회·정치에 중요한 거점이 되었다. 새로운 군사시설이 미국 남부와 서남부에 들어서자, 미국인 수백만 명이 전쟁 기간에 선벨트 지역으로 이주했다. 오늘날 기준으로 선벨트 지역에서 가장 인구가 많은 세 지역인 텍사스와 플로리다와 남부 캘리포니아의 인구는 1940년대만 해도 미국인이 아홉 중 한 명꼴이었으나, 1995년에는 넷 중 한 명으로 증가했다.

1960년대로 들어서면 미국 남부 지역은 마침내 경제적으로 취약했던 과거에서 벗어나 미국 전역과 해외에서 새로운 주민들을 받아들이게 된다. 그래서 이 지역의 인구 유출이 유입을 초과하던 과거 100년 동안의 추세가 역전되기 시작했다. 1861년부터 1865년까지 미국 남북전쟁 기간에 옛 미국 남부연합을 구성했던 이 지역은 에어컨의 보급으로 생활 및 노동조건이 크게 개선되었고, 세계대전 시기와 전후시대 동안 연방정부가 제공하는 금전적 혜택을 받았다(제2차 세계대전 시기에는 이 지역에 군사훈련 캠프가 차려지고 맨해튼 프로젝트[3]를 유치해서 혜택을 받았고, 냉전시대에는 우주항공 프로젝트와 항공산업이 들어섰다). 플로리다주 인구는 1940년부터 2008년까지 열 배 가까이 증가했는데, 같은 기간에 미국 전체 인구는 두 배 늘었다. 또한 민간 항

---

3   제2차 세계대전 기간에 미국을 주축으로 해서 영국과 캐나다가 참여한 핵폭탄 개발 프로그램으로, 본부는 미국 남부 테네시주 오크리지시에 있었다. 오크리지시와 실제 핵폭탄이 개발된 뉴멕시코주 로스앨러모스가 이 맨해튼 프로젝트 때문에 새로이 생긴 도시다.

공산업이 성장하고 여러 주를 연결하는 고속도로 시스템[주간州間 고속도로 시스템 또는 인터스테이트(interstate) 고속도로 시스템]이 건설되자, 남부 전역의 산업이 발전하고 관광업이 활발해졌다.

드와이트 아이젠하워 대통령은 새로운 전쟁이 발발할 것을 대비해서 주간 고속도로 시스템 건설을 추진했다. 1940년대에 전국에 걸쳐 30만 마일(약 48만 3,000킬로미터)이던 고속도로는 1970년에 들어서는 89만 5,000마일(144만 킬로미터)[4]까지 늘어났다. 고속도로 증설이라는 연방정부 차원의 이 단일 프로젝트는 건설업에서만 수천 개의 일자리를 창출했고, 국내 교통 및 여행을 훨씬 안전하고 빠르게 개선하는 효과가 있었다. 하지만 여기에도 부정적인 측면이 있었다. 자동차로 달리는 국내 교통을 장려하는 과정에서, 고속도로 시스템을 이용하는 자동차와 트럭이 증가해 휘발유와 디젤 연료의 연소가 가중되었고, 막대한 대기오염을 일으켰다. 게다가 원유 수입에 대한 미국의 대외 의존도를 크게 높이는 결과를 가져왔다. 이처럼 가중된 원유 수입 의존도는 미국의 대외 정책에도 영향을 미쳤다. 교통정책 입안자들은 도로교통 효율성을 향상시키려고 고속도로 인터체인지를 여러 지역에 건설했다. 하지만 이 정책은 인근 지역의 생태환경을 파괴했고, 다른 인근 지역을 도심과 단절시키는 부작용을 초래했다. 그래서 도심부 과밀 현상으로 상업활동이 위축되거나, 일부 도시의 외곽 지역에서 단절 현상이 고착되었다.

주간 고속도로 시스템은 미국 국내 상업활동에 기반을 제공하는

---

4   참고로 우리나라 경부고속도로 길이는 약 416킬로미터다.

여러 사회간접시설(또는 인프라) 중 하나일 뿐이다. 국가의 사회간접시설은 다층구조로 되어 있는데, 고속도로, 철도, 공항시설, 발전 및 송배전 설비 그리고 통신시설에 이르기까지 여러 물리적 시설을 지칭할 뿐만 아니라, 계약관계, 회사법 체계, 경제적 범죄행위에 대한 민형사상의 처벌제도, 지적재산권 보장을 위한 여러 법제를 아우르는 법체계와 제도 전반을 의미하기도 한다.

정확한 용어는 아니지만 일반적인 의미에서, 비즈니스 인프라는 일반 기업과 금융기관, 정보를 서비스하는 법인들의 복합적인 네트워크를 가리킨다. 이 네트워크에 속한 주요 생산 및 유통 기능 조직에서 금융기관은 자금 융통을 담당하고 정보서비스 업체는 정보의 흐름을 촉진한다. 자금 융통 기능을 담당하는 기관으로는 증권거래소, 일반 상업은행, 보험사, 투자은행, 벤처캐피털 그리고 뮤추얼펀드 등이 있다. 정보 순환 기능을 담당하는 기관에는 법무법인, 컨설팅 업체, 회계법인, 정보 처리와 저장 관련 비즈니스를 전개하는 정보통신 기업 등이 있다. 뉴딜정책에서 추진하던 개혁정책 덕분에 비즈니스 인프라는 1980년대까지 원활하게 운용되었다.

사회에서 기업의 역할과 위치

아무래도 미국 시민들이 전시에 기업의 긍정적인 측면을 경험한 터라, 대기업을 향한 반감이 전후시대 들어 누그러진 감도 있다. 경제학자 존 갤브레이스(John K. Galbraith)가 주장하듯이, 대형 기업(Big Business), 대형 노조(Big Labor), 그리고 대형 정부(Big Government)가 이제는 서로 견제하므로 누구도 다른 두 세력을 압도하지 못하는 것처럼 보였다. 중앙권력화로 강화된 정부도 시민들의 눈치를 보면서 과거처럼 반독점을 제재하며 조치에 나서지 못했다. 미국 기업의 경제활동도 넓은 의미에서 냉전시대의 시대적 흐름과 맥을 같이했다. 즉, 기업으로 대표되는 서구의 가치가 공산국가 내지 사회주의 국가의 이념과 경쟁하는 시대가 된 것이다. 트루먼 대통령(Harry S. Truman, 1884~1972)[5]과 아이젠하워 대통령 행정부에서 추진한 애국심 고양 프로그램과 마찬가지로, 미국 기업도 직원들에게서 애사심을, 그리고 기업이 소재한 지역 커뮤니티에서는 유대감을 이끌어내려고 노력했다.

사회학자인 윌리엄 화이트(William H. Whyte Jr., 1917~99)[6]는 저서 『조직인간(The Organization Man)』(1956)에서, 미국 방식의 프로테스탄트 직업윤리는 벤자민 프랭클린 시기에 뿌리를 두고 있는데, 이제 대기업의 출현과 성장으로 변화를 겪을 수밖에 없다고 주장했다. 19세기 소설가인 허레이쇼 앨저(Horatio Alger, 1832~99)는 개인주의, 성실한 노동, 진취성, 행운 그리고 저축의 중요성을 주창했다. 그는 만약 젊은이들이 자신의 저작들(가령 『Strive and Succeed, Brave and Bold』)을 읽고 그 책에서 제시하는 가치를 따르면, 그들 모두 사회적

---

5 민주당 출신의 제33대 미국 대통령. 루스벨트 재임 시 부통령이었으나 루스벨트의 유고로 대통령에 올라 재선에 성공했다.

6 미국의 도시학자이자 사회학자며 저널리스트. 저서 『조직인간』이 2백만 부 이상 팔렸다.

으로 성공하고 경제적으로도 부유해질 것이라고 설교했다.

윌리엄 화이트는 사회윤리가 미국 기업활동의 지침으로써 과거의 근로윤리[7]가 하던 역할을 대체했다고 주장했다. 집단 권위는 관리자 개개인의 자율성을 대체했고, 직장인들은 이제 자신의 윗사람이 아닌 조직을 위해 일했다. 말하자면 노동자는 개인의 삶을 추구하지 않고, 자신이 소속된 집단과 공존을 모색하기 위해 일한다는 것이다. 직원들은 동료로부터 인정을 받고 갈등을 줄이며 공감대를 형성하기 위해 일한다. 그래서 궁극에는 자신이 속한 기업에 헌신하고 충성하며, 집단으로 일하는 능력을 키워나간다는 것이다.

근로자의 새로운 사회윤리는 기업의 새로운 사회윤리에 반영되기 시작했다. 여기에는 곧 직원에 대한 기업의 의무와 기업이 속한 지역사회에 대한 기업윤리가 반영되었다. 20세기 미국의 기업 경영자들은 1920년대 기업복지 자본주의를 복원하며, 회사가 제공하는 의료 혜택, 보험지원제도 및 이익분배제도 등을 확대해서 노조세력을 약화시키고, 특히 화이트칼라 직원의 애사심을 고취하려고 애썼다. 듀폰과 이스트먼 코닥(Eastman Kodak)은 직원과 그 가족에게 심리상담 및 치료 서비스를 무료로 제공하는 수준까지 사내 복지 서비스를 확대했다. 많은 기업이 직원과 그 배우자 및 자녀에게 체력 단련 및 스포츠 프로그램(이를테면 남자아이들을 위한 리틀 야구단 프로그램이나 여자아이들을 위한 발레 교습 프로그램)도 제공했다. 비록 고용 안정과 급여 인상이 노사협상에서 가장 중요한 쟁점이긴 했지만, 노조는

---

7   개인주의, 성실성, 진취성 등

블루칼라 노동자에게도 비급여 복지 항목이 적용될 수 있도록 사측과 교섭했다.

1950년대와 1960년대에는 화이트칼라건 블루칼라건 미국 노동자들의 삶에 가장 큰 영향을 미친 주체가 고용주였다. 경영자로서는 직원의 애사심을 이끌어내는 일도 중요하지만, 그에 못지않게 지역사회에 기업의 좋은 이미지를 심는 일도 여러모로 중요해서, 다양하고 새로운 시도들에 나섰다. 1944년에는 단지 25개 대기업만이 홍보 관련 부서를 두고 있었지만, 1960년에 들어서면 이른바 'PR(public relation, 홍보)' 부서가 없는 기업이 드물었다. 1950년대 이전만 해도, 기업의 PR 부서는 일반인들이 대기업에 보이던 적대적 정서와 반기업 활동에 대응하고, 노조가 고용주를 비난하고 공격하지 못하도록 잠재우는 것이 주된 역할이었다. 하지만 전후시대가 되면, 기업 홍보실 직원들은 대중매체나 출판물을 통해 대중에게 기업의 자선활동을 홍보하기 시작했다. 기업의 자선활동으로는 병원, 지역 학교와 대학교 같은 교육시설, 박물관, 관현악단과 극장 같은 문화단체에 기부하는 활동이 대표적이었다. 기업의 자선활동은 기업 이미지를 제고하고, 특히 냉전시대의 시대정신을 반영하듯 '전통적'인 서구 자본주의 가치관을 고취하는 역할도 했다.

결론적으로 20세기에 기업은 경영자들이 주도하는 조직이었다. 경영자들은 조직이 계속 생존할 수 있도록 책임지는 임무를 떠안은 사람들이다. 여기서부터 경영과 소유의 분리라는 중대한 조직적 변화가 일기 시작했다. 경영자는 기업의 장기 이익에 부합하도록 기업의 중요한 사안을 결정하는 사람들이고, 기업을 소유하는 주주(또는 투자자)는 이 결정을 받아들이고 기업의 정기적 배당과 장기 성장을 통해 주식가치가 성장하면 투자이익을 가져가는 사람들이다. 그러나 20세기 후반 들어 일반 사회, 노동자, 직원 그리고 주주와 기업의 관계는 과거와는 다른 양상으로 변모했다.

베이비 부머 세대의 등장과
미국사회의 변화

미국의 전후시대를 살피려면 우선 '베이비 붐'이라고 알려진 문화현상을 이해해야 한다. 이 베이비 붐 시기인 1946년과 1964년 사이에 태어난 이른바 베이비 부머(줄여서 '부머'라고도 한다)는 7,600만 명에 이르는데, 전례 없는 경제성장의 혜택을 누린 세대다. 베이비 부머는 경제대공황과 제2차 세계대전의 경험과 그 가치를 부모세대에게서 흡수했을 수도 있지만, 살아가면서 사회, 기업 그리고 문화에 대해 부모세대와는 다른 생각과 정체성을 형성했다. 다른 세대보다 경제적으로 윤택했기에, 이들은 신체활동이 왕성했고, 학업 성취도도 매우 높았다. 이들이 성장한 시기는 정부와 기업이 참전군인은 물론이고 일반 시민에게도 이전 시대보다 훨씬 풍족한 재정·비재정적 지원을 제공하던 시절이다. 당시 복지 혜택으로는 사회보장제도, 실업보험제도, 공공교육제도, 대학교육에 대한 재정 지원, 정부가 지원하는 주택담보대출제도 등이 있었다. 베이비 부머는 미국 역사상 처음으로 모든 미국인의 미래가 현재보다 밝을 것이라고 기대하는 세대였다. 이들은 사회적 약자에 대한 기본적인 의료복지제도[메디케이드(Medicaid)와 메디케어(Medicare)]나 실업자에 대한 직업훈련 등도 지지했다.

베이비 부머 세대라고 하면 대개 미국 백인을 가리킨다. 또한 논쟁의 여지가 있으나, 일반적으로는 백인 남성을 의미한다. 하지만 동시대 다른 미국인들은 교육 혜택과 경제성장의 그늘에 가려 있었다. 물론 백인 남성뿐만 아니라 이 세대 대다수가 이전 세대는 누리지 못한 많은 혜택을 받은 건 사실이다. 여하튼 베이비 부머는 기성세대 지도자들이 강요하는 신념을 거부했고, 사회운동에 참여하기 시작했다. 베트남전쟁을 반대하는 시위가 확산하면서, 다른 사회참여운동도 동시에 활성화되었다. 1960년대까지 베이비 부머 대다수는 동시대인에게 자신들과 동등한 사회·경제적 기회가 돌아가지 않는 현실을 인식하기 시작했다. 그들은 당시 조직적으로 사회·경제적 평등을 주장하기 시작한 흑인과 소수인종의 목소리에 처음으로 귀를 기울이기 시작했다. 미국 흑인과 히스패닉들은 시민권리운동을 이끌었고, 특히 제2의 페미니즘 운동(second-wave feminism)[8]과 같은 사회운동에도 동참했다. 그러면서 흑인과 히스패닉을 포함한 모든 미국인의 경제적 지위를 확대하고 평등한 기회를 제공하는 정책을 입안할 것을 요구했다.

---

8 1960년대 초에 시작해서 20여 년간 지속된 페미니즘 운동. 19세기부터 20세기 초에 일었던 제1의 페미니즘(first-wave feminism)이 여성의 참정권과 재산권 보장 등을 요구하는 여성인권운동이었다면, 제2의 페미니즘은 낙태권, 직장에서의 불평등, 성 상품화 반대 등을 주장하는 운동이다.

재계 지도자들과 기성세대는 이러한 움직임에 우려를 나타냈다. "소수인종과 여성은 아직 자질이 부족하다"라든지 "이렇게 특수한 요구를 들어주려면 상당한 비용이 든다"고 주장했다. 하지만 사회운동은 공감대를 형성할 수 있는 대의명분을 내세웠고, 시민들의 지지도 이끌어냈다. 일부 대기업은 입법화되기 전부터 자발적으로 소수인종 채용을 늘리는 프로그램을 추진하기도 했다. 그런 기업으로는 인터내셔널 하베스터사(International Harvester), CDC(Control Data Corporation), 피트니-보우스사(Pitney-Bowes), 듀폰 등이 있다.

그러던 중에, 연방정부가 사회운동에 호응하기 시작하면서 중대한 성공사례가 생겨났다. 정부에서 움직인 결과, 거의 혁명에 가까운 진보적인 법률이 여럿 제정된 것이다. 바로, 1963년 제정된 동일 임금에 관한 법률(Equal Pay Act), 1964년 제정된 시민권리에 관한 법률(Civil Rights Act), 1965년 제정된 투표권에 관한 법률(Voting Rights Act) 등이다. 시민권리에 관한 법률 제7장을 통해 연방의회는 모든 미국인에게 그들의 인종과 피부색, 국적, 종교, 성별에 상관없이 경제·사회적 발전을 위한 평등한 기회 제공을 보장하고자 했다. 특히 미국 남부에서는 많은 기업이 인종 분리 정책을 폐지하려는 연방정부의 방침에 주 차원에서 반대할 수 없게 되었다는 사실을 깨달았다. 기업들이 이러한 변화를 수용하자, 남부 주민의 경제적 생활환경은 상대적으로 다른 지역보다 빠른 속도로 인종과 성별에 상관없이 개선되어갔다. 하지만 집단 간 또는 인종 간 사회관계는 더디게 개선되었다. 그러는 동안, 1972년 개정된 교육법 제9장은 여성이 경제활동에 참여할 기회를 개선하는 토대를 마련했다. 그래서 남성과 여성은 유치원부터 대학교까지 교육 과정에서 연방정부의 지원금을 동등하게 받았다. 연방법이 법적 장벽을 철폐해나가자, 여성과 소수인종의 경제·사회적 지위는 점차 개선되었다.

환경운동의 성장

탄소에 기반한 제조업과 운송업 같은 제2차 산업혁명의 중심 산업들이 대기와 토양 그리고 해양자원의 활용가치를 잠식한다는 분명한 사실은 20세기 중반에 미국이 산업 발전을 통해 일궈온 여러 성취의 의미를 퇴색시켰다. 오염은 19세기부터 급격히 심해졌지만, 현대적인 의미의 환경운동이 급성장한 밑바탕에는 제2차 세계대전 시기의 경제적 팽창과 전후시대 소비자주의의 폭발적인 성장에서 비롯한 부작용이 있었다. 부작용으로는 환경오염에 따른 자연환경 훼손과 시민 건강에 미치는 악영향을 들 수 있다.

이 환경운동의 선두에 나선 이들이 바로 베이비 부머 세대였다. 이들은 미래 생계를 책임지는 기본적 경제력을 확보했다는 심리적 안정감을 얻자, 모든 미국인의 삶의 질을 개선하기 위한 사회적 과제로 눈을 돌리기 시작했다. 이는 기존에 있던 기업 및 산업 시스템에 거센 도전이 시작되었다는 뜻이었다. 많은 환경주의자들은 레이첼 카슨(Rachel Carson, 1907~64)[9]의 유명한 책인 『침묵의 봄(Silent

---

9 미국의 해양생물학자이자 작가. 환경운동에 많은 영향을 끼쳤다.

Spring)』(1962)에서 영감을 받았는데, 이 책을 통해 많은 미국인이 합성화학물질의 위험을 인식하게 되었다고 흔히 알려져 있다. 카슨은 그 책에서 합성화학물질이 농업 분야에서 광범위하게 사용되고 있으며, 이로 인한 환경오염이 사람과 동물의 건강을 상당히 해칠 정도로 심각하다고 지적했다.

다양한 집단의 사람들, 이를테면 과학자부터 수산업 종사자, 사회활동가 같은 이익단체, 도시민과 주민까지 많은 사람이 가두시위를 벌이거나, 주의회와 연방의회 같은 정치집단에 로비를 벌여서, 환경오염 문제를 해결하고자 했다. 한편 1970년 들어 국가 환경정책에 관한 법률(National Environmental Policy Act)과 청정공기법(Clean Air Act)이 제정되고 환경보호국(Environmental Protection Agency, EPA)이 설립되면서, 향후 10년간 본격적인 환경정책이 수립되기 시작했다.

1969년과 1977년 사이에 환경 관련 연방법이 18개가량 제정되었는데, 그중에는 기업활동을 규제하는 신규 법안도 있었다. 과거에는 주정부 또는 연방정부가 규제기관을 설립하면 이들 기관이 기업활동을 직접 규제했는데(이 과정에서 기업의 이해가 많이 반영되었다), 환경법 영역에는 정책 집행에 새로운 수단이 포함되었다. 즉, 일반 시민도 이익단체를 통해 소송을 제기할 수 있는 길을 열어둠으로써, 법원을 통해 법률 집행을 강제할 수 있게 된 것이다. 이렇게 시민의 권한이 확대되자, 환경운동은 확실히 영속성을 띨 수 있게 되었고, 환경문제를 일으키는 행위에 가담하는 기업들 때문에 규제기관의 발이 묶이는 일도 막을 수 있었다.

EPA는 주정부와 협업하며 전국 규모로 발생하는 환경오염에 종합적으로 대처할 수 있었고, 이러한 접근방식은 미국의 에너지 정책에도 영향을 주었다. 이를테면 미국 연방정부는 캘리포니아주의 사례를 연방 단위로 확대해서 자동차 제조사들이 청정 공기를 배출하고 에너지 효율이 높은 엔진을 장착한 경량 자동차를 생산하도록 유도했다. 1990년에는 환경 관련 법안들을 다시 입법했고, 이로써 천연자원 관리가 영속성을 띠게 되었다.

대개 기업은 이러한 개혁안에 저항했다. 시민권에 관한 법률은 기업들의 채용 관행[10]에 많은 변혁을 불러왔다. 이 법이 연방국회를 통과하자 곧 환경 관련 법률들이 제정되었고, 미국 기업들이 더 많은 혁신과 개선에 나서야만 하는 상황이 되었다. 그래서 기업들은 기업 환경과 관련한 이행사항을 점검하기 위해 전문 인력을 추가로 고용해야 했고, 관련 공시 의무도 부담해야 했다. 또한 새로운 제도를 준수하기 위해 새로운 기계장비를 도입하거나 오래된 기존 장비를 개선하기 위해 더 많은 자본을 지출해야 했다. 1980년 기준으로 미국 시민의 3분의 2가 환경문제에 우려를 나타냈는데도, 보수 진영 정치인과 기업은 연대하며 주법원과 상급 연방법원에서 또는 입법 과정에서 환경 관련 법안에 저항했다. 2000년대 초에는 조지 부시 행정부에 있던 보수 성향의 정치 지도자들이 환경 관련 법안과 조치를 철폐하지는 못했지만, 법률 집행이 더디게 만들 수는 있었다. 그래서 이 시점부터 유럽연합이 미국이 쥐고 있던 환경 관련 의제의 주도권을 가져가기 시작했다.

---

10   백인 남성 중심의 채용문화

21세기 들어 보수 성향의 정치인들이 환경을 지키려는 기존 흐름에 역행하는 시도를 주도했지만, 일반적으로 미국의 환경정책은 보조금을 지급하는 방식으로 수자원을 보호하고 전기 사용을 자제하도록 장려했다. 실제로 보조금 지급 제도는 환경 개선에 상당히 기여했다. 보조금 제도는 환경과 관련한 새로운 스타트업이 성장할 수 있도록 지원했고, 이렇게 성장한 스타트업이 이제는 환경 분야 대기업으로 자리를 잡아서, 환경 분야는 그 자체가 하나의 산업으로 발전하게 되었다. 이를테면, 건축에 쓰이는 단열재 및 보온 자재 업종[11], 태양광 및 풍력 발전, '스마트 하우징'(전자 제어장치로 가정별 에너지 사용을 통제하고 모니터링하는 주택 건축) 관련 사업 등이 여기에 해당한다. 환경산업에 연관된 기업가들이 정부 보조금 제도를 십분 활용했고, 결과적으로 미국인들의 생활방식을 바꾸기 시작했다.

1960년대와 1970년대에 정부의 입법활동으로 혜택을 받은 또 다른 사람들로는 여성과 소수인종이 있다. 이에 대해서는 다음 장에서 설명할 것이다.

---

11 열효율을 높여서 에너지 사용을 줄이고 궁극에는 탄소 배출 감축 효과를 가져온다.

CHAPTER 6

여성과 소수인종의 부상

이론적으로 자본주의는 실력주의 아래서 가장 잘 작동한다. 그러나 경제 시스템은 그 사회의 가치체계를 반영할 수밖에 없다. 미국의 많은 기업과 노동자들은 성차별과 인종차별 문제를 둘러싸고 항상 대립과 분열을 거듭해왔다. 이 대립과 갈등은 기업활동을 바라보는 관점에도 반영될 수밖에 없다. 따라서 개별 기업이 채택하는 전략에도 영향을 줄 수밖에 없다. 기업은 미국사회에서 중시하는 다양성을 앞장서서 추구하지도 않았지만, 그렇다고 사회 일반보다 뒤처지지도 않았다.

미국사회에서 여성과 소수인종은 가내노동이 되었건 집 밖에서 돈을 벌기 위해 회사를 다니건 간에 열심히 일했다. 하지만 20세기 후반 이전까지, 이들이 비즈니스 분야로 특정해서 두각을 나타낸 영역은 주로 특수한 계층을 위한 산업이었다. 여성은 다른 여성을 위한 시장에서 두각을 드러냈고, 흑인도 다른 흑인을 위한 시장에서 성과를 냈으며, 아시아계 미국인도 마찬가지로 아시아계 미국인을 위한 시장에서 사업적 성공을 이루어왔다.

여성과 소수인종 출신의 기업가들은 상대적으로 낮은 유리천장 아래서 성과를 냈다. 이들이 유리천장을 뚫고 성공하기 시작한 것은 1960년대에 연방정부에서 여러 법안을 통과시키며 여성과 소수인종이 사회로 진출할 통로를 극적으로 열면서부터다.

미국 경제 무대에 등장하는 여성들

1960년대 이전 경제에서 여성의 중요성이 부각된 건 소비자로서 움직이는 여성의 역할 때문이었다. 당시에도 여성은 가정용 소매상품의 구매를 결정하거나, 이 결정에 지대한 영향을 미쳤다(2015년에 여성은 전체 소매상품 구매금액의 70퍼센트에 의사결정권을 행사하거나 상당한 영향을 미쳤다). 불과 240년 남짓한 미국 역사에서 여성이 주요 세력으로서 노동시장과 재계에 진입한 것은 최근 들어서다. 집 밖에서 급여를 받으며 일하는 여성의 비율은 1920년대와 비교해 이제 거의 세 배가 되었다. 19세기 여성의 직업은 교사와 간호사, 도서관 사서와 가정부 또는 다른 여성을 대상으로 한 서비스업 종사자(여성용 의류, 여성 장신구 제작, 미용실) 등으로 한정되었다. 하지만 1920년 들어 여성은 사무직 노동자의 절반가량을 차지했다(1870년에는 2.5퍼센트였다). 현대식 타자기와 전화교환 시스템 같은 사무실의 기술환경이 발전하고, 대기업에서 사무직 일자리가 증가하면서 여성들의 기회는 더욱 확대되었다. 1920년에는 속기사, 타이피스트, 경리의 90퍼센트 이상이 여성이었다. 경리를 맡던 남성들은 회계사나 좀 더 보수가 높은 전문직으로 이동했다.

여성 관리자나 여성 고위 관료 또는 여성 사업주의 수는 1900년 전체 인구의 4.5퍼센트에서 1940년 11퍼센트, 2000년대 40퍼센트로 천천히 증가했다. 제2차 세계대전 기간에는 여성이 일시적으로 공장 생산직처럼 전통적으로 남성이 도맡아오던 직군을 채우기도 했다. 그리고 이 기간에 최초로 여성들이 언론계로 대거 진출했고,

과거 남성이 독식했던 분야에서 직업을 갖기 시작했다. 전쟁 이후 주택시장 호황기에는 부동산과 관련한 직업군으로도 진출했다. 1977년 부동산 중개인의 44퍼센트가 여성이었다.

사람들이 일반적으로 생각하는 것보다 많은 여성 기업가들이 활동하고 있으나, 활동 분야는 대부분 경제의 틈새 영역이다. 다른 여성을 고객으로 상대하는 서비스 분야에서 활동하는 것은 미국 여성 기업가들의 오랜 전통으로, 오늘날까지 이어지고 있다. 이를테면 엘리자베스 아덴(Elizabeth Arden), 헬레나 루빈스타인(Helena Rubenstein), 마담 C. J. 워커(Madame C. J. Walker, 1867~1919), 에스티 로더 그리고 메리 케이 애시(Mary Kay Ash) 같은 여성 사업가들은 화장품 사업과 미용업계에서 성공을 일궜다. 마지막 세 여성, 즉 마담 C. J. 워커, 에스티 로더 그리고 메리 케이 애시는 20세기 3세대를 대표하는 여성 사업가다.

마담 C. J. 워커는 미국 흑인 노예의 딸로 태어나, 주로 미국 흑인 여성이 고객인 미용업체를 창업했다. 1912년 그녀는 삶을 회고하며 이렇게 말했다. "나는 남부 목화농장 출신이다. 거기서 벗어나 머리 감는 대야를 들고 다니며 일했다. 그다음에는 대야에서 벗어나 부엌일을 했다. 그리고 이제 부엌일에서 벗어나 헤어 관리와 미용제품을 만드는 사업에 뛰어들었다. 나는 내가 소유한 땅에 나의 공장을 세웠다." 정규교육을 거의 못 받았지만, 워커는 큰 회사를 창업하고 사회운동도 이끌었다. 그녀는 미국 흑인 여성들을 에이전트(그녀가 숨을 거두기 직전에 직원 수는 2만 5,000명에 달했다)로 채용해서 자신의 헤어케어 제품을 판매했다. 워커 자신도 수백만 달러를 벌어들였다. 그에 못지않게 중요한 것은 자신이 채용한 에이전트에게 교육받을 기회를 제공하고 동기를 부여해서, 이들이 경제적 성취를 발판 삼아 사회적인 신분 상승을 할 수 있도록 도왔다는 점이다.

에스티 로더는 1908년 미국 뉴욕시 퀸즈의 이민자 가정에서 태어났다. 그녀의 첫 사업은 부엌에서 피부크림을 만들어 한 미용실에 납품하는 일이었다. 미용실 주인이 맨해튼의 어퍼 이스트 사이드로 사업을 확장하자, 로더는 사업 파트너이기도 한 남편과 함께 미용실을 따라 옮겨갔다. 지칠 줄 모르는 열정의 소유자인 그녀는 뉴욕시와 플로리다주 팜비치의 리조트 호텔에서 열리는 상류층 사교모임에 참석해서 제품을 시연하곤 했다. 이렇게 상류층 고객에게 집중하는 한편, 삭스 피프스 애비뉴(Saks Fifth Avenue), 아이 맥닌(I. Magnin), 니먼 마커스(Neiman Marcus)에서 제품을 판매했다.[1] 당시만 해도 맥스 팩터(Max Factor), 헬레나 루빈스타인, 레블론(Revlon) 등 많은 경쟁사가 제품을 드러그 스토어[2]에서 판매했지만, 로더는 자사 제품을 의도적으로 드러그 스토어에 내놓지 않았다. 2000년대 초반에 로더가 이끄는 회사는 연매출 70억 달러[3]를 달성했고, 에스티 로더의 제품은 미국 백화점 코스메틱 매장에서 판매되는 화장품의 절반가량

---

1 이 세 브랜드는 고급 럭셔리 상품을 취급하는 백화점의 대명사다. 이 중 아이 맥닌은 경영난으로 1994년 파산 후 청산되었다.
2 미국의 드러그 스토어에서는 한국의 약국과 달리 약품 말고도 식료품, 저가 화장품, 가전제품 그리고 소비재를 판매한다. 한국의 약국보다는 슈퍼마켓에 가까운 점포 개념으로, 미국의 대도시 및 근교 지역에 분포해 있으며 상품가격도 백화점보다 저렴해서 시민들이 즐겨 찾는다.
3 2021년 기준으로 110억 달러, 원화로 약 12조 원

을 차지했다. 그녀는 2004년에 97세로 숨을 거두었지만, 20세기 여성으로는 유일하게 《타임》에서 선정한 기업인 20명에 올랐다. 그녀는 미국 기업사상 가장 에너지 넘치는 혁신가이자 가장 냉혹한 승부사면서, 아이디어가 샘솟는 경영자 중 한 명으로 기억되고 있다.

메리 케이 애시는 45세가 되던 1963년에 처음으로 자신의 회사를 일으켰다. 사업을 시작하며 전 재산인 적금 5,000달러⁴를 털어서 제품을 만들었고, 수백 명의 여성을 고용해서 화장품을 방문판매할 수 있도록 훈련했다. 애시는 고용한 에이전트들에게 치어리더 정신을 소개하며, 고객의 "아닙니다(No)"를 받아들이지 않는 승부근성을 기르라고 강조했다. 에이전트들은 자신이 회사에 벌어다준 금액의 50퍼센트를 커미션으로 가져갔다. 그러자 성공은 이제 시간문제였다. 2001년에 애시가 숨을 거둔 시점까지, 메리 케이 코스메틱사는 연매출 20억 달러⁵를 넘어섰고, 직원이 80만 명(대부분 파트타임 근로자였다)이었다. 2010년에는 전 세계에서 200만 명의 미용 컨설턴트들이 메리 케이 코스메틱사에서 일했고, 25억 달러⁶의 매출을 올렸다. 영업부서 이사들의 수입은 여섯 자리⁷였다. "우리 회사는 직원들에게 그들이 원하는 것을 모두 가질 수 있는 기회를 제공했다." 애시는 여성 직원들이 경력과 가정일을 병행하는 것을 회사의 공식 인사정책으로 삼아 장려하는 과정에서 이렇게 말했다. (사실 실제 사례가 모두 그

---

4 2016년 기준으로 3만 9,385달러, 원화로 약 4,330만 원

5 2021년 기준으로 30억 6,000달러, 원화로 약 3조 4,500억 원

6 2021년 기준으로 약 31억 7,000달러, 원화로 약 3조 5,000억 원

7 원화로는 연봉 1억 원에서 10억 원 사이

러했는지는 물론 알 수 없다. 이 회사는 사기업이고 따라서 정확한 실제 수치를 알기 힘들다. 언론에서 한때 메리 케이 회사의 다단계 마케팅 전략을 취재하며, 매우 많은 사람들이 실제로는 돈을 전혀 벌지 못하고 심지어는 빚을 지기도 한다고 폭로했다.)

워커, 로더 그리고 애시는 경영자로서 직원과 에이전트 들에게 기업가정신을 기르라고 강조했다. 하지만 미국 여성 대다수가 기업가정신을 발휘할 수 있는 분야에 참여하기 시작한 것은 1960년대부터다. 바로 미국 연방정부가 개혁적인 법안을 여럿 통과시킨 시점이다. 1972년까지만 해도 여성이 대주주로 참여하는 사업장의 수는 미국 전체의 5퍼센트에 지나지 않았다. 여성이 소유한 사업장 일곱 중 한 곳 정도가 유급 사원을 고용했다. 그나마도 이들 사업장의 매출액은 미국 전체의 0.3퍼센트로, 매우 미미한 수준이었다.

하지만 곧 극적인 반전이 찾아왔다. 1982년에 여성이 소유한 사업장은 미국 기업 전체의 4분의 1을 차지했고, 매출액은 전체의 10퍼센트에 해당했다. 10년이 지나서는 전체 기업의 3분의 1, 그리고 전체 매출액의 20퍼센트까지 상승했다. 소수인종 여성에게는 특히 많은 진전이 있었다. 1987년과 1996년 사이에 히스패닉계 여성이 소유한 사업장의 수는 200퍼센트가량 치솟았고, 아시아계 여성이 소유한 사업장은 150퍼센트, 흑인 여성이 소유한 사업장은 135퍼센트 증가했다. 21세기 초반에는 여성들이 소유한 사업장이 전체 미국 기업 매출의 25퍼센트를 차지했고, 미국에서 창업하는 사업장의 40퍼센트를 이제 여성들이 설립하고 운영했다.

2007년부터 2016년까지, 여성이 소유한 사업장의 증가세는 미국 전체 평균의 5배를 넘었고, 소수인종 여성들이 새로운 창업을 주도했다. 여러 연구결과에 따르면, 2007년부터 2009년까지 있었던 대침체(Great Recession)[8] 기간에 더 많은 소수인종 여성들이 창업을 했다. 백인 여성들은 여전히 여성이 소유한 사업장 전체의 절반 이상을 이끌고 있었고, 매출도 절반을 넘었다. 2016년 백인 여성이 이끄는 사업장은 평균 20만 1,948달러(약 2억 2,200만 원)를 벌어들인 반면, 아시아계 미국 여성이 경영하는 사업장은 18만 4,699달러(약 2억원), 라틴계 미국 여성의 사업장은 5만 2,087달러(약 5,700만 원), 흑인 여성의 사업장은 2만 6,550달러(약 2,900만 원)를 벌어들였다.

여성 기업인의 경영 상황이 보이는 특징을 인종별로 정리하면, 흑인 여성이 소유한 사업장이 숫자 면에서 가장 많고, 라틴계 미국 여성이 창업을 가장 많이 하며, 아시아계 미국 여성이 이끄는 사업장이 가장 많은 매출액을 올리고 있다. 일반적으로, 여성 창업가는 남성 자본가의 절반 정도에 지나지 않은 자본금으로 사업을 시작하고, 개인 저축을 종잣돈으로 활용하며, 은행 대출을 잘 활용하지 않는 특징이 있다.

---

8   저자를 비롯한 미국 경제계에서는 공식적으로 2007년 말에 발생해서 2008년까지 지속된 주택시장 붕괴에 따른 금융시장 붕괴(한국인들은 리먼 사태로 기억한다)를 금융위기[Financial Crisis 또는 Global Financial Crisis(GFC)]라고도 부르고, 2009년까지 이어진 경기침체를 대침체라고 구분해서 지칭한다. 물론 함께 사용하기도 한다.

노동시장에서 여성이 처한 현실

1970년대부터 1990년대까지 기간에 미국인의 맞벌이(또는 집 밖 노동)에 대한 인식은 변화를 거듭했다. 1977년에 성인을 대상으로 실시한 여론조사에서, 남성이 집 밖에서 사회적 성취를 이루고 여성은 가정을 보살피는 것이 모든 가족구성원에게 좋은 일인지 묻는 질문에 응답자의 3분의 2가 그렇다고 대답했다. 1996년에는 똑같은 질문에 38퍼센트만이 동의했다.

그때까지 미취학 아동을 둔 여성의 65퍼센트가 맞벌이를 하고 있었는데, 이는 1950년보다 5배 많은 수치였다. 취학 아동을 둔 기혼 여성은 4분의 3 이상이 직업을 가지고 있거나 구직활동을 하고 있었다. 하지만 여성 대부분은 퇴근 후에도 육아를 부담해야 했다[여성들 사이에서는 하루가 이틀처럼 바쁘다는 의미로 '더블데이(double day)'라는 신조어가 생기기도 했다]. 2000년대 들어 5세 이하 아동의 30퍼센트가량은 어린이집에 맡겨졌는데, 1965년 6퍼센트에 머물던 것과 비교하면 상당한 진전이었다. 1990년대가 시작되면서 사내에 어린이 보육 시설을 제공하는 기업이 늘어나자, 어린이 보육시설이 현저하게 증가했다. 덧붙이자면, 직장 여성의 25퍼센트가량 그리고 아이를 둔 저소득층 가정 여성의 65퍼센트 이상이 미취학 아동을 돌보는 데 친인척의 도움을 받았다.

여성들이 진정 원해서 직업을 가지는 것인지 아니면 경제적 필요에 따라 일을 하는 것인지는 논쟁의 여지가 있다. 한 가지 분명한 사실은 1960년대부터 미국 여성이 노동시장으로 진출하는 양태가 과거와는 사뭇 달라졌다는 점이다. 21세기 초반에 미국 역사상 가장 높은 비율로 여성이 변호사, 대학교수, 의사나 치과의사, 약사, 회계사 같은 전문 직종에 진출했다.

남녀의 임금 격차를 보면, 여성이 여전히 불리한 상태다. 2016년 무렵, 여성 의사는 남성 의사보다 8퍼센트(연간 약 2만 달러, 원화로 약 2,200만 원)가량 임금이 적었고, 여성 법학 교수는 같은 전공 남성 교수에 비해 시간당 47달러(약 5,200원)가량 적게 벌었다. 문제는 여성이 대거 진입한 산업군에서 평균임금이 하락했다는 점이다. 디자이너부터 가정부, 생물학자까지 다양한 직군에서 이러한 경향이 나타났다. 보수를 기준으로 보면 상위 30개 직군 중 26개가 남성이 대세인 직업군인 반면, 하위 30개 직군 중 23개는 여성이 대다수인 직업군이었다.

여성 CEO의 등장

21세기 초에 등장한 칼리 피오리나(Carly Fiorina, AT&T, 루슨트 테크놀로지, 휴렛팩커드), 마리사 메이어(Marissa Mayer, 매킨지, 구글, 야후), 맥 휘트먼(Meg Whitman, 이베이, 휴렛팩커드) 그리고 셰릴 샌드버그(Sheryl Sandberg, 매킨지, 구글, 메타)는 잘 알려진 여성 경영자들이다. 뒤의 두 명은 빌리어네어(billionaire)다. 앞의 세 명은 월스트리트의 애널리스트와 전문가 들에게 숱한 비판을 받아왔는데, 성차별적 편견에 따른 비판도 많았다. 이들의 모습이 미디어에 등장한다는 사실 자체가 1970년대 이후 재계에서 차지하는 여성의 지위에 큰 전환이 있었다는 점을 방증한다. 이들 말고도 많은 여성들이 케이블 텔레비전의 경제 및 기업 관련 프로그램에 등장하기 시작했다.

최근에 들어서야 일부 여성이 고위 경영진 자리까지 올라가는 기회를 잡을 수 있었다. 1970년에는 여성이 미국의 하급 사무직에 종사하는 노동자의 75퍼센트를 차지했는데, 당시 매년 1만 5,000달러[9] 이상의 급여를 받는 관리자나 경영자 명함을 지닌 여성의 비율은 전체 관리자 및 경영자의 4퍼센트에 지나지 않았다.

3세대에 걸친 기간에 미국의 상위권 경영대학원들에서 남성만 받아들인 관행이 남성의 고위직 독식문제를 단적으로 드러내는 현상이었다. 예를 들어 하버드대학교는 1963년 이전에는 정규 MBA 과정에 여성 지원자를 받지 않았다. 그로부터 10년이 지난 1973년에 여성 졸업생의 비율은 5퍼센트 미만이었다. 1983년에 이 비율은 26퍼센트까지 큰 폭으로 상승하지만, 그 후로 한동안은 큰 증감이 없었다. 전체 기준을 놓고 보면 여전히 여성은 소수였지만 절대적 숫자만 놓고 보면 큰 성과라고 할 수 있다. 2010년에는 이 비율이 36퍼센트까지, 2017년에는 42퍼센트까지 상승했다. 미국 전국의 MBA 학생을 기준으로 보면, 여성 MBA 학생이 1960년에 전체 학생 수의 4퍼센트에 지나지 않았으나, 2015년에는 36퍼센트로 상승했다. 전국 기준으로 2014년에 의과대학의 여학생 비율은 47퍼센트였고, 법대는 거의 50퍼센트였다. 단순히 숫자를 비교하는 것만으로는 전체 그림을 다 그릴 수 없다. 1983년 하버드대학교 경영대학원

---

9   2016년 기준으로 9만 3,185달러, 원화로 1억 원 이상이다.

여성 졸업생을 대상으로 졸업 후 15년이 되던 해에 설문조사를 실시하며 다음과 같은 질문을 던졌다. "여성이라는 점이 당신의 경력에 영향을 미치는가?" 여기에 절반 이상이 그렇지 않다, 25퍼센트 정도가 그렇다고 대답했다.

2009년 기준으로 고소득 직군인 기업의 고위 중역 가운데 여성의 평균임금은 남성의 70퍼센트에 지나지 않았다. 이 격차는 전체 직장 여성과 전체 직장 남성을 비교한 수치보다 10퍼센트 포인트 낮았다. 고소득의 고위직 여성일수록 성별에 따른 급여 차이가 큰 이유 중 하나는 대기업 여성들이 주로 이른바 3R 직종, 즉 지원부서에 몰리거나 이러한 직군으로 업무를 배정받기 때문이다. 3R은 홍보 관련(Public Relation) 업종, 노사 관련(Industrial Relation) 업종 그리고 인사 관련(Human Relation) 업종을 일컫는 용어다. 여성 임원 중 소수만이 '일선 업무'라 불리는 사업부의 책임급 임원이나 판매 또는 생산 총괄책임자로 배정되었다. 지원부서와는 달리 일선 업무는 회사의 손익 결과를 책임지는 자리였고, 그래서 상대적으로 높은 연봉을 받았다.

하지만 이 문제에는 단순한 금전적 보상 차이에 그치지 않고 그것을 넘어서는 훨씬 복잡한 측면이 있었다. 저명한 경제학자인 클라우디아 골딘(Claudia Goldin)[10]은 2006년에 이렇게 언급했다. "과연 우

---

10 하버드대학교와 미국경제연구소(National Bureau of Economic Research) 소속 경제학 교수. 하버드대학교 경제학부 역사상 최초의 여성 정년 교수다. 코넬대학교에서 학사, 시카고대학교에서 석사 및 박사를 마쳤다. 주요 연구 분야는 경제적 불평등과 경제에서 발생하는 성별 차등 문제 등이다.

리 여성들이 원하는 게 소득의 평등인가. 우리가 원하는 것은 모든 이가 인생에서 가장 절정인 시기에 주당 80시간의 일자리를 얻을 수 있는 기회 자체가 동등하게 제공되는 기회의 평등이 아닐까. 그렇다. 하지만 우리는 여성들에게 그 기회가 공평하게 돌아갈 거라고 기대하지 않는다."

2009년《포춘》에서 선정한 500대 기업의 전체 임원 중 15퍼센트가 여성이었는데, 그 10년 전에는 11퍼센트였고 1960년에는 한 명도 없었다는 점과 비교하면 이는 상당한 성과다. 여성 CEO의 경우에도 2009년에 13명이었는데, 2000년에 3명, 1960년에는 한 명도 없었던 점과 비교하면 괄목할 만한 발전이라고 할 수 있다. 여성 CEO도 2015년에는 24명으로 증가했다. [버지니아 로메티(Virginia Rometty)도 그중 한 명인데, 여성으로서는 IBM 100년 역사상 최초로 남성 CEO 전통을 깨고 2012년에 CEO로 취임했다.] 단순히 숫자만 놓고 보면 정말 극적인 발전이라고 할 수 있다. 그러나 미국 대기업에서 '유리천장' [glass ceiling, 이 용어는 1986년《월스트리트 저널》의 두 작가인 캐롤 하이모비츠(Carol Hymowitz)와 티모시 쉘하르트(Timothy Schellhardt)가 처음 사용했다]을 뚫고 최고경영진에 오른 여성의 수는 정말 극소수다(《포춘》 선정 500대 기업의 CEO 중 4.8퍼센트, 500대 기업의 고위 임원 중 15퍼센트, 임원 직급 중 17퍼센트).

다른 국가에서는 고위 직급에 진출하는 여성의 비율이 더 낮다. 2009년 미국에서는 대기업 임원 중 17퍼센트가 여성이었는데, 영국에서는 그 절반 정도밖에 되지 않았다. 한 조사에 따르면 미국 회사의 전체 직급에서 관리직 여성의 비중은 40퍼센트인 반면, 유럽 국가들에서는 20퍼센트에서 30퍼센트 정도에 머무르고, 아시아 국가들에서는 훨씬 더 낮을 것으로 추정된다. 다행히 유럽 국가들은 이를 개선하기 위해 행동에 나서기 시작했다. 2003년 노르웨이를 필두로, 여러 국가에서 여성 임원 할당제를 시행하기 시작했다. 여성 임원 할당제를 뒷받침하는 근거는 아주 간단한데, 이사회나 임원이 모두 백인 남성들로 구성되면 주로 여성들인 고객과 직원들의 다양한 생각을 회사의 중요한 의사결정에 다 반영할 수 없다는 논리다. 게다가 여러 연구에 따르면, 회사 이사회를 다양한 성별로 구성할 경우 재무성과도 더 우수하고, 회사를 통해 여성들에게 더 많은 사회적 기회를 제공할 수 있다.

물론 할당제에 대한 거부감이 없었던 것은 아니다. 할당제라는 제도 자체에 거부감을 느끼고, 할당을 충당할 만한 자격요건을 갖춘 여성 인재가 충분하지 않다는 논리를 펼치기도 한다. 할당제의 결과는 긍정적이지도 부정적이지도 않다. 기업에서 이 제도를 통해 여성들이 실제로 혜택을 받는지 판단할 수 있는 근거도 빈약하다. 인과관계가 명확하지는 않지만, 할당제를 시행하고부터 기업의 인건비가 상승하는 경향이 있다. 특히 정리해고가 많이 줄어들었는데, 아마도 여성 임원들이 정리해고를 피하는 것 같기도 하다. 미국에는 아직까지 할당제 같은 제도를 시행하려는 움직임은 없다.

2010년 중반 관점에서 보면, 미국 기업의 경영 일선에서 여성의 역할이 어떻게 변화할지 궁극적인 패턴을 예측하기가 쉽지 않다. 그 이유로는 첫째, 일반적으로 인식하다시피 여전히 경력 단절을 원하지 않는 여성도 있지만, 일부 여성은 펠리스 슈워츠(Felice Schwartz,

1925~96)[11]가 말하는 엄마로서의 경력(mommy track, 일부 여성은 이 표현 자체가 불편할 수도 있다)을 원하기 때문이다. 둘째로 경영 일선에서 여성의 역할에 산업별로 편차가 있어 패턴을 일률적으로 예측하기 힘든 점도 있다. 일정 규모 이상의 법인을 조사한 결과, 비영리단체에서는 30퍼센트 정도가 여성 대표자인 반면, 반도체 회사에서는 그 비율이 3퍼센트에 지나지 않는다. 많은 산업에서 남성 임원들은 여전히 여성 상급자를 두는 것에 상당한 저항감을 드러내는 것이 현실이다.

많은 여성이 여성에게 불리하게 작용하는 제도와 사회적 기류에 정면으로 맞서서 자신의 정당한 권리를 주장해야 한다고 생각한다. 기관 투자자로서 영향력을 행사하고 있는 자산운용사 레인워터(Rainwater, Inc.)의 회장인 달라 무어(Darla Moore)는 1998년에 그녀와 다른 고위직 여성들이 일종의 '별종, 이단아 또는 부적응자'가 되는 경향이 있다고 언급했다. 하지만 이는 나쁘지 않다. "너는 착한 여자아이가 되어야 해" 그리고 "너는 조직에 적응해야 해" 같은 조언을 무시할 수 있는 내적 자신감을 키우라고 무어는 조언했다. 그리고 이러한 충고에 귀를 기울이는 것은 총체적 시간 낭비라고 비웃었다.

2013년에 셰릴 샌드버그의 저서인 『린 인(Lean in: Women, Work, and the Will to Lead)』이 출간되면서, 비록 일반적인 의미의 근로자로서 여성의 역할에 대한 것은 아니었지만, 사무실이라는 공간에서 여

---

11 미국의 유명한 작가이자 페미니스트

성이 가지는 의미와 역할에 대해 사회적으로 논의된 적이 있다(아마 존에 4천여 개의 리뷰가 달렸다)[12]. 샌드버그는 비즈니스 세계가 여성의 진출을 어떻게 가로막고 있는지가 아니라, 어떻게 여성이 (야심과 자신감 부족으로) 스스로 움츠러드는지에 초점을 맞춰 이야기했다. 평론 가들은 그녀가 이룬 성취에 찬사를 보내면서도, 몇 가지를 지적했다. 이를테면 그녀가 누리는 특권적 지위[하버드대학교 졸업생이며, 래리 서머스(Larry Summers)를 멘토로 둔 점]가 그녀의 성공에 상당히 기여한 점을 진지하게 고민하지 않았다거나, 생계를 위해 일할 수밖에 없는 싱글맘의 상황을 고려하지 않았다는 점이다. 그녀는 경영자로서 경력을 쌓을 수 있도록 물심양면으로 외조를 해주는 배우자를 만날 수 있었다. 하지만 불행히도 그녀의 남편은 2015년 휴가 중에 예기치 못한 사고로 요절했다. 그 후 샌드버그는 저서 『옵션 B』를 집필했다.

2000년부터 시작해 2005년까지 휴렛팩커드를 이끈 칼리 피오리나는 CEO 자리에서 내려오면서, 자신을 비판하는 사람들이 자신더러 백치미가 있다고 하고, 거칠게는 나쁜 년이라고 쑤군댄다고 털어놓았다. 남자건 여자건 언론의 주목을 받는 다른 많은 CEO들이 그러하듯이, 그녀도 매우 대담한 행보를 보였다. 휴렛팩커드에서 당시 대형 PC 제조사였던 컴팩(Compaq) 인수를 주도했고, 3만 6,000명에 이르는 직원을 단번에 해고하기도 했다. 그녀는 2015/2016년 미국 대선의 공화당 후보 경선에 참여하기도 했는데, 이때 그녀의 과거 경영방식을 두고 날선 비판이 쏟아져 나오기도 했다. 그녀가 받은 비

---

12 2022년 1월 현재 아마존에 8천여 개 조금 못 미치는 리뷰가 달렸다.

판은 2012년 공화당 대선주자였던 밋 롬니(Mitt Romney)가 받은 비판과 유사한 점이 많다.

하지만 흥미롭게도 최근 몇 년 사이에 여성 임원의 금전적 보상에 중요한 변화가 일기 시작했다. 2015년 일부 여성 임원이 실제로 남성 경영진보다 더 많은 연봉을 받기 시작했는데, 여성 임원의 인력 수가 적었기 때문에 수요와 공급이라는 시장원리에 따라 여성 임원의 급여가 상승한 점이 한 요인이었다. 예를 들어 미국 100대 기업의 여성 CEO 8명이 평균해서 연봉 2억 2,700만 달러(약 2,500억 원)를 받았는데, 남성 CEO들의 평균급여 1억 4,900만 달러(약 1,600억 원)와 비교하면 상당히 높은 금액이다. 아마도 여성 CEO의 수가 적기 때문에 이 비교 자체에 왜곡이 있을 수도 있다. 정상의 자리에 오른 소수 여성 임원들에게는 분명히 다양성 프리미엄이 감안되었을 것이다. 회사에서 낮은 직급의 여성들은 여성 인력의 공급이 수요보다 많기 때문에 다양성 프리미엄을 누리지 못하는 것으로 보인다.

전반적으로 1920년 이후, 특히 1980년대 이후에 여성은 기업활동에서 상당한 진전을 이뤄냈다. 다방면으로 진출한 여성이 수적으로 증가했을 뿐만 아니라 기업문화에도 근본적인 변화를 일으켰다. 특히 유연근무제와 출산 및 육아를 위한 자율적 휴가제도 같은 가정 친화적인 정책이 자리를 잡았는데, 그 배경에는 직원들이 인간으로서 느끼는 삶의 필요에 기업이 현실적으로 접근해야 한다는 여성들의 주장이 있었다. 여성이 기업 영역에서 직접적으로 이룬 성취와 더불어, 여성이 추진한 정책 변화는 그 자체만으로도 사회 발전에 상당히 기여한 것으로 보인다.

그러나 여성이 백인 남성과 좀 더 동등한 처우를 받으려면 여전히 가야 할 길이 멀다. 이를 위해서는 미국 문화에 스며든 성에 대한 편견이 하루 빨리 해소되어야 할 것이다. 백인 남성들이 변화에 앞장서야 한다.

미국 경제 무대에 등장하는 흑인들

현대 미국 흑인의 시민권리운동은 제2차 세계대전 기간에 시작되었다. 비록 훈련소와 부대 그리고 수송선도 백인과 분리해서 사용해야 했지만, 흑인들은 해외에서 실시된 많은 군사작전과 국내에서 전시동원 체제 아래 진행된 산업활동에 상당히 기여했다. 해리 트루먼 대통령은 1948년 대통령령을 내려 군대를 인종적으로 통합하라고 명령했다. 이로써 인종 분리를 기본 방침으로 시행되던 정책들이 종말을 맞게 되었다. 전후 20년간 흑인들이 주도하는 시민저항운동이 발생했고, 언론에서는 미국 남부의 인종 분리 정책 아래서 신음하는 흑인의 삶을 폭로하는 기사가 이어졌다. 법원에서도 인종정책을 바로잡는 판결이 수차례 나왔고 연방의회도 이에 발맞춰 개혁 법안을 여럿 통과시키면서, 교육과 공공시설 그리고 고용에서 인종 간 장벽이 허물어져갔다.

기업 경영자로서 흑인은 남북전쟁 이전부터 창업을 해온 오랜 역사가 있다. 여성이나 소수자가 설립한 대부분의 기업과 마찬가지로, 흑인이 설립한 회사들은 대개 영세했을 뿐만 아니라 자본금도 부족했고, 늘 파산의 위험에 노출되어 있었다. 20세기 초로 접어들면서 많은 흑인들이 창업을 했고, 더러는 백만장자가 되기도 했다. 1900년과 1930년 사이에 흑인이 소유한 회사의 수는 일곱 배 늘었다. 20세기 중반에 대도시와 중소도시에서 미용실과 이발소, 레스토랑과 식품점, 구두 수선소와 장의사 등을 운영하며 성공하는 흑인들이 등장했다. 흑인이 창업하거나 경영하는 은행과 보험사도 상당수 있었다.

흑인끼리 힘을 합치고 자강해야 한다는 논리가 흑인 사이에서 호소력을 가지기도 했다. 하지만 흑인 기업가들이 흑인만을 고객으로 상대해야 하는지는 정치적으로 첨예한 논쟁거리다. 흑인 지식인인 윌리엄 듀보이스(W. E. B. Du Bois, 1868~1963)[13]는 "수많은 흑인이 더 지적인 방식으로 자립하여 더는 결코 사회에서 무시되거나 부당한 처우를 받지 않을 것이다"라고 말하며, "흑인이 전 세계 시장에서 기여한 몫이 크다면 결코 배척되지 않을 것이다"라고 주장했다. 듀보이스와 흑인의 상업활동을 주창하는 사람들은 흑인 기업인이 흑인만을 대상으로 거래를 하면 결국 흑인들에게 불리하게 작용할 것이라고 주장했다. 경제적으로 윤택하지 못한 소수 계층만을 대상으로 경제활동을 하면 스스로 성장 잠재력을 제한하는 것이나 다름없다.

---

13 미국의 사회학자이자 역사학자. 급진적이고 다소 폭력적인 미국 흑인 인권운동을 이끌었으며, 전미유색인지위향상협회(National Association for the Advancement of Colored People, NAACP) 창설에도 공헌했다. 말년에는 공산주의에 경도되었으며 아프리카 가나로 망명했다.

미국의 흑인들, 심지어 대학 졸업장이 있는 흑인들도 1970년대가 되어서야 미국 기업에서 관리직에 오를 수 있었다. 대학을 졸업하는 흑인의 수는 1970년부터 2000년까지 약 두 배 정도 증가했고, 2013년에는 전체 흑인의 40퍼센트가 대학을 졸업했다. 결과적으로 흑인 대졸자 중 과거보다 더 많은 비율이 기업으로 진출했다. 1970년 이후에 흑인 대학 졸업생의 증가세가 두드러지자, 흑인 중에도 중산층이 크게 증가했다.

흑인 중산층 소비자들은 당시로서는 백인 일색이던 주류 소비시장으로 동화되어갔고, 전통적으로 흑인이 운영하던 업체에서 생산하는 상품과 서비스는 소비가 줄어들었다. 그래서 지역사회에 뿌리를 내리고 있던 흑인 자영업자들은 경제·사회적 지위를 점차 잃어갔다. 20세기 초에 사업을 전개하는 흑인의 비율은 백인 대비 3분의 1 정도에 지나지 않았다. 미국 인구에서 흑인이 차지하는 비율은 13퍼센트가량 되지만, 흑인이 운영하는 기업의 매출은 미국 전체의 1퍼센트 정도였다.

그렇지만 특정 영역에서는 흑인의 경제적 발전이 두드러졌다. 20세기 들어 흑인이 경영하는 사업 가운데 보험업이 중요한 역할을 했다. 1898년 설립된 노스캐롤라이나 뮤추얼 생명보험사(North Carolina Mutual Life Insurance Company)는 훌륭한 인재들을 불러들였고, 1920년에는 1,100명가량의 직원을 고용했다. 1905년 노예 출신의 알론조 헌든(Alonzo Herndon)이 이발소를 운영하며 종잣돈을 모았고, 그 돈으로 두 번째로 애틀랜타 생명보험사(Atlanta Life Insurance)를 설립했다. 또 흑인이 주축이 되어 설립한 보험사로는 슈프림 생명보험사(Supreme Life Insurance, 시카고, 1921), 유나이티드 뮤추얼 생명보험사(United Mutual Life Insurance, 뉴욕, 1933), 그리고 골든스테이트 뮤추얼 보험사(Golden State Mutual Life Insurance, 로스앤젤레스, 이 회사는 1960년대에 단체 판매방식을 혁신해서 특히 중요하다) 등이 있다.[14] 1960년 무렵에는 흑인이 주요 주주로 참여하는 보험사가 46곳이었고, 그중 노스캐롤라이나 뮤추얼 생명보험사는 1971년에 10억 달러[15] 이상의 보험계약을 보유하고 있었다. 20세기 말에는 여러 차례 합병을 거치며 흑인들이 경영하는 19개 보험사가 총 230억 달러의 보험자산을 보유했다.

20세기에 흑인의 소득은 백인과 비교해서 상당히 크게 증가했으나, 자산 수준은 백인에게 여전히 뒤처졌다. 1980년대 흑인 가정의 순자산 중간값은 백인 가정 순자산의 12분의 1 정도에 지나지 않았다. 이 수치는 그 후 4반세기 동안 크게 변하지 않았다. 물론 예외도 있었는데, 20세기 말에 수천 명의 흑인, 특히 연예계나 스포츠계에 종사하는 흑인들이 엄청난 부를 쌓았다.

흑인 사업가들은 다양한 산업에서 두각을 나타냈다. 오늘날 부유한 흑인 사업가가 수적으로 가장 많은 업종은 자동차 딜러회사와 패

---

14 미국 보험사는 크게 뮤추얼 보험사(mutual insurer)와 주식회사 형태의 보험사(stock insurer)로 구분할 수 있는데, 후자의 수가 훨씬 많다. 주식회사 형태의 보험사는 회사에 이익이 생기면 주주가 배당 형태로 이익을 돌려받으나, 뮤추얼 보험사는 보험 가입자들이 회사를 소유하고 이익이 나면 보험 가입자들에게 이익을 분배한다.

15 2016년 기준으로 143억 달러, 원화로 약 15조 7,000억 원

스트푸트 프랜차이즈다. 가장 잘 알려진 흑인 소유의 기업 중 하나가 모타운 레코드사(Motown Records)인데, 이 회사는 디트로이트의 유력 가문 자제인 베리 고디(Berry Gordy)가 1960년대에 설립했다. 1977년 이 회사는 연매출 6,100만 달러[16]를 달성하며 흑인이 소유한 비금융 기업 가운데 미국에서 가장 큰 규모의 회사가 되었다. 1985년에 2위로 밀려나긴 했지만, 연매출은 1억 4,900만 달러[17]를 기록했다. 하지만 1988년에 모타운 레코드가 MCA에 매각되면서, 미국 흑인들은 흑인 정체성을 상징하는 회사 하나를 잃었다.

또 다른 대표적인 예로는 존슨출판(Johnson Publishing)이 있는데, 이 회사는 1942년 시카고에서 존 존슨(John H. Johnson, 1918~2005)이 설립했다. 존슨은 아칸소에서 태어났고, 1933년 가족과 함께 시카고로 이주했다. 존슨이 아칸소와 시카고에서 보낸 어린 시절은 허레이쇼 앨저 소설의 20세기 흑인 버전이다. 중산층 흑인 아이들에게 놀림을 받으며 성장했지만, 열심히 공부해서 시카고대학교에 장학금을 받고 다녔다. 그 후 후원자[슈프림 생명보험사 회장인 해리 페이스(Harry Pace)]를 만났고, 그의 도움으로 삶을 개척해서 결국에는 자신의 회사를 창업했다. 존슨은 사업 영역을 잡지사(Jet and Ebony)에서 시작해 라디오, 부동산, 보험 그리고 화장품으로까지 다양하게 확대해나갔다. 1970년대 들어 존슨출판은 미국 흑인이 소유한 기업 중 비금융 부문에서 2위에 올랐다. 존슨은 1982년 흑인 기업인으로는

---

16 2021년 기준으로 2억 8,000만 달러, 원화로 약 3,000억 원
17 2016년 기준으로 3억 3,330만 달러, 원화로 약 3,700억 원

미국 역사상 최초로《포브스》선정 기업인 400명에 등재되었다.

레지널드 루이스(Reginald Lewis, 1942~93)는 존슨이 창업하던 해에 태어났다. 그러나 존슨과는 달리 중산층 가정에서 자랐고, 체육 특기생 장학금을 받았으며, 하버드대학교 법학대학원(1968)을 졸업했다. 루이스는 대형 벤처캐피털 회사인 티엘씨 그룹(TLC Group)을 설립했다. 이 벤처캐피털 회사는 1987년 베아트리스 인터내셔널 푸드(Beatrice International Food)를 9억 8,500만 달러[18] 규모의 LBO 방식으로 인수하는 계약을 추진했다. 당시 이 식품회사는 사업 대부분을 해외에서 전개하고 있었다. 그래서 루이스는 최초로 10억 달러 규모의 회사를 운영하는 흑인 사업가가 되었다. 그 역시 1992년에 《포브스》선정 기업인 400명에 등재되었다.

미국 역사에서 최초로 흑인이 소유한 케이블 텔레비전 방송사인 BET(Black Entertainment Television)는 1980년 로버트 존슨(Robert L. Johnson)이 설립했다. 1990년 무렵 이 회사는 미국 본토 전역, 푸에르토리코 그리고 버진 아일랜드까지 총 2,200개의 케이블 시스템을 보유했고, 이를 통해 약 2,700만 가구에 24시간 방송 서비스를 제공했다. 2009년경에는 BET의 시청가구가 8,500만여 가구에 달했다. 로버트 존슨은 이 회사를 2000년 미디어 그룹인 비아콤(Viacom)에 매각했고, 2001년에는 미국 최초의 흑인 빌리어네어가 되었다. 특히 이목을 끄는 건 2002년에 그가 미국 내셔널리그(National Baseball Association) 소속 구단인 샬럿 밥캣(Charlotte Bobcats)를 인

---

18 2021년 기준으로 약 24억 달러, 원화로 약 2조 6,000억 원

수해서 구단주가 되었다는 점이다.

미국 역사상 가장 영향력 있는 인사 중 한 명은 오프라 윈프리(Oprah Winfrey)다. 그녀는 배우이자 텔레비전 토크쇼 진행자며, 출판업자이자 자선사업가로서 미디어를 통해 대중에게 유명해지기 전부터 이미 하포사(Harpo Production Company)를 설립해서 여러 편의 영화와 텔레비전 프로그램을 제작하는 한편, 오프라 북클럽(Oprah's Book Club)을 열고 여기에 재정을 지원했다. 이 북클럽에서 소개하는 책은 종류를 막론하고 베스트셀러가 되는 것이 거의 보장되었다. 2000년에는 《타임》이 당시 46세이던 윈프리를 20세기 가장 중요한 100인 중 한 명으로 선정했다. 2003년에는 흑인 여성 최초로 빌리어네어가 되었다.

윈프리와 여러 프로그램에서 호흡을 맞춘 빌 코스비(Bill Cosby)는 미국의 유명 연예인이자 자선사업가며, 필라델피아 코카콜라 보틀링 회사(Philadelphia Coca-Cola Bottling Company)의 공동창업자다. 이 회사는 1990년대 들어 TLC 베아트리스와 존슨출판 다음으로 큰 흑인기업이 되었다. 그러나 2010년 중반 들어, 코스비가 여러 건의 성추행 관련 혐의로 기소되면서 명성에 큰 타격을 입었다.

미국 전역을 대상으로 하건 주 또는 지역 단위건 흑인 대부분은 영세한 형태로 창업했다. 많은 도시에서 흑인과 다른 소수인종이 경영하는 사업체 대부분은 이른바 '셋어사이드(Set-aside)' 프로그램의 혜택을 보았다. 셋어사이드 프로그램은 1967년에 미국 연방정부 산하 중소기업청(US SBA)에서 신설했는데, 정부가 발주하는 계약의 일정 비율을 소수자가 운영하는 기업에 의무적으로 할당했다. 1980년대로 접어들면, 셋어사이드 프로그램을 통해 할당되는 계약 규모가 연간 20억 달러를 넘어서게 된다. 그래서 1989년 연방대법원은 주정부 또는 지방자치단체가 자금을 지원하는 프로젝트에서 셋어사이드 의무 비율을 축소하라고 명령했다. 그러나 셋어사이드 조항 자체는 존속했고, 특히 연방정부와 맺는 계약에서 소수인종 출신 사업가에게는 여전히 유용한 제도였다. 1990년에는 연방정부 계약 중에서 40억 달러[19]가량이 셋어사이드 프로그램을 통해 소수인종에게 할당되었다.

흑인과 소수인종 사업가에게 제공된 연방정부의 대출금과 지원금은 1969년 2억 달러에서 1991년 70억 달러까지 증가했다.[20] 이들 기업이 연방정부에 제공하는 상품과 서비스는 1969년 8,300만 달러에서 170억 달러까지 증가했다.[21] 셋어사이드 프로그램은 1990년대 들어 여러 건의 소송과 사회적 논쟁에 휘말리면서 정체기로 접어들었다. 분쟁의 주요 쟁점은 소수인종의 지위가 아니라 주로 '중소기업'의 정의에 대한 것이었는데, 특히 중소기업이 대기업의 하도급 업체일 경우 첨예한 쟁점이 되었다. 반대론자들은 셋어사이드의 진정한 수혜자는 사실상 대기업이라고 주장했다. 그러나 셋어사이드 프로그램이 흑인 사업자에게 실질적으로 중요한 종잣돈을 제공해서 도움을 주었다는 점은 부인하기 어려울 것이다.

---

19 2021년 기준으로 85억 달러, 원화로 약 9조 4,000억 원

20 2016년 기준으로 13억 달러(1조 4,000억 원)에서 124억 달러(13조 6,000억 원)까지 증가한 셈이다.

21 2016년 기준으로 5억 4,400달러(6,000억 원)에서 300억 달러(33조 원)까지 증가한 셈이다.

흑인 CEO의 등장

20세기 후반이 되어서야 백인 임원 일색이던 미국 대기업은 흑인에게 고위직으로 오르는 문을 개방하기 시작했다. 변화의 최초 사례는 1957년 전직 야구선수인 잭 로빈슨(Jack Robinson)이 초크풀오너츠(Chock Full o'Nuts)라는 식료품 기업[22]의 부사장에 임명된 일이다. 이 일은 백인 남성 일색인 미국 대기업에서 흑인이 고위 중역으로 승진한 최초의 사례로 흔히 인식되고 있다. 1960년대와 1970년대에 흑인이 임원으로 등용되기 시작했으나, 백인 여성과 마찬가지로 인사, 노사 또는 홍보 같은 지원 업무(3R)에 한정되었고, 생산이나 마케팅 같은 일선 업무에서는 배제되는 경우가 많았다.

1987년 클리프턴 와튼(Clifton R. Wharton, Jr.)이 미국《포춘》선정 500대 기업 중 한 곳인 티아 크래프(TIAA CREF)[23] 최초의 흑인 CEO가 되었다. 1995년에는 노엘 호드(Noel Hord)가 나인 웨스트 제화회사(Nine West Shoe Manufacturing Company)의 CEO로 임명되었다. 2007년까지 흑인 6명이《포춘》선정 500대 기업의 CEO에 올랐으나, 세 명은 2008년 2월 이전에 자리를 잃고 말았다. 인종 요인보다는 회사 실적과 해당 산업의 성과가 좋지 않았기 때문으로, 많은 백인 임원과 함께 해임되었다.

이 세 명을 살펴보면 금융계에서는 스탠리 오닐[Stanley O'Neal,

---

22 주요 사업은 커피 체인점이다.

23 우리나라의 교직원공제회와 유사한 기관이다. 2017년 기준으로 운용자산이 1조 달러(1,100조 원)이며, 50개국에 투자자산을 보유하고 있다.

메릴린치(Merrill Lynch)], 방송연예계에서는 리처드 파슨스[Richard Parsons, 타임워너(Time Warner)], 그리고 소매유통업에서는 아일윈 루이스[Aylwin Lewis, 시어스(Sears)]다. 아일윈 루이스는 케이마트(K-Mart)가 시어스에 인수되기 전까지 케이마트의 CEO를 지냈으며, 인수 이후에는 시어스의 CEO에 올랐다. 그후 단지 15명만의 흑인이《포춘》선정 500대 기업의 CEO에 올랐으며, 2015년까지 5명 정도가 현직을 유지했다.

백인 여성의 사례와 마찬가지로 미국 대기업에서 흑인 CEO는 여전히 드물고, 이들이 가장 낮은 직급에서 시작해 조직의 계급 사다리를 타고 올라가 최상위 직위로 승진하는 속도는 그다지 빠르지 않았다. 권위 있는 연구에서 이 주제를 많이 다루지는 않았지만, 한 가지 설득력 있는 설명은 20세기 후반 이전까지 흑인의 미국 명문 대학교 진학률이 그다지 높지 않았다는 점이다. 눈에 띄는 예외가 있다면, 로샐린드 브루어(Rosalind Brewer)의 성공사례다. 브루어는 흑인 여성으로서 2012년 샘스클럽(Sam's Club)의 CEO로 등극했는데, 샘스클럽은 미국 소비재 시장의 거대 강자인 월마트의 자회사다.

1980년 이후 미국 흑인의 명문 대학교 진학률은 상당히 개선되었다. 학업이 가져다주는 새로운 기회가 흑인 학생들에게 큰 발판을 제공한 것은 맞지만, 그렇다고 명문 대학교 졸업장이 그들에게 미국 주요 기업에서 백인과 동등하게 경쟁할 기회를 보장해주지는 않았다. 예를 들어 H. N. 피츠휴(H. Naylor Fitzhugh)는 하버드대학교 학부(1931)와 경영대학원(1933)을 졸업했지만, 취업시장의 문을 두드렸을 때 많은 회사에서 불합격 통보를 받았다. 그래서 출판업에 뛰어들었고, 워싱턴DC에서 프리랜서 외판원으로 활동했다. 그는 본업과 별개로 신흑인연대(New Negro Alliance)를 조직해서 주로 흑인 지역 사회에 있는 기업을 대상으로 흑인 지역민을 채용하자는 운동을 벌였다. 또한 하워드대학교[24]에 마케팅학과를 신설하고 교내에 중소기업센터(Small Buisiness Center)를 조직하는 데 큰 역할을 했다. 피츠휴와 하워드대학교의 관계는 30년 넘도록 지속되었다. 하버드대학교 경영대학원을 졸업하고 32년이 지난 1965년, 피츠휴는 미국 최대 식료품 기업 중 하나인 펩시코(PepsiCo)에 스카우트되었다. 이 회사에서 탄산수 시장의 거대한 잠재시장인 흑인 소비자를 겨냥한 혁신적인 마케팅 캠페인을 개발하고 실행했다. 1992년 눈을 감기 직전까지 피츠휴는 비즈니스 세계에서 경력을 쌓고 있는 흑인 수십 명의 멘토로도 활동했다.

데이비드 토머스(David A. Thomas)와 존 가바로(John J. Gabarro)는 1999년 『브레이킹 쓰루(Breaking Through)』를 출간하고, 기업 내부에서 흑인의 승진과 지위 향상이 더딘 점을 분석했다. 이들의 연구에 따르면 미국의 인종적 편견은 사회에 뿌리 깊이 박혀 있고 때로는 섬세하게 작용해서, 미국 대기업에 입사한 흑인 및 다른 소수인종 출신의 신입사원은 사회생활 초년에 백인은 내지 않는 일종의 '세금'을 지불한다. 소수자는 회사에서 자신을 증명하기 위해 시간과 노력을 추가로 더 들여야 한다는 뜻이다. 이 세금은 사회생활 초년뿐만

---

24 워싱턴DC에 소재한 사립대학으로, 1867년 흑인의 고등교육을 위해 설립되었다. 제2차 세계대전 당시부터는 백인도 입학하고 있다.

아니라 사내에서 상급 직책으로 올라가면서 지불하기도 하는데, 일단 '세금'을 납부하고 나면 소수인종 출신도 주류 백인과 거의 비슷한 속도로 승진할 수 있다고 한다. 하지만 그 기간에 돈으로 바꿀 수 없을 만큼 귀한 시간자원이 사라진다.

대기업이 아닌 다른 직군에서는 상급자나 고용주가 흑인이라고 해서 승진에 차별을 두거나 재능을 발휘하지 못하도록 제한하지 않는다. 흑인은 특히 음악이나 프로 스포츠처럼 성과주의가 중요한 분야로 몰리는 경향이 있다. 이러한 분야에서는 상대적인 실력 차이와 재능을 직관적으로 측정할 수 있기 때문이다. 또한 많은 수의 흑인이 미국 군대에서 두각을 나타내며 높은 직급으로 승진하기도 한다. 미군은 수십 년 동안 지속적으로 인종차별을 철폐하려고 노력해왔고, 인종평등 측면에서 다른 단체와 조직에 귀감이 되고 있다.

군과 정부의 고위직에서 두각을 나타낸 대표적인 인물로는 콜린 파월(Colin Powell, 1937~2021)[25], 콘돌리자 라이스(Condoleezza Rice)[26], 버락 오바마(Barack H. Obama)[27] 등이 있다. 공적 영역에서는 인종평등을 성취하려는 노력이 상당한 성과를 거두었으나, 대기업과 재계에서는 여전히 미진하다. 2015년 기준으로 미국의 상위 500대

---

25 미국의 군인이자 공화당 소속 정치인. 조지 W. 부시 대통령 시절 국무장관을 역임했는데, 미국 역사상 최초의 흑인 장관이다. 걸프전 당시 합동참모의장을 지냈다.

26 공화당 소속 정치인으로, 조지 W. 부시 대통령 시절 파월 후임으로 국무장관을 지냈다. 미국 최초의 흑인 여성 장관이다.

27 민주당 소속의 제44대 미국 대통령. 미국 최초의 흑인 대통령으로 한국인에게 가장 친숙한 미국 대통령 중 한 명이다.

기업에서 흑인 CEO는 5명뿐이었다. 대기업은 흑인뿐만 아니라 다른 소수인종과 여성 고급 인력을 내부 고위 임원직에 어떤 방식으로 포진시켜야 할지 깊이 고민해야 할 것이다.

미국 경제 무대에 등장하는 히스패닉

미국 상공업 분야에서 히스패닉이 이룩한 성공사례는 여성 및 흑인의 사례와 비슷하지만 다른 면도 많다. 여성 및 흑인이 소유한 기업을 관찰한 연구에 비해 히스패닉계 이민자의 기업활동을 살피는 연구는 부족한 편이다. 하지만 1900년 이전에는 히스패닉계가 경영하는 사업체가 주로 미국 남서부, 루이지애나, 플로리다 및 뉴욕에 집중되어 있었다는 데 대체로 의견이 일치한다. 19세기에는 오늘날 미국과 멕시코의 국경이 된 미국 남서부 지역 양안을 따라서 스페인 식민지가 있었다. 그래서 많은 스페인 및 멕시코 가정이 이 지역에서 대규모 농업 또는 목축업에 종사했다. 1840년대 미국-멕시코 전쟁[28]의 결과로 체결된 조약에 따라 미국 출신 불법 점유자들과 미국 사업주들이 이 지역에 대거 유입되었다. 그래서 이 지역에 있던 많은 스페인 및 멕시코 출신 목장주들은 사업의 터전을 잃었다. 일부 히스

---

28 1830년대 말 독립국이던 텍사스공화국이 미국 연방에 가입하자, 이에 반발한 멕시코가 미국과 1846년부터 1848년까지 벌인 전쟁이다. 전쟁에서 승리한 미국은 멕시코로부터 뉴멕시코, 캘리포니아, 콜로라도, 애리조나, 네바다, 유타, 그 밖의 지역을 양도받았다.

패닉계는 자신들의 땅을 고수했고, 미국 남서부 지역에 남아 있던 일부 히스패닉계 사업가는 미국인이 점유한 농장과 농지, 광산과 거래를 하거나 고용되어 일하며 성공을 거두기도 했다.

그러한 이들 가운데 에스테반 오초아(Estevan Ochoa, 1831~88)[29]라는 멕시코 태생 사업가가 있었다. 그는 목장주와 농장주 그리고 광산업자에게 운송 서비스를 제공했는데, 운송 경로는 멕시코 소노라 지역에서 미국 미주리주 세인트루이스까지였다. 이 사업으로 부를 축적한 그는 상관商館과 양 목장을 열었다. 하지만 철도가 놓이자, 남서부에서 오초아와 다른 히스패닉계 운송업자들은 큰 타격을 입었다. 또한 뉴멕시코주에서는 농장주들이 소유한 토지에 펜스를 설치하기 시작하면서 마차 운송로를 가로막는 사태까지 벌어졌고, 이러한 미국판 엔클로저 운동(Enclosure Movement)[30] 때문에 많은 히스패닉계 운송업자들이 토지를 잃었다.

1900년 이후 라틴아메리카에서 미국으로 건너오는 이민이 늘어나자, 히스패닉계가 소유한 사업장도 미국 전역으로 퍼져나갔다. 히스패닉계의 상공업 활동을 기록한 역사적 자료가 부족한 점을 감안

---

29 그의 조상은 코르테스가 멕시코를 정복하던 시기에 스페인에서 건너와 정착했으며, 많은 부를 축적했다. 그는 미국-멕시코 전쟁 이전부터 미국과 멕시코 국경을 넘나들며 마차 운송업에 종사했고, 전쟁 이후에는 미국 애리조나주 툭산시에 정착해 사업을 키웠다. 툭산시 시장, 미국 하원 애리조나주 의원으로 정치에도 몸담았다. 미국 전역에 철로가 설치되자, 그가 이끌던 전통방식의 운송사업과 목축업은 쇠락을 맞았다.

30 미국 남서부의 목축업자들이 가축을 방목하기 위해 펜스를 쳐서 원주민 출신 농업인들이 공용으로 사용하던 토지가 대폭 줄었다.

하면, 히스패닉 그룹을 미국 이민사라는 더 큰 배경에서 조망하며 거시적 관점에서 한정된 자료와 데이터를 분석하는 것도 의미 있는 일일 것이다. 하지만 다양한 구성의 히스패닉계 이민자를 단순히 히스패닉이라는 하나의 범주로 분류하면 한계와 오류도 있다는 점을 반드시 기억해야 한다.

오늘날 미국에서 이민자라고 하면 흔히 비백인, 즉 소수인종 그룹을 떠올린다. 최근 들어 스스로 소수인종이라고 여기는 사람의 비율이 미국 역사상 가장 높다. 1920년에는 전체 인구의 90퍼센트 약간 못 미치는 정도가 백인이었고, 9.9퍼센트가 흑인이었으며, 1.2퍼센트가 히스패닉계(피부색보다는 출신 지역 기준), 0.2퍼센트가 아시아계였다. 1970년에는 백인이 83.1퍼센트, 흑인이 11.7퍼센트, 히스패닉계가 4.4퍼센트, 아시아계가 0.8퍼센트였다. 2010년에는 백인이 72.4퍼센트, 흑인이 12.6퍼센트, 히스패닉계가 16.3퍼센트, 아시아 출신이 4.9퍼센트였다.[31] 아시아계도 빠르게 성장했지만, 히스패닉계의 증가가 가장 눈에 띄는 지점이다.

이제 히스패닉은 숫자 면에서 흑인을 앞질렀고, 인종 면에서는 미국에서 두 번째 가는 그룹이 되었다. 히스패닉계 다수가 남서부에 자리를 잡고 있지만, 미국 전역에서 그 숫자가 상당히 늘었다. 2010년에 히스패닉계 출신이 차지하는 비중을 지역별로 살펴보면 동북부에서는 전체 인구의 12.6퍼센트, 중서부에서는 7퍼센트, 남부에서는

---

31 히스패닉은 인종이 아닌 출신 지역에 따른 분류로 이 분류에는 인종별로 백인, 흑인, 혼혈 아메리카 원주민이 모두 포함된다.

15.9퍼센트, 그리고 서부에서는 28.6퍼센트였다.

특히 히스패닉계 이민자의 출신지가 중남미와 멕시코, 카리브해 지역까지 워낙 다양하다 보니, 1965년 이후 히스패닉계 이민자의 구성과 내부관계의 양상은 상당히 복잡했다. 이들의 유일한 공통점은 제1언어로 스페인어를 사용한다는 것이었으나, 히스패닉계로 분류되는 이민자 중에는 포르투갈어와 중남미의 원주민 언어를 쓰는 사람도 있었다. 심지어 스페인어를 쓰는 국가 사이에서도 발음과 문법 구조가 상이한 경우도 허다했다.

이렇게 복잡하고 다양한 히스패닉계 이민자의 구성이 미국 기업사와 무슨 연관이 있을까? 눈에 띄는 점이 몇 가지 있다. 우선 과거에 대거 유입되던 유럽계 이민자와 마찬가지로, 최근 건너오는 히스패닉계는 젊은 미혼 남녀가 많고 근면성실해서, 인구수에 비해 미국 경제의 많은 영역에서 기여도가 크다.

둘째, 과거 많은 이민자가 그랬던 것처럼, 히스패닉계도 세대 차이를 경험하고 있다. 이민 1세대의 후손은 부모세대와 비교해 경제적으로 윤택한 삶을 살고 있다. 그러나 경제적 윤택함이 '동화同化'를 의미하진 않는다. 왜냐하면 미국의 인구 구성이 워낙 다양해지다 보니, 이민자가 미국사회에 정착하며 사람들이 이민자에게서 떠올리는 일종의 정형화된 모습, 즉 스테레오타입(stereotype)으로 동화되는 건 허상에 가깝기 때문이다. 미국이 여러 주의 연방체로 구성된 국가인 것처럼, 21세기 미국은 여러 민족의 연방국가인 셈이다. 미국은 오랫동안 인종을 구분해서 노예제를 시행해왔던 어둡고 공포에 가까운 역사를 지니고 있지만, 오늘날에는 브라질을 제외하면 전 세계에서 인종과 민족의 연방제를 가장 훌륭히 실현하고 있는 나라다.

셋째, 미국으로 건너오는 히스패닉 인구가 증가하면서 쿠바, 푸에르토리코, 카리브해 지역 출신도 증가했는데, 이들은 주로 플로리다, 뉴욕시와 그 주변 지역, 시카고로 모여들었다. 그들은 이전 시대에 다른 이민자들이 몸담던 직종에 종사했다. 즉, 히스패닉계 이민자를 대상으로 한 사업들, 이를테면 이발소, 당구장, 지역 신문사(이 세 사업장은 이민자 사회에서 많은 정보가 교류되는 장소다)부터 제화점, 레스토랑 등을 운영했다.

1980년대 이후 소수인종이 미국 전체 인구에서 차지하는 비율은 23퍼센트에서 34퍼센트로 증가했는데, 소수인종 출신이 소유한 사업장의 비율은 이민자 인구증가율보다 빠른 속도로 늘었다. 이 점은 짧은 기간에 이렇게 큰 나라의 인종 구성에서 두드러지게 나타난 변화 중 하나다.

20세기에서 21세기로 넘어가는 시기에 소수인종이 경영하는 기업의 수는 빠른 속도로 증가했다. 미국 중소기업청의 연구에 따르면 1997년부터 2002년까지 짧은 기간에 흑인이 운영하는 사업장의 수는 45퍼센트, 히스패닉계 사업장은 31퍼센트 증가했다. 그러나 숫자만 쳐다보면 정작 중요한 점을 놓칠 수 있다. 우선 계산식의 분모인 '사업장'은 부정확한 개념이다.[32] 미국 전체 사업장을 기준으로 단 2퍼센트만이 상장기업인데, 이들 상장기업의 매출은 전체 사업장의 약

---

32 이 통계에서 사용하는 사업장은 상장기업, 비상장 중소기업, 영세 개인사업장부터 1인 사업장까지 모두 포괄하는 개념이다.

61퍼센트를 차지한다. 심지어 규모가 작은 영세 사업장 중에도 직원을 고용한 곳은 1인 사업장에 비해 2002년 몇 배나 높은 매출을 올렸다. 백인 소유의 기업만 놓고 보면 직원이 있는 사업장이 1인 사업장보다 36배를 벌어들였고, 직원이 있는 흑인 기업은 34배, 히스패닉계 기업은 29배였다. 비상장 기업을 살펴보면, 백인 기업이 1달러를 버는 동안 히스패닉계 기업은 56센트, 흑인 기업은 43센트를 벌었다.

전반적으로 앞서 제시한 통계가 다소 혼란스러울 수 있으나, 다음의 거시적인 트렌드를 파악할 수 있다. 즉, 기업을 소유하고 경영하는 양상에서 흑인과 마찬가지로 히스패닉계도 최근 들어 큰 진전을 보였다는 점이다. 하지만 소수인종이 경영하는 회사와 백인 기업 간에는 여전히 격차가 크다. 다른 소비자 그룹과 마찬가지로, 흑인과 히스패닉계 소비자들도 대체로 맥도날드를 비롯한 레스토랑에서 패스트푸드를 소비하고 대형 할인점에서 저가 제품을 구매하는 경향을 보였다. 가장 잘 알려진 월마트라든지 코스트코, 타깃, 홈디포 같은 대형 유통업체들은 지역 상점보다 낮은 가격으로 상품을 판매하면서 고객을 엄청나게 불러 모았다. 유통업체 대부분은 소수인종을 직원으로 대거 채용했다. 이들 직원과 가족은 회사에서 상당한 할인 혜택을 받았고, 그래서 이런 대형 유통업체를 더 많이 이용했다. 그렇다 보니 소수인종의 기업활동, 최소한 소매유통업과 관련해서는 통계를 활용하는 데 어려움이 있다.[33]

---

33 소수인종의 창업 수나 이들이 소유한 기업의 수만을 통계로 잡으면 이들이 대형 유

한편, 대형 유통업체가 없었다면 소수인종의 경제활동을 파악하기가 그렇게 어렵지는 않았을 것이다. 마치 슈퍼마켓이나 다른 대형 할인업체가 들어오기 전에 흑인 지역사회에서 보이던 지역 상권의 모습과 비슷할 것이기 때문이다. 그러한 상황에서는 흑인도 흑인 상점을 더 많이 애용했을 테고, 히스패닉도 히스패닉 출신의 상점을 더 많이 찾았을 것이다. 따라서 기업 소유자의 인종을 분류한 통계가 특정 인종집단의 경제적 성과를 분석하는 데 그렇게 믿을 만한 지표는 아니다. 그저 큰 퍼즐의 작은 한 조각일 뿐이다.

히스패닉계 이민자의 기업활동과 관련해서 중요하게 살펴봐야 할 또 다른 지점이 노동시장이다. 많은 히스패닉계 노동자, 특히 최근에 미국으로 건너온 이민자들은 임금이 낮은 업종에서 일을 한다. 대기업부터 영세 공장, 육가공업체, 청소업체 및 정원관리 업체까지 수천 개의 사업장은 업종을 가리지 않고 매우 낮은 임금을 지급해서 이득을 톡톡히 보고 있다. 물론 이러한 임금도 라틴아메리카 기준에서는 훨씬 높은 수준이긴 하다. 사업장의 소유주는 일부 예외를 제외하면 백인이지만, 앞서 설명했듯이 소수인종 소유의 사업장 수가 최근 몇 년 사이 몇 배나 증가했다.

미국 이민사와 현재 이민 상황은 그렇게 간단하지 않다. 현재 이민 상황은 여러 측면에서 1880년부터 1910년 사이 역사적 패턴과 매우 비슷하다. 당시에는 유럽과 동부 유럽에서 미국으로 밀려드는 이

통업체를 중심으로 경제적 부를 쌓고 혜택을 누리는 상황을 파악할 수 없다. 또한 대형 유통업체의 진출로 소수인종이 지역에서 경영하던 영세 상점이 사라지기도 하는데, 이 현상이 반드시 소수인종의 경제적 퇴보를 의미하는 건 아니다.

민자 비율이 연간 거의 수백만 퍼센트로 증가했다. 최근 이민자들은 남서부(캘리포니아주, 애리조나주, 뉴멕시코주 그리고 텍사스주)로 몰려드는 반면, 100년 전 유럽 이민자들은 동북부 대도시로 갔다. 한때 뉴욕의 로어 이스트 사이드는 유럽에서 건너온 사람들로 북새통이었는데, 당시에는 전 세계에서 인구밀도가 가장 높은 주택지구였다. 그리스인, 이탈리아인 그리고 젊은 날의 데이비드 사노프 같은 유대계 러시아인까지, 수많은 사람이 말 그대로 경제적 기회의 땅에서 새로운 삶을 시작했다. 오늘날 이 지역은 히스패닉계 이민자에게 기회의 땅이 되었다. 당시 여러 집단에서 '신新이민(new inmmigration)'이라고 부른 이민자 증가 현상에 기득권이 보인 격렬한 반발은 오늘날 미국사회에서 이민을 둘러싸고 일어나는 유사한 논쟁과 많은 면에서 공통점이 있다.

2009년부터 2014년까지, 미국을 떠난 멕시코인 수가 미국으로 넘어온 멕시코인 수보다 많았다. 같은 기간에 미국을 떠난 멕시코인 수는 100만 명가량이었고, 미국으로 입국한 멕시코인 수는 87만 명가량이었다. 이러한 현상은 히스패닉계 이민자들이 미국에서 전개하는 상공업 활동에도 영향을 줄 것으로 보인다. 그렇긴 해도, 히스패닉계 이민자들의 창업활동은 크게 성장하고 있다. 2015년 한 보고서에 따르면, 2015년 말에 히스패닉계 사업장 수가 4백만 개를 넘어섰고, 연매출은 6,610억 달러를 기록했다. 기업 수는 2012년 기준으로 75만 개가 늘었다. 흥미롭게도 서북중부주 지역(West North Central States, 미네소타주·노스다코타주·사우스다코타주·네브래스카주·아이오와주·미주리주)에 이들 성장이 집중되어 있었다. 한편, 태평양 연안 지역은 히스패닉계 사업장이 가장 많은 지역으로, 2012년 이후 사업장 수가 22퍼센트 증가했다.

히스패닉계 CEO의 등장

여성 및 흑인과 마찬가지로, 히스패닉계도 1980년대 들어서야 비로소 기업 고위직에 진출할 기회를 얻었다. 2008년《포춘》에서 선정한 500대 기업에서 CEO로 재직한 히스패닉계는 7명으로 흑인 CEO 수와 동일했지만, 여성 CEO 수에는 3분의 1 정도에 그쳤다. 2015년에는《포춘》선정 500대 기업의 히스패닉계 CEO 수가 9명까지 증가했다. 이들의 성공이 개인에게는 대단한 업적이지만, 전체 히스패닉계의 고위직 진출 속도는 매우 더딘 편이었다.

히스패닉계 경영자 가운데 선두주자는 쿠바 태생의 로베르토 고이주에타(Roberto Goizueta)다. 그는 1980년부터 65세로 사망한 1997년까지 코카콜라사를 이끌었다. 하바나의 부유한 가정에서 태어나 쿠바에 있는 예수회 소속 고등학교를 다녔으며, 예일대학교에서 화학공학을 공부했다. 1959년 쿠바가 공산화되자, 그의 가족은 미국으로 망명했다. 고이주에타 가족이 미국에 건너왔을 때 수중에는 그가 쿠바의 코카콜라사에서 일하며 구입한 코카콜라 주식 100주와 40달러가 전부였다. 망명 이후 고이주에타는 바하마제도에 있는 코카콜라 지사로 발령을 받았고, 그 후에는 애틀랜타 본사로 재배치되었다. 애틀랜타 본사에서 고이주에타는 초고속으로 승진했다.

1979년 48세에 사장이 되었고, 1980년에는 코카콜라 그룹의 CEO 자리에 올랐다. 당시 코카콜라는 전 세계에서 가장 유명한 브랜드 중 하나였고, 고이주에타의 임기 동안 회사 역사상 가장 높은 수익을 올렸다. 여러 건의 대형 인수를 통해 회사 규모도 커졌다. 그는 빌리어네어 반열에 올랐고, 많은 이민자 출신 기업가들이 그러하듯이 자선단체를 설립했다(앤드루 카네기가 좋은 예다). 고이주에타 재단이 공언한 사명은 "교육 기회를 확대해서 개인과 가정의 성장을 돕는다"였다. 1994년 애틀랜타의 에모리대학교는 경영대학원에 고이주에타의 이름을 붙였고, 1999년 그의 재단은 이 학교에 2,000만 달러[34]를 기부했다.

또 다른 유명한 쿠바 태생 CEO로는 카를로스 구티에레스(Carlos Gutierrez)가 있다. 그의 가족은 그의 나이 6세가 되던 1960년에 쿠바를 떠났다. 처음에는 미국 마이애미에 정착했으나 멕시코로 다시 이민을 갔다. 구티에레스는 멕시코에서 몬테레이과학기술대학교를 다녔다. 1975년 그는 대형 시리얼 식품기업인 켈로그사(Kellogg's)에서 판매사원으로 일하며 회사의 경영자 훈련 과정을 거쳤다. 1990년에는 미시간주 배틀크릭의 켈로그 본사에서 상품개발본부 부사장이 되었다. 1999년 회사 이사회는 그를 사장 겸 대표이사로 선출했다. 구티에레스는 2004년 미국 상무부 장관으로 취임하기 위해 워싱턴으로 떠나기 전까지 이 회사에서 5년간 최고경영자를 지냈다.

AMD(Advanced Micro Device, 《포춘》 선정 500대 기업으로 1969년 설립

---

34 2021년 기준으로 약 3,760만 달러, 원화로 약 414억 원

되었고 본사는 실리콘밸리에 있다)는 2004년 헥터 루이스(Hector Ruiz)를 회장 겸 CEO로 임명했다. 루이스는 멕시코의 피에드라스네그라스에서 태어났다. 텍사스오스틴주립대학교에서 전기공학 학사 및 석사 학위를, 라이스대학교에서 박사학위를 받았다. 2005년에는《일렉트로닉 비즈니스 매거진》에서 루이스를 '올해의 CEO'로 선정했다. 그가 AMD의 '50×15' 계획을 성공적으로 이끈 업적을 대내외적으로 인정받았기 때문인데, 이 프로그램은 2015년까지 전 세계 인구의 50퍼센트에게 인터넷을 저렴한 비용으로 제공하는 것이 목표였다.

2008년《포춘》선정 500대 기업의 히스패닉계 CEO를 몇 명 더 언급하겠다.

알랭 J. P. 벨다(Alain J. P. Belda): 알루미늄 대형 생산업체인 알코아사(Alcoa)의 벨다는 모로코에서 태어나 브라질로 건너갔고, 상파울루에 있는 마켄지대학교를 졸업했다. 1969년 알코아사의 브라질 자회사인 알코아 알루미니오(Alcoa Aluminio)에 입사해서, 재무부서 기획담당자로 일했다. 1974년에는 알코아 알루미니오의 사장으로 승진해서 15년간 재직했다. 이 15년 중 마지막 4년 동안에는 알코아의 라틴아메리카 사업부 전체를 총괄했다. 1994년에는 모그룹의 총괄부사장으로 임명되었고, 1995년에 사장과 COO(chief operating officer)를 겸직하게 되었으며, 2001년 CEO 자리에 올랐다. 2009년에는 사모펀드 회사인 워버그 핀커스(Warbug Pincus)의 파트너로 근무했다.

윌리엄 D. 페레스(William D. Perez): 미국 최대 츄잉껌 회사인 리글리의 페레스는 오하이오주 아크론에서 태어났지만 콜럼비아에서 성장했다. 위스콘신주 러신에 있는 에스씨 존슨사(S. C. Johnson)에서 오랫동안 일했고, 1996년부터 2004년까지 이 회사의 CEO를 지냈다. 그 후 나이키사(Nike)에서 잠시 CEO를 맡다가, 2006년 리글리사로 이직했다. 리글리사는 본사가 시카고에 있었고, 당시 연 매출은 40억 달러[35]였다. 그는 당시만 해도 창업주 일가가 경영하던 이 츄잉껌 회사에서 외부 전문경영인으로서는 최초로 회사를 이끌었다. 2008년 리글리사는 230억 달러[36]의 거래 규모로 대형 캔디 제조사인 마르스에 인수되었다. 인수 당시 주요 조건은 페레스가 리글리사의 CEO를 계속 맡는 것이었다. 2010년 그는 투자 전문 회사인 그린힐(Greenhill & Co)에 합류했다.

페르난도 아키레(Fernando Aguirre): 치키타 브랜즈(Chiquita Brands)를 이끈 그는 멕시코에서 태어났지만, 미국 서던일리노이 대학교에서 수학했다. 2004년 46세에 치키타사의 CEO로 합류하기 전에는 P&G의 브라질, 멕시코, 캐나다 법인에서 23년간 근무했다. 2012년에는 치키타사를 떠나 야구계에 뛰어들었다. 그는 신시내티 레즈 야구단과 이 야구단의 자매구단인 시카고 컵스의 소수 지분을 보유했고, 펜실베이니아의 마이너리그 야구단의 대주주 지분도 소유했다.

폴 디아스(Paul J. Diaz): 본사가 켄터키주 루이빌에 있는 기업 킨드

---

35 2021년 기준으로 약 55억 달러, 원화로 약 6조 원
36 2021년 기준으로 약 288억 달러, 원화로 약 32조 원

레드 헬스케어(Kindred Healthcare Inc.)는 병원, 요양원 그리고 의료사업을 운영하는 체인이다. 디아스는 변호사이자 재무전문가로서 경력을 쌓았고, 2004년부터 2015년까지 킨드레드 파머시 서비스(Kindred Pharmacy Services)의 CEO를 역임했다. 그 후 크레시앤드컴퍼니(Cressy & Company)라는 사모펀드 회사로 자리를 옮겼다.

여전히 다소 불명확한 영역도 있지만, 여성과 흑인 그리고 히스패닉의 신분과 사회적 영향력이 전반적으로 크게 개선된 건 분명하다. 1970년대까지만 해도 이 세 그룹에 대한 차별이 완화되는 정도가 지지부진했지만, 1970년대 말부터 오늘날까지 상당한 진전이 있었다. 미국 상공업 분야와 사회에는 여전히 인종차별과 성적 편견 같은 장애물이 존재하지만, 분명히 개선되고 있다. 그 밑바탕에는 1920년대 이후 꾸준히 성장해온 미국식 자본주의와 확대되어온 소비자와 기업가의 경제·사회적 역할이 있다. 자립 프로그램과 멘토링도 여성과 소수인종의 삶에 변화를 가져다주었다. 그러나 앞서 여러 수치가 보여주듯이, 이들의 경제 상황과 사회적 처우가 개선되는 과정은 순탄치 않았다. 의미 있는 점은 2010년 중반부터 백인 남성들이 과거보다 훨씬 적극적으로 여성과 소수인의 평등을 위한 운동에 참여하고 있다는 것이다[세일즈포스(Salesforce)의 CEO 겸 회장인 마크 베니오프(Marc Benioff)와 영화배우 브래들리 쿠퍼(Bradley Cooper)가 대표적이다.] 여전히 백인 남성이 미국 재계에서 여러 요직을 차지하고 있지만, 기업의 고용과 경영진 구성에 남녀평등 및 인종평등 요소를 적극 활용해야 한다는 점은 이제 기득권을 가진 백인 남성들의 의무사항이 되었다.

미국 기업의 외국 태생 CEO들

많은 미국인이 최근 글로벌화 추세로 인해 이민이 미국 기업사에서 얼마나 중요한 역할을 하는지 새삼 인식하게 되었다. 2008년 역사상 최초로 S&P 500 지수에 포함된 500대 기업의 총수익 가운데 절반 이상을 미국 국경 밖에서 벌어들이는 돈이 차지했다. 이 비율이 2002년에는 3분의 1 수준이었고, 얼마 전까지도 그 정도에 머무르고 있었다. 국가 간 상품과 서비스 교역의 증가로, 많은 미국 기업이 과거보다 더 많은 다국적 전문경영인을 받아들였다. 이민자 출신의 대기업 고위직 임원은 여전히 소수지만, 기술 및 엔지니어링 분야에서는 많은 이민자들이 스타트업에 나서고 있다. 1995년부터 2005년까지 실리콘밸리에서 이민자가 하이테크 스타트업을 시작한 비율은 절반을 넘어섰다. 2012년에 기술 및 엔지니어링 분야에서 이민자가 설립한 기업들이 벌어들인 총 매출액은 630억 달러[37]에 달했다.

2008년 미국에 본사를 둔 100대 대기업 중 16개사의 CEO가 외국 태생이었다. 이 기업들을 살펴보면 펩시코[인도 출신이자 여성인 인

---

[37] 2021년 기준으로 약 753억 달러, 원화로 약 84조 원

드라 누이(Indra K. Nooyi)], 셰브론[아일랜드 출신의 데이비드 J. 오릴리(David J. O'Reilly)], 다우 케미컬[호주 출신의 앤드루 리베리스(Andrew N. Liveris)], 2008년 세계 최대 은행인 씨티그룹[인도 출신의 비크람 팬디트(Vikram S. Pandit)], 코카콜라[북아일랜드 출신의 네빌 이스델(Neville Isdell)], 필립 모리스(Phillip Morris)의 모회사인 알트리아 그룹(Altria Group)[루이 카밀레리(Louis C. Camilleri), 부모는 몰타 출신으로, 이집트 태생이며 스위스에서 수학했다] 등이다. 이스라엘 출신 여성인 오릿 가데이시(Orit Gadeish)는 보스턴에 본사를 둔 대형 컨설팅 기업인 베인앤드컴퍼니(Bain & Company)에서 1993년부터 2010년 중반까지 일했다.

2015년 기준으로 다수의 인도 출신 CEO들이 구글과 마이크로소프트, 펩시, 마스터카드, 어도비, 하몬을 이끌었다. 그들은 인도에서 영어로 교육을 받았고, 대부분은 미국에서 대학원을 졸업했다(펩시코의 인드라 누이는 인도에서 모든 교육 과정을 마쳤다). 물론 이들이 모두 높은 자리까지 꾸준히 승진할 수 있었던 근본 요인은 미국 회사에서 차곡차곡 성공리에 경력을 쌓았다는 점이다.

그러나 여성, 흑인과 히스패닉의 경우처럼, 이민자들이 미국 상공업 분야에 기여한 내용을 연구한 자료는 많지 않다. 이민자는 단절된 두 세상에 속한 사람들(미국인 세계와 자국어를 쓰는 이민자 세계)과 교류하고 있고, 미국사회에서 기업인으로 성공하기 위해 한 가지 이상의 언어로 주변 사람들과 소통하고 있다. 우리는 이민자들이 성공을 위해 어떠한 성취를 이루며 살아왔는지 눈여겨볼 필요가 있다.

PHOTO 2

1959년 7월 24일, 부엌논쟁 당시 리처드 닉슨과 니키타 흐루쇼프가 모스크바의
박람회장에서 논쟁하는 모습. 이 장면은 방송을 통해 전 세계에 생중계되었다.

마담 C. J. 워커. 미국 흑인 노예의 딸로 태어나, 주로 미국 흑인 여성을 고객으로
상대하는 미용 관련 사업장을 열었다. 그녀는 정규교육을 거의 못 받았지만, 큰 회
사를 창업했고 여러 사회적 운동도 이끌었다.

에스티 로더는 뉴욕시와 플로리다주 팜비치의 리조트 호텔에서 열리는 상류층 사
교모임에 참석해서 제품을 시연하곤 했다. 상류층 고객에 집중하는 한편, 삭스 피
프스 애비뉴, 아이 맥닌, 니먼 마커스에서 자신의 제품을 판매했다. 2004년 97세
로 숨을 거둘 당시, 그녀는 20세기 여성으로는 유일하게 《타임》 선정 기업인 20명
에 올랐다.

야후(Yahoo!)의 사장 겸 CEO인 마리사 메이어가 2015년 5월 18일 뉴욕의 타임워너센터에서 열린 《포춘》 선정 2015년 가장 영향력 있는 여성 저녁행사에 참여하고 있다. 메이어는 매킨지와 구글에서 근무했다.

휴렛팩커드의 CEO인 칼리 피오리나가 2003년 9월 11일 샌프란시스코에서 열린 오라클 세계 콘퍼런스에서 연설하고 있다. 피오리나는 나중에 정치에 입문해서 2010년 캘리포니아주 대표 미연방 상원의원 선거와 2016년 대통령 선거의 공화당 경선에 참여했다. 그녀는 여성 인권과 권리 증진 운동을 포함해 다양한 주제에 집중하는 자선사업에 활발히 참여하고 있다.

자료: 김클리시 기증

이베이 경영진, 2003년 여름. (왼쪽부터 서 있는 순서대로) 이베이 사장이자 CEO 인 맥 휘트먼, 시니어 VP인 빌 콥(Bill Cobb), COO인 메이너드 웹(Maynard Webb), 시니어 VP인 마이크 제이콥슨(Mike Jacobson). (왼쪽부터 앉아 있는 순서대로) 시니어 VP인 매트 배닉(Matt Bannick), 시니어 VP인 제프 조단(Jeff Jordan), CFO인 라지브 두타(Rajiv Dutta). 휘트먼은 이베이에서 큰 성공을 거두 었으나, 나중에 많은 비판을 받았다. 이 비판은 그녀가 휴렛팩커드 CEO로 자리를 옮긴 뒤에도 따라다녔다.

메타 COO인 셰릴 샌드버그가 2013년 5월 12일 뉴욕시 반스앤드노블 유니온스 퀘어점에서 열린 토크쇼에 참석해 자신의 저서 『린 인』을 홍보하고 있다. 샌드버그는 2008년 페이스북의 재도약을 위해 구글에서 퇴사하고 페이스북에 입사했으며, 전 세계에서 가장 영향력 있는 여성 경영인 중 한 명으로 떠올랐다. 샌드버그는 대중의 이목을 끄는 데에는 그다지 관심을 보이지 않고 있다.

(왼쪽부터) 활동가이자 작가인 글로리아 스타이넘, 뉴욕주립대학교 스토니브룩의 사무엘 스탠리, 그리고 작가이자 메타의 COO인 셰릴 샌드버그. 2015년 3월 5일 샌드버그는 루스벨트 호텔에서 성평등과 관련해 열린 국제 학술회의에 참석했다. 활동가와 경영자 들은 성평등을 이루려면 단순히 여성이 자각하는 데 머무르지 않고 남성을 포함한 사회 전반에서 인식을 전환할 필요가 있다는 점을 인식하기 시작했다.

오프라 윈프리가 2013년 4월 19일 로큰롤 명예의전당에서 퀸시 존스(Quincy Jones)를 소개하는 연설을 하고 있다. 퀸시 존스도 작곡자 겸 프로듀서로서 미국의 음악산업에 수십 년 동안 기여했지만, 오프라 윈프리야말로 토크쇼 진행자이자 영화배우, 프로듀서, 기업가 그리고 자산사업가로서 가장 영향력 있는 미국 흑인 인사 중 한 명이다.

존 존슨. 존슨출판을 성공적으로 이끈 경영자이며, 그의 회사는 수백만 달러를 벌어들이는 대기업이 되었다. 19세에 슈프림 생명보험사에서 주당 25달러를 받고 일하는 오피스 보이에서 출발해 거대 흑인 전용 잡지사의 회장이자 최대 주주가 되었다.(1974년 3월 3일 일리노이주 시카고)

자료: 새러 빅덤/블룸버그 기증

로샐린드 '로즈' 브루어·샘스클럽의 사장 겸 CEO. 2013년 6월 7일 아칸소주 파
에트빌에서 열린 월마트의 주주총회에서 연설하고 있다.

로베르토 고이주에타. 코카콜라사 사장. 1990년 5월 19일 프랑스의 덩케르크에서 열린 취임식에서 코카콜라 캔을 맛보고 있다. 고이주에타는 1991년 코카콜라사의 최고경영자 자리에 올라서 소프트드링크 분야에 다시 집중했고, 회사를 비알콜 음료수 부문에서 명실상부한 1위 기업의 반석에 올려놓았다.

CHAPTER 7

과학과 R&D,
텔레비전에서 바이오테크까지

전후시기 미국이 이례적인 경제성장을 이룩할 수 있었던 요인 중 하나는 연구개발 분야, 이른바 R&D에서 거둔 성과다. 미국 기업들의 흥망성쇠는 흥미로운 패턴을 보이는데, 주로 과학과 R&D와 관련이 깊다. 미국의 전자산업은 제1차 세계대전부터 1960년대까지 정부 정책의 지원에 힘입어 고도로 성장했다. 특히 1960년대에 많은 미국 기업이 부실한 경영방식으로 실패를 거듭하는 동안, 해외 경쟁사들은 가전제품 시장에서 미국 기업을 제치고 두각을 나타내기 시작했다. 하지만 화학산업과 제약산업에서는 미국 기업이 선두를 놓치지 않았는데, 미국 기업이 변화하는 소비자 수요에 효과적으로 대응했기 때문이다. 21세기 초에는 화학회사와 제약회사 다수가 바이오테크 기업으로 탈바꿈하기도 했다.

냉전시대의 R&D

전후시대에 하이테크 산업들, 이를테면 항공기 제조업, 유도미사일 관련 산업, 전자산업, 화학 및 제약업 등은 기초 소비재 산업 및 주택 건설업과 만나 높은 수익성을 기록했다. 미국 정부가 각 대학의 R&D 활동에 자금을 지원해서, 기초연구 분야부터 제품 개발 부문까지 모든 영역에서 하이테크 산업을 육성하는 효과를 가져왔다. 정부의 자금 지원은 냉전시대 당시 소비에트연방과 다투던 '체제 경쟁에서 앞서기 위해' 필요한 일로 받아들여졌다.

전후시대 30년 동안, 전자산업에서 지출한 R&D 비용의 70퍼센트가 연방정부에서 지원한 자금이었다. 연방정부에서 지원한 산업 연구의 80퍼센트는 군수 목적이었다. 1950년 한국전쟁이 발발하자, 1만 5,000개의 군사 관련 연구 프로젝트가 시작되었다. 1960년대 초에는 군사 목적의 프로젝트가 8만 개로 늘어났다. 당시 미국의 우수한 두뇌들은 대학과 기업 부속 연구기관이 아닌 군사 연구기관으로 몰려들었다. 그들에게는 수소폭탄을 만들고 달에 사람을 착륙시키는 일이 신제품을 만드는 일보다 훨씬 매력적으로 다가왔기 때문이다.

1970년대까지는 미국 기업이 가전제품 시장을 석권했다. 이들은 일반인을 위한 라디오, 전축, 텔레비전 등을 꾸준히 생산했다. 당시 전문가들은 미국 기업이 그 후로도 오랫동안, 어쩌면 영원히 세계시장에서 선두를 지킬 거라고 예상했다. 하지만 미국 기업은 1970년대를 지나 1980년대가 되면, 유럽과 일본의 경쟁사들에 뒤처지기 시작한다.

데이비드 사노프와 RCA

RCA(Radio Corporation of America)와 이 회사의 카리스마 넘치는 창업자인 데이비드 사노프(David Sarnoff, 1891~1971)의 스토리는 미국 가전산업의 흥망성쇠를 여실히 보여주는 사례다. RCA의 성공담은 미국 정부가 20세기 첨단 과학산업의 보호자이자 후견인이며 규제 당국이면서 군수산업의 소비자로서 이 산업과 얼마나 밀접하게 얽혀 있었는지 소상히 알려준다. 또한 헨리 포드의 실패사례와 마찬가지로, 과도한 중앙집중형 관리체계가 안고 있는 위험요소를 훤히 드러낸다.

데이비드 사노프가 네 살 되던 해인 1895년, 그의 아버지는 제정 러시아의 가난한 유대인 마을을 뒤로 하고 미국으로 홀로 이민을 떠났다. 몇 년 후 사노프 가족은 아버지를 따라 미국 뉴욕시의 로어 이스트 사이드로 이주했다. 사노프 가족은 그곳 슬럼가의 허름한 아파트에서 매월 10불의 임대료를 내고 생활했다. 어린 시절에도 데이비드 사노프는 이디시어(Yiddish)[1] 신문을 배달하고 유대인 시너고그(Synagogue, 유대인이 종교행사와 모임을 여는 회당)에서 성가대원으로 봉사하며, 가족의 생계를 꾸렸다. 그러는 중에도 영어를 열심히 공부했고, 외국인 억양 없이 영어를 잘하려고 심혈을 기울였다.

8학년을 마치고 학교를 떠난[2] 그는 아메리칸 마르코니사(American Marconi Company)에서 사내 메시지 전달원으로 일을 시작했다. 이곳은 무선통신을 발명한 젊은 이탈리아인 굴리엘모 마르코니(Guglielmo Marconi, 1874~1937)[3]가 설립한 회사다. 사노프는 허레이쇼 앨저가 칭송한 당대 영웅의 전형이며, 이민자 출신의 성공한 사업가인 앤드루 카네기 못지않게 성실했다. 사노프는 전건電鍵(또는 전신키) 분야

---

1   독일과 러시아를 비롯한 동유럽에 거주하던 유대인이 쓰는 민족 언어
2   사노프는 15세 되던 해에 아버지가 결핵으로 일을 할 수 없게 되자 가족의 생계를 위해 학교를 중퇴했다.
3   이탈리아 태생의 과학자이자 사업가. 무선전신을 발전시킨 공로로 1909년 노벨물리학상을 받았다.

에서 두각을 드러내며 마르코니사에서 빠른 속도로 승진했다. 그는 마르코니가 뉴욕을 방문하면 그와 동행하며 도시 이곳저곳을 안내했다. 그 후 둘의 사이는 돈독해졌다.

사노프는 젊은 시절 매우 근면했고, 운도 좋은 편이었다. 1911년 약관의 나이에 워너메이커 백화점의 마르코니 라디오 매장을 책임지게 되었는데, 이 매장은 고객을 백화점으로 끌어들이는 주요 코너가 되었다. 1912년 4월 어느 날 저녁에 사노프는 타이타닉호가 북대서양에서 빙산과 충돌했다는 소식을 들었다. 그는 곧장 워너메이커 백화점 매장으로 가서 72시간 동안 전신을 기다리며 대기했다. 여기서 사노프는 스스로의 노력으로 하나의 전설을 만들어내는데, 바로 타이타닉호에서 보내는 SOS 신호를 수신하고 중대한 정보를 정보기관과 탑승객 가족들에게 전달한 것이다.

타이타닉호의 비극은 라디오 신호가 얼마나 중요한 역할을 할 수 있는지 극적으로 보여주었다. 아메리칸 마르코니사의 사업은 급속히 성장했고, 회사는 사노프에게 엄청난 연봉을 제시하며 새로운 임무를 맡겼다. 사노프는 이제 인상된 연봉을 자신에게 투자하며 비즈니스계의 멋쟁이로 거듭났다. 5피트 7인치(약 170센티미터) 키에 둥그런 동안의 그는 정장을 깔끔하게 차려입고, 중절모에 지팡이를 짚고 다녔다. 나중에 사노프는 자신의 인생이 라디오 및 텔레비전의 발전과 거의 정확하게 궤를 같이했다는 점을 인식하고, "나는 운이 좋아서 전기시대로 가는 마차에 얹혀 탔다"고 말하곤 했다.

사노프는 라디오 기지국 사이의 '거점 대 거점' 송수신 방식이 지나치게 제한적이라는 점을 깨달은 몇 안 되는 사람 중 한 명이었다.

그는 라디오 시대의 미래는 '대중' 커뮤니케이션, 즉 나중에 '방송 (broadcasting)'이라고 불리는 전파 전달방식에 달렸다고 보았다. 1915년 마르코니사에서 그가 상급자들에게 올린 보고서에는 그가 현대식 라디오 방송의 운용 시스템을 예견한 정황이 잘 나타나 있다.

> 기본 생각은 음악 서비스를 무선방식으로 일반 가정에 제공하는 것이다. …… 모든 수신기를 발신되는 전파의 주파수에 잘만 맞추면 음악을 전파로 수신하는 일이 가능할 것이다. 수신기는 '라디오 음악상자' 형태로 단순하게 디자인할 수 있을 테고, 설계도 여러 개의 다양한 주파수에 맞출 수 있을 것이다. 수신기 주파수는 수시로 조정할 수 있고, 그다음에 증폭 튜브와 확성기를 달면 된다. 모든 기능이 상자 하나에 배열을 맞춰 다 들어갈 수 있다. 이 음악상자를 가게나 일반 가정의 거실 테이블에 올려놓고 채널을 맞추면, 음악이 전송되는 것이다.

아메리칸 마르코니사는 당시에 군수물자를 보급하느라고 사노프의 사업 아이디어를 실현할 만한 일손이 없었으나, 라디오 음악상자에 대한 생각은 사노프의 머릿속을 떠나지 않았다.

제1차 세계대전 이후에 미국 정부는 라디오 산업의 구조를 바꾸기 위해 나섰다. 아메리칸 마르코니사는 외국인 회사였기에, 미 해군 사령부는 당시 미국 국내 전자제품 분야에서 선두주자인 GE에 미국 국적의 회사를 하나 세워서, 상업 목적의 무선통신뿐만 아니라 정부 관련 무선통신까지 총괄하도록 했다. 이 새로운 회사는 GE와 웨스팅하우스(Westinghouse)[4]가 이끄는 미국 국적 기업들의 컨소시엄이었는데, 사명을 Radio Corporation of America, 또는 줄여서 RCA로 삼았다. 이 회사는 미 해군의 전기 관련 특허권을 인수하고, GE와 다른 컨소시엄 참가 기업들의 특허권도 같이 통합해서 새로운 혁신과 추가적인 발명의 창고 역할을 했다. 이렇게 통합된 특허권은 전기전자 산업의 모든 영역에 걸친 R&D 발전의 토대가 되었다. 그래서 아메리칸 마르코니사는 1919년 일제히 라디오 관련 사업에서 손을 떼고, 관련 주식을 다른 주주들에게 매각했다. 사노프는 당시 20대였는데, 즉시 주요 경영진의 한 명이 되었고, 그다음에는 RCA의 총괄본부장에 올랐다.

그 무렵 웨스팅하우스의 한 엔지니어가 한 가지 취미활동을 시작했는데, 음악을 녹음한 다음 피츠버그에 있는 자신의 집에서 라디오 전파로 그 음악을 주변 지역에 방송하기 시작한 것이다. 당시 시중에 보급된 '크리스털 라디오 세트'로 이 라디오 신호를 수신한 열성 팬들은 그에게 감사편지를 전달했다. 웨스팅하우스의 한 고위 임원이 여기서 시장 잠재력을 발견했고, 미국 상무부에 라디오 방송을 할 수

---

4   1886년 조지 웨스팅하우스(George Westinghouse)가 설립한 전기제품 제조사로, 방송사인 CBS에 1995년 흡수합병되었다. 이 회사는 19세기 말 미국 전력 발전 및 송전 분야에서 선두주자였다. 특히 이 회사의 직원이던 유명한 니콜라 테슬라(Nikola Tesla)는 교류전기의 우월성을 주장하며, 직류전기를 주창하던 경쟁사인 에디슨 전기회사(오늘날 GE)의 토머스 에디슨(Thomas Edison)과 전류전쟁(War of Currents)을 벌여 많은 일화를 남기기도 했다.

있는 방송허가권을 요청했다. 이것이 피츠버그시의 KDKA[5]가 미국 최초의 상업 라디오 방송국이 된 사연이다.

사노프는 웨스팅하우스에서 시도하는 여러 프로젝트가 새로운 시장을 개척하고 넓히려는 RCA와 그 모회사인 GE의 노력을 가로막지는 않으리라고 내다보았다. 라디오 방송산업은 단순히 라디오 신호를 받는 수신기만 판매해서 형성되는 산업이 아니라, 라디오 세트를 판매할 시스템과 라디오 프로그램을 방송할 수 있는 기지국이 있어야 하고 방송 프로그램을 만들어낼 수 있는 충분한 자금력이 필요하다는 점을 사노프는 잘 이해하고 있었다. 그래서 그는 과거에 작성한 라디오 음악상자에 대한 보고서를 다시 꺼내서 GE에 보고했고, GE는 진지하게 사업성을 검토하기 시작했다.

전자기기와 라디오 산업에서 14년간 경력을 쌓은 사노프는 1928년에 어느덧 30세가 되었다. 그해 하버드대학교 경영대학원에서 청중을 대상으로 연설을 했는데, 그는 연설에서 이제 새로운 형태의 경영자가 필요하며, 경영자들은 하이테크 상품을 창조해낼 수 있어야 하고

---

5 당시에 웨스팅하우스의 엔지니어이자 부사장이던 해리 데이비스(Harry P. Davis, 1868~1931)와 그의 회사 후배이자 동료 엔지니어인 프랭크 콘래드(Frank Conrad, 1874~1941)가 주축이 되어 1920년 설립한 회사로, 필라델피아주 피츠버그시에 본사가 있다(AM 1020kHz, FM 100.2MHz). 프랭크 콘래드가 본문 설명대로 취미 삼아 라디오 음악방송을 최초로 시작한 사람이다. 콘래드의 창의적 아이디어와 데이비스의 상업적 통찰력에 웨스팅하우스의 자본이 결합해 탄생한 회사가 KDKA다. 데이비스는 라디오 방송의 잠재력을 알아보고, 웨스팅하우스가 라디오 수신기 시장에 진출하면 상당한 수익을 거둘 수 있으리라고 판단했다. 실제로 웨스팅하우스는 상당한 매출을 올렸다. 해리 데이비스는 나중에 NBC 방송국의 회장 및 RCA의 이사를 지냈다.

이 상품을 시장에 내다팔 수 있는 능력도 지녀야 한다고 주장했다. 사노프 본인처럼 새로운 유형의 경영자는 개인적으로 기술을 잘 이해하고 있어야 하고, 기술이 어떤 방향으로 변화하며 시장 또한 어떤 방식으로 진화하는지에 대한 식견을 갖추고 있어야 했다. 나아가, 사업을 성공적으로 이끌기 위해 이 두 요소를 잘 결합하는 능력이 있어야 한다. 이처럼 사노프는 사업가로서 일생을 보내며, 자신은 물론 다른 사업가들의 성공과 실패에도 통찰력 있는 식견을 보여주었다.

대부분의 국가에서는 정부가 자국 라디오 시스템의 통제권을 틀어쥐고 있었다. 하지만 미국 정부(미 해군)는 라디오 특허권을 자발적으로 민간기업 컨소시엄에 양도했다. 만약 민간 컨소시엄에 특허권을 양도하지 않았다면, 민간업체들은 심각한 출혈경쟁에 빠져들었을 것이다. 사노프는 1920년대에 미국 최초의 라디오 방송국을 설립했다. AT&T(American Telephone & Telegraph) 역시 라디오 방송국을 설립했지만, 사노프는 기존의 전화시장 독점과는 달리 자신의 라디오 방송 시스템은 독점으로 간주되지 않을 것이라고 생각했다. 실제로 1926년 중재법원은 RCA에 유리한 결정문을 냈다. 그래서 NBC(National Broadcasting Company)라는 새로운 라디오 방송사가 설립되었는데, 이 회사의 지분을 각각 RCA가 50퍼센트, GE가 30퍼센트, 웨스팅하우스가 20퍼센트 보유했다. AT&T는 방송사업 전체에서 손을 뗐고, AT&T가 소유했던 방송국은 NBC 레드(Red)라는 이름으로 RCA에 귀속되었다. RCA의 기존 방송국은 GE와 웨스팅하우스의 기존 방송 기지국과 합쳐 NBC 블루(Blue)가 되었다. 이 신규 계열사들은 뉴욕시에서 방송 서비스를 시작했고, AT&T에서 임대한 전화회선을 사용해 먼 곳에 있는 기지국까지 방송 신호를 보낸 다음 그 지역에서 방송 서비스를 했다. 1941년 미국 정부에서 내린 권고에 따라 RCA는 NBC 블루를 분사했는데, 이 NBC 블루가 오늘날 ABC방송사(American Broadcasting Company)다. NBC 레드는 지금의 NBC가 되었다.

1920년대에 일어난 라디오 분야에서 중요한 혁신으로 많은 경쟁사들이 라디오 산업에 진출했는데, 이러한 현상은 1900년대 초에 자동차 산업에서 혁신이 불어 많은 기업이 자동차 생산에 뛰어든 것과 유사하다(2000년대 초에 인터넷 분야에서도 비슷한 현상을 보였다). 단적인 예로 사업가 빌 페일리(Bill S. Paley, 1901~90)가 CBS(Columbia Broadcasting System)라는 제3의 방송국을 설립했다. 라디오 기지국은 이제 1923년 1개에서 1950년 2,800개로 크게 늘었고, 1990년 9,400개까지 증가했다. 라디오 세트는 처음에는 25달러에서 500달러[6] 사이에서 판매되었다. 1923년에는 200곳 이상의 라디오 세트 제조사와 5,000곳 이상의 라디오 부품 생산업체가 시장에서 서로 경쟁했다. 1923년과 1934년 사이에 1,000곳 이상의 기업이 라디오 세트를 생산하기 시작했으나, 이 중 90퍼센트가 도산하거나 다른 회사에 인수되었다.

RCA는 NBC 레드와 NBC 블루 방송 네트워크를 운영하며, 라디오 세트와 부품 그리고 GE에서 생산하는 진공관을 판매했다. 그런데 1920년 중반 무렵에 RCA는 방송 부문과 제조 부문에서 발생한

---

6 2016년 기준으로 약 336달러(약 37만 원)에서 6,727달러(약 840만 원) 정도 된다.

문제들 때문에 상당한 곤욕을 치르게 된다. 경쟁사들이 RCA의 배타적인 라디오 특허권을 둘러싸고 이의를 제기했고, 당국도 RCA가 전기제품 산업을 독점하려 시도한다고 본 것이다. 또한 GE의 일부 경영진은 RCA를 건방진 신생기업으로 치부했고, RCA의 총괄책임자인 사노프를 앵글로색슨의 프로테스탄트 백인이 거머쥔 기득권을 위협하는 뻔뻔한 유대인 애송이로 여겼다. 1921년에 사노프를 발탁해서 RCA 총괄책임자로 임명한 GE의 임원인 오언 영(Owen D. Young)은 이러한 위기의 시기에도 사노프에 대한 굳건한 지지를 굽히지 않았다. 하지만 무엇보다도 시련을 뚫고 회사의 전승기를 마련한 건 전적으로 사노프 개인이 능력을 발휘한 결과물이다.

절체절명의 문제를 타개할 수 있었던 사노프의 성공전략은 세 단계로 나눌 수 있다.

1. 당시 최초의 방송국인 NBC를 설립해서 방송사업 부문을 체계적으로 관리했다.
2. RCA의 특허를 침해하는 다른 제조업자들과 대립하는 방식을 피했다. 1927년 모든 신규 사업자에게 특허 사용권을 내주고, 대신 상당한 로열티 수입을 거두어 RCA의 R&D 투자 자금으로 활용했다.
3. 정부의 반독점 제재를 활용해서 오히려 원하는 바를 얻었다. 바로 RCA를 주주사들로부터 분사한 것이다.

RCA가 시장을 독점하려 시도한 정황과 관련해서, 1930년 미국 법무부(Department of Justice) 산하 반독점국(Antitrust Division)은 당시 미 해군이 RCA에 특허권을 넘기며 적용한 초기의 특허권 풀링(Pooling) 방식이 셔먼 반독점법(Sherman Antitrust Act)을 위반한다고 주장했다. 사노프는 소송을 피하기 위해 한 가지 대응책을 고안해냈다. 1932년 11월 분쟁 당사자들은 법원을 통해 합의했고, 이 합의에 따라 RCA는 모회사에서 독립하는 한편, 독자적으로 튜브와 라디오 세트를 제조해서 판매할 수 있게 되었다. GE와 웨스팅하우스는 2년 반 동안 라디오 세트 생산을 중지하고 RCA와 직접 경쟁하지 않는다는 서약서를 제출했다. 그 2년 반이 지나면, RCA의 특허권 라이선스를 통해 라디오 세트를 생산할 수 있었다. GE와 웨스팅하우스는 보유하고 있던 RCA 주식을 자사 주주들에게 돌려주었다. 그리고 이들 회사는 RCA 이사회에 더는 이사를 파견하지 않았고, 대신 RCA가 특허권에 대한 통제권을 유지했다.

1926년 방송 라이선스를 발급받았을 때처럼, 사노프는 경쟁사들이 제기한 까다로운 소송과 정부 당국의 규제 속에서 RCA를 위해 최선의 결과물을 만들어냈다. 그는 RCA 본부를 뉴욕시 맨해튼의 새로이 건축된 록펠러센터로 옮겼고, 이 센터 동 중 RCA빌딩[7]이라고 이름이 붙은 건물로 자신의 사무실도 옮겼다. RCA는 대공황 시기 들어 처음 2년간은 손실을 기록했지만, 1934년에는 7,900만 달러 매

---

7   록펠러센터 19개 동 중 가장 큰 건물이다. RCA가 GE에 인수되고 나서 1988년부터 2015년까지는 GE빌딩이라고 불렸으나, 건물 소유주가 컴캐스트(Comcast)로 바뀌면서 지금은 컴캐스트빌딩이라고 불린다(공식 명칭은 30 Rockefeller Plaza).

출에 420만 달러 수익을 거두었다.[8] 그 후 그는 본격적으로 새로운 영역에 대한 연구개발에 몰두하기 시작한다. 바로 텔레비전이다.

사노프와 텔레비전

제2차 세계대전 기간에 데이비드 사노프는 대부분의 시간을 런던에서 드와이트 아이젠하워 장군의 통신 관련 자문역으로 보냈다. 1945년 RCA로 복귀하고 나서 사노프는 고위 관리자들을 소집해 다음과 같이 말했다. "RCA는 우선적으로 개발해야 할 제품이 하나 있습니다. 바로 텔레비전입니다. 이와 관련해 필요한 건 무엇이든 전폭적으로 지원할 것입니다." 그의 목표는 RCA를 텔레비전 세트뿐만 아니라 그에 필요한 튜브, 송신기, 부품 그리고 R&D까지 텔레비전과 관련한 모든 영역에서 선두주자로 만드는 것이었다.

경제대공황 시기에 사노프는 텔레비전 연구에 지원하는 투자를 늘렸다. 1936년까지 RCA는 뉴욕시 엠파이어 스테이트 빌딩 꼭대기에 있는 텔레비전 송신기부터 뉴저지 캠던시의 연구소까지 여러 텔레비전 중계소를 연달아 건설했다. 사노프는 1939년 뉴욕에서 열린 세계박람회에서 RCA가 텔레비전 부문에서 이룬 성과를 소개했다. 곧 RCA의 자회사는 일주일에 8시간에서 12시간 정도 방송 프로그

---

8 2016년 기준으로 14억 달러(약 1조 5,400억 원) 매출, 7,540만 달러(약 829억 원) 수익을 거둔 셈이다.

램을 내보냈는데, 이 프로그램은 주로 야구와 복싱 경기, 오락방송과 버라이어티쇼 등이었다. RCA의 텔레비전 세트는 약 395달러에서 695달러에 팔렸다.[9]

사노프가 텔레비전 시장으로 뛰어든 것은 시기상조였다. 1939년 일인당 국민소득은 700달러도 되지 않았고, 극소수의 가정만이 텔레비전 세트를 살 수 있는 형편이었다. 텔레비전 세트는 자동차와는 다르다. 텔레비전 산업은 훨씬 더 복잡한데, 그 이유는 일종의 시스템적인 혁신이 필요하기 때문이다. 텔레비전 프로그램을 만들어서 정기적으로 내보내는 방송 스케줄을 체계적으로 관리해야 하고, 텔레비전 세트를 일단 일반 대중에게 대량보급할 수 있어야 하며, 방송과 장비에 대한 전체적인 산업표준이 마련되어 있어야 한다. 가정용 텔레비전의 방송 수신에 문제가 생기면 이를 수리하거나 조정할 수 있는 기반시설도 물론 갖추고 있어야 한다. 1939년 당시만 해도 이러한 시스템은 전무했고, 시스템을 급하게 개발해서 구축하는 것도 불가능했다. 정부 당국은 기술이 엄청 빠르게 변화하는 상황을 목도하고, 방송 관련 표준을 마련하는 방침을 1941년 중반까지 미루었다. 또한 1941년에 미국이 세계대전에 돌입하면서, 1942년 봄부터 전쟁 기간 내내 모든 상업용 텔레비전 판매와 생산이 금지되었다.

전쟁이 끝나자 제한 조치가 해제되었고, RCA는 전력을 다해 텔레비전 보급을 위한 캠페인을 재개했다. 1946년 RCA는 1만 대의 텔레

---

9   2016년 기준으로 약 6,800달러(약 750만 원)에서 1만 1,950달러(1천 300만원)이다.

연도	미국 방송 기지국 수	텔레비전 가정 보급률
1940	0	0%
1950	100	9%
1960	580	83%
1970	680	95%

비전 세트를 판매했다. 1947년에는 20만 대를 팔았다(미국 국내 전체 판매량의 80퍼센트 수준이다). 당시 운영 중이던 15개의 텔레비전 방송국은 RCA에서 필요한 카메라와 방송장비를 구매했다. 당시 여러 방송국은 전자제품 관련 대기업이거나 독립된 계열 회사였다. 당시 뉴욕을 중심으로 방송을 하고 있던 NBC는 클리블랜드, 시카고 그리고 로스앤젤레스에 지방 방송국을 설립하기도 했다. 소비자들은 주거지 주변에 서너 개밖에 없던 방송 기지국에서 전파신호를 받기 위해 대형 옥외 안테나를 설치했다. 텔레비전 시장은 처음에는 주춤했지만, 곧 고속 성장하기 시작했다.

전후시대 전기전자 산업의 매출은 GDP의 성장 속도보다 두 배가량 빠르게 증가했다. 텔레비전 제조업도 상당히 빠른 속도로 성장했지만, 전기전자 산업이 성장하는 주요 동력은 아니었다. 당시 격화되기 시작한 냉전체제가 사실상 전기전자 산업이 성장하는 견인차 역할을 했다. 1950년에는 군수산업용으로 설계 및 제조되는 제품의 매출이 전기전자 산업의 20퍼센트 미만이었으나, 1970년에는 70퍼센트까지 확대되었다. 당시 군수산업은 구조가 매우 복잡해서 RCA, GE 그리고 레이티온(Raytheon), 이 세 기업만 까다로운 계약요건을 충족할 수 있었다. 스스로가 냉전의 열렬한 투사였던 사노프는 공산주의를 전근대적인 구체제로 여겼고, 미국이 주도해서 공산주의에 대항하는 냉전이라는 십자군 원정에서 RCA가 첨병이 되어야 한다고 생각했다. 더 나아가 그는 RCA가 수백만 개의 소형 축전기와 자본주의를 찬양하는 내용을 러시아어로 녹음한 LP판을 낙하산으로 소비에트 상공에서 뿌리자고 제안하기까지 했다. 하지만 그의 제안은 받아들여지지 않았다.

사노프는 컬러텔레비전에 편집광처럼 매달렸다. 1950년 미국 연방통신위원회(Federal Communication Commission, FCC)[10]는 CBS가 개발한 컬러텔레비전 세트를 산업표준으로 승인했다. 이 방식은 컬러 이미지를 만들 때 전자기술을 기계식 회전 디스크 기술과 어설프게 결합하는 결과를 낳았다. FCC의 결정을 두고 RCA가 상고를 진행하던 중 한국전쟁이 발발했고, 또다시 정부는 전자기기에 대한 연구개발을 군수용으로 제한하고, 민간 컬러텔레비전에 대한 연구개발도 제한했다. 이 조치는 1953년까지 이어졌다. 그해 RCA는 오로지 전자식으로 작동하는 컬러텔레비전을 독자적으로 설계해 FCC에서 새로운 표준으로 승인을 받았다.

그러나 사노프와 월스트리트 금융가의 예상과 달리, 컬러텔레비전은 로켓처럼 한 번에 멋지게 비상하지 않았다. 컬러텔레비전 이전의 라디오와 흑백텔레비전처럼, 컬러텔레비전도 시스템 기술이었기 때문이다. 텔레비전 세트를 대량생산하는 일은 이 산업에 필요한 수많

---

10 우리나라의 방송통신위원회에 해당한다.

은 필수요소의 일부분일 뿐이었다. 컬러로 방송 프로그램을 만들 수 있어야 하는데, 그러려면 컬러카메라를 도입해야 하고, 송수신 장치를 업그레이드해야 하며, 컬러 방송장비와 텔레비전 세트를 수리할 수 있는 전문 인력도 보유하고 있어야 했다. 방송산업이 흑백텔레비전에서 컬러텔레비전으로 발전하는 데에는 약 15년의 시간이 더 필요했다.

컬러텔레비전의 브라운관은 당시까지만 해도 제조업 분야에서 가장 생산하기가 까다로운 품목이었다. 공장 검수 과정에서 불량으로 인한 거부율이 66퍼센트 수준까지 치솟았다. 1954년에 컬러텔레비전 세트는 한 대도 팔리지 않았고, 1955년에는 5천 대 정도만 팔렸다. 사노프가 예상한 35만 대에 비하면 턱없이 적은 숫자였다. 텔레비전 세트의 가격이 소비자가 느끼는 부실한 화질에 비하면 터무니없이 비쌌던 것이다. 텔레비전 세트는 화면이나 기능을 조정하기도 쉽지 않았고, 특히 녹화방송일 경우에는 색이 번지는 일도 많았다.

급기야 1956년 《타임》이 컬러텔레비전이야말로 '올해 최악의 산업 실패작'이라고 혹평했다. RCA의 경쟁사인 제니스(Zenith), 웨스팅하우스 그리고 동종 기업들은 컬러텔레비전 시장에서 일단 전략적으로 후퇴하는 것이 현명한 판단이라고 여겼다. 하지만 사노프로서는 이보다도 다음번에 다가올 일이 그의 인생에서 '가장 힘든 전투'가 될 터였다.

RCA는 자금을 소진해갔고, 잇따른 송사에 휘말렸다. 시장의 힘 때문에 어쩔 수 없이 컬러텔레비전 가격을 절반으로 인하할 수밖에 없었는데, 그러자 이번에는 반독점법과 관련한 1억 5,000만 달러 상당의 소송이 기다리고 있었다. 이 소송은 필코사(Philco)가 제기했는데, 필코 측 변호사는 RCA가 시장가격을 '비합리적으로 낮게' 책정해서 시장을 독점하려 한다고 주장했다. 동시에 RCA가 보유하고 있던 1만 개에 달하는 특허권을 두고 이번에는 미연방 법무부에서 반독점법을 근거로 제재를 가하기 시작했다. 이런 문제점들이 있긴 했지만, 1956년 RCA 이사회는 65세의 사노프와 10년 더 계약을 연장했다.

보통 누군가에게 도전을 받으면 투지를 불태우며 응전하던 싸움닭인 사노프는 이번에는 한발 물러서기로 결정했다. 1958년 RCA는 필코 측에 배상했고, 보유하고 있던 특허권 대부분을 국내 경쟁사들에 저가 또는 무상으로 양도해서 반독점 제재를 가하던 법무부와도 합의했다. 국내 로열티 수입의 감소분을 메꾸기 위해, RCA는 보유하고 있던 한 특허권에 대한 유상 사용권을 유럽과 일본 회사들에 인가해주었다. 1970년 한 해에 RCA가 가전제품 특허권 사용료로 거둔 수입이 1억 달러[11]에 달했고, 그 대부분이 컬러텔레비전 관련 기술에서 나왔다. 이 사용료는 순전한 (추가비용 등의 차감이 없는) 이익이었다.

RCA가 R&D에 투자와 노력을 쏟아부은 덕분에, 브라운관과 함께 가정용 텔레비전 수신기의 품질이 개선되었다. RCA의 자회사인 NBC는 더 많은 텔레비전 프로그램이 컬러로 방송될 수 있도록 지원했다. 1960년대로 접어들면서 드디어 컬러텔레비전은 비상하기 시

---

11   2016년 기준으로 6억 2,000만 달러, 원화로 약 6,800억 원

작했고, 국내 메이저 제조업체들이 너 나 할 것 없이 컬러텔레비전 시장으로 뛰어들었다. RCA는 대량의 브라운관을 경쟁사들에 판매했고, 텔레비전 생산장비와 송수신 장치를 전 세계 방송국들에 판매했다. 1958년에 사노프가 계획했던 컬러텔레비전 세트 500만 대 판매라는 목표는 1965년이 되어서야 실현되었다.

사노프의 카리스마와 강력한 리더십 아래서 RCA는 제조 부문을 통합했다. 여기에는 라디오와 텔레비전 그리고 음향기기도 포함되었고, RCA의 광범위한 R&D 부서와 유도미사일과 기타 군수 목적의 전자기기 하드웨어 생산부서까지 해당되었다. RCA는 당시로서는 R&D의 첨단에 서 있었다. 그러나 오래가지 못했다.

사노프는 RCA 제품을 판매할 해외시장을 적극 공략하지도 않았고, 해외 생산전략을 도입하지도 않았다. 해외에서 마케팅을 전개하거나 생산을 하게 되면 RCA의 해외 특허 라이선스권과 충돌할 우려가 있었기 때문이다. 그래서 RCA는 자사의 판매활동과 공장을 북미 지역에만 국한하고 있었다. 그러나 북미와 유럽, 일본에 있는 RCA 경쟁사들은 다른 나라에도 제품을 판매할 뿐만 아니라 생산기지도 건설했다. 일본은 공식적으로 수입 가전제품과 외국 국적 기업이 소유한 공장에서 생산한 제품에는 시장을 개방하지 않았으나, 소니, 마쓰시타(파나소닉), 히타치 그리고 미쓰비시 같은 일본 기업은 자사 제품을 대량으로 수출하고 있었다. 일본 기업은 외부 기업들과의 경쟁을 앞두고 자국 시장에서 보호를 받고 있었다. 그리고 세계적 수준의 생산시설을 건설하고, 국내시장과 해외시장을 분리해서 자국 판매제품에는 높은 가격을 책정하고 해외에는 낮은 가격으로 수출했다. 이들 일본 기업은 미국이 제2차 세계대전 이후 활성화하고 있는 세계 시장 자유화가 제공하는 기회를 십분 활용했다. 게다가 미국의 국내 판매 네트워크도 활용할 수 있었기에, 시어스사와 그 밖의 대형 유통 업체들을 통해 일본 제품을 미국에서 판매했다. 미국이 일본 기업에 정치적인 압력을 행사하자, 이제는 미국 국경 안에 생산설비를 건설했다.

결국 태평양 건너편에서 날아든 도전으로 RCA의 라디오와 텔레비전 세트 사업은 물론이고 미국 가전산업 전체가 상당한 타격을 입었다. 제2차 세계대전 이후에 기적적으로 경제를 회복한 일본의 저가 라디오 제품이 미국시장으로 물밀듯이 들어오자, 1950년대 96퍼센트에 이르던 미국 라디오 제조사들의 미국시장 점유율이 1965년 30퍼센트로 급락했다. 1975년에는 이마저도 더 하락해서 실질적으로 0퍼센트까지 내려앉았다. 이러한 패턴은 그 후 흑백텔레비전과 컬러텔레비전 시장에서도 반복되었다.

여기에는 기본적으로 두 가지 원인을 들 수 있다. 우선 일본 기업들은 전쟁에서 얻은 교훈이 있었다. 그들은 무엇보다 미국식 생산방식을 받아들여서 자신들의 생산체계와 노동시장 전반에 도입했고, 이를 토대로 생산품질을 개선했다. 그리고 자국 산업을 해외 업체들과의 경쟁에서 보호했다(19세기에는 미국도 자국 산업을 보호하기 위해 관세 및 수입 제한 조치 등을 시행했다).

둘째로, 일본은 1947년 AT&T의 벨연구소(Bell Labs)에서 발명한 혁명적인 장치인 트랜지스터라는 신기술을 가장 빨리 받아들인 국가 중 하나다. 트랜지스터는 진공관과 비교해 크기도 훨씬 작고 에너지도 적게 소모하지만, 작업 효율은 비슷했다. RCA가 진공관 기술의 선두주자였지만, 정작 RCA의 R&D 부서는 트랜지스터에 그다지 관심을 기울이지 않았다. 반면 텍사스 인스트루먼트(Texas Instrument), 모토로라(Motorola), 소니 그리고 기타 많은 업체들은 R&D 비용을 트랜지스터에 쏟아부었는데, 1950년 중반에 이르러 이 트랜지스터가 업계의 표준이 되었다. 더 중요한 점은 트랜지스터가 오늘날 컴퓨터와 모바일 기기를 가능하게 만든 인쇄배선회로와 마이크로칩 관련 기술의 토대가 되었다는 것이다.

RCA는 컴퓨터 분야에서 경영상의 판단 착오를 반복했다. 이 회사는 필수적인 원천기술을 다수 보유하고 있었지만, 제조와 마케팅 능력은 다소 부족했다. RCA는 컴퓨터 시장에 진출하면서 쓴 비용이 당시 순자산의 25퍼센트가량이나 되었는데, 이마저도 1970년대 들어 접었다. 그러나 돈을 날린 것보다 더 심각한 손실은 R&D 투자가 가져온 처참한 징벌적 결과였다. RCA의 한 엔지니어는 "우리는 컴퓨터를 연구개발하는 데 막대한 자금을 투입했는데, 그 과정에서 정작 우리를 먹여 살리는 젖소인 컬러텔레비전을 굶겨버렸다"고 말했다.

RCA는 또 다른 전략적 실수도 하게 되는데, 바로 1960년대에 기업구조를 기업집단으로 바꾸던 당시 미국 기업들의 유행에 편승한 것이다. 여기서 기업집단이란 하나의 지배회사 아래에 사업적 연관성이 없는 여러 사업을 두는 기업 형태를 말한다.[12] 보통 기업집단

---

12 한국의 재벌과 비슷한 개념이나, 한국의 재벌은 창업자 가문이 회사를 직간접적으로(때로는 혈연 또는 인적 관계가 개입하기도 한다) 소유하면서 동시에 경영권도 가져가는 반면, 미국식 기업집단은 관리자본주의 이후 소유와 경영을 분리했다. 또

은 CEO가 주도해서 단기 이익을 창출하는 데 집중하고, 내실보다는 회사 규모를 키우는 데 노력을 기울이는 경우가 많았다. 텍스트론(Textron), ITT(ITT Corporation), 트랜스아메리카(Transamerica), 그리고 걸프앤드웨스턴(Gulf+Western) 같은 기업들이 당시에 대표적인 기업집단이다.

RCA는 우선 출판사인 랜덤하우스(Random House)를 인수했다. 이 회사는 전기 및 전자와는 관련이 없지만 '커뮤니케이션[13]' 사업 확장의 일환이라고 합리화했다. 데이비드 사노프의 후계자는 그의 아들인 로버트였는데, 그는 렌터카 회사인 허츠(Herz), 코로넷 카펫(Coronet Carpet), 뱅케 푸드(Banquet Food, 냉동식품 회사), 골프의류 회사 그리고 전기전자 산업과 사업적 연관성이 없는 다른 많은 기업을 인수했다.

여전히 컬러텔레비전 사업을 개선하기 위해 해야 할 일이 산적해 있었지만, RCA 경영진은 회사 R&D의 방향을 컬러텔레비전에서 다른 블록버스터 전자제품을 찾는 쪽으로 전환했다. RCA 연구팀은 비디오디스크를 개발했다. 전축이 이미 녹음된 음악을 재생하듯이, 비디오디스크는 사용자가 원할 때면 언제 어디서든 상업광고로 끊기지 않고 녹화된 텔레비전 프로그램을 시청할 수 있게 해주었다. 하지만 문제가 한 가지 있었다. 다른 회사들도 다양한 비디오 재생기기를

한 한국의 재벌은 지주회사 구조인 경우도 있고 순환 출자 방식으로 계열사들에 대한 영향력을 강화하는 데 비해, 미국식 기업집단은 지주회사 구조거나 단일 회사 내에 여러 사업부를 두는 방식이 좀 더 일반적이다.

13 통신뿐만 아니라 언론 및 출판업도 커뮤니케이션의 한 영역이다.

생산하고 있었는데, RCA 제품의 디자인이 그다지 좋지 않았다는 점이다. RCA는 이 비디오디스크에 회사의 사활을 걸었는데, 그 배경에는 자사의 비디오디스크가 산업표준이 될 수 있으리라는 다소 오만한 판단 착오가 있었다. 결국 이 비디오디스크는 실패하고 말았다.

듀폰과 제록스 같은 회사들도 연구소 분위기는 비슷해서 많은 비용을 쓰고 있었고, 이들이 추진하던 많은 프로젝트가 미래의 상품과 직접적으로 연결되는 경우는 별로 없었다. 예를 들어 책임자급 연구진은 상업적 잠재가치가 높지 않아도 본인들의 흥미를 끄는 프로젝트를 자주 추진했다.

RCA의 연구소는 나중에 다른 부서 직원들이 '컨트리클럽'이라고 부를 정도로 통제력을 잃은 조직으로 변해갔다. RCA의 연구소에는 회사의 사업 부문이 벌어들이는 수익과는 무관하게 특허권 라이선스 수수료 명목으로 현금이 꾸준히 들어왔고, 이 자금은 예산 수립 과정에서 경영진의 통제도 받지 않았다. 그래서 뉴저지에 있던 연구소와 인디애나폴리스에 있던 제조 담당 관리자들 사이에서 긴장이 고조되고 있었다. 1920년대에 정착한 이 회사의 연구소 문화는 1970년 무렵에 이르러 더는 유지하기 힘든 상황이 되었다. 이 부서가 회사의 이익에 부합하지 못했기 때문이다.

RCA의 경영 실패가 주는 교훈

데이비드 사노프를 포함해서 그의 후계자들은 사노프 자신이 30세

되던 해에 하버드대학교 경영대학원에서 강연을 하며 건넨 조언을 따르지 않았다. RCA의 관리자들은 기술을 제대로 이해하지 못했고, 진보하는 기술과 시장이 어떤 방향으로 나아가는지 파악하지 못했다. 결과적으로 이들은 기술과 시장을 통합적으로 이해하는 데 실패했고, 그래서 사업도 어려워졌다. 컬러텔레비전에 무관심하고 집중하지 못한 점, 기업집단을 통해 사업을 무분별하게 확장한 점, 컴퓨터와 비디오디스크 영역에 도박과도 같이 막대한 자금을 투입하고도 그에 상응하는 결과를 얻지 못한 점 등 많은 문제점을 노출했다. 이런 문제점은 경영 관련 의사결정과 그 프로세스의 대표적인 실패 사례라고 할 수 있다. 앞 장에서 설명했듯이, 퍼디낸드 에버슈타트가 창안한 정부의 CMP, P&G의 닐 맥엘로이가 이끈 브랜드 매니지먼트, GM의 알프레드 슬론이 추진한 다중부서 사업구조 같은 경영의 성공사례에서 성과를 보인 분권방식의 의사결정 구조는 RCA의 기업 역사상 한 번도 채택되지 않았다.

1920년대의 포드처럼 RCA는 고객이 무엇을 원하는지에 관심을 기울이지 않았고, 한 사람의 손에 너무 많은 권한을 쥐여주었다. 비록 데이비드 사노프는 헨리 포드보다 세심한 사람이었지만, 그 역시 포드처럼 자신의 무오류성을 과신하며 지나치게 많은 결정을 독단적으로 내렸다. 너무 오래 왕좌에 앉아 있었던 것이다. 다른 누구도 아닌 본인이 비디오디스크와 컴퓨터 시장에서 누가 보아도 자명한 참혹한 실패를 가져온 RCA의 조직문화를 만들어냈다.

포드사와 달리, RCA는 자사의 수익성을 최대한 높일 수 있었는데도 그러지 못했다. 사노프가 계속해서 RCA의 이익을 R&D에 재투자했기 때문이다. 일각에서는 전략이 회사에는 비용으로 작용하지만 사회 전체는 이롭게 하지 않느냐고 주장하기도 한다. 그렇다면 기업의 목적이 무엇인지 반문해봐야 한다. RCA는 흑백텔레비전과 컬러텔레비전 연구 부문에서 한발 앞서 있었고, 이렇게 선도적인 연구개발은 RCA의 막대한 투자가 없었으면 가능하지 않았을 것이다. 사노프는 자사를 미국의 전기전자 분야에서 기간산업과 같은 역할을 하도록 포지셔닝했다. 즉, RCA의 주주와 직원의 이익이 아닌 국가의 이익과 자신의 야망을 실현하기 위해 RCA의 기업활동을 추진한다고 생각했다. 이런 의미에서 그는 뛰어난 사업가인 알프레드 슬론보다는 기술 분야에서 선지자 역할을 한 헨리 포드와 닮았다.

헨리 포드와 유사한 점은 한 가지 더 있다. 사노프는 후계자를 키우지 않았고, 경영진이 자신과 다른 독립적인 의견을 제시하도록 내버려두지 않았으며, 공식적인 조직구조를 만들지 않았다. 그리고 본인이 잘 모르는 사안을 두고 종종 섣부른 명령을 내리곤 했다. 그는 직원들과 사소한 대화도 잘 나누지 않았고, 회사의 그 누구와도 사적으로 친밀한 유대감을 형성하지 않았다. 임직원이나 방문객과 회의를 할 일이 생겨도 돌려보내기 일쑤였다. 이렇게 본인이 수많은 일을 결정하다 보니 중요한 돌발사안이 생기면 추가 일정을 잡는 것 자체가 물리적으로 불가능했다.

하지만 기술에 대한 사노프의 지치지 않는 집념과 열정은 뉴저지에 있는 연구소의 연구진과 엔지니어들에게 큰 동기를 부여했다. 나중에 연구소는 캠던에서 프린스턴으로 옮겨갔고, 연구소 이름도 그의 헌신과 업적에 경의를 표하기 위해 데이비드 사노프 연구소

(David Sarnoff Laboratories)로 바뀌었다. "이 연구소는 RCA의 심장과 같은 존재였다. RCA의 다른 부서들은 사실상 심장이 기능해야 움직일 수 있는 내장기관에 비유할 수 있다"고 RCA의 엔지니어였던 칼 드레어(Carl Dreher)는 말하며, "사노프의 경영방식에는 주기적으로 기술적인 돌파구가 필요했다. 그러다가 어떤 돌파구도 보이지 않는 때가 찾아온 것이다"라고 회고했다.

사노프는 1965년에 일흔넷의 나이로 일선에서 은퇴했다. 1986년 GE가 RCA를 재인수했을 때, GE로서는 그나마 가치 있는 자산이 NBC 방송사뿐이었다. 데이비드 사노프 연구소는 뒤도 돌아보지 않고 매각했다.

하이테크 산업의 위험

1970년대 미국 가전산업의 총체적인 몰락은 단순히 데이비드 사노프와 RCA의 이야기만으로 설명되지 않는다. 아무도 다음 세대의 핫 아이템이 어느 분야에서 나타날지 모르는 상황에서, 막대한 비용이 드는 R&D에 줄기차게 자금을 투입하기란 쉽지 않았다. 그렇더라도 기존 제품이 시대에 완전히 뒤떨어지지 않았으면, 이 제품을 개선 및 개량하는 데 소홀히 해서는 안 된다.

게다가 '국가 산업 생명주기(national industry life circles)'라는 복잡한 이슈가 가전산업의 몰락에도 상당히 기여했다. 이 국가 산업 생명주기는 제1차, 제2차 그리고 제3차 산업혁명기에 매번 반복되는 경향이 있다. 예를 들어 기계식 섬유제품 생산은 18세기 말 제1차 산업혁명기에 영국에서 시작했지만, 19세기에 산업화된 다른 국가들로 기술이 보급되었고, 20세기에는 저임금 국가들로 생산시설이 점차 이전해갔다. 일본 기업들은 제2차 세계대전 이후에 기술을 이전받기 위해 RCA, GE, 웨스팅하우스 그리고 다른 텔레비전 세트 제조업체들을 활용했다. 그러나 20세기 말이 되면, 일본도 비슷한 숙명을 맞이한다. 일본 국내에서 임금이 상승하자, 소니, 마쓰시타, 히타치 및 다른 일본 기업들이 생산설비 일부를 멕시코와 말레이시아 그리고 중국으로 이전하기 시작했다. 일본 기업들이 시장 변화에 적응한 것이다. 마찬가지로, GE와 웨스팅하우스도 가전제품 사업 부문을 분사하며 나름의 방식으로 시장 변화에 적응했다.

미국 가전제품 산업이 형성되는 데에는 국가 간에 지정학적인 역학관계가 중요한 역할을 했다. 미국 정부는 군수 프로젝트에 상당한 비용을 들였는데, 이는 많은 하이테크 기업 내부에서 R&D의 속성을 변화시켰다. 예를 들어 1940년 AT&T는 자사 예산의 2.5퍼센트만을 군수 프로젝트에 투자했는데, 1944년에는 투자금이 85퍼센트까지 급증했다. 연방정부 산하 OSRD(Office of Scientific Research and Development, 과학기술연구개발국)가 1941년 군수 분야 R&D의 협업을 위해 민간과 연방정부를 조율하려고 설립되었고, 1950년 NSF(National Science Foundation, 국가과학재단)로 재탄생했다. NSF는 그 후 수십 년간 미국 R&D 분야 전반의 방향을 설정했다. 일각에서는 미국이 소비에트연방과 치른 대결에서 승리할 수 있었던 데에는 미국 정부가 군수용 R&D에 대대적으로 투자한 점이 큰 역할을 했고, 어쩌면 결정적이었을 거라고 주장한다. 정부가 컴퓨터 영역에 막대한 자금을 지출한 덕분에, IBM사와 다른 미국 기업들이 외국 경쟁사들을 앞지르며 주도권을 거머쥘 수 있었다. 이 주도권을 통해 기술과 인력이 민간시장으로 자연스럽게 넘어간 것이다. 이 사례는 항공기 산업의 보잉사에도 해당된다.

또한 외부 환경에서도 두드러진 변화가 있었다. 1945년과 1965년 사이에 미국 국내의 전기전자 시장은 지속적으로 성장했는데, 이는 냉전체제에서 정부가 막대한 군비를 계속 지출한 덕분이었다. 또한 외국 경쟁사들의 도전도 거의 없다 보니 RCA를 비롯한 많은 미국 기업이 크게 성장했는데, 그 이면에서 이들 기업은 자만에 빠지는 실수를 저질렀다. 당시 모든 회사가 IBM과 보잉처럼 사업적으로 큰 성공을 거둔 것은 아니었다. RCA처럼 군수 분야 R&D의 성과를 민간시장에 전수해줄 수 있는 회사도 많지 않았다. 20세기 후반 들어 소비재 시장이 세계화되었고 시장에서 경쟁도 훨씬 치열해졌지만, 많은 미국 기업은 여기에 신속하게 대응하지 못했다. 유럽과 일본이 전쟁의 폐허에서 빠른 속도로 경제를 재건하자, 미국이 전기전자 산업에서 누리던 우위를 잠식하기 시작했다. 유럽과 일본의 재건은 누구나 예상할 수 있었지만, 재건 속도가 미국 기업의 예상보다 훨씬 빨랐다.

소비재와 산업재 그리고 타이어, 철강, 자동차 제조까지 모든 영역에서 해외 경쟁자들과 벌이는 치열한 경쟁은 미국 기업들에 심각하고 때로는 치명적인 위협요소가 되었다. 미국 소비자들은 이제 RCA 제품과 비슷하거나 좀 더 성능이 좋은 소니와 파나소닉 제품을 낮은 가격으로 살 수 있기에, 굳이 RCA 텔레비전을 사지 않았다. 많은 미국 경영자들은 변화하는 소비자 수요를 끈기 있게 주시하지 않았고, 미국 국내시장이건 세계시장이건 시장 변화에도 별다른 주의를 기울이지 않았다. 그래서 미국 기업의 패배 바이러스는 텔레비전에서 시작했지만, 여기에 그치지 않고 비디오테이프와 비디오디스크 그리고 계산기와 팩스기 분야로까지 번졌고, 워드 프로세싱 소프트웨어, 개인용 컴퓨터, 비디오게임, 휴대전화 그리고 인터넷 영역으로 전염되었다.

화학산업, 제약산업 그리고 바이오테크놀로지

화학산업과 제약산업처럼 연구개발에 기초한 미국 기업들은 20세기 후반부터 성장하기 시작했다. 이들 기업은 끊임없는 시장 변화에 훨씬 잘 적응했고, 그 과정에서 바이오테크놀로지라는 새로운 산업을 창조했다.

화학산업

IT 산업을 제외하면, 1945년부터 오늘날까지 화학산업보다 미국 경제가 성장하는 데 크게 기여한 산업은 없다. 1945년부터 1973년까지 기간에 화학산업은 미국 경제 전체 성장률의 2.5배 속도로 성장했다. 1970년대 중반 이후 수십 년간 산업성장률이 정체하는 시기를 거치며, 미국 화학기업들은 상업적 성공이 보장되지 않는 프로젝트에 막대한 R&D 자금을 계속 투자하는 일을 두고 회의를 느끼기 시작했다. 듀폰을 비롯한 화학산업의 선도기업들은 기초연구에 들이는 지출을 삭감하고, 군수계약 의존도를 줄이며, 자신들의 핵심 경쟁력을 계발했다. 또한 시장의 수요를 직접 조사하기 시작했다. 비록 해외 경쟁사들에 시장점유율을 잠식당하긴 했지만, 이렇게 조치에 나서서 높은 수익성은 유지할 수 있었다.

미국 화학기업은 초기에는 이 분야에서 세계적인 선도기업이 아니었다. 20세기 초반에는 독일 기업 3사, 즉 바이엘사(Bayer), 획스트사(Hoechst) 그리고 바스프사(BASF)가 선두주자로서 화학산업을 이끌고 있었다. 이들 독일계 화학회사는 과학자와 엔지니어를 대거 고용해서 염료와 암모니아계 비료 그리고 합성약품(가령 아스피린) 개발을 주도했다. 그러던 중 제1차 세계대전(1914~18)이 발발하자 미국 정부는 독일산 제품에 금수 조치를 단행했고, 독일 회사에 특허권 라이선스 수수료를 지불하고 이들의 기술을 사용하던 미국 기업들은 자국에 발효된 보호무역 조치를 십분 활용했다.

미국 화학기업은 제2차 세계대전과 냉전 기간에 군수용 화약을 생산했다. 전후에는 베이비 부머가 부상하면서 식품 수요가 증가하고 농산물 생산이 늘어나자, 농산물에 필요한 비료, 살충제, 합성섬유 등을 생산하기 시작했다. 마찬가지로 베이비 부머의 수와 소득이 증가하자 의류에 대한 수요도 많아져서, 화학회사들은 합성섬유 생산을 늘렸다. 전후시대 들어서는 세계시장 자유화로 화학제품의 해외시장이 열렸고, 미국 화학회사는 이 기회를 십분 활용했다. 21세기 초반만 해도 데이크론 섬유(Dacron fiber), 라이크라 탄성섬유(Lycra elastic) 그리고 타이벡 원단(Tyvek building wrap) 같은 브랜드 제품을 세계 곳곳에서 볼 수 있었다. 이들 제품을 포함해서 제2차 세계대전 이후에 생산된 많은 상품은 유기화학 분야에서 일어난 이른바 '폴리머 혁명(polymer revolution)'의 결과물이었다.

유기화학 물질은 탄소를 함유하고 있는데, 탄소 대부분은 한때 살아 있던 유기체, 즉 화석연료에서 얻을 수 있다. 탄소는 특유의 분자구조 때문에 원소 네 개까지 결합이 가능해서 분자사슬을 무한정 복제할 수 있다. 이러한 유기화합물 합성을 통해 DNA부터 플라스틱까지, 그리고 천연 고분자물질뿐만 아니라 인공 고분자물질까지 만들 수 있었다. 폴리머(중합체)는 이러한 반복구조를 가진 유기물질의 혼합물이다. 합성 폴리머는 특정한 강도와 유연성을 구현할 수 있도록 조작이 가능하고, 대단위 묶음 형태 또는 연속된 프로세스를 통한 대량생산 형태로도 제조하기가 수월했다. 미국 화학기업들이 이끌어낸 이런 개발은 미국 국가경제에도 상당히 중요한 의미를 지닌다.

1930년대에 폴리머 혁명이 태동할 무렵, 석유는 유기화학 물질의 중요한 원재료로서 석탄을 대체하고 있었다. 그래서 석유회사들이 폴리머 연구에 뛰어들었다. 제2차 세계대전 중에 뉴저지의 스탠더드 오일(오늘날 엑슨), BF굿리치(오늘날 BFG) 그리고 다른 여러 회사가 합성고무를 개발했다. 캘리포니아의 필립스 스탠더드 오일(Phillips Petroleum and Standard Oil, 오늘날 셰브론)을 포함한 다른 기업들은 석유화학 사업부를 신설하고 새로운 합성제품을 대량으로 생산하기 시작했다.

듀폰과 몬산토(Monsanto) 그리고 다우(Dow), 쓰리엠(3M) 같은 석유화학 대기업은 석유로 모든 물질을 만들어낼 수 있는 것처럼 보였다. 1990년대 말에 이들 회사는 기존 자원들의 대체재를 생산하기 시작했다. 여기에는 천연섬유 대체재[나일론, 올론(Orlon), 폴리에스테론]와 목재 대체재(플라스틱 패널, 유리섬유), 테이프(스카치), 유리 대체재[루사이트(Lucite®), 플렉시글라스(Plexiglas®)], 라텍스 페인트와 니스, 절연체, 접착제 및 합성 건축자재 등 다수의 제품이 있다. 특히 강화 플라스틱 제품은 타일[포마이카(Formica)]과 일부 금속재료[방호복, 브레이크 라이닝, 못, 보트 및 자전거 타이어 강화에 쓰이는 케블라(Kevlar)]를 대체했다. BFG는 파이프, 가구, 문, 창문 및 현대 들어 탄생한 제품 다수의 원료로 쓰이는 합성수지인 PVC(Polyvinyl chloride)의 최대 생산업자가 되었다.

몬산토와 듀폰, 이 두 회사가 걸어온 길을 살펴보면 화학산업의 역사를 대략적으로 그릴 수 있다. 두 회사는 화학회사에서 바이오테크놀로지 플랫폼 기업으로 진화했고, 경영자들은 20세기와 21세기 초에 회사의 전략을 수정하며 경영조직을 재설계했다.

몬산토는 인공감미료인 사카린 생산공장으로서 1901년 세인트루이스에 설립되었다. 1915년 무렵 카페인과 바닐린을 생산하는 중견기업으로 성장했고, 마침내는 아스피린 최대 생산업체가 되었다. 이 회사는 더욱 성장하며 사업 부문도 다각화해서, 제2차 세계대전 중에는 정부와 계약을 체결하고 상당한 수익을 거두었다. 전후시대 베이비 부머의 성장으로 도시 근교에서 주택시장이 큰 호황을 맞이하자, 몬산토는 조경용 수목의 비료를 생산하며 특수를 누렸다. 1950년 중반에는 공급망을 확보하기 위해 정유회사를 한 곳 인수하고, 농업 관련 화학산업에서 선도기업이 되었다. 그 후 라운드업(Roundup) 제초제를 판매하기 시작하는데, 이 라운드업은 베스트셀러 제초제가 되었다.[14]

몬산토의 제품은 수익성이 좋았지만, 이들 제품에 대한 시민들의 반응은 부정적이었고, 여러 건의 소송에도 휩싸였다. 1960년대 초에 레이첼 카슨이 자신의 저작 『침묵의 봄』을 통해 대중에게 DDT(dichlorodiphenyltrichloroethane)가 환경에 미치는 부정적인 영향에 대한 경각심을 불러일으켰는데, 당시 DDT는 몬산토의 최대 판매 제초제 중 하나였다. 몬산토는 또한 다우케미칼과 함께 에이전트 오렌지(Agent Orange)의 최대 생산업체였는데, 에이전트 오렌지는 베트남전쟁에서 미국이 화학무기로 사용해 수많은 베트남인과 미군 들에게 막대한 피해를 끼쳤다. 이 화학약품이 일으킨 문제는 오늘날에도 여전히 해결되지 않고 있다. 몬산토는 1979년 미국 의회에서 사용을 금지한 PCB(polychlorinated biphenyls)가 일으킨 환경오염으로 발생한 피해에 대한 벌금과 이를 제거하는 데 드는 비용을 지불해야 했다.

두 번째 사례인 듀폰사는 1802년 델라웨어에 작은 화약공장으로 설립되었다. 1920년대에 이 회사의 주력 제품은 주로 페인트, 니스, 셀로판(프랑스 제조사에서 구매해 재판매) 그리고 레이온(마찬가지로 프랑스 제조사에서 구매해 재판매) 등이었다. 1900년대에 이 회사는 사내 부속 연구실을 설립하고 키우는 데 세심한 공을 들였고, 때로는 정부 발주 프로그램에 참여하기도 하면서 경쟁사들을 앞서갔다. 듀폰사에

---

14 라운드업 제품은 1976년 시장에 처음 출시되었다.

서 생산하는 폴리머의 일종인 나일론은 단일 품목으로는 회사에 가장 많은 매출을 올려주는 상품이었다. 나일론은 단일 소재로써, 또는 다른 직물 소재와 혼합되어서 다양한 옷감, 낙하산, 항해용 밧줄 및 타이어의 주재료가 되었다. 이 단일 폴리머 제품은 20세기 초까지 듀폰사에 200억 달러가량의 수익을 가져다주었다.

중요한 점은 나일론과 합성고무인 네오프렌(neoprene)이 1930년 대에 우연히 발견되었다는 것이다. 이 사건을 계기로 듀폰 경영진은 기초연구 개발에 투자를 늘리기 시작했다. 듀폰이 발견한 나일론, 올 렌, 폴리에스테론과 같은 합성섬유는 실질적으로 카펫 제조, 방직업 그리고 의류산업 전반에 변화를 일으켰다. 1980년대에는 미국 제조 업에서 사용하는 모든 섬유의 70퍼센트 이상이 합성제품으로서 기 존의 면화, 모직, 린넨 그리고 비단을 대체하기 시작했다.

하지만 기초 연구를 지원하는 전략으로는 수백개의 연구 프로젝 트에서 시장성 있는 결과를 도출해내지 못했다. 듀폰이 야심차게 준 비한 두 개의 합성섬유 프로젝트인 키아나[Qiana(인조비단)][15]와 코팸 [Corfam(합성가죽)][16]은 초기에는 전망이 좋아 보였으나, 고객들이 이 들 제품에 강한 거부감을 드러냈다. 그 후 1970년에 새로운 '퍼머넌 트 프레스(permanent press)' 가공법[17]으로 생산된 100퍼센트 면제 품이 시장에 출시되면서, 합성섬유에 대한 대중의 반감은 더욱 커졌 고 고객들의 기호 또한 바뀌기 시작했다.

---

15 듀폰이 1968년 시장에 출시했다.
16 듀폰이 1964년 시장에 출시했다.
17 의복의 주름을 방지하는 가공법

그런데도 몬산토, 다우 그리고 다른 미국 화학기업들과 함께 듀폰은 여러 시장에서 선두 자리를 지키고 있었다. 듀폰은 주요 정유회사인 코노코(Conoco)[18]를 인수해서 화학제품 원자재의 안정적인 공급망을 확보했다. 1970년대와 1980년대에는 제품 라인을 재정비하고, 특수 화학제품과 다른 하이테크 제품에 집중하기 위해 수익성이 낮은 화학제품 사업부를 분사했다. 전기전자 제품시장에서 RCA가 독불장군처럼 밀어붙였던 것과 달리, 듀폰은 고객의 목소리에 귀를 기울이고 시장 변화에 적절히 대응해나갔다. 듀폰의 '컨트리클럽' 같은 문화가 배어 있던 연구소는 주요 의사결정을 내릴 때 이사회를 거치지 않는 경우도 많았으나, 자사 제품을 마케팅하는 데에는 훨씬 효율적이었다.

몬산토와 듀폰, 20세기 중반까지 화학산업을 대표하던 두 선도기업은 21세기 초가 되면 바이오테크 기업으로 탈바꿈한다. 이들이 변신하는 배경을 이해하기 위해서는 제약산업을 살펴보아야 한다.

제약산업

제약산업이 다른 산업과 대비되는 가장 큰 차이점은 신약 개발에

---

18 1875년 설립된 석유회사로, 1884년 스탠더드 오일사에 합병되었다가 1911년 다시 분사했다. 그 후 여러 차례 인수와 매각을 거쳐 1981년 듀폰과 시그램사(Seagram Company)가 공동 인수했다. 하지만 듀폰이 또다시 코노코를 1998년 매각했고, 그후 IPO를 통해 공개회사가 되었으나, 2002년 필립스석유회사(Phillips Petroleum Company)와 합병하며 역사 속으로 사라졌다.

막대한 자금을 투자해야 하지만 그 성과는 아무도 보장할 수 없다는 것이다. 보통 만 건의 프로젝트를 진행하면 시장에 내놓은 건 1건밖에 안 된다. 그래서 시장화에 성공하는 신약은 일반 환자에게 대가를 받고 처방되기 전까지 R&D에만 수억 달러의 비용이 든다. 또한 특허권과 관련한 법률체계가 제약산업의 경제성과 수익성에 상당한 영향을 미친다. 특허권은 20년이 지나면 소멸하고 그 20년 중 일정 기간은 임상실험에 소요되기 때문에, 제약사는 기껏해야 5년에서 7년이라는 단기간에 이미 지출한 막대한 규모의 R&D 비용을 회수해야 한다. 특허권이 소멸하면, 모든 회사가 '제네릭(generic)' 제품을 생산할 수 있고 오리지널 제품보다 훨씬 저렴한 가격으로 판매할 수 있다. 그래서 막대한 R&D 비용과 짧은 특허권 보호기간 때문에 제약사들이 시장에 출시하는 신약의 가격은 매우 높게 형성된다. 이 산업의 또 다른 특징이라면 높은 회전율을 들 수 있다. 예를 들어 1965년 30개 베스트셀러 제약 중 1980년까지 그 목록에 남아 있는 신약제품은 단 네 개뿐이었다. 이러한 경향은 오늘날까지 이어지고 있다. 막대한 자본 투자를 피할 수 없기 때문에 신약 개발에 주력하는 제약사들은 초대형 기업으로 성장했다. 이렇게 규모의 경제를 토대로 삼으며, 많은 제약사가 신약 판매를 위해 글로벌 유통 채널을 확보하려고 상당한 노력을 기울이고 있다.

1920년 이후 제약산업은 엄청난 팽창을 거듭했다. 1929년 미국에서 판매되는 약품의 32퍼센트(금액 기준)가 처방약이었는데, 40년 후에는 83퍼센트까지 상승했다. 제2차 세계대전이 끝나자, 획기적인 신규 약품들이 등장했다. 무엇보다 전 세계 대부분의 국가에서 항생

제가 널리 쓰이기 시작하면서, 수천 년 동안 인류를 괴롭혔던 수많은 질병이 사라졌다. 여기에는 대표적으로 천연두와 홍역, 말라리아와 소아마비 등이 해당한다. 1950년대부터 시작된 정신약리학의 획기적인 성과에 힘입어, 프로작(Prozac)[19], 팍실(Paxil), 자낙스(Xanax)[20] 및 이와 유사한 기능을 하는 신약 제품들이 개발되었고, 우울증에 시달리는 수백만 사람들의 삶에 큰 변화를 가져다주었다.

항우울제와 더불어 진정제, 피임약, 항히스타민제, 항염증제, 항암제, 항궤양제, 고혈압 억제제, 콜레스테롤 억제제, 탈모 억제제 및 성기능 개선제까지 제약회사들은 수많은 약품을 생산해냈다. 21세기 초에 전 세계 제약사들이 연구개발로 지출한 연간 투자금은 5천억 달러를 훌쩍 넘어섰다. 이 중 30퍼센트를 넘는 막대한 자금이 비대칭적으로 미국에서 지출되었다. 제약업에 대한 일인당 투자금을 기준으로 보면, 2015년 미국이 1,394달러로 전 세계에서 가장 높았고, 캐나다가 761달러, 일본이 756달러로 그 뒤를 이었다. 2020년 전 세계 제약산업에서 지출한 투자금은 1조 4,000억 달러에 달할 것으로 예상된다.[21]

1940년대와 1950년대까지만 해도 제약산업에서 주도권을 쥐고 있던 미국 제약회사들은 1960년대와 1970년대 들어 쇠퇴기를 맞이

---

19 미국의 다국적 제약회사인 일라이릴리(Illy Lily)가 개발 및 판매하는 우울증 치료제
20 화이자(Pfizer)에서 개발한 우울증 치료제
21 2015년 11월 발간된 IMS Institute for Healthcare Informatics의 『Global Medicines Use in 2020』 기준으로 2020년 지출금은 1조 4,000억 달러(약 1,540조 원)로 추산되며, 2020년 실제 집행금액은 OECD 기준으로 이와 비슷한 1조 3,000억 달러(1,430조 원) 정도로 추산된다.

했다. 그러다가 1980년대와 1990년대에 바이오테크놀로지 분야에서 혁명과도 같은 성과를 내며 재부흥기를 맞이했다. 21세기 초에는 전 세계 제약회사의 절반 이상이 미국에 본사를 두었다. 연구개발에 중점을 둔 미국계 제약회사인 화이자, 머크(Merck), 애봇(Abott), 일라이릴리와, 영국과 유럽의 여러 제약사들, 이를테면 글락소 스미스 클라인(GlaxoSmithKline), 사노피(Sanofi), 아벤티스(Aventis) 및 노바티스(Novartis) 등은 연간 수십억 달러의 비용을 R&D에 투자했다. 이들 대부분은 수차례의 M&A를 거쳐 성장했다.

제약회사들은 1970년대를 전후해서 새로운 경영전략을 도입한다. 우선 자사에서 개발한 '기적적인(miracle) 제품'에 특허로 독점을 보장받는 짧은 시기 동안 상당히 높은 가격을 책정했다. 이들 '빅파마(Big Pharma)'는 또한 대형 로비단체를 고용하기 시작했다. 빅파마는 거대 제약회사들의 횡포에 비판적인 사람들이 붙인 별칭이다. 이들은 전 세계에서 판매조직을 확보하기 위해 심혈을 기울였다. 그리고 1997년부터 신문, 잡지 그리고 텔레비전 광고를 통해 미국 소비자에게 신규 처방약을 직접 광고하기 시작했다. 대형 제약회사들이 로비와 광고에 들이는 자금은 그들이 R&D에 지출하는 막대한 자금 규모를 넘어섰다.

이렇게 신약을 직접 광고하는 방침은 대부분의 의사단체와 관리의료(managed healthcare) 회사[22]에서 반대하는데, 이러한 변화는 20세기 들어 시장에서 커지기 시작한 소비자의 영향력을 여실히 반영한

---

22 미국이 의료보험을 제공하는 범위 안에서 의료비용을 줄이기 위해 보험사와 의사단체 등이 주축이 되어 설립한 단체로, HMO(Health Maintenance Organization) 등이 대표적이다.

다. 소비자들은 비록 약학에 대한 전문지식은 없겠지만, 의학적으로 주의를 기울여야 한다고 판단되는 약품에는 상당한 관심과 이해도를 보였고, 새로운 치료법에도 적극적이었다. 게다가 2010년 이후에는 인터넷을 통해 어떤 신약이 연방정부의 임상실험에 들어갔는지 파악할 수 있었고, 그 밖의 신약과 관련한 많은 지식도 찾아볼 수 있었다. 심지어 미국 식약청(Food and Drug Administration, FDA)에 압력을 행사해서 임상실험을 앞당기기도 했다. AIDS 운동가들은 인터넷으로 AIDS와 신약 정보가 대중에게 알려지기 전부터 이 전략을 활용했다. 한편 머크사가 판매한 진통소염제 바이옥스(Vioxx)처럼 시장에 서둘러 출시된 신약의 부작용과 그에 따른 역풍으로, 이러한 움직임에 대항하는 목소리가 일기도 했다. 2004년 바이옥스가 심장 발작 위험을 높인다는 연구결과가 나오자, 머크사는 바이옥스를 시장에서 자진 회수했고, 2005년 여러 건의 소송에 대응해야 했다.

　제약산업의 경영사례는 그 자체로도 중요하고 많은 논쟁거리를 제공하지만, '기적적인' 신약들이 인류에게 가져다주는 혜택에 비할 바는 아니다. 오늘날 많은 신약은 시민 개개인뿐만 아니라 국가 의료 시스템이 감당하기에도 가격이 너무나 비싸다. 앞으로 제약산업의 당면 과제는 미국은 물론이고 전 세계 많은 사람에게 이 비싼 신약을 어떻게 하면 좀 더 저렴하게 공급할 수 있느냐일 것이다.

바이오테크놀로지

바이오테크놀로지 산업과 제약산업은 과학에서는 연관성이 있지만, 규모와 여러 특징에서 다른 점도 많다. 21세기 초에 1,300곳 이상의 바이오테크놀로지 회사들, 이를테면 제네텍사(Genetech)[23], 바이오젠사(Biogen)[24], 젠자임사(Genzyme)[25] 등이 미국에서 탄생했다. 이들 대부분은 소기업으로 순전히 연구개발에만 집중하고 있고, 창업가 문화가 지배적이었다. 일부는 대형 제약회사 또는 벤처캐피털 회사의 소유였고, 일부는 대학과 연계되어 있기도 했다. 이 회사들은 모두 초대형 비영리 프로젝트인 '인간 게놈 프로젝트(Human Genome Project)'(1990~2003)[26]의 혜택을 톡톡히 보았다. 미국 연방정부는 이 프로젝트에 상당한 자금을 지원했고, 이 프로젝트의 중대한 결과물인 인간 'DNA 지도'를 민간기업과 공유했다. 이들 회사 대부분이 초창기에는 이익을 내지 못했지만, 유전공학 분야에서 미래의 '기적적인' 제품을 만들어낼 수 있는 잠재력은 무궁무진하다.

바이오테크놀로지 분야의 기업들은 대부분 소규모며, 현재의 수익성보다는 미래의 성장성을 추구하는 경향이 강하다. 하지만 이 분야에서 이들과 결을 달리하는 기업들이 있다. 바로 몬산토와 듀폰인데,

---

23 1976년 샌프란시스코에 설립된 회사로, 로슈(Roche)의 자회사다.

24 매사추세츠주 케임브리지에 있는 회사로, 신경 계통 질병에 강점이 있다.

25 매사추세츠주 케임브리지에 본사를 두고 있으며, 2011년 사노피에 인수되었다.

26 인간 유전자를 분석하는 프로젝트로, 1990년부터 미국 국립보건원(National Institutes of Health)과 미국 자원부(Department of Energy)의 주도로 시작되었다. 당초 계획은 15년이었으나 2년 앞당긴 2003년에 완성되었다. 이를 위해 미국 정부는 약 30억 달러의 예산을 예상했으나, 실제 집행금액은 이보다 조금 적은 27억 달러였다. 이 프로젝트의 결과물인 인간 DNA 염기서열에 관한 자료는 인터넷에서 누구나 열람할 수 있다.

이 두 기업은 바이오테크놀로지 분야에서 활동하고 있다는 사실이 일반 대중에게 잘 드러나 있지 않지만, 미국에서 가장 큰 바이오테크놀로지 기업에 해당한다.

20세기가 끝나갈 무렵, 몬산토는 화학회사에서 바이오테크놀로지 기반의 농업회사로 거듭난다. 제초제 특허가 만료되자, 몬산토는 R&D에 막대한 자금을 투자하기 시작했다. 몬산토는 바이오엔지니어링 기법의 곡물 생산에 주력하기 위해 자회사로 있던 정유회사와 화학 관련 사업부를 분사해서 매각했다. 자사의 핵심 제초제 제품인 라운드업의 특허권이 2000년에 만료되면서 몬산토의 시장점유율은 감소하기 시작했다. 이에 대응하기 위해, 경영진은 오염을 줄이고 산출량을 늘리는 데 초점을 맞춘 기업전략을 채택했다. 몬산토는 해충 저항력과 제초제저항력이 큰 과일, 옥수수, 대두 및 기타 채소 종자들에 대한 투자를 배로 늘렸다. 특히 중요한 점은 목화씨에 대한 투자도 두 배로 늘렸는데, 미국에 형성된 이 목화씨 시장에서 2006년 기준으로 몬산토가 선두주자였다는 것이다. 몬산토는 R&D 조직도 재정비했다. 유전자 변형 생물(genetically modified organism, GMO)을 사용해 전 세계에서 곡물 재배 생산성을 향상하기 위해서였다. 하지만 이 조치는 몬산토에 대한 일반 대중의 부정적 여론이 확산하는 계기가 되었다. 유럽에서는 유전자 변형 생물에 대한 일반인들의 공포가 퍼져 나갔고, 유럽 매체에서는 몬산토에서 출시한 제품들에 '프랑켄슈타인 푸드(Frankenfoods)'라고 낙인을 찍었다. 미국 본토의 환경론자들도 몬산토를 공격하기 시작했다. 그럼에도 GMO를 활용한 농법은 20세기 후반 들어 미국 각지에서 늘어났고, 21세기에도 이러한 추세는 계속되고 있다. 유럽에서는 대부분 GMO 사용을 금지했다. 2010년 무렵에는 GMO 곡물의 생산성이 자연 곡물보다 실제로 더 높은지, 그리고 GMO가 자연환경을 실제로 오염시키는지 의문을 제기하는 사람들이 늘어났으나, 여전히 뚜렷한 결론은 나지 않은 상태다.

구조 조정 이후에 몬산토는 두 핵심 사업 부문의 명칭을 종자사업부(Seed)와 유전자사업부(Genomics)로 바꾸었다. 몬산토의 또 다른 사업부인 농업생산사업부(Agricultural Productivity)는 예년과 다름없이 제초제를 생산하고 판매했다. 하지만 이 제초제의 수익성이 점차 감소하면서 회사의 프로핏센터(profit center)로서 역할 비중이 줄어들었다. 이제 몬산토는 스스로를 화학회사라고 부르지 않는다. 2007년 몬산토는 자사 웹사이트에 "우리는 농업회사다"라고 밝혔다. 그리고 2016년에는 스스로를 친환경 농업회사라고 선언했다. 이 현상은 이제 환경운동이 미국의 기업전략과 홍보전략에 얼마나 많은 영향을 미치는지 여실히 보여주는 사례다.

듀폰 역시 경영전략을 재선포하며 1998년 정유 계열사를 분사했고, 200억 달러가량의 자금을 농업 관련 바이오테크놀로지에 투자했다. 듀폰은 자사의 유명한 섬유제품 사업부(나일론, 데이크론, 라이크라 그리고 폴리에스테론)를 신생회사인 인비스타(Invista)에 매각하는 등 여러 건의 분사와 다운사이징을 단행했다. 듀폰은 케블라와 타이벡 브랜드를 꾸준히 생산했다. 페인트와 마감재 사업 또한 지속하며, 전기전자 산업에 대한 R&D를 강화했다. 몬산토와 마찬가지로 듀폰도 GMO 관련 종자 및 농업산업에 진출했다. 2015년경에는 듀폰 매출의 57퍼센트 이상이 해외에서 발생했는데, 특히 아시아 지역의 신흥 시장에서 더욱 성장할 것으로 보인다.

이처럼 몬산토와 듀폰은 과감하게 조직을 개편하며 유전학, IT 그리고 여러 분야의 연구개발을 하나로 융합하고자 했고, 처방 신약, 농업 관련 약품 그리고 폴리머에 이르는 모든 영역의 R&D 플랫폼을 공유하고자 했다. 특히 유전학 분야가 플랫폼의 중추 역할을 맡았는데, 유전학에서 거둔 획기적인 연구성과를 통해 유기화학물 합성부터 제약업까지 새로운 제품을 만들어내는 데 무한한 가능성을 타진할 수 있었다. 과거와는 사뭇 다른 시장 상황은 흔치 않은 기회면서 동시에 분명한 도전이기도 했다. 화학산업과 제약산업은 이렇듯 끊임없이 유연하게 R&D 방향과 사업모델을 재구성하려고 시도해왔다. 이는 소비자 요구에 부응하기 위해서였는데(데이비드 사노프와 RCA가 실패한 지점), 이러한 노력의 결실로 몬산토와 듀폰은 21세기 초에 성공할 수 있었다.

CHAPTER 8

프랜차이즈 산업의 성장과 맥도날드

프랜차이즈 사업이 확산하기 시작한 때는 미국이 경제 및 사회적으로 중대한 변화를 겪던 시기였다. 20세기 중반부터 프랜차이즈 사업이 확산하면서 많은 이들에게 창업 기회가 확대되었고, 분권형 의사결정 시스템이 자리를 잡게 되었으며, 소비시장에서 소비자의 영향력이 증대하는 분기점이 되었다.

현대적 의미의 프랜차이징은 중앙의 본사에서 사업 콘셉트를 결정하고, 실행은 지점으로 분권화하는 방식으로 사업을 운영한다. 분권화된 조직은 특정 문제를 해결하기 위해 최적의 정보를 수집할 수 있는 지점에 의사결정권을 위임하며 유연성을 강조한다. 프랜차이징의 장점이라면 대기업이 보유한 탁월한 관리능력과 자금력, 개별 지점 사업주들이 지닌 실무 지식과 개인적 동기부여 그리고 '노동 지분(sweat equity)'[1]이 시너지를 내며 성과를 올릴 수 있다는 것이다. 그런 의미에서 프랜차이즈 사업의 보급은 미국 기업이 진화하는 과정에서 하나의 중요한 이정표라고 할 수 있다. 사실 아무도 프랜차이즈 사업이 이렇게 빨리 자리를 잡고 미국인들의 상업활동과 소비생활에 큰 영향을 끼치리라고는 예상하지 못했다.

이렇게 뜻밖의 사업 형태가 갑작스럽게 등장하는 것은 기업사에서 특이한 일이 아니다. 실제로 아무도 백화점이나 통신판매점, 체인점, 슈퍼마켓 그리고 쇼핑몰 같은 리테일 사업에서 느닷없이 혁신이 등장하리라고는 예상하지 못했다. 돌이켜보면, 미국인들의 구매력이

---

1   또는 '땀의 대가'라고도 한다. 스타트업에서 자주 쓰는 용어로 금전적 출자와 달리 노동과 재능을 통해서 회사에 기여한 것을 지분 또는 출자금액으로 환산한 것을 의미한다.

증가하고 생활방식이 변화하면서 발생하는 새로운 사회적 욕구를
이러한 형식의 사업들이 충족시킨 셈이다.

프랜차이즈 산업이 등장하게 된
사회·경제적 배경

1970년대로 들어서자 제2차 세계대전 시기부터 30년간 이어진
미국 경제의 고속 성장세가 둔화하기 시작했다. 성장률 둔화의 가장
큰 원인은 1973년과 1979년에 있었던 갑작스러운 유가 상승일 것
이다. 이 '오일 쇼크' 때문에, 인플레이션율을 감안해도 1980년 배
럴당 원유가격은 1970년 가격의 12배가 되었다. 유가 상승은 연평
균 소비자물가지수[2]를 1973년과 1983년 사이에 8.2퍼센트가량 올
려놓았다. 이는 미국 역사상 10년 기준으로 가장 높은 증가율이었다
(1983년부터 1993년까지 소비자물가지수는 3.8퍼센트 하락했고, 2000년까지
2퍼센트 조금 안 되게 떨어졌다).

흥미로운 점은 이 시기에 고인플레이션과 경기침체가 공존했다는
것이다. 경제학자들은 이 유례없는 현상을 설명하기 위해 스태그네
이션(stagnation)이라는 새로운 용어를 만들어냈다. 이 시기에 철강,
중공업, 자동차 제조, 타이어, 산업용 기계 등 미국의 여러 산업은 세
계시장에서 선두 지위를 잃어갔다. 서부 펜실베이니아부터 시작해

---

2 식품과 원유 등을 제외한 소비자물가지수다.

오하이오주, 인디애나주, 일리노이주, 위로는 미시간주와 위스콘신주까지 아우르는 이른바 중서부 '러스트 벨트(Rust Belt)' 지역의 탈공업화가 1950년대에 시작되어 가속화하기 시작했다. 미국인들은 일본 자동차 회사들이 미국 기업을 따라잡고, 나아가 전 세계 자동차 산업의 강자로 올라섰다는 사실에 경악을 금치 못했다.

거시경제의 중요한 두 가지 지표에서 적자가 동시에 나타났다. 첫 번째로, 1980년대 들어 무역수지 적자 현상이 나타나기 시작했는데 석유, 가전제품, 자동차 그리고 기타 여러 상품의 수입이 급격히 늘어나더니 급기야 미국 수출량을 넘어섰다. 그 결과, 무역수지 적자 폭이 크게 증가하며 21세기 초까지 미국 경제에 큰 골칫거리가 되었다. 둘째는 정부 재정적자로, 1975년부터 1990년대까지 매년 연방정부는 연평균 2천억 달러가량을 지출했는데, 이는 세수를 초과하는 금액이었다. 또한 당시 미국은 두 개의 양립할 수 없는 목표를 추구하고 있었다. 미국은 경제성장을 촉진하기 위해 국민의 세금 부담을 줄이려는 계획을 마련하는 한편, 군비 지출을 크게 늘려서 베트남전 쟁과 냉전체제에서 소비에트연방을 굴복시키겠다는 목표를 세우고 있었다. 소비에트연방은 결국 취약한 경제 시스템과 수십 년간 누적된 문제들로 인해 내부에서부터 붕괴했다. 1991년 소비에트연방이 15개 국가로 쪼개진 것이다. 냉전은 이제 종결된 것처럼 보였다. 그 후 국방비 지출은 감소하고 세수가 증가하며 매년 재정적자 폭이 감소했고, 1998년 한 세대 만에 처음으로 정부 재정이 흑자를 기록했다. 하지만 그 후 여전히 낮은 세수와 재정 지출 확대가 계속되면서 미국의 국가 채무는 누적 기준으로 5조 달러를 넘어섰다. 1998년 당

시 GNP는 약 8조 달러 규모였다.[3]

석유가격이 계속 상승하고 무역수지와 재정수지 적자 폭도 증가하면서, 미국 공장 및 사무 노동자(넓은 의미의 중산층)의 실질임금은 이제 오르지 않게 되었다. 이 상황은 매우 심각한 경제적 충격이었다. 20세기 대부분 동안 실질임금이 매년 2퍼센트씩 꾸준히 상승했기 때문이다(매년 2퍼센트씩 36년 동안 상승해서 이 기간에 임금은 거의 두 배가 되었다). 1990년대 중반에 대부분의 블루칼라 및 화이트칼라 노동자의 평균임금은 1973년과 비교해 인플레이션율 조정 기준으로 10퍼센트가량 적은 수준이었다. (만약 그 이전 추세가 계속되었다면 1990년대에 노동자들은 1970년대보다 약 70퍼센트 많은 소득을 올릴 수 있었다). 게다가 경영자들은 이제 노동자에게 돌아갈 의료보험이나 연금 등의 복지 혜택을 삭감하기 시작했다. 미국 중산층의 축소는 21세기까지 이어졌다.

이러한 변화는 미국 노동자의 노동시간에도 영향을 주었다. 1913년부터 1990년까지 정규직 직원의 연간 평균 노동시간은 2,600시간에서 1,600시간으로 줄어들었다. 그러나 1990년대에는 노동시간이 다시 약 1,950시간으로 늘어났는데, 이는 선진국 중 가장 높은 수치였다. 사실 미국에서는 이제 개인이 생계를 위해 두 가지 일을 병행하는 것은 그다지 이상한 일이 아니다.

---

3   OECD 자료를 보면 2020년 말 미국의 국가 채무/GDP 비율은 162퍼센트, 한국 59퍼센트, 일본 257퍼센트, 독일 79퍼센트였고, OECD 평균은 80퍼센트였다. 1990년 이전까지 미국 국가 채무/GDP는 50퍼센트가 되지 않았으나, 대침체기 이후 100퍼센트를 초과하기 시작했다(미국 연준 및 OECD 자료).

전체 노동자의 노동시간이 증가하며 여성 노동자의 수도 늘었다. 일부 중산층과 저소득층 가정은 임금과 복지 혜택이 줄어들면서 생활에 어려움을 겪었고, 한 사람이 한 가지 직업으로는 가족 전체를 부양하기에 충분하지 않다는 사실을 깨닫기 시작했다. 20세기 들어 매년 기혼 여성과 자녀를 둔 여성의 노동 참여율이 증가했다는 점도 중요하지만, 무엇보다 1950년대 이후 그 숫자가 극적으로 치솟았다. 여성 노동자 수의 증가율은 1950년 29퍼센트에서 2000년 거의 60퍼센트까지 증가했다. 기혼 여성의 노동인구 증가율은 1950년대 23퍼센트에서 2000년 61퍼센트까지 증가했다. 자녀를 둔 여성의 경우에도 1950년 12퍼센트에서 2000년 65퍼센트까지 증가했다.

여성 인력의 수요가 늘고 여성들이 일자리를 얻을 기회가 증가하자, 미국 경제와 사회는 여러 면에서 많은 변화를 겪게 되었다. 그 하나가 소규모 서비스 회사의 수가 증가했다는 점인데, 특히 프랜차이즈 업체가 큰 폭으로 늘었다. 이들 새로운 회사와 프랜차이즈 업체는 다양한 서비스를 제공했는데, 그 범위가 요식업부터 가정청소업 그리고 세탁업까지 광범위했다. 사실 이러한 서비스 영역은 과거 여성이 집 안에서 도맡아 하던 일들이었다. 1990년 중반까지 미국에서 고용 창출효과가 가장 높았던 업종은 요식 및 음식 관련 업체로, 이 산업에 고용된 인구만 해도 9백만 명에 달했다. 그래서 소비자들이 음식에 지출하던 비용의 절반가량이 이제는 레스토랑과 테이크아웃 업체들로 쏠렸다. 사실 이러한 변화는 미국이 건국한 이래로 과거에는 생각지도 못한 일이다.

특히 미국인에게는 패스트푸드 프랜차이즈 업체들이 가장 큰 규모의 음식 공급원 중 하나가 되었다. 패스트푸드 프랜차이즈 업체는 매우 빠른 속도로 미국 전역으로 퍼져 나갔고, 1980년대에는 매년 수십억 끼의 식사를 미국인에게 제공했다. 게다가 미국 전역의 텔레비전 프라임 시간대에 광고를 하는 모든 기업 중 광고비 기준으로 상위 10개사 가운데 5곳이 패스트푸드 프랜차이즈 기업일 정도로 이들의 영향력은 커졌다.

미국 프랜차이즈 산업의 역사는 19세기 중반부터 시작되었다. 맥코믹 리퍼사(McCormick Reaper)와 싱어 소잉 머신사(Singer Sewing Machine) 같은 회사는 지역별 판매업자를 훈련한 다음 자사 제품을 판매할 수 있는 권한을 제공했다. 또한 점주에게 자금을 지원하는 한편, 구매자에게는 제품 사용법을 알려주고 AS 수리 서비스도 제공했다. 20세기 초에는 자동차 딜러들이 프랜차이즈의 이 방식으로 사업을 운영했다.

그러다가 제2차 세계대전 이후에 전혀 새로운 형태의 프랜차이즈업이 나타났다. 자동차처럼 규모가 크지 않고, 서비스업을 중심으로 조직화된 형태였다. 서비스 프랜차이즈업은 과거보다 훨씬 '사업적인 형태'를 갖추었고, 레스토랑이나 세탁소 지점을 운영하는 소규모 사업자에게 과거에는 대기업만 누리던 여러 이점을 제공했다. 점주들이 공동으로 원자재나 제품을 대량매입하면 할인 혜택을 주었고, 여러 지역에서 이미 검증된 사업방식을 공유했으며, 특히 점주들은 전국적인 브랜드 인지도를 이용해서 사업을 전개할 수 있었다. 1960년대 무렵에 프랜차이즈 매장은 편의점, 모텔, 세탁소 그리고 특히 패스트푸드 레스토랑으로까지 확대되었다.

프랜차이즈업은 이동이 빈번한 미국사회에서 점점 더 사업을 확장해나갔다. 대학생, 여행객 그리고 새로운 지역으로 이동하는 사람들은 특정 브랜드만 인지하고 있으면 그 브랜드 프랜차이즈 지점의 서비스 품질을 예측할 수 있었다. 맥도날드, 던킨도너츠, 킨코스의 복사 서비스 매장, 세븐일레븐 등의 지점에서 몇 번만 경험해보면, 소비자는 서비스의 종류와 품질 그리고 가격을 예상할 수 있어 새로운 지역에서 적응하는 데 상당한 이점을 챙길 수 있다. 1980년대에 홀리데이인이 텔레비전 광고에서 이야기하듯, "가장 놀라운 점은 전혀 놀랍지 않다는 것이다." 홀리데이인은 체인점을 1960년대에 162개에서 1980년대에는 1,700개까지 늘렸다.

1990년대 미국 통계를 보면, 최소 2천여 곳의 프랜차이즈 기업이 50만 개의 리테일 가맹점을 관리했다. 비록 수치에는 다소 논란이 있지만, 프랜차이즈 점포의 사업 생존율은 독립 사업장보다 높았다. 1990년대 미국 하원 산하 중소기업위원회의 조사에 따르면 프랜차이즈 업체 전체의 5년 평균 생존율은 65퍼센트에서 75퍼센트가량 되었고, 상위 브랜드의 생존율은 90퍼센트에서 95퍼센트 정도로 높았다. 이에 비해 비프랜차이즈 업체들은 고작 30퍼센트에서 40퍼센트가량의 점포들만 5년 이내에 살아남았다.

미국 최대 프랜차이즈 기업인 맥도날드는 자사 가맹점의 평균 생존율이 98퍼센트가량 된다고 주장했다. 맥도날드사는 1955년 설립되었다. 1980년대에는 7세부터 65세 사이의 미국인 20명 중 19명이 이 기업의 가맹점을 일 년에 한 번 이상 이용했다. 맥도날드는 미국 최대의 소고기 구매자였고, 미국 토마토 수확량의 8퍼센트를 소비했다. 치킨 맥너겟이 1982년 시판되자, 맥도날드는 KFC(Kentucky Fried Chicken, 켄터키 프라이드 치킨) 다음으로 미국에서 두 번째로 큰 닭고기 구매자가 되었다. 미국 식품시장 최대 기업으로서 맥도날드의 시장점유율은 맥도날드 다음가는 3개 프랜차이즈 기업의 점유율을 모두 합산한 수치와 같았다. 이 회사의 마스코트 광대인 로널드 맥도날드(Ronald McDonald)는 산타클로스 다음으로 미국 어린이에게 인기 있는 '인물'이 되었다. 맥도날드의 금색 아치 상표는 미국 전역에서 볼 수 있는 전국적인 아이콘이 되었고, 나아가 미국을 상징하는 세계적인 아이콘이 되었다. 1996년 《뉴욕타임스》의 칼럼리스트이자 작가인 토머스 프리드먼(Thomas L. Friedman)은 "맥도날드 지점이 있는 두 국가는 서로 전쟁을 하지 않는다"고까지 주장했다.

맥도날드사가 미국 국내와 해외에서 거둔 성공사례는 21세기 초까지 이어졌다. 2010년 기준으로 1만 3,000개의 맥도날드 가맹점이 벌어들인 매출액은 연간 300억 달러(2021년 기준 373억 달러, 약 41조 원)가량이었는데, 이는 미국의 남녀노소를 가리지 않고 일인당 100달러(약 11만 원)에 해당하는 금액이었다. 120개 국가에서 맥도날드가 운영하는 레스토랑 수는 1만 8,000개를 넘어섰다. 2010년부터 5년간 맥도날드는 계속 성장해서 2015년에는 1만 4,000개의 맥도날드 매장이 미국에서 영업을 했고, 전 세계 곳곳에서 운영 중인 매장은 2만 2,000곳이었다.

단순히 값싼 햄버거만을 판매하는 맥도날드가 어떻게 미국 기업 사상 가장 큰 프랜차이즈 레스토랑 업체가 되었고 가장 극적인 이야기의 주인공이 될 수 있었을까? 이 대단원의 서사시에는 사업에 대한 통찰력과 창의성을 지닌 기업가들이 여럿 등장한다. 이들은 새로운 기회에 항상 열려 있었고, 변화를 기꺼이 받아들였으며, 서로를 신뢰했다. 흥미로운 점은 훗날 초대형 기업이 된 이 회사의 초기 경영자들 가운데 경영대학에서 경영학을 공부한 이는 아무도 없었다는 것이다.

맥도날드 형제

딕(Dick McDonald)과 모리스(Maurice McDonald, 애칭으로 '맥'이라고들 불렸다) 맥도날드 형제는 1930년대 후반에 몇 년간 핫도그 가판대를 운영해오다가, 1940년 캘리포니아주 샌버나디노에서 자신들의 첫 바비큐 레스토랑을 개업했다. 이 점포는 단순한 드라이브인 레스토랑으로, 고객이 자동차 안에서 기다리고 있으면 직원이 음식을 배달해주었다. 몇 년 후 맥도날드 형제는 이 레스토랑에서 오랫동안 해오던 전통을 없애기 시작했다. 건물 외벽을 허물고 판유리를 설치해서 주방을 고객이 외부에서 훤히 볼 수 있도록 만들었다. 1948년에는 3개월간 점포 문을 닫고, 새로운 건물에 새로운 서비스 콘셉트를 들고 레스토랑을 다시 열었다. 그들이 전면에 내세운 새로운 콘셉트에 대해 맥 맥도날드는 "기본적으로 속도에 집중하고, 가격을 낮추고, 어마어마하게 많은 물량으로" 서비스하는 데 초점을 맞추었다고 말했다. 하지만 여전히 테이크아웃 방식이 기본인 터라, 고객에게 식당 내부에 앉을 자리를 제공하지는 않았다.

그들은 새로운 레스토랑의 메뉴를 기존의 25가지에서 9가지로 축소했다. 주메뉴인 햄버거 가격은 기존의 30센트에서 15센트로 인하했다.[4] 그 밖의 메뉴로는 치즈버거, 감자칩(1년 후에 프렌치프라이로 대체한다), 파이, 우유, 커피, 그리고 세 종류의 소프트드링크가 있었다. 20세기 중반에 널리 퍼진 미국의 문화 풍조를 반영해서 소비자가 사용하는 모든 제품을 일회용으로 대체했다. 고객은 내용물을 섭취하고 나서 사용한 종이컵과 포장지를 그대로 버리면 되었다. 컵이나 접시 또는 값비싼 은제 식기 같은 것은 이제 사용하지 않았기에 매장에서 설거지를 할 필요가 없었다. 맥도날드 레스토랑의 일관된 품질과 저렴한 가격 덕분에, 샌버나디노의 중산층과 저소득층에서 저녁에 외식을 하러 즐겨 찾았다. 그래서 맥도날드 매장은 십 대들이 즐겨 찾는 장소가 아닌 패밀리 레스토랑으로 자리 잡았다.

물량을 늘리고 메뉴를 표준화하는 전략을 채택한 이들 형제는 주방 운영방식에도 변화를 주었다. 헨리 포드가 조립 라인 기법에 집중했듯이, 이들 형제는 특정한 공정들을 정의해서 구분한 다음 순서대로 정렬했다. 말하자면 그릴에 굽는 작업, 튀기는 작업, 카운터에서 고객 맞는 작업 등이다. 또한 그들은 서비스 속도를 높이는 기계를 발명했는데, 이 기계를 사용해서 반복되는 작업을 효율적으로 처리했다. 이를테면 두 부분으로 나뉜 용기에 손잡이로 압력을 가하면, 케첩과 겨자가 정확히 같은 용량(티스푼 기준으로 한 번)으로 햄버

---

4   2021년 말 기준으로 3달러 50센트(3,850원)에서 1달러 74센트(1,910원)로 인하한 셈이다.

거 빵에 내려오도록 했다. 그리고 이들 형제는 드라이브인 서비스를 담당하던 직원을 모두 내보내고 더는 젊은 여성을 고용하지 않았다. 젊은 남성들이 레스토랑 근처에서 어슬렁거리며 노닥거리는 작태를 막기 위해서였다. 이러한 변화에 따라 수많은 고객이 밀려들었고, 주방 직원들은 요리를 미리 준비해놓고 고객이 주문하는 시간에 맞춰 신선한 음식을 내놓을 수 있었다.[5]

1952년에 딕과 맥은 두 가지 변화를 시도했다. 우선 레스토랑의 외형에 다시금 변화를 주었다. 이들 형제는 건축가를 고용해서 황금 아치를 건물 디자인에 반영한 새로운 매장 콘셉트를 만들었다. 맥은 이 황금 아치가 멀리서도 알아보기 쉬우면서 고객을 맞이하는 느낌을 살리고 싶었다. (1962년에 이 아치는 맥도날드의 알파벳 머리글자인 'M'이 들어가도록 새로이 디자인되었다.) 둘째로, 자신들이 고안한 신속 서비스 시스템을 프랜차이즈 방식으로 여러 점주들에게 라이선스하기 시작했다. 또한 점주에게 1,000달러의 일회성 회비만 받고 맥도날드(McDonald's)라는 브랜드의 사용권도 넘겨주었다. 맥도날드 형제는 프랜차이즈 점주에게 운영에 대한 어떠한 지침도 내리지 않았고, 로열티 수수료도 부과하지 않았으며, 지점의 품질을 두고도 따로 간섭하거나 관리하지 않았다. 이제 이들 형제는 자신들의 프랜차이즈 사업모델을 더욱 광범위하게 팔아줄 전국 단위의 에이전트를 찾기 시작했다.

---

5   맥도날드 형제가 자신들 레스토랑의 기능을 획기적으로 개선해가는 과정, 그리고 레이 크록이 이 회사를 전국 규모의 기업으로 키워가는 과정을 참고하려면 2016년 개봉한 마이클 키튼 주연의 영화 〈파운더〉를 권유한다.

레이 크록

1954년 어느 날 오전 10시 정각에 레이 크록(Ray Kroc, 1920~84)은 맥도날드 형제가 운영하는 레스토랑에 주차해놓고 이 점포를 물끄러미 지켜보았다. 크록은 당시 밀크셰이크 복합 믹서기의 전국 판권을 소유하고 있었는데, 이 믹서기는 밀크셰이크를 한 번에 다섯 잔까지 만들 수 있었다. 크록은 이들 형제가 이 믹서기를 10대나 주문한 일에 흥미를 느끼고, 시카고 본사에서 샌버나디노까지 직접 찾아온 터였다. 레스토랑 한 군데서 이렇게 많은 기계가 왜 필요하지? 점심시간이 시작되기 전부터 긴 줄이 늘어서 있는 광경을 보고서 크록은 무척 놀랐다. "이곳에 내려와서 모텔에 여장을 풀고 누워 있는 밤 시간 내내, 미국 전역의 많은 교차로에 붙어 있을 맥도날드 레스토랑 간판의 미래 모습이 내 머릿속에서 떠나지 않았다"고 그는 회상했다.

부모가 체코 출신인 크록은 시카고에서 어린 시절을 보냈고, 옷을 깔끔하게 차려입는 멋쟁이였다. 꽤 재능 있는 음악가였으며, 때로는 성마르긴 하지만 매우 호감 가는 젊은 청년이었다. 그는 고등학교를 중퇴하고 나서, 낮에는 영업사원으로 일하고 저녁에는 재즈클럽의 스탠딩쇼에서 피아노를 연주하며 지냈다. 1920년대에 플로리다주에서 부동산 시장이 호황을 누릴 때 그곳에서 부동산 브로커로 일하다가 시카고로 돌아왔다. 그 후 30년 동안 미국 전역을 돌며 처음에는 여성용 생리컵을, 그다음에는 복합 믹서기를 판매했다. 복합 믹서기를 판매하고 다니다 보니, 미국 전역의 소다수 제조기 사업과 테이크아웃 요식업의 상황을 속속들이 알게 되었다.

샌버나디노를 두 번째 방문했을 때 그제서야 크록은 맥도날드 형제와 인사를 나눴다. 그 즉시 신뢰를 얻은 크록은 52세가 되던 해에 맥도날드 형제와 프랜차이즈 총판 에이전트 계약을 맺었다. 계약서의 주요 사항 중 하나가 프랜차이즈 가맹점의 점주는 맥도날드 형제에게 950달러(2021년 기준 약 9,600달러, 원화 약 1,000만 원)의 초기 일회성 수수료를 내고, 그 후 총 판매액의 1.9퍼센트를 로열티로 맥도날드사에 지불한다는 내용이었는데, 로열티의 0.5퍼센트만이 딕과 맥 형제의 주머니로 들어갔다. 1.4퍼센트는 크록이 만든 회사가 가져가도록 했다. 이 회사가 훗날 맥도날드 주식회사(McDonald's Corporation)의 모태가 되었다. 크록은 점포를 관리하고 서비스를 제공하는 데 드는 제반 비용을 전부 본인이 부담하기로 했다. 맥도날드 형제는 아무런 추가비용도 부담하지 않았다. 이 계약거래는 맥도날드 형제에게 매우 유리한 구조였고, 크록은 6년이나 지나서야 이 계약을 바로잡을 수 있었다.

한편 레이 크록은 20세기 중반까지 전개되던 패스트푸드 프랜차이즈 사업의 근본을 뒤집었다. 당시 프랜차이즈 패스트푸드 체인 기업인 데어리퀸(Dairy Queen)[6]과 테이스티 프리즈(Tastee-Freez)[7]는 점포가 위치한 토지의 소유권을 지역 거점 점주에게 매각했고, 이들

---

6   1940년대 설립된 소프트아이스크림과 패스트푸드 프랜차이즈 기업으로, 현재는 워런 버핏(Warrant Buffet)의 버크셔해서웨이(Berkshire Hathaway)가 소유하고 있다.

7   1950년에 설립된 소형 프랜차이즈 패스트푸드 기업

은 다시 이 토지 소유권을 가맹점 점주에게 이전했다. 토지 소유권을 넘겨받은 사람들은 해당 점포를 관리할 책임이 있었으나, 이 일에 많은 에너지를 쏟아붓지는 않았다. 당시 새로운 프랜차이즈 매장을 개업하는 사람들 대부분은 사업을 전개해서 돈을 벌기보다는 일회성 횡재를 바라고 달려들었다. 그래서 프랜차이즈 업계는 한 번에 많은 이익을 바라는 레스토랑 운영자를 끌어들이는 경향이 있었다. 프랜차이즈 기업으로서는 점포를 잘 운영하거나 체계적으로 감독하기보다는 프랜차이즈 가맹점 계약을 체결할 때 일회성으로 큰 수수료를 받거나, 가맹 점주에게 부동산을 매각하거나, 장비 납품과 식자재 공급에 집중하는 편이 큰돈을 벌기에 훨씬 유리했다.

레이 크록은 이와 반대의 접근법을 선택했는데, 처음에는 돈을 거의 벌지 못했다. 그는 복합 믹서기 사업과 시카고 근교에 개업한 맥도날드 지점을 동시에 운영하며 가족을 부양했다. 그는 맥도날드 지점을 직접 운영했던 경험을 바탕으로 미래의 가맹점 점주가 될 많은 사람들에게 롤 모델이 될 수 있었다. 그는 장시간 고되고 바쁘게 일하며, 창업을 통해 그의 표현대로 '노동 지분'을 실현해갔다. 심지어는 직접 운영하는 맥도날드 지점의 실적지표를 잠재적인 프랜차이즈 점주들, 그리고 맥도날드 가맹점 계약 체결에 관심을 보이는 사람들에게 공개하기도 했다. 그는 가맹점 점주들이 성공할 수 있도록 충분한 서비스를 제공하고자 했다. 그는 이들이 성공해야 프랜차이즈 기업가로서 자신의 성공이 보장된다고 믿었다. 그가 홍보에 나서며 항상 강조한 점은 "사업은 당신 스스로를 위해 하는 것이지만, 당신 홀로 하는 것은 아니다"였다.

그러는 중에도, 크록은 맥도날드 형제의 초기 운영 원칙을 계속 수정해나갔다. 그는 매장에서 주크박스, 공중전화, 신문판매대와 담배판매기 같은 자판기를 금지했다. 이러한 부수 시설을 설치하면 가맹점으로서는 비용을 거의 들이지 않고 부가수익을 가져갈 수도 있었지만, 크록은 고객들이 점포 안에서 작은 분쟁으로 시끄럽게 소란을 피우거나 어슬렁거리며 돌아다니는 것을 원치 않았다. 1960년대 후반으로 접어들면서 맥도날드사는 이제 실내 식사도 허용하고 테이크아웃 서비스도 병행했지만, 가급적 손님들이 매장 안에서 할 일 없이 배회하는 상황을 줄이고자 했다. 그래서 플라스틱으로 된 딱딱한 의자를 매장 안에 설치해서 고객이 장시간 안락하게 앉아 있지 못하도록 했고, 이를 통해 고객회전율을 높이고자 했다.

크록이 가맹점에 제공한 서비스에는 식자재와 가전제품 판매는 포함되지 않았다. 대신 점주들이 사야 할 식자재와 기구를 구체적으로 명시할 뿐, 맥도날드는 가맹점에서 기구를 스스로 제조하거나 식자재를 구매하는 일에는 직접적으로 관여하지 않았다. 그는 종종 가맹점 점주를 소고기, 치즈, 조미료, 컵, 냅킨 공급업자로 지정하곤 했다. 이 가맹점 점주들은 사실상 규모는 작지만 한 명 한 명이 나름 창업가들이었다. 유일한 예외가 코카콜라였다. 영세 사업체들은 결국 맥도날드 시스템 안에서 중요한 목소리를 내기 시작했다. 일부는 맥도날드 본사에 조언을 건네기도 했는데, 이 조언이 때로는 영업방침에도 영향을 줄 정도였다. 하지만 맥도날드사는 이들과 어떠한 형태로든 서면 계약을 체결하지 않았다. 크록은 언제든 점주들과 계약을 해지할 수 있었다. 이 같은 '신사협정'과 파트너십 정신은 맥도날드사에서 오랫동안 지속되었다.

크록은 처음에는 시카고의 골프 친구들에게 프랜차이즈 판권을 나눠주었으나, 초기 사업모델은 실패로 끝났다. 그들은 다른 직업이 있었고, 조용한 투자자로 활동하기를 자처했다. 그래서 그들은 무엇보다 프랜차이즈업에서 필수인 '노동 지분'을 기꺼이 지불할 의지가 부족했다. 초기에 실패를 경험한 레이 크록은 점주를 모집하는 방식에 변화를 주었다. 그는 한동안 베티와 샌디 아가티(Betty and Sandy Agate)를 대표적인 리크루팅 모범사례로 삼았다. 이들은 크록이 복합 믹서기 사업을 할 때 비서였던 준 마르티노(June Martino)가 앞장서서 고용한 사람들이었다. 아가티 부부는 원래 성경을 방문판매하던 사람들이었는데, 맥도날드 가맹점 점주로 사업을 시작하고부터 운영하는 점포를 여러 개로 늘릴 정도로 성과가 좋았다. 이들은 초기에 레이 크록보다 수입이 네 배나 많았고, 이 부부의 성공담은 크록이 전국에서 200여 명의 프랜차이즈 레스토랑 점주를 새로이 영입하는 데 큰 도움이 되었다. (여담이지만, 1975년에 레이 크록은 20년간 샌디와 이어온 프랜차이즈 계약을 해지했다. 샌디가 자신의 매장에서 코카콜라를 펩시콜라로 대체하려 했기 때문이다.)

준 마르티노는 크록의 이른바 '균형 담당 부사장'으로 위치가 격상했다. 마르티노는 의지가 강한 사람이었고, 크록이 충동적으로 직원을 해고하면 다시 되돌리는 방식으로 중심을 잡았으며, 무엇보다 다양한 인간 군상이 모여서 불협화음을 내는 초기 맥도날드 팀의 어수선한 분위기를 다잡는 대모 역할을 충실히 해냈다. 마르티노는 아가티 부부 이후에도 수십 명의 프랜차이즈 점주를 영입했고, 종종 이들이 크록이 직접 운영하거나 크록과 계약한 시카고 매장들을 견학하는 동안 자신의 집에 머무르게 했다. 그녀는 아들의 친구도 영입했는데, 이 사람이 크록 이후에 이 회사를 이끌게 된다.[8] 또한 그녀는 당시 모토롤라의 기술자였던 남편 루(Lou Martino)를 설득해서 자신과 함께 맥도날드 지점 하나를 개업했다.

루 마르티노 역시 맥도날드사의 핵심 인물이 되었다. 루는 크록이 실험실을 열고 여기에 자금을 지원하도록 설득했다. 이 실험실에서 루는 맥도날드의 프렌치프라이 품질을 전설적인 표준으로 만들어냈다. 그는 땅에서 감자를 캐내면 그 즉시 화학 구성이 변한다는 사실을 발견했다. 감자를 수확해서 3주 동안 건조한 상태로 보존하면, 감자의 풍부한 설탕 성분이 녹말로 바뀌어서 감자가 때 이르게 갈색으로 변하는 것을 방지했다. 수개월 동안 시행착오를 거듭한 끝에 그들은 또 다른 사실도 발견하게 된다. 자른 감자를 넣고 튀길 때 쇼트닝 온도가 몇 도로 떨어지든 관계없이 정확하게 3도가 다시 오를 때 감자가 조리된다는 사실을 알아낸 것이다. 이를 활용해서 마르티노와 동료들은 '감자 컴퓨터(potato computer)'[9]를 개발했고, 이는 곧 튀김요리에 일대 혁신을 일으켰다.

그동안에도 레이 크록은 프랜차이즈 점주를 계속 모집했고, 흥미롭게도 그들에게 점포 위치까지 지정해주었다. 그는 경비행기나 헬

---

8   마이클 퀸란(Mike Quinlan). 그는 마르티노 아들과 기숙사에서 같은 방을 쓴 친구였는데, 마르티노가 그를 유심히 관찰한 다음 맥도날드사에 우편함 담당 신입사원으로 입사시켰다고 한다. 그는 훗날 손느본의 뒤를 이어 3대 CEO에 올랐다.

9   체계적으로 표준화되고 공식화된 감자튀김 레시피를 가리킨다.

리콥터를 타고 근교 지역을 비행하며 '학교와 교회의 첨탑이 보이고 새로운 주거지가 조성되는 지역'을 찾아다녔다. 그는 이러한 지역에 거주하는 가족 단위 사람들이야말로 자연스럽게 고객이 될 수 있으리라고 생각했다. 또한, 새로이 개발된 도시 근교의 상업 지역은 이미 자리를 잡은 주거 지역에 비해 통상 부동산 가격이 낮아서, 점주들로서는 점포를 임대하거나 매입하기가 수월할 것이라 여겼다.

그렇기는 하지만, 크록은 이 프랜차이즈 사업으로 한동안 많은 돈을 벌지는 못했다. 그래서 크록은 프랜차이즈를 확장하기 위해 대출을 받으려고 했으나, 신용이 모자라서 은행에서 거절당했다. 하지만 다행히도 1950년 중반에 한 젊은 사원을 채용했는데, 이 직원이 입사한 지 채 몇 달도 되지 않아 회사에 큰돈을 안겨주기 시작했다.

맥도날드가 펼친 금융 마법

해리 손느본(Harry J. Sonneborn)은 위스콘신대학교를 졸업하고, 테이스티 프리즈에서 프랜차이즈업 경력을 시작했다. 크록은 "해리가 햄버거와 프렌치프라이에 대해 아는 바도 없었고, 신경도 전혀 쓰지 않았다"고 언급했다. "그는 차갑고, 계산이 무척 빠른 사람이었다. 하지만 나는 그런 부류의 사람을 좋아한다." 손느본은 맥도날드사를 부동산 업체로 탈바꿈시켰는데 처음에는 임차하는 방식을, 나중에는 토지를 소유하는 방식을 활용했다. 1980년대에 이르면 맥도날드는 전 세계에서 리테일 부동산으로 세계 최대 소유주가 된다. 맥도날드가 부동산 기업으로 성공적으로 변신하고, 나아가 프랜차이즈 산업에서 누구도 필적할 수 없는 엄청난 재무 성과를 낼 수 있었던 데에는 해리 손느본의 초기 전략이 결정적인 역할을 했다.

손느본은 맥도날드사가 부동산업에 뛰어들어야 하며, 그러기 위해 맥도날드사는 철저하게 이른바 샌드위치 임대차[10]라 불리는 부동산 중계업자가 되어야 한다고 주장했다. 그가 제안하는 방식은 맥도날드에서 우선 부동산 소유주와 장기 임차계약을 체결하고, 이 부동산을 다시 점주들과 전대차(sublease)계약을 맺되, 점주들에게 받는 임대료는 최초 맥도날드가 부동산 원주인에게 지급하는 임대료에 고정금액의 마진을 덧붙여서 책정하는 형태였다(초기에는 원임대료에 20퍼센트를 가산하고, 시간이 지나면 40퍼센트를 가산하는 방식이다). 임대료에 더해서 가맹점 점주들에게 연간 총매출의 1.9퍼센트를 프랜차이즈 수수료 명목으로 받았는데, 나중에 크록은 이 수수료를 3퍼센트로 인상했다. 손느본은 아예 프랜차이즈 리얼티(Franchise Realty Corporation)라는 자회사를 설립하고, 이 회사에 부동산 업무, 즉 점포를 세울 위치를 찾는 일부터 부동산 소유주와 고정 임대료 방식으로 20년 장기 임차계약을 맺는 업무 등을 일임했다. 그 후 토지 소유자를 설득해서 건설 자금을 대출 받기 위해 그들이 보유한 토지를 담보로 제공하도록 했다. 그러면 은행에서 프랜차이즈 가맹점 점

---

10 임대인에게서 부동산을 임차하고, 이를 다시 전대차계약을 통해 최종 임차인에게 임대하는 방식의 부동산 임대차 거래방식을 지칭한다. 여기서 샌드위치 임대차라고 불리는 것이 맥도널드가 샌드위치를 팔기 때문에 붙인 말장난이 결코 아니라 순전히 우연의 일치이다.

주들이 차입을 하고, 이 차입금으로 가맹점을 지었다. 점주들은 가맹점을 운영해서 벌어들인 수익으로 건설 자금 대출 원리금, '샌드위치 임차료', 제반의 세금 그리고 보험료 등을 납부했다. 이 샌드위치 임대료(점주 처지에서는 임차료)가 맥도날드사의 현금흐름을 크게 늘렸다. 또한 토지가치가 시간이 지나면서 상승했고, 따라서 점주가 내야 할 세금도 늘어났다. 하지만 그 기간에 프랜차이즈 리얼티가 부담해야 하는 비용은 토지 소유주에게 지불할 장기 고정임대료 정도였다.

손느본은 회사의 수입을 늘릴 수 있는 또 다른 기회를 찾아냈고, 그에 맞춰 계약조건을 변경했다. 그는 일단 점포의 월매출이 기준금액을 넘기면 맥도날드가 수령하는 전대차 임대료를 원임대료에 몇 퍼센트 부과하는 방식에 착안해서, 점포의 매출액과 연동해서 매출액의 일정 부분(매출액의 8.5퍼센트)을 내놓도록 했다. 이렇게 매출액의 8.5퍼센트(임대료)와 3퍼센트(프랜차이즈 수수료)를 각각 수령하는 방침은 장기에 걸쳐 맥도날드 본사에 상당한 수익의 원천이 되었다.

1960년대 초가 되자, 설립한 지 어느덧 10년 가까이 된 맥도날드사는 꾸준히 수익을 창출하기 시작했다. 하지만 자본금이 턱없이 부족한 상황이었다. 그래서 손느본은 신규로 프랜차이즈 가맹점 계약을 맺는 점주들에게 7,500달러[11]의 보증금을 의무적으로 선납하도록 했다. 이 보증금의 절반은 15년이 지나면 돌려주었고, 20년이 되어 프랜차이즈 계약이 종료되면 나머지를 돌려주었다. 손느본은 이 누적된 보증금으로 토지를 매입했고, 점포를 더욱 확장했다. 자금력

---

11 2021년 기준으로 약 7만 달러, 원화로 약 7,700만 원

이 확충되자, 나중에는 최초 20년짜리 임대차계약이 종료되면 맥도날드사에서 임대한 부지를 매입하는 경우도 꽤 있었다. 맥도날드사가 토지를 매입할 초기에는 인근 교외 지역의 부동산 가격이 상승하기 전이어서 부지 대부분을 상당한 염가에 살 수 있었다. 시간이 지나면서 결국 맥도날드 시스템 안에 있는 전체 가맹점의 약 3분의 2가 맥도날드 본사에서 소유한 부지에 자리를 잡게 되었다. 손느본의 샌드위치 임대차 전략과 점포 부지 매입은 회사에 상당한 수익을 가져다주었다.

시장 변화도 맥도날드사에 우호적으로 작용했다. 맥도날드의 매장 개수가 1960년대 후반부터 1980년대 초반까지 수배로 늘어가는 동안, 인플레이션으로 인해 물가가 전국적으로 상승했다. 토지 소유주에게 맥도날드가 지불해야 하는 임대료는 고정되어 있는 반면, 맥도날드의 수입은 물가 상승으로 크게 증가했다. 인플레이션은 거의 모든 지점의 수입을 기준점 이상으로 올려놓았고, 이때부터 이들 점포는 매출액의 8.5퍼센트를 임대료로 납부하기 시작했다. 1967년 한 개당 15센트 하던 햄버거가 1980년대 초에 50센트로 가격이 올랐다. 당시까지 맥도날드가 프랜차이즈 점포들로부터 거두어들이는 수입의 약 90퍼센트는 부동산에서 나왔다. 이러한 방식은 반복되었다. 햄버거가 아니라 부동산이 이 회사에 진정한 수익을 안겨준 셈이다. 매출액의 8.5퍼센트를 전대차계약으로 거둬들이게 되자, 관련 당사자 대부분의 이해관계가 일치했다. 이 점은 맥도날드 본사에서 신제품을 개발한다든지 전국 단위로 광고캠페인을 펼친다든지 표준화된 메뉴를 도입하는 방식으로 매출을 극대화하는 데 상당한 동기부여가 되었다. 점주들로서도 이 점은 이익의 업사이드(upside)를 다소 줄이는 측면이 있긴 했지만, 그렇다고 제한한 것도 아니었다. 이 전략은 크록의 엄격한 'QSC 공식(QSC formula)'[Quality(품질), Service(서비스), Cleanliness(청결)]을 점주들이 따르도록 유도하는 효과도 있었다. 손느본은 다음과 같이 회상했다. "우리는 점포의 임대차계약을 프랜차이즈 계약과 연계했다. 프랜차이즈 계약을 위반하면 곧 임대차계약도 종료되도록 했다." 이 전략은 임대차 관련 법이 허용하는 한도에서 최대한 맥도날드 본사에 유리한 방향으로 계약을 몰아갔고, 맥도날드사는 종종 발생하는 임차인과의 법정 분쟁에서 대부분 이겼다.

하지만 맥도날드사가 전국 규모의 체인점으로 성장하기까지 손느본의 모든 재무전략이 성과를 낸 것은 아니었다. 사업을 키우려면 많은 자본금이 필요했고, 1960년대 초기에 투자은행과 보험사는 프랜차이즈업을 여전히 어둡고 불투명한 사업으로 치부했다. 크록은 준 마르티노에게 많은 급여 대신 맥도날드 본사 지분의 10퍼센트를, 손느본에게는 20퍼센트를 주었다. 그렇다면 이 회사가 전국 규모의 사업으로 확장하는 데 필요한 돈을 어디에서 조달할 수 있었을까?

손느본은 노련한 창업자들이 흔히 채택하는 방식을 선택했고, 회사의 회계제도를 살짝 수정하기 시작했다. 그는 점주가 납입하는 임대료와 동일한 금액의 현금흐름을 만들기 위해 필요한 투자금액을 먼저 계산했다. 그다음 이 임대료 수입을 묶어서 하나의 자산으로 구분해 장부에 별도로 기재했다. 즉, 재무용어로 표현하면 미래의 임대료 수입을 현재 가치를 할인하는 방식으로 '자산화'했다. "이것은 대단한 회계적 발명품이다"라고 손느본은 말했다. "은행들은 과거에 이러한 방식을 한 번도 목격한 적이 없었기 때문에 처음에는 이를 보고 어안이 벙벙해했다. 하지만 결국 우리는 대출금을 받을 수 있었다." 이렇게 해서 맥도날드사의 순자산이 장부상 숫자이긴 하나 과거보다 훨씬 증가했기에, 투자자들은 이제 기꺼이 맥도날드사의 사업 확장에 필요한 대출활동에 나서기 시작했다.

손느본은 대규모로 자금을 대출 받으려고 여러 대출기관과 접촉했다. 그래서 보험사 두 곳, 스테이트 뮤추얼(State Mutual Life)과 폴 리비어 보험사(Paul Revere Insurance)가 맥도날드사의 주식 지분 10퍼센트를 받는 조건으로 각각 75만 달러[12]를 대출해주었다. 그리고 주선 수수료 명목으로 대출금의 2.5퍼센트나 되는 금액을 떼어갔다. 레이 크록은 흥분해서 길길이 날뛰었고, 손느본은 그에게 이렇게 말했다. "75퍼센트의 확률로 무언가를 얻는다면, 100퍼센트의 확률로 아무것도 얻지 못하는 것보다 낫지 않은가요? 지금 우리는 아무것도 얻지 못한 상태죠." 금융기관에서 재무적 신용을 얻고부터 맥도날드사는 세계적인 제국으로 성장하기 시작했다. 크록은 맥도날드 형제가 소유한 지분을 270만 달러[13]에 사들이기 위해 금융기관에서 대출을 받을 수 있었다.

회사 창립 10주년이 되던 해인 1965년 맥도날드는 주식시장에 상장했다. 주식가격은 최초 공모가격 22.5달러에서 몇 주 만에 49달러

---

12   2021년 기준으로 약 699만 3,400달러, 원화로 약 77억 원
13   2016년 기준으로 약 2,170만 달러, 원화로 약 239억 원

까지 치솟았다. 손느본과 준 마르티노는 부자가 되었다. 크록이 가진 주식가치는 3,200만 달러[14]에 달했다. 1968년 이 회사의 주식은 뉴욕증권거래소에서 거래되었고, 1985년 이 회사는 다우존스산업지수에 포함된 최초의 식품회사가 되었다. 그 즈음 손느본은 크록과 갈등을 겪다가 은퇴했다.[15] 미국 기업사에서 그에 대한 평가는 불분명하다. 그러나 그는 맥도날드를 성공의 반열에 올려놓았고, 맥도날드의 설계자로서 그의 위치는 레이 크록과 거의 대등했다. 그는 다른 사람들이 전혀 알아보지 못한 곳에서 회사의 가치를 창출했고, 그의 금융 창의성은 회사의 성장과 시의적절하게 딱 들어맞았다. 그가 고안해 낸 금융기법이 작동할 수 있었던 건 맥도날드사의 회계관리가 정확하고 투명했기 때문이다.

맥도날드의 전략과 운영방식

맥도날드사는 이제 전 세계에서 가장 성공한 프랜차이즈 기업 중 하나가 되었다. 맥도날드사의 성공 이면에는 레이 크록이 분명하고 성취 가능한 점포 운영 가이드라인을 제시했다는 점, 분권식 경영 시

---

14 2021년 기준으로 약 2억 8,322만 달러, 원화로 약 3,100억 원
15 갈등의 가장 큰 요인은 맥도날드의 사업 방향이었다고 한다. 1960년대 말 크록은 맥도날드가 계속 확장해 나아가야 한다고 주장했으나, 손느본은 경기침체를 예상하며 좀 더 보수적인 방식으로 회사를 운영하고자 했다. 이 견해 차이가 숱한 갈등을 낳았고, 결국 손느본은 CEO에서 퇴임했다고 한다.

스템을 도입해서 프랜차이즈 점주들이 스스로 의사결정을 할 수 있도록 동기부여하고 본사와 지점이 원활하게 정보를 공유했다는 점이 중요한 요인으로 작용했다.

무엇보다 레이 크록이 단기 성과에 급급하지 않고 성장에 초점을 맞춘 장기 전략을 채택할 수 있었던 요인 중 하나는 앞서 언급한 QSC 시스템의 도입이었다. 크록은 지점에 엄격한 점검 시스템을 도입했는데, 이 시스템은 심복인 프레드 터너(Fred Turner)가 개발했으며, 세 가지 점검사항의 머리글자를 딴 QSC라는 명칭으로 프랜차이즈 업계에서 유명해졌다.

프레드 터너는 1957년 맥도날드사에 입사했고, 크록의 지시를 충실히 따르며 현장에서 일어나는 일을 제대로 파악하기 위해 '점포들을 직접 방문했다.' 그는 현장 점검 카드를 개발했고, 지점의 품질, 서비스 그리고 청결의 정도와 전반적인 실적에 따라 A부터 F까지 등급을 매겨서 이 카드에 기록했다. 뒤이어 터너는 수백 명의 현장 서비스 컨설턴트를 고용해서 지점들을 불시에 방문하도록 했다. QSC의 개요를 적은 그의 15쪽짜리 초기 메모는 훗날 '바이블'로 불리는 600쪽짜리 업무 지시 매뉴얼로 발전했다. 이 메모에는 모든 지시사항이 정확하게 적혀 있었다. 예를 들면, "치즈는 1파운드당 32개 조각으로 썰고, 햄버거 하나당 4분의 1온스의 양파를 넣는다" 등이다. 특히 컬러사진을 인쇄해서 문서만으로는 전달하기 어려운 중점사항들, 이를테면 양념은 햄버거 어느 부위에 뿌리는지 등을 시각적으로 보여주기도 했다. 또한 업무교육용 영화를 만들어서 매뉴얼의 부족한 점을 보강했다.

1961년 크록과 터너는 시카고 근처의 한 맥도날드 지점 지하실에 '햄버거대학교'를 열었다. 모든 신규 지점의 점주들은 햄버거대학교에서 수업을 들어야 했다. 20년이 지난 후에 이 교육 프로그램은 7개의 수업과 28명의 교수진 그리고 방이 154칸인 기숙사까지 갖추게 되었다. 미국교육위원회(American Council of Education)는 이 대학교의 36시간을 정규 교과 과정으로 인정했다. 맥도날드사는 다국적기업이 되면서 영어가 익숙하지 않은 학생들을 위해 헤드셋을 끼고 자신의 모국어로 더빙된 수업을 들을 수 있도록 배려했다. 이 언어가 2008년에는 28개로 늘어났다. 2014년 햄버거대학교는 5천 명 이상의 졸업생을 배출했고, 누적된 졸업생 수만 해도 27만 5,000명에 달했다.

　　크록과 터너는 프랜차이즈의 표준규격에서는 중앙의 엄격한 통제 방식을 고수했지만, 지점 운영에는 분권화된 방식을 장려했다. 분권 시스템은 기업환경과 회사는 다르지만 알프레드 슬론, 닐 맥엘로이 그리고 퍼디낸드 에버슈타트가 조직을 이끈 방식과 거의 동일했다. 모든 경우에서, 분권화 시스템은 회사 안에서 위아래로 정보가 활발히 교류되도록 촉진했다. 예를 들어 맥도날드의 가장 잘 알려진 메뉴들, 이를테면 빅맥, 에그 맥머핀 그리고 필레오피시는 사실 프랜차이즈 지점에서 처음 제안한 제품들이다(역설적이게도 크록이 제안한 메뉴 대부분은 거의 호응을 얻지 못했다. 그중 하나가 홀라버거였는데, 햄버거에 녹은 치즈와 신선한 파인애플 조각을 넣은 제품이었다.) 또한 독립 식품 공급업자들도 프로세스에서 혁신을 이끌어내는 데 큰 영향을 미쳤다. 크록은 이 공급업자들이 제안 형식으로 자신의 권위에 도전한다고 생각하지 않았고, 오히려 맥도날드 방식의 프랜차이즈 기법이 장점을 발휘하는 증표로 여겼다.

1960년대에 맥도날드사는 지점 각각의 영업과 업무를 조율하기 위해 지역별 본부를 만들었다. 1990년까지 이 회사의 영업조직은 35개 지역으로 나뉘어 있었다. 그러나 중앙에서 통제하는 전통적인 회사의 중간관리자가 아닌 지역별 운영자문회(Regional Operators Advisory Boards)에서 이들 지역을 관리했다. 운영자문회는 맥도날드 본사 관리자들과 지점 점주들이 선출한 대표들로 구성되었다. 이들은 임금 가이드라인을 제시하고, 새로운 메뉴를 제안하기도 하며, 지역별 광고조합(Operators' National Advertising Fund, OPNAD)을 조직해서 광고를 집행할 때 긴밀히 협업했다.

1960년대 후반과 1970년대 초반에 크록은 프랜차이즈 지점들이 광고지출과 관련해서도 의견을 적극 개진하도록 했다. 그는 이렇게 설명했다. "OPNAD는 여기에 가입한 지점 점주들이 매장 총매출의 1퍼센트를 자발적으로 기부한 금액으로 조성된 조합이었다. 매출액의 1퍼센트만 납부하면 텔레비전 방송에서 점포를 홍보해준다는데 우리 점주들 같은 영세 사업자 중 누가 기꺼이 동참하지 않겠는가?" 1980년대에 OPNAD 가입자는 60개 지점이었다. 회원으로 가입한 가맹점에는 OPNAD 주요 결정에 행사할 수 있는 투표권이 1장씩 있었고, 광고 담당 관리자는 0.5장의 투표권을 보유했다. OPNAD는 분기마다 열렸고, 전국 맥도날드의 광고예산을 감독했는데, 광고예산은 2013년 14억 달러까지 증가했다.

크록과 터너가 중앙에서 집중적으로 관리한 안건은 바로 가맹점들과 재계약을 어떻게 할 것인가였다. 이 이슈는 초기에 프랜차이즈 계약을 맺은 가맹점들의 20년 라이선스 계약 만기가 1970년대 중반에 다가오자 이들과 재계약을 검토하면서 중요한 사안으로 떠올랐다. 두 사람은 현장 점검 카드에서 'C 항목', 즉 청결 점수에서 평균 이상을 얻지 못한 업체들은 자동으로 재계약을 해지하기로 결정했다. 이 검토방식은 방만하게 가맹점을 운영하는 점주들을 바로잡고 프랜차이즈 시스템의 성과를 개선하는 데 무척이나 가치 있는 일이었다. 지점의 약 7퍼센트가량이 재계약 과정에서 탈락했다. 이 탈락률은 다른 프랜차이즈 브랜드보다 훨씬 높은 수치였다. 이 과정에서 많은 법적 분쟁이 뒤따랐다. 맥도날드 본사가 대부분 승소하면서, 맥도날드의 프랜차이즈 계약조건은 프랜차이즈 업계의 표준이 되었다.

21세기 초에는 신청자가 연간 2만 명 이상 몰렸다. 그 가운데 14명 중 한 명만이 인터뷰를 할 수 있었고, 인터뷰를 거친 14명 중 한 명만이 프랜차이즈 계약을 따낼 수 있었다. 합격자는 사업을 시작하기 전까지 2년 이상을 기다려야 했다.

대체로 분권화된 방식으로 가동하는 맥도날드 시스템에서 또 다른 중앙집중형 요소로 '마스터 프랜차이저'를 들 수 있는데, 이 프로그램은 이미 다른 전국 단위 또는 다국적 프랜차이즈 기업들 사이에서 활용되던 제도였다. 연간 200만 달러를 벌어들이는 프랜차이즈 가맹점의 점주라면 5개까지 지점을 확대할 수 있었다. 이를 통해 연간 1,000만 달러 매출을 올리는 중형 단위 사업으로, 더 나아가 200개 지점을 한데 묶어서 연 4억 달러 매출을 올리는 대단위 사업으로 확장할 수 있었다. 이렇게 여러 단위로 프랜차이즈 권리를 넘겨주어서, 성과가 좋은 점주에게는 상당한 사업 기회를 제공했고, 맥도날드사의 관리감독 전반에서 효율성을 높였다. 검증되지 않은 지원자 백 명에게 도박을 거느니, 이미 검증된 프랜차이즈 점주 20명에게 지점 5개까지 허용하는 편이 훨씬 실용적이라고 판단한 것이다. 크록과 터너는 성적이 우수한 지점들에는 많은 신규 계약을 추가로 제공했다.

세계시장으로 나아가는 맥도날드

1980년대 들어 맥도날드를 포함한 패스트푸드 회사들은 미국 국내 요식업 시장에서 침체를 겪었다. 그래서 10년 동안 400여 곳의 미국 기업이 미국 바깥에서 4만여 개의 점포를 개점했다. 다국적 패스트푸드 점포가 70퍼센트 이상 늘어난 것이다. 2005년에는 맥도날드 브랜드를 단 레스토랑의 절반 이상이 미국 국경 밖에서 사업을 전개했다.

IBM과 여러 선도적인 다국적기업의 선례를 따라, 맥도날드는 현지 문화에 맞춰 운용방식에 변화를 주려고 시도했다. 일본에서는 데리야키 버거를 팔았고, 인도에서는 소고기가 들어가지 않는 햄버거 패티를 제공했다. 독일에서는 고객들이 맥립을 맥주와 함께 먹을 수 있었다. 고객들은 노르웨이에서 맥락스(그릴로 요리한 연어를 제공한다)를, 우루과이에서는 맥후에보스(삶은 달걀을 토핑한 햄버거)를 맛볼 수 있었다. 사우디아라비아에서는 남성과 여성(어린이를 대동할 수 있다)

고객을 구분해서 점포를 운영했고, 기도자를 위해 하루에 네 번씩 매장 문을 닫았다.

맥도날드는 해외에서 미국이 원조라는 점을 애써 강조하지 않았다. 1968년 시작한 캐나다 사업은 캐나다인이 운영했다. 일본에서는 맥도날드사와 일본 현지 사업가들이 조인트 벤처 방식으로 사업을 시작했다. 말하자면 맥도날드 본사가 지분 50퍼센트를 보유하고, 나머지 지분 50퍼센트는 일본의 젊은 사업가인 후지타 덴과 다이치야 베이킹 회사가 가져가는 방식이었다. 후지타 덴은 곧 이 베이커리 회사의 지분을 사들였고, 혼자서 일본 사업을 경영하며 일본 현지에서 상당히 유명한 인사가 되었다. 그의 유명세는 미국에서 레이 크록의 유명세와 견줄 정도였다. 1983년에 일본 맥도날드의 전체 매출액은 일본 현지에서 2,000개 이상의 지점을 운영하는 일본 최대 토종 패스트푸드 체인 기업인 '스시 컴퍼니(Sushi Company)'의 매출액을 넘어섰다.

맥도날드사는 전 세계 어딜 가나 볼 수 있게 되었고, 심지어 《이코노미스트》에서 각 나라의 빅맥 가격을 비교해서 각 나라의 상대적인 생활물가 수준을 측정할 정도였다. 가령 2007년 미국의 빅맥 평균가격은 3.41달러였고, 가장 비싼 스위스는 5.2달러였으며, 중국이 1.43달러로 가장 낮았다. 《이코노미스트》는 이 수치를 들어 각 나라의 통화가치가 달러 대비 상대적으로 얼마나 고평가 또는 저평가되었는지 판단했다. 《이코노미스트》의 연간 '빅맥지수'는 상대적인 생활물가와 화폐가치에 대해 매우 믿을 만한 정보를 제공했다. 그래서 현지화하려고 노력하는데도 맥도날드사는 미국 소비문화를 대표하는 상징이 되었다.

프랜차이즈 산업의 양면성
(마케팅과 노동자, 국민 건강 그리고 환경에 끼친 영향)

수십 년간 맥도날드사와 함께 패스트푸드 산업 전체는 큰 성공을 거두었지만, 사회에서 비판을 듣기도 했고, 무엇보다 연방정부의 조사를 여러 차례 받았다. 맥도날드사가 어린이와 노동자의 삶과 건강 그리고 환경에 끼치는 영향을 평가하는 건 결코 단순하거나 쉬운 일이 아니다. 긍정적인 면과 부정적인 면이 공존하기 때문이다.

어린이를 겨냥한
맥도날드의 마케팅

시간을 거슬러 올라가서 1948년, 9살 된 여자아이가 처음으로 딕과 맥 형제의 새롭고 혁신적인 샌버나디노 매장에서 15센트짜리 햄버거를 몇 개 샀다. 이를 기점으로 맥도날드사의 프랜차이즈 혁명이 시작되었다고 해도 과언이 아니다. "어린이들은 우리 매장에 오기를 좋아했다"고 초기 카운터 점원이자 후일 레이 크록의 최초 프랜차이즈 점주가 된 아트 벤더(Art Bender)는 회상했다. "아이들이 25센트짜리 동전을 주먹에 꼭 쥐고 카운터로 와서 햄버거 하나와 코카콜라 한 잔을 주문했다. 아이들은 매장 바깥에서 기다리는 엄마를 멈칫멈

칫 돌아보며 주문을 마쳤는데, 스스로 주문하며 독립심 같은 것을 느꼈을 것이다. 곧바로 이 점이 우리 사업에 정말 중요하다는 걸 깨달았다. 이 점은 정말 중요하다."

처음부터 맥도날드사가 어린이를 중심에 두고 텔레비전 광고를 진행했다는 건 그다지 놀라운 일이 아니다. 많은 도시에 있던 맥도날드 프랜차이즈 지점들은 토요일 아침 텔레비전 광고 요율이 싼 시점(프라임 시간대의 4분의 1)을 십분 활용해서, 어린이 대상의 방송 프로그램을 지원했다. 워싱턴DC의 지점들은 광대가 등장하는 텔레비전 쇼를 만들었는데, 여기에 등장하는 광대는 곧 맥도날드를 상징하는 아이콘이 되었다. 이때부터 '로널드 맥도날드'라고 불리는 광대가 전 세계 텔레비전에 등장하는 악명 높은 광고 현상이 나타나기 시작했다. 중국에서 로널드 맥도날드는 맥도날드 아저씨로 통했고, 일본에서는 도날드 마카도나르도(알파벳 R을 발음하기 어려워하는 현지 사정을 고려했다)로 불렸다.

맥도날드 광고가 성공한 데에는 몇 가지 요인을 들 수 있다. 크록 스스로가 청결에 집착한 점, 맥도날드사에서 디즈니 캐릭터가 부착된 장난감을 어린이들에게 사은품으로 나눠주는 행사를 자주 펼친 점, 그리고 어린이를 위한 '해피밀' 텔레비전 광고를 대대적으로 진행한 점이다. 맥도날드사는 자사 제품과 매장 그리고 기업문화까지 모든 것이 유익하고 예측 가능하다는 메시지를 대중에게 각인시켰다. 분명한 점은 맥도날드사가 처음부터 어린이에게 집중했다는 사실이다. 어린이를 위한 놀이터(처음에는 매장 밖에 설치했다가 나중에 매장 안으로 들인다)를 설치하고, 아이들에게 해피밀과 함께 장난감을 사은품으로 증정(주로 디즈니 최신작의 개봉에 맞춰 선물을 준비했다) 하는 등의 활동은 이 회사가 어린이 고객을 공략하는 매력 포인트였다. 1980년대 맥도날드는 7세 이하 어린이를 겨냥한 패스트푸드 시장의 40퍼센트를 석권했는데, 이는 전체 연령을 기준으로 한 시장점유율보다 10퍼센트 포인트 더 높은 수치였다. 크록은 이렇게 언급했다. "우리 회사의 텔레비전 광고를 사랑하는 어린이들이 할아버지 할머니 손을 끌고 우리 매장을 방문하면, 이 어린 고객들은 두 명의 고객을 더 모시고 오는 셈이다." 나중에 크록이 엄청난 부를 일구었을 때, 그가 애착을 느낀 자선활동 중 하나는 전국 병원들 근처에 로널드 맥도날드 하우스 체인점을 건설하는 일이었다. 이 체인점은 아픈 아이들의 가족과 친척에게 비싸진 않지만 편안하게 머무를 수 있는 공간을 제공했다. 이 콘셉트는 크록의 요청에 따라 필라델피아의 한 광고 에이전트 회사에서 초안을 만들었다. 이 홍보전략은 회사 내부에 선한 의지를 불어넣었고, 어린이 고객층에 더욱 집중하도록 이끌었다.

관점에 따라 맥도날드사는 어린이의 권익을 신장했다고도 할 수 있지만, 어린이를 돈벌이에 이용했다고 부정적으로 볼 수도 있다. 가맹점의 운용방식은 어린이 고객이 방문하면 먹고 싶은 메뉴를 직접 고르게 해서 자립심을 북돋는 한편, 음식을 재빨리 서빙해서 맥도날드에 가면 원하는 메뉴를 정말 빨리 먹을 수 있다는 신뢰감을 심어주는 데 초점을 맞추었다. 연령대별 고객층 가운데 어린이는 수익성이 가장 높은 계층은 아니었지만, 맥도날드사는 어린이들이 맥도날드 브랜드에 보이는 애착과 충성도가 성인이 될 때까지 지속되기를 바랐다.

에릭 슐로서(Eric Schlosser)의 베스트셀러 저서인『맛있는 햄버거의 무서운 이야기(Fast Food Nation: The Dark Side of the All-American Meal)』는 업튼 싱클래어가 1906년 출간한 유명한 소설『정글(The Jungle)』이후로 요식업을 가장 통렬히 비판한 책 중 하나일 것이다. 슐로서는 이 책에서 "무엇보다도 나는 패스트푸드가 어린이에게 미치는 영향을 우려한다. 패스트푸드는 어린이를 상대로 과도한 마케팅을 펼치고 있다. 패스트푸드 산업의 심각한 현실은 음식 제조에 어린이 고객보다 고작 몇 살 더 많은 젊은 청소년들의 노동력을 동원하고 있다는 것이다. 이 패스트푸드 산업은 우리 젊은이들을 먹이기도 하지만, 한편으로는 아이들을 잡아먹고 있는지도 모른다"고 혹평했다. 슐로서의 저서는 맥도날드와 디즈니는 물론이고 다른 패스트푸드 회사들의 정보를 많이 담고 있다.

맥도날드의 고용정책

맥도날드사의 채용정책이 직원에게 동기부여로 작용하는지, 아니면 직원을 착취하는지를 둘러싸고 논쟁이 뜨거웠다. 연구에 따르면 패스트푸드 산업에 고용된 직원의 평균연령은 20세를 조금 넘었고, 직원이 받은 정규교육 기간도 12년 이하였다. 파트타임 비중도 64퍼센트에 이르렀다. 매장마다 평균 40여 명의 직원을 채용하고 있었는데, 그중 64퍼센트는 여성이었고, 52퍼센트가 학생이었으며, 13퍼센트가 흑인이었다.

1980년대에는 맥도날드 레스토랑에서 평균 65명가량의 직원을 고용하고 있었는데, 그중 다섯 명 정도가 매니저급이었다. 군대를 포함해 미국 전역의 다른 어떤 단체보다도 맥도날드에서 첫 직업을 구하는 사람이 많았다. 맥도날드사가 제시한 자료를 보면 2008년까지 천만 명에 가까운 미국인이 맥도날드에서 일한 경험이 있다. 다른 패스트푸드 프랜차이즈 회사들과 마찬가지로, 직원의 이탈률은 한때 연간 200퍼센트까지 상승했다. 많은 직원이 십 대거나, 파트타임으로 일하는 노인이거나, 이민자거나, 사회에 갓 나온 고졸 사원이었다.

1966년까지 맥도날드사는 과거 맥도날드 형제가 여성을 배제한 채용정책을 그대로 유지했고, 유색인종에게 관리직을 내주지 않는 회사로 소문이 나서 사회적인 평판도 좋지 않았다.

그러다가 1980년대 들어 직원의 57퍼센트 정도를 여성으로 채용했다. 21세기 초에 이르면 전체 지점의 40퍼센트 이상을 개인이건 부부 공동이건 여성이 소유하게 된다. 2015년에는 부장 또는 그 이상의 고위 임원 4명 중 1명이 여성일 정도로, 여성의 영향력이 커졌다. 또한 전 세계에 걸친 맥도날드 조직에는 가맹점여성회(Women Operators' Network)와 여성임원회(Women Leadership Network)가 있었는데, 이 두 조직은 맥도날드사에서 중요한 비공식 친목조직 중 하나였다.

1960년대 말부터 맥도날드사는 미국 국내 흑인들에게 프랜차이즈 점주가 되게끔 많은 지원을 아끼지 않았는데, 이들에게는 종종 초기의 창업 보증금을 줄여주기도 했다. 그래서 2008년에 이르면 맥도날드의 미국 지점 중 14퍼센트를 흑인이 운영하게 된다. 이들 가운데 다수는 또한 마스터 프랜차이저였는데, 320명이 조금 넘는 흑인들이 1,200개의 지점을 운영했다. 같은 해 이 회사의 미국 국내 직원 중 20퍼센트, 사무직 중에는 17퍼센트가 흑인이었다. 《포춘》이 발표하는 소수인종을 위한 50대 기업에 맥도날드사는 줄곧 상위권에 들었다.

맥도날드사는 여러 다른 직원단체도 지원했다. 특히 2013년부터 제대군인을 채용하려고 많은 노력을 기울였다. 2015년 상반기에는 10만 명이 넘는 제대군인이 이 회사에서 일자리를 찾았다. 맥도날드사는 현직 직원의 배우자를 채용하는 일도 중요하게 생각했다. 다양한 교육 지원 정책도 추진했는데, 그중에는 이민자를 위한 영어교육도 있었고, 직원들이 맥도날드 내부에서뿐만 아니라 이직해서도 자기계발을 계속할 수 있도록 직업교육을 실시했다. 이러한 프로그램은 중국과 브라질, 캐나다를 포함한 해외 지사에서도 제도로 굳어졌다.

맥도날드가 국민 건강에 미친 영향

1955년 레이 크록이 맥도날드 시스템을 만들어나가던 시점에, 고객 대부분은 본인이 섭취하는 제품의 영양정보를 거의 제공받지 못했다. 당시는 학교에서 자연의 완벽한 음식 세 가지가 계란, 우유, 그리고 간이라고 가르치던 시절이었다(지금은 이 셋 모두 포화지방을 많이 함유한 음식으로 인식되고 있다). 하지만 20세기 중반만 해도 비만은 미국사회에서 중요한 문제가 아니었다. 당시 기준으로, 소비자는 맥도날드에 가면 500칼로리에 달하는 햄버거 한 개, 프렌치프라이 한 봉지 그리고 코카콜라 한 잔으로 구성된 건강식품을 섭취할 수 있었다. 여기에 치즈 한 조각을 얹으면 100칼로리 남짓이 더해진다. 당시 일반적인 용량은 지금과 비슷하거나 일부 지역에서는 지금보다 조금 작은 수준이었다. 예를 들어, 당시 일반적으로 어린이 한 명에게 제공하는 코카콜라 한 잔의 용량은 7온스(198그램) 정도였는데, 오늘날은 12온스(340그램)다.

하지만 시장 변화가 경쟁 역학에 변화를 가져다주었다. 더 많은 수의 경쟁자들이 패스트푸드 산업에 뛰어들었고, '용량 제한'은 걷잡을 수 없이 상향되었다. 1960년대 중반에 버거킹이 '와퍼' 제품을 시장에 출시했는데, 와퍼 세트는 기본이 680칼로리였고, 치즈를 얹으면 780칼로리까지 나갔다. 세븐일레븐 편의점에서는 '빅걸프'라는 소프트드링크를 제공했는데, 한 잔에 64온스(1,814그램)였다. 이는 코카콜라사의 오랜 표준규격인 6.5온스(184그램) 병입 콜라보다 거의 10배 가까이 큰 사이즈였다. 얼음 없이 코카콜라로 64온스를 제공하면 열량은 776칼로리에 달했다. 곧 맥도날드와 버거킹은 32온스짜리 소프트드링크를 경쟁적으로 판매하기 시작했다.

맥도날드와 다른 프랜차이즈 회사들은 모두 영양정보를 선반과 각 지점의 벽에 써놓고 공지했으나, 고객들은 이렇게 엄청난 열량의 음식을 사서 섭취했다. 좀 더 작은 용량의 메뉴를 충분히 고를 수 있었음에도, 대부분의 고객은 그렇게 하지 않았다. 합리적인 한 끼 식사로는 빅맥(590칼로리)과 치즈를 얹은 쿼터파운더(530칼로리) 중 하나를 고르고, 여기에 중간 사이즈의 프렌치프라이(450칼로리, 대형

540칼로리, 초대형 610칼로리)와 중간 사이즈의 콜라 또는 소프트드링크 하나(194칼로리, 소형 133칼로리, 대형 255칼로리, 초대형 388칼로리)를 더하면 충분할 것이다. 그래서 빅맥 하나, 중간 사이즈 프렌치프라이 한 봉지, 중간 사이즈 콜라를 선택하면 열량이 1,234칼로리 정도 된다. 그러나 많은 소비자들은 이보다 훨씬 많이 섭취할뿐더러, 여기에 디저트도 추가하고 콜라를 한두 번 더 리필하기도 한다. 그래서 성인이 맥도날드나 버거킹 또는 다른 패스트푸드 레스토랑에서 2,000 내지 2,500칼로리를 섭취하는 것은 이상한 일도 아니다. 이 정도면 평균 신체의 성인이 하루 동안 섭취하는 열량이다. 게다가 문제는 이 열량 대부분이 지방 또는 정제설탕에서 나온다는 점이다.

시간이 지나면서 레이 크록의 후계자들은 양질의 영양분을 제공할지 아니면 회사의 수익을 극대화할지, 두 가지 갈림길에서 불편한 선택을 해야 하는 처지가 되었다. 그들 대부분은 회사의 수익 극대화로 방향을 결정했다. 하지만 2013년에 맥도날드는 변화를 시도했다. 패스트푸드닷컴(Fastfood.com) 기사를 보면 이렇다. "맥도날드는 이제 패스트푸드라는 자사의 딱지를 떼어버리려 노력하고 있다. 이 회사는 '양질의 음식을 신속하게 제공한다'는 슬로건 아래 신선한 과일과 달걀 흰자위가 들어간 맥머핀을 메뉴로 도입했고, 이 회사 역사상 처음으로 오이를 제공하는 등 심혈을 기울이고 있다." 레이 크록이 1950년대 강조한 음식의 질은 이제 다른 형태로 발현되었다. 하지만 여전히 패스트푸드 회사인 맥도날드가 추구하는 '패스트', 즉 신속성은 '양질의 영양분'을 제공하는 일과 상충하기도 한다.

슐로서는 『맛있는 햄버거의 무서운 이야기』에서 패스트푸드 산업의 성공은 여러 사람의 공공연한 선택의 결과물이라고 결론 내린다. 성인 고객은 시간을 절약하는 편의성과 저렴한 가격에 이끌려 패스트푸드를 선택하고, 어린이들은 광고에 매료되어 선택하며, 아이를 둔 부모는 아이에게 메뉴 선택권을 쥐여주며 자립심을 키워주겠다는 생각으로 패스트푸드를 선택한다는 것이다.

맥도날드의 환경정책

회사 규모가 거대해서, 맥도날드사는 많은 환경운동가들의 손쉬운 목표물이었다. 실제로 수십 년간 맥도날드사 경영진은 환경운동가들의 도전에 대응해왔다. 그린피스는 맥도날드사에서 소고기를 구매하는 탓에 브라질의 열대우림이 심각한 피해를 입었다고 공개적으로 주장했다. 1989년 맥도날드사는 환경운동가 및 다른 소비자단체들과 협업해서, 한때 열대우림이었던 땅에서 키우는 육우의 구매를 중단했다. 1990년대에 들어서는 환경보호기금(Environment Defense Fund)과 협력해서, 포장 폐기물을 30퍼센트가량 줄였다. 2010년까지 맥도날드사는 에너지 효율이 높은 장비를 사용하는 한편, 대체에너지 자원을 사용하는 프로그램을 시작했다. 맥도날드사 경영진은 이러한 노력으로 언젠가는 자사가 에너지 소비문제에 상당히 기여하게 되리라고 기대하고 있다.

맥도날드의 성장이 던지는 의미

맥도날드사가 엄청나게 빨리 성장하면서, 본점이 지점들을 일관되게 관리하기가 매우 힘들어졌다. 맥도날드 시스템이 커질수록, 레이 크록과 프레드 터너가 창안한 QSC 공식을 지점에 적용하기가 더욱 힘들어졌다. 그러나 맥도날드사는 지점당 매출액으로 패스트푸드 산업에서 최고 기록을 경신해나갔고, 크록이 처음 내세웠던 비전, 즉 맥도날드 설립 이후 두 세대 이내에 패스트푸드 업계에서 최대 강자가 되겠다는 비전을 거뜬히 달성해냈다.

크록의 프랜차이징 방식은 미국 경영자들에게 중요한 이정표를 제시했는데, 바로 그가 변화하는 외부 환경에 직면해서 중앙집중형 방식과 분권형 방식의 의사결정 구조 사이에서 적절한 균형을 찾고자 끊임없이 노력했다는 점이다. 맥도날드사와 많은 프랜차이즈 기업은 문제를 해결하기 위해 정확하고 다량의 정보가 모이는 지점에 의사결정권을 위임하는 방식으로 매우 탄력적인 구조를 창조해냈다. 이들은 유용한 정보를 점포와 맥도날드의 여러 공급업자 네트워크에서 입수했는데, 공급업자는 중앙의 본사에서 지원하기는 하지만 엄연히 독립된 사업자였다. 대기업의 경영관리 능력이나 자금력은 현장 지식과 사업자 개인의 성취 욕구 그리고 작은 스타트업에 꼭 필요한 '노동 지분'을 보완할 뿐이다.

더불어, 레이 크록과 준 마르티노 그리고 해리 손느본의 특별한 기여도 잊지 말아야 한다. 이들은 다양한 방식을 독창적으로 결합해서 모든 구성원의 이해관계를 일치시켰다. 이를 통해 전체 맥도날드 시스템은 각 부분의 총합을 넘어서는 성과를 낼 수 있었다. 이들은 모두 조직 운영의 공식을 완벽하게 만들어나갔고, 100개가 넘는 국가에 있는 수천 개의 맥도날드 지점은 이 공식을 활용해서 사업을 성공적으로 키워냈다. 맥도날드사는 여전히 마케팅과 노사관계 그리고 국민 건강과 관련된 문제를 완벽히 해소하지 못하고 있지만, 다른 어떤 산업에서도 이처럼 눈부신 성과를 이룬 회사는 많지 않다.

CHAPTER 9

IT 혁명과 실리콘밸리가 불러온
변화의 질풍

1980년대부터 오늘날까지 미국 경제가 숨 가쁘게 변화한 중심에는 바로 정보통신 기술(IT)이 있다. 미국 기업사를 과거로 거슬러 올라가면, IT(전보 및 전화)만큼 중요한 역할을 한 산업도 있었다. 자동차 산업과 같은 일부 산업은 IT만큼 무척 빠르게 성장했다. 하지만 다른 어떤 산업도 IT 산업보다 경제 전반에서 중요한 역할을 담당하거나, 끊임없이 변동하지는 않았다. 또한 창업가들의 도전의식을 불러일으키거나 소비자의 시장 참여의식을 이렇듯 끌어올린 산업도 없었다. IT 산업의 이러한 속성 때문에 미국 기업의 의사결정 구조는 더욱 수평화되고 분권화되었다.

이 책에서 언급한 기업뿐만 아니라 전 세계 그 어떤 기업도 현대 IT 기술을 활용하지 않고서는 시장 경쟁에서 살아남을 수 없다. IT 기술을 통해 기업들은 지속적으로 판매량과 생산 프로세스를 모니터링하고 조율할 수 있게 되었다. 그리고 IT 기술을 통해 원자재 가격, 제품과 서비스의 계절적 수요와 경기흐름에 대한 예측, 거의 실시간에 가까운 일기예보까지 다양한 정보를 관리자에게 제공할 수 있게 되었다. 대기업 대부분은 이제 그 명칭이 CTO(Chief Technology Officer)가 되었건, 기술 담당 부사장 또는 본부장이 되었건, 혹은 CIO(Chief Information Officer)가 되었건 IT를 담당하는 관리자를 두고 있다. 이러한 직책에 있는 사람들은 CFO(Chief Finance Officer) 또는 COO(Chief Operation Officer)에 거의 상응하는 직급을 가지고 CEO에게 직접 보고한다.

2010년 이후로 미국 기업들이 사실상 IT 산업을 선도하고 있다. IT 산업의 80퍼센트가량은 워크스테이션이라든지 기업용 PC, 소프트웨어, 기업 서비스와 비디오 게임용 소프트웨어 같은 B2B(business to business, 기업 대 기업) 비즈니스와 연관되어 있다. 미국인은 유럽인이나 일본인에 비해 일인당 두 배 이상 많은 금액을 PC에 소비한다. 2015년 기준으로 전 세계에서 텔레커뮤니케이션을 포함해 IT 분야에 지출한 금액은 3조 5,000억 달러에 달했다.

IT 분야에서 성공한 미국 기업들은 새로운 업무환경과 관리체계를 만들어냈다. 전통적 기업에 비해, IT 기업은 덜 관료화되어 있고, 개인주의보다는 협업을 강조하며, 직원에게 많은 재량을 선사해서 직원이 창의적인 영역에 도전할 수 있도록 격려했다. IT 분야의 노동자들은 이직에도 훨씬 개방적이고, 지인과 새로운 스타트업을 시작하겠다는 결정도 자유로이 내렸다. IT 기업들은 직원에게 많은 선택권을 제공했고, 스톡옵션 혜택에도 적극적으로 나섰지만, 상대적으로 급여와 복지 혜택은 낮은 편이었다.

IT 산업의 태동기

IT 혁명의 중심에는 단연 컴퓨터가 있다. 수학 원리와 알고리즘을 기초로 하는 현대적 의미의 컴퓨터는 최소한 19세기부터 존재했다. 현대 컴퓨터의 탄생 배경에는 여러 요인이 있지만, 우선 세 가지를 꼽으면 다음과 같다. (1)기업은 기업 규모와 고객 기반이 커지면서 방대한 양의 정보를 처리하고 해석할 필요가 있었다(예를 들어 수많은 소매 매출 기록을 추적하거나, 직원들의 고용과 급여 내역을 기록하기 위해 체계화된 시스템이 필요했다). (2)군과 정부는 제2차 세계대전 중 나치 독일의 암호체계(초기에는 사무용 통신장비를 사용했다)를 무력화하는 연구개발에 주력해야 했다. (3)트랜지스터, 컴퓨터칩, 인터넷, 그리고 월드와이드웹의 발명으로 기술적인 토대가 마련되었다.

이러한 시대적 요청으로 미국에서 발명한 최초의 컴퓨터는 애니악(ENIAC, Electronic Numerical Integrator and Computer)이다. 1945년 가동을 시작한 애니악은 1만 7,468개의 진공관을 내장했고, 무게는 30톤에 달했다. 또한 폭이 100피트(약 30.48미터)에 높이는 8피트(약 2.44미터)였다. 애니악은 사실 미 육군과 펜실베이니아대학교의 공동 프로젝트에서 나온 결과물로, 현대 컴퓨터의 특징 대부분을 가지고 있었다. 이를테면 전기로 작동되었고, 프로그래밍을 통해 다목적으로 사용할 수 있었다.

그러나 애니악에는 IT 혁명을 일구는 데 중요한 요소 하나가 없었다. 바로 트랜지스터였다. 이 혁명적인 장치는 1947년 AT&T사의 벨연구소에서 탄생했지만, 텍사스 인스트루먼트(Texas Instrument), 모토롤라, 그리고 소니 같은 다른 회사에서 더욱 발전된 형태로 진화했다. 트랜지스터를 이용해서 기업들은 과거보다 수월하게 군사용 소형 전자장비에 요구되는 사양을 모두 충족할 수 있었고, 콤팩트 트랜지스터라디오와 같은 새로운 개인용 기기도 생산할 수 있었다. 월터 아이작슨(Walter Isaacson)[1]이 그의 저서에서 언급했듯이, 트랜

---

1 CNN의 CEO를 역임했으며, 현재 작가로 활동하고 있다. 대표적인 저서로는 스티브 잡스와 아인슈타인 등의 전기가 있다. 여기서 언급하는 책은 『이노베이터(the Innovator)』다.

지스터라디오는 로큰롤이 출현한 시대에 등장했고, "전자기술에 대한 사람들의 태도, 특히 젊은이들의 인식을 바꾸는 데 큰 역할을 했다. 전자기술은 더는 대기업과 미국 국방부의 전유물이 아니게 되었다. 전자기술은 개인주의와 개인의 자유 그리고 창의력과 심지어 '반항정신'을 고취하는 데에도 일정 부분 역할을 했다." 많은 전자제품에 들어 있는 사생활과 연관된 속성은 IT 산업이 진화하는 데 중요한 요소가 되었다. 아이팟, 스마트폰, 알렉사(Alexa)[2] 및 에코(Echo)[3] 등은 사무용이 아니라 개인의 사생활 내지 생활의 편의를 높이는 중요한 제품들이었다.

1950년대 말과 1960년대 초에 투자자들은 대형 트랜지스터와 회로기판의 컴포넌트를 연결하는 전선을 더는 사용하지 않고, 엄지손톱만 한 크기의 집적전기회로를 쓰기 시작했다. 페어차일드 반도체사(Fairchild Semiconductor)의 로버트 노이스(Robert Noyce)와 그의 동료들, 그리고 텍사스 인스트루먼트사의 잭 킬비(Jack Kilby)는 집적회로를 주로 실리콘으로 만든 반도체칩에 부착했다. 이로써 스팀엔진이 제1차 산업혁명을 열고, 전기와 내연기관이 제2차 산업혁명을 열었듯이, 이 마이크로칩에 붙은 집적회로가 제3차 산업혁명의 길을 열기 시작했다.

트랜지스터 가격은 1960년 1달러 정도였다. 20세기 말에는 트랜지스터 1천만 개의 생산원가가 1달러 미만이었기에, 이전에는 상상

---

2   아마존이 개발한 인공지능 플랫폼
3   역시 아마존의 스마트 스피커 제품으로, 이 에코 제품을 통해 알렉사를 사용할 수 있다.

할 수도 없을 만큼 많은 양, 이를테면 1천조 개가 매달 생산되었다. 이 생산물량은 너무 많아서 계산이 불가능할 정도다. 노이스의 동료였던 고든 무어(Gordon Moore)는 무어의 법칙(Moore's Law)을 발표했는데, 한 개의 마이크로칩에 부착할 수 있는 트랜지스터의 개수는 매년 두 배가 된다는 내용이다(그는 1975년 트랜지스터 수가 두 배로 늘어나는 시간을 18개월로 늘렸고, 2016년에는 30개월로 늘려 잡았다). 무어의 법칙은 21세기에도 여전히 유효하며, IT 산업의 효율성이 무서운 속도로 꾸준히 개선되는 현상을 여실히 보여준다. 이 무어의 법칙이 IT 산업에 쉴 새 없이 몰아치는 변화의 속도를 결정하는 셈이다.

무어의 법칙이 제시하는 실질적인 의미는 일정량의 업무를 처리하는 마이크로칩의 생산원가가 엄청나게 빠른 속도로 감소하고 있어서, 과거에 만들어진 수많은 프로그램과 애플리케이션 등이 일정 시간이 지나면 경제성이 사라진다는 점이다. 가령 오늘날 수십 개의 칩이 내장된 자동차는 엔진 작동을 모니터링하고 라디오 주파수를 찾는 것부터, 자동차 와이퍼를 작동시키거나 충돌 위험을 경고하는 역할까지 많은 일을 할 수 있다. 만약 1950년대에 이러한 장치를 내장한 자동차가 있었다면, 그 크기가 평균 가정집만 했을 것이다.

IBM의 탄생과 성장

IBM은 20세기 후반에 IT 산업을 역동적으로 변화시킨 대표적인 기업이다. 이 회사는 1880년대 설립되었고, 여러 건의 M&A를 거치며 여러 차례 사명을 바꾼 뒤에 오늘날 우리에게 친숙한 IBM이라는 이름으로 불리게 되었다. IBM은 초창기에 고객 기업이 보유한 정보를 분류하고 문서화하는 사무용 기계를 개발하는 데 선도적인 역할을 했다. 창업자이자 초대 CEO인 토머스 J. 왓슨(Thomas J. Watson)은 1924년 이 회사의 사명을 IBM(International Business Machines)으로 바꾸었다. 하지만 당시만 해도 이 회사의 사업 자체는 이름이 의미하는 것만큼 그렇게 세계적이지 않았다. IBM은 1930년대 들어 미국 정부 산하 사회보장국(Social Security Administration)[4]이 발주하는 계약을 따내면서 성장하기 시작했다. 사회보장국은 미국 근로자가 납부하는 연금 납입금과 은퇴해서 받는 연금 수령금을 기록으로 남기고 데이터를 쌓고자 했다. 그 후 IBM은 제2차 세계대전 기간에 미국 국방부와 계약을 체결하면서 사세를 더욱 확장했다.

그러나 IBM은 단순히 정부에서 발주하는 계약에만 집중하지 않았다. 비록 기술 분야에서는 경쟁사에 뒤처지기도 했지만, 자사의 마케팅과 고객 홍보 역량을 십분 활용해서 1950년대에 들어서면 기업용 컴퓨터 부문에서 절대 강자의 지위를 차지하게 된다. 그러나 1956년에 연방정부는 IBM에 다른 경쟁사들이 제조한 컴퓨터 부속기기가 IBM 컴퓨터 제품과 호환할 수 있게끔 하라고 명령을 내렸다. 그래서 IBM은 자사의 컴퓨터 아키텍처를 산업 경쟁사들에 공개해야만 했다. 결론적으로 이 조치 때문에 IBM은 그동안 R&D에 막대한 자금

---

4 2022년 1월 현재 한국의 보건복지부 산하 연금정책국 내지 국민연금과 비슷한 기능을 한다.

을 쏟아붓고도, 경쟁사들의 전산기기와 주변기기(이를테면 IBM 제품과 호환되는 프린터) 개발을 간접적으로 지원한 셈이 되었다.

IBM이 1960년대에 시스템/360(IBM System/360)[5]을 시장에 출시하자, IBM이 그동안 기술에 중점을 두고 R&D에 사상 유례없을 정도로 대규모 투자를 감행한 결과가 결실을 맺게 되었다. 둥근 원이 360도 어느 면에서 바라보아도 동일한 모습이듯, 이 새로운 컴퓨터는 연구용이든 군사용이든 아니면 상업용이든 어떠한 목적으로도 사용이 가능했다. IBM이 거둔 엄청난 상업적 성과는 IBM을 IT 산업의 절대 강자 반열에 올려놓았고, 30년 동안 이 회사의 사명은 전 세계 IT 산업의 동의어로 통했다.

1970년대 중반부터 20세기 말까지 IBM이 IT 산업에서 쌓은 업적과 해낸 역할은 아무리 강조해도 지나치지 않는다. 시스템/360을 시장에 내놓으면서, IBM은 크기와 용도를 불문하고 자사의 모든 컴퓨터에 적용할 오퍼레이팅 시스템(Operating System, OS)을 한 가지 설계했다. 모든 기종에 적용할 수 있는 OS를 개발함으로써, IBM은 크기와 용도 차이를 뛰어넘어 모든 기종이 서로 정보를 교류할 수 있는 컴퓨터를 만들어내는 획기적인 단계로 접어들었다.

IBM의 이 방침은 IT 산업에 창의적인 에너지를 불어넣으며 하드웨어 및 소프트웨어 기업이 수십 곳 탄생하는 데 기여했다. 당시에 활동하던 IT 회사는 다음과 같다.

---

5   IBM이 1964년 4월 7일 발표하고 1965년부터 1979년까지 출하한 메인 프레임 컴퓨터 시스템이다. 상업용 및 과학용을 포함한 초기 다목적 컴퓨터다.

컨트롤데이터(Control Data): 주변기기와 슈퍼컴퓨터를 생산했다.

앰달(Amdahl): 코어 메모리와 디스크 드라이브를 생산했다.

메모렉스(Memorex): 테이프와 디스크 드라이브를 생산했다.

EDS(Electronic Data Systems)[6]: IT 서비스 회사다. 이 회사의 성공으로 회사 창업자이자 전직 IBM의 영업사원이었던 로스 페로(H. Ross Perot, 1930~2019)[7]는 빌리어네어가 되었다.

이들 회사 중에 오늘날까지 존속하는 회사가 없다는 점은 선례를 찾을 수 없을 정도로 격렬한 IT 산업의 역동성을 보여주는 사례라 하겠다.

IBM은 처음에 '미니컴퓨터'와 PC라는 두 가지 차세대 컴퓨터를 개발하는 단계에서는 경쟁사에 뒤처져 있었다. 1960년대와 1970년대에는 디지털 이큅먼트사(Digital Equipment)와 몇몇 기업이 미니컴퓨터(무게가 약 200파운드 정도 된다)[8]를 처음으로 만들어서 판매하기 시작했다. 그 후 1974년에 뉴멕시코주 앨버커키에 있는 영세한 계산기

---

6 EDS는 1987년 한국에서 LG그룹과 합작으로 LG EDS(현재 LG CNS)를 설립하며 한국시장에 진출했으나, 2001년 LG EDS의 지분 50퍼센트를 LG그룹에 매각하며 한국시장에서 철수했다. EDS 본사는 2008년 한때 전 세계 64개국에서 직원 30만 명을 고용하며 명실상부한 글로벌 기업으로 성장했으나, 2009년 9월 HP에 합병되며 역사 속으로 사라졌다.

7 1992년 무소속으로, 1996년에는 그가 만든 개혁당 소속으로 미국 대통령 대선에 후보로 참가했다. 텍사스 출신이며, 텍사스를 지지 기반으로 삼아 1992년과 1996년 미국 대선에 참여해서 민주당 빌 클린턴의 당선에 일조하기도 한다.

8 90킬로그램 정도로, 당시 무게가 약 800킬로그램 내지 그 이상 나가던 메인 프레임을 고려하면 미니컴퓨터라는 명칭이 그다지 이상하게 들리지 않는다.

제조사에서 최초의 초기 PC 모델인 알테어(Altair)를 출시했다. 이 제품은 키보드도 없고 모니터도 없었는데, 주로 전기제품을 취미로 다루는 동호인들이 구매했다. 당시 19세로 하버드대학교 학생이던 빌 게이츠(Bill Gates)와 친구 폴 앨런(Paul Allen)은 그 무렵 상용화된 베이식 프로그래밍 언어를 사용해서 알테어의 프로그램을 짰고, 앨버커키에 소프트웨어 회사를 차렸다. 비록 알테어가 상업용 컴퓨터로서 시장에 큰 영향을 미치지는 못했으나, 게이츠와 앨런은 PC 소프트웨어 시장에서 큰 사업 기회를 IBM이 놓치자 그 틈을 파고들어서 입지를 구축하기 시작했다. 이들은 곧 자신들이 함께 세운 소프트웨어 회사인 마이크로소프트[Micro-soft, 마이크로컴퓨터(Microcomptuer)와 소프트웨어(Software)의 합성어로, 나중에 사명에서 하이픈을 뺀다]를 자신들의 고향인 시애틀로 옮겼다.

2년 후에는 캘리포니아에 있는 조그마한 회사가 애플II(Apple II)라는 PC 제품을 시장에 출시했다. 이 회사의 창업자인 스티브 잡스(Steve Jobs)와 스티브 워즈니악(Steve Wozniak)(둘 다 과거에 알테어 컴퓨터를 기반으로 일했다)은 현대적이고 사용자에게 편리한 컴퓨터를 만들었다. 그런데 이 컴퓨터는 상대적으로 가격이 꽤 고가였다. 하지만 키보드와 외장 디스크 드라이브가 있었고, 모니터와 그 밖의 부속기기를 쉽게 접속할 수 있었다. 1981년에 12만 명 이상의 고객이 애플II를 구매했는데, 고객 대부분은 초기 버전의 스프레드시트 프로그램을 사용하는 기업고객이었다. 1984년에는 애플의 매킨토시 PC가 출시되었다. 이 회사는 이제 장기간 PC 시장에서 강자로 군림할 수도 있었으나, 잡스와 워즈니악은 오피스 시장을 경멸했다. 그래서 이들은 자사의 OS를 다른 회사에 라이선스 주기를 거부했고, 자사의 컴퓨터와 소프트웨어는 다른 회사들이 만든 주변기기와 호환될 길이 막혀버렸다.

한편, 1981년 IBM이 만든 PC가 시장에 출시되자마자 히트를 쳤고, IBM PC의 폭발적인 성장은 PC 산업 자체의 성장을 견인했다. 1981년 PC 판매량은 80만 대에 달했고, 그다음 해에는 250만 대가 팔렸다. 그리고 1985년에는 판매 대수가 600만 대를 돌파했다. 판매되는 대부분의 PC는 사무용이었고, 사무용 PC 구매자들이 IBM PC를 구매하는 중요한 이유는 IBM의 브랜드와 IBM의 타의 추종을 불허하는 고객 서비스, 그리고 다른 회사의 소프트웨어와 호환이 가능한 '개방형 구조'였기 때문이다. IBM이 만든 PC는 다른 회사 제품들보다 뚜렷하게 뛰어나지도 않았고, 고가의 매킨토시보다는 확실히 성능이 떨어졌다. 그러나 IBM은 오랫동안 시장을 지배해온 IT의 명가였고 사무용 기기 시장뿐만 아니라 개인용 PC 시장에서도 적극적으로 판매에 나섰기 때문에, IBM의 매출실적은 상당히 우수했다.

IBM은 PC 시장의 호황이라는 기회를 활용해서 회사의 현금흐름 속도를 높이고자 했다. 그래서 두 가지 중대한 결정을 하게 되는데, 이 결정이 사실상 PC 시장의 명실상부한 최강자인 IBM이 몰락하는 씨앗이 되었다. IBM은 두 가지 기능을 외주화 내지 아웃소싱하기로 결정했는데, 품목이 바로 PC의 OS 소프트웨어 프로그램과 PC에 필수인 마이크로프로세서였다. 특히 마이크로프로세서는 복잡한 칩으로, 모든 PC의 중요한 '두뇌'를 구성하는 품목이었다. IBM의 아웃소싱 계약은 두 신생기업에 엄청난 기회를 안겨다주었는데, 이 두 회사는 곧 기업사상 가장 성공적인 회사의 반열에 올라서게 된다. 바로 마이크로소프트와, 1968년에 로버트 노이스와 고든 무어가 설립한 인텔(Intel)이다. 두 회사는 IBM뿐만 아니라 IBM PC의 '복제품'을 더욱 싼 가격에 더욱 빨리 만들던 경쟁사들에 자사 제품을 납품했다. 빌 게이츠는 지구상에서 가장 부유한 사람이 되었다. 하지만 그의 회사 마이크로소프트는 일찍이 IBM이 그랬던 것처럼, 시장표준이 된 자사 OS의 위치를 지키려고 지나치게 시장을 통제하다가 미국 연방 정부가 내린 심각한 반독점 제한 조치에 직면하게 되었다. 한편,《타임》은 마이크로프로세서 시장을 석권한 인텔의 중요한 위치를 반영해서, 인텔의 CEO인 앤디 그로브(Andy Grove)를 1997년 '올해의 인물'로 선정했다.

소프트웨어와 마이크로프로세서를 외주화하는 실수를 저지른 IBM은 사내의 복잡한 관료제적 의사결정 체계가 큰 부담으로 다가왔다. IBM의 '흰색 셔츠와 검정색 넥타이' 유니폼은 이 회사에 퍼져 있던 무력감을 상징하게 되었다. 경영자들의 의사결정은 유연하지도 않았고, 경쟁사에 비해 제품을 인도하는 과정도 느렸으며, 가격은 너무 비쌌다. IBM은 당시 정체되어 있던 하드웨어 시장과는 반대로 성장 중인 소프트웨어 시장의 중요성을 간과했다. 하지만 1980년대 말에 컨설팅과 전자상거래에 중점을 둔 서비스 회사로 탈바꿈하기 시작하며, 시장에서 선도적인 지위를 다시금 노리게 되었다. IBM은 자사 직원들과의 관계에도 변화를 주었다. 1990년대 초에 회사를 큰 규모로 '다운사이징'하며, 그동안 IBM이 고수해온 '평생 고용' 제도를 없앴다. 1994년 IBM의 직원 수는 1990년 직원 수의 59퍼센트 수준이었다. 비록 IBM이 IT 산업에서 과거의 선도적인 지위를 유지하지는 못했지만, IBM은 여전히 중요한 다국적기업이다. 2015년 IBM은 《포브스》가 선정하는 여러 목록에서 좋은 성적을 거두었다. 전 세계에서 가장 가치 있는 브랜드를 보유한 회사 5위, 시가총액 기준 40위, 매출액 기준 74위, 그리고 순이익 기준 28위를 차지했다.

전후시대 컴퓨터의 역사는 대부분 미국 기업의 역사였다. 사무기기 시장이건 일반 PC 시장이건 유럽 기업들은 미국 기업들의 아성에 명함도 내밀지 못했다. 하지만 1980년대가 되면 일본에서 거세게 도전장을 내민다. 한동안 가전제품 시장에서 소니와 마쓰시타가 RCA와 미국 가전제품 회사들의 아성에 도전했던 것처럼, 후지쓰, NEC, 히타치 그리고 도시바가 미국 IT 기업의 선도적 지위를 위협하기 시작했다. 하지만 일본 기업들의 이러한 도전도 1990년대 초반이 되면 잠잠해지는데, 주된 이유는 실리콘밸리라고 불리는 지역을 중심으로 미국 기업들이 발전과 진화의 거침없는 행보를 이어갔기 때문이다. 당시 6천 곳의 하이테크 기업이 이 지역에서 활동했다.

실리콘밸리의 부상과
새로운 기업문화

1930년대에 윌리엄 휴렛(William Hewlett, 1913~2001)과 데이비드 팩커드(David Packard, 1912~96)는 스탠퍼드대학교 공과대학 교수인 프레더릭 터먼(Frederick Terman, 1900~82)의 학생이었다. 1938년 터

먼은 이 둘에게 538달러(2016년 기준으로 9,190달러 수준)를 빌려주며 이들이 팰로앨토에 있는 팩커드네 집 차고에서 회사를 창업하는 데 도움을 주었다. 휴렛팩커드(Hewlett-Packard, HP, 이름 순서는 동전을 던져서 결정했다)는 꾸준히 성장했고, 1960년대 들어 컴퓨터 시장에 진출하면서 전국 규모의 회사로 발돋움했다. HP는 곧이어 휴대용 계산기와 전자식 의료장비, 그리고 잉크젯 및 레이저 프린터 시장에서 강자가 되었다. 'HP 방식'이 상징하는 그들의 문화는 철저하게 혁신을 받아들이고 기업이 사회적 책임의식을 가질 것을 강조했다. 이들이 말하는 사회적 책임은 대상을 단순히 주주로만 한정하지 않고 직원과 고객, 나아가 지역사회로까지 확대하는 개념이었다. HP의 기업문화는 실리콘밸리의 다른 기업들에도 귀감이 되었다. 30명이 넘는 HP 출신들이 회사를 떠나서 새로운 회사를 창업했는데, 그중에는 애플의 공동창업자인 스티브 워즈니악도 있다.

'실리콘밸리의 아버지'라고 불리는 터먼은 1950년대 초에 스탠퍼드대학교를 설득해서 대학교 소유의 캠퍼스 인근 부지 1,000에이커를 기부하도록 하고, 이곳에 하이테크 기업들을 입주시켰다. 30년을 훌쩍 넘기는 기간 동안 1,000곳이 넘는 기업이 스탠퍼드대학교 연구실에서 분화되어 나왔고, 기업 수십 곳은 스탠퍼드 인더스트리얼 파크[Stanford Industrial Park, 나중에 스탠퍼드 리서치 파크(Stanford Research Park)로 이름이 바뀐다]에 터전을 잡았다. 트랜지스터를 공동 발명해서 노벨상을 수상한 윌리엄 쇼클리(William Shockley)는 1955년에 자신의 쇼클리 반도체 연구실(Shockley Semiconductor Laboratories)을 이 스탠퍼드 리서치 파크로 옮겼다. 2년 후 쇼클리 연구실의 직원 여덟 명은 회사를 떠나서 페어차일드 반도체사(Fairchild Semiconductor)를 설립했다. 집적회로의 발명자 중 한 명인 로버트 노이스와 더불어, 페어차일드를 배신한 8인[9]에는 고든 무어(유명한 무어의 법칙을 선언한 당사자)와 유명한 벤처캐피털 회사인 클라이너 퍼킨스(Kleiner Perkins)의 공동창업자로 이름을 날린 유진 클라이너(Eugene Kleiner)가 있었다[클라이너 퍼킨스의 다른 공동창업자는 클라이너가 HP에 재직할 당시 동료였던 토머스 퍼킨스(Thomas Perkins)다]. 회사를 옮겨다니고 새로운 스타트업을 창업하는 모습이 실리콘밸리에서는 흔한 경력의 한 과정으로 받아들여졌다. 나중에 이 페어차일드 반도체사는 마이크로칩 제조사인 인텔을 분사하게 된다.

유럽과 일본은 그들의 법체계 자체가 혁신보다는 사업의 안정성에 중점을 두었기에, 이들 국가의 기업환경은 지속적으로 요동치고 경영자가 자주 교체되는 미국식 자본주의와는 경향이 사뭇 달랐다. 일본에서는 경영자든 노동자든 한번 회사에 입사하면 그 직장에서 경력을 마치는 것을 당연한 일로 받아들였다. 또한 유럽 각국은 회사의 중요한 인물이 퇴사하면, 퇴사하기 6개월 전에 회사에 통보하게끔 법으로 강제하고 있었다. 미국의 노동계약에는 일반적으로 퇴사하면 2년여 동안 동종 업계에 취업을 금지하는 '경업금지競業禁止 조항'이 있었다. 그러나 주별로 이 조항을 달리 적용했다. 실리콘밸리에 그토록 많은 하이테크 기업이 몰려든 이유 중 하나가 바로 캘리

---

9 실리콘밸리에서는 쇼클리를 떠나 페어차일드 반도체사를 창업한 여덟 명을 "8인의 배신자"라고도 부른다.

포니아주에서는 이 경업금지 조항을 느슨하게 해석하고 소극적으로 적용했기 때문이다.

실리콘밸리에는 일종의 산업집적지 또는 '클러스터'가 형성되었는데, 실리콘밸리의 클러스터와 다른 지역의 클러스터를 비교해보는 것도 흥미로울 듯하여 몇몇 클러스터를 예시로 들고자 한다. 오래된 예로, 뉴욕시에 뉴욕증권거래소가 생기고 얼마 지나지 않아서 많은 투자은행과 중개회사가 월스트리트 골목에 생겨나며 일종의 클러스터를 형성했다. 클러스터 형태로 진화해온 다른 산업의 예로는 디트로이트를 중심으로 한 자동차 산업과 맨해튼을 중심으로 한 광고 에이전트 회사들, 캘리포니아 남부 지역의 영화산업들 그리고 중부 플로리다의 테마파크들이 있다. 클러스터가 발전할수록 클러스터를 중심으로 기업들이 아이디어를 더욱 손쉽게 공유할 수 있었고, 클러스터에 속한 기업들의 발전을 더욱 촉진할 수 있었다.

클러스터 중에는 실리콘밸리가 가장 유명하지만, 다른 두 개의 클러스터, 즉 보스턴과 텍사스주 오스틴도 잠깐 언급하는 것이 좋을 듯하다. 보스턴시 128번 순환도로는 하이테크 기업들의 중심지가 되었는데, 그 이유는 주정부가 이 지역을 중심으로 적극적인 지원에 나섰고, 또한 인근에 MIT 같은 유수의 대학교들이 있기 때문이었다. 모토롤라와 텍사스 인스트루먼트, 델 컴퓨터[오늘날 델테크놀로지(Dell Technology)]는 오스틴시 내부와 인근에 자리를 잡았다. 왜냐하면 이 지역의 평균급여와 생활물가가 상대적으로 낮았고, 마이크로칩을 생산하는 데 필요한 수자원 공급이 원활했으며, 텍사스오스틴대학교가 여러 유망한 과학자와 학생 들을 불러 모으는 구심점이었기 때문이다.

《이코노미스트》는 1997년 실리콘밸리를 취재한 연재기사를 단행본으로 출간했다. 이 책에서는 실리콘밸리에 자리를 잡은 하이테크 기업들 중심의 클러스터가 지닌 중요한 특징을 다루었다. 흥미롭게도 이 책은 기술이 아닌 조직에 초점을 두고 그 특징을 분석했다. 실리콘밸리 기업들의 특징이란 바로 끊임없는 변화, 위험을 기꺼이 감수하는 태도, 일시적인 실패를 견디는 인내와 용인, 이직에 대한 관용, 철저한 실력주의, 기업 간 협력 그리고 유연한 조직 구성이다.

최근 들어 일부 스타트업 사업가들이 자사를 시스코와 마이크로소프트 같은 실리콘밸리 안팎의 대기업에 매각하는 사례가 늘고 있다. 이는 사실상 실리콘밸리의 영속성과 성장성을 위협하는 중대한 위험요소다. 인터넷의 성장으로, 팀을 전 세계 각지의 개인들로 구성하는 일이 가능해졌다. 그래서 물리적인 클러스터의 의미가 예전에 비해 많이 퇴색했는데, 이 점도 실리콘밸리의 영속성에 부정적인 위험요소이긴 하다. 《이코노미스트》 기사의 필자가 설명하듯이, '실리콘밸리의 범생이'들은 정부의 규제나 사회적 소명의식, 문화 규범의 변화(예를 들어 성평등)에 놀라울 정도로 무신경하다. 실리콘밸리에서 일하는 사람들이 이처럼 돈과 '멋진 아이디어' 말고는 그 어떤 주제에도 관심을 보이지 않는 태도가 실리콘밸리에 내재된 또 다른 문제점이다. 그렇긴 해도 새로운 천 년이 열린 십여 년 동안 실리콘밸리는 여전히 IT 산업에서 지배자로 군림하고 있다.

인터넷과 월드와이드웹

트랜지스터, 마이크로칩 그리고 컴퓨터가 IT 혁명을 가능하게 했다면, 인터넷과 월드와이드웹은 쉴 새 없이 몰아치는 변화의 강풍을 불러일으켰다.

컴퓨터 하드웨어와 소프트웨어 산업과 마찬가지로 인터넷도 냉전 체제의 산물이었다. 거대 담론가이자 과학자였던 J. C. R. 리클라이더(Joseph Carl Robnett Licklider, 1915~90)[10]는 미국 국방부 산하 방위고등연구계획국(Defense Department's Advanced Research Project Agency, ARPA) 소속으로 1962년 일련의 보고서를 작성했는데, 이 보고서에서 오늘날 인터넷의 모태가 되는 시스템의 골격을 그렸다. 국방부의 ARPAnet은 미국 전역의 대학교 소속 과학자와 정부기관 들을 연결해서 R&D를 공동 추진하기 위해 설계되었다. 이 시스템을 설계한 사람들은 인공위성 통신과 전화선 그리고 다른 연결선과 같은 백업 경로를 활용해서 인터넷의 권한을 분산했다.

1960년대 말 4대 정도에 불과했던 호스트 컴퓨터가 1980년대 2,000대가량으로 증가하면서, 이 시스템은 훨씬 더 복잡해졌다. 초기 몇 년간 이 시스템을 집중적으로 사용한 사람들은 과학자 또는 고급 R&D 프로젝트에서 활동하는 기술자들이었다. 어느 누가 계획한 것도 아닌데, 사용자들은 이른바 '채팅'을 하며 아이디어를 교류하기 시작했고, '게시판'을 만들었다.

---

10 미국의 유명한 심리학자이자 컴퓨터 과학자

정부기관으로서 모든 종류의 연구개발을 직접적으로 지원하는 미국 국립과학재단(National Science Foundation, NSF)이 1980년대에 인터넷의 관리감독을 맡기 시작했다. 당초 NSF는 인터넷의 상업적 활용을 금지했고, 오랫동안 암암리에 인터넷을 여러 용도로 써오던 것도 공식적으로 막았다. 그러나 인터넷의 상업적 잠재력은 수많은 사용자에게 무척이나 매력적이었기에, 금지 조치는 몇 년을 넘기지 못했다. 인터넷은 실용적 목적으로 1990년 민간에 사실상 개방되었고, 1995년 NSF는 민간경제의 근간을 존중하는 차원에서 공식적으로 감독 기능을 철회했다. 연결 네트워크의 수는 1980년대 초반에 25개에서 그 무렵 4만 4,000개까지 늘었다.

사이버 공간이라고도 불리는 인터넷은 사용자 수가 기하급수적으로 증가했다. 1993년 9만여 명의 미국인이 일상적으로 인터넷에 접속했다. 7년 뒤에는 이 숫자가 1,000배가량 증가해서 9천만 명으로 늘었다. 2000년 기준으로 전 세계 인터넷 사용자는 3억 2,700만 명이었으나, 2009년에는 15억 명으로 늘었고, 2015년 말에는 32억 명이 넘었다(당시 세계 인구는 73억 명이었다).

이처럼 인터넷 사용자 수가 가파르게 증가한 배경에는 1980년대 말부터 1990년대 초 사이에 발명된 월드와이드웹이 있다. 월드와이드웹은 이 시스템의 개발자 중 한 명인 영국의 물리학자 팀 버너스-리(Tim Berners-Lee)가 붙인 이름이다. 인터넷과 웹은 같은 것이 아니다. 웹은 온라인으로 접근이 가능한 방대한 자료와 콘텐츠의 모음이고, 인터넷은 사용자가 콘텐츠에 접근할 수 있게 해주는 '네트워크들의 네트워크'다. 웹서버는 정보를 저장하고, 웹브라우저는 사용자가 이 정보를 찾을 수 있도록 해준다. 웹의 기초 버전이 연구실과 연구 커뮤니티에 소개되자 인기가 대단했다.

일리노이대학교의 정부 출연 연구센터에서 당시 학부생이던 마크 안드레센(Marc Andreessen)이 포함된 연구팀이 '모자이크(Mosaic)'라는 프로그램을 만들었는데, 모자이크는 확장된 웹브라우저로서 대부분의 PC에서 구동이 가능했고 텍스트뿐만 아니라 컬러 이미지까지 사용할 수 있었다. 1993년 말 연방정부는 모자이크를 인터넷을 통해 일반 시민에게 공짜로 제공했다. 이듬해 안드레센과 그의 팀은 일리노이대학교를 떠나서 민간기업에 합류했고, 곧이어 모자이크의 업그레이드된 버전인 이름하여 '네스케이프 네비게이터'를 배포했다. 이들이 설립한 네스케이프사는 곧 미국 기업사상 가장 주목받는 기업 중 하나가 되었다. 1999년에 이 회사는 당시 미국 최대 인터넷 서비스 회사 중 한 곳인 아메리칸 온라인(American Online)에 합병되었다.

그 후 새로운 웹브라우저들이 모자이크와 네스케이프 네비게이터의 뒤를 이어 시장에 출시되었다. 바로 인터넷 익스플로러(Internet Explorer, 마이크로소프트, 1995), 사파리(Safari, 애플, 2003), 파이어폭스[Firefox, 모질라(Mozilla), 2004] 등이다. 전 세계 많은 일반 시민은 웹에서 정보를 얻을 뿐만 아니라, 개인 블로그와 상업용 웹페이지 그리고 2001년 설립된 거대 비영리 백과사전 단체인 위키피디아 같은 인터넷 기반 서비스를 통해 스스로 새로운 데이터를 제공하기도 했다.

수많은 창업자들은 다양한 형태의 전자상거래에서 무한한 기회를 발견하고 있다. 1998년 637명의 직원이 소속된 웹 기반 회사인 야후(Yahoo!)는 같은 해에 23만 명의 직원을 거느린 우주항공 거대기업인 보잉사와 시가총액이 거의 비슷했다. 이른바 '닷컴' 기업 중에는 이익을 내지 못하고 심지어 적자를 거듭하는 기업도 많지만, 이들 회사의 주식은 천문학적인 가격으로 거래되고 있다.[11]

인터넷을 통해 확대된 상업활동은 새천년 들어 미국 기업사에서 일군 가장 중요한 발전 중 하나다. 수많은 창업자들이 21세기에 사업 기회가 숱하게 넘쳐나는 인터넷이라는 장터로 몰려나왔고, 이곳에서 저마다 사업 아이템을 가지고 고군분투하고 있다. 그러나 이들 회사에 쏟아진 투자가 거품처럼 부풀어 오르다가, 2000년이 되면서 갑작스레 닥친 디플레이션으로 거품이 터지며 수많은 스타트업이 줄도산했다. 하지만 돌이켜보면 이 '닷컴 붕괴', 즉 2000년부터 2002년까지 이어진 주식시장 붕괴는 기나긴 성장기에 찾아온 일시적인 지체 현상일 뿐이었다.

인터넷과 웹은 자동차와 텔레비전이 당대에 크나큰 영향을 미친 것처럼, 20세기 후반에 엄청난 문화적 영향을 끼쳤다. 인터넷과 웹은 서로 실타래처럼 얽혀서, 과거 역사상 유례를 찾아볼 수 없을 정도로 수많은 정보를 양산하고 있고, 정보에 접근하는 권한도 과거와 달리 민주주의화 및 분권화되었다.

11　1998년 보잉사의 시가총액은 약 400억 달러였고, 2021년 말에는 약 1,167억 달러 (약 128조 원)였다. 야후는 2017년 미국의 대형 통신기업인 버라이즌(Verizon)에 인수합병되었다.

IT 산업의 새로운 강자들

미국의 IT 산업은 미국 전역과 세계 각국에서 기술자와 사업가를 끌어들였다. 그 중심에는 실리콘밸리와 다른 도시의 IT 클러스터들이 있었다. 그리고 수많은 IT 기업이 이민자들 손에 설립되었다. 대표적인 인물이 인도 출신의 핫메일(Hotmail) 창업자인 사비어 바티아(Sabeer Bhatia)와 대만 출신으로 야후를 창업한 제리 양(Jerry Yang)이다. 특히 지금부터 설명할 세 회사(아마존, 이베이 그리고 구글)의 역사는 다양한 성장 배경과 경력을 지닌 사람들이 창업가다운 에너지를 IT 산업에서 어떻게 분출하는지 여실히 보여주는 좋은 사례다.

아마존 Amazon.com

1994년 헤지펀드에서 금융 분석가로 일하던 30세의 제프 베조스(Jeff Bezos)는 인터넷 분야에서 투자 기회를 찾으려고 리서치를 하던 중 불현듯 도서 판매가 이커머스(e-Commerce) 또는 전자상거래를 하기에 가장 적합한 사업 아이템이 될 수 있겠다는 생각을 막연하게나마 품게 되었다. 출판업은 당시 지각변동에 가까운 변화가 일어날 수 있는 상황이었다. 매년 8만여 권의 책이 새로이 시장에 쏟아지는 터라 출판사들은 매출을 예측할 수 없었고, 도서 소매상들은 판매실적이 저조한 데에서 발생하는 손실을 벌충하기 위해 모든 책의 판매가격에 붙이는 이익 마진을 상당히 올려놓았다. 도서 대부분은 수백 권 정도만 팔렸고, 천 단위 이상으로 판매되는 책들이 많지 않았다. 일부만이 만 권 단위로 팔렸고, 극소수만 백만 단위로 판매되고 있었다. 다니엘 스틸(Danielle Steel)이나 톰 클랜시(Tom Clancy)처럼 브랜드가 된 작가를 잡아야만 꾸준히 책을 출간할 수 있었다. 게다가 당시 도서 판매상들의 재고관리는 시대에 뒤떨어져 있었다. 제프 베조스는 출판 경력이 전혀 없었지만, 컴퓨터 천재이자 금융 분석가로서 새로운 사업의 가능성을 발견했던 것이다.

그는 앨버커키에서 태어나 휴스턴과 마이애미에서 어린 시절을 보냈다. 그의 나이 5세 되던 해에 친모의 두 번째 결혼 상대자로 쿠바에서 건너온 이민자이자 엑손사(Exon)의 엔지니어였던 미구엘 베조스(Miguel Bezos)로부터 성을 물려받았다. 그는 어려서부터 어린 시절의 토머스 에디슨과 헨리 포드와 취향이 비슷했는데, 걸핏하면 물건이나 기계를 뜯어보고 다시 조립하고는 했다고 한다. 일설에 따르면 그는 유아일 때 이미 아기용 침대 창살을 스크루드라이버로 분해했고, 조금 자라서는 자신의 방에 전기 알람을 설치해서 누군가 방에서 나갈 때마다 알람이 울리도록 했다고도 한다. 그는 프린스턴대학교에서 컴퓨터과학과 전기공학을 전공했고, 파이베타카파[12] 우등생으로 졸업했다.

그는 당시 재직 중이던 헤지펀드[13]에 온라인 서적 판매회사에 투

---

12 미국의 유수 대학교에서 최우등 성적을 거둔 졸업생에게 회원 가입자격을 부여하는 일종의 명예 학술단체로, 1776년에 시작되었다.

13 이 회사는 유명한 투자자인 데이비드 E. 쇼(David E. Shaw)가 설립한 D. E. Shaw & Co였다.

자하자고 제안했다가 거절당하자, 이 고연봉 직업을 등지고 시애틀로 갔다. 그가 설립한 회사의 첫 이름은 카다브라(Cadabra.com)였는데, 발음이 연구용 시체를 의미하는 카데바(cadaver)와 비슷하다고 해서 사명을 아마존으로 바꾸었다. 세계에서 가장 긴 강인 아마존이야말로 베조스의 원대한 비전과 꿈을 가장 잘 표현한다고 생각했기 때문이다.

아마존은 1995년 판매가격을 상당히 낮춰서 도서를 판매하기 시작했고, 다른 어떤 회사보다도 주문방법이 쉽도록 웹페이지를 구성했다('장바구니' 페이지와 단추를 만들었고 '한 번의 클릭'으로 주문이 끝나도록 페이지를 구성했다). 또한 아마존 웹사이트의 각 판매 도서 웹페이지마다 구매한 고객들의 후기를 게시했다. 아마존은 1997년 기업공개를 했고, 주가는 천정부지로 치솟았다. 2년 뒤에 제프 베조스의 순자산은 100억 달러를 넘었고, 그는 전 세계 부자 순위에서 19위를 차지했다. 《타임》은 그해에 그를 올해의 인물로 선정했다.

베조스는 금융 분야에서 일한 경험에 비추어 한 차례 큰 산업의 파동이 올 거라고 예상했다. 아마존은 설립 이후 7년 동안 내리 적자 상태로 운영되고 있었다. 그러다가 2000년 들어 닷컴 거품이 터졌다. 거품이 붕괴하자, 그 여파로 아마존의 장기 자금 조달에 적신호가 켜졌다. 초기에 아마존은 벤처캐피털에서 800만 달러[14]를 투자받고 사업을 시작했는데, 1997년 기업공개를 통해 6,200만 달러[15]

---

14 2021년 기준으로 1,421만 달러, 원화로 약 160억 원
15 2021년 기준으로 1억 769만 달러, 원화로 약 1,180억 원

의 신규 자금이 회사로 유입되었다. 그 후 하이일드 채권을 발행해서 3억 2,600만 달러[16]를 추가로 모집했다. 또한 전환사채를 발행해서 1999년과 2000년에 각각 12억 5,000만 달러[17]와 6억 8,100만 달러[18]를 추가로 끌어모았다. 닷컴 거품이 꺼지면서 베조스의 개인 자산이 86억 달러가량 감소하긴 했으나, 그는 쉴 새 없이 아마존의 사세를 확장해나갔다. 아마존은 변화무쌍한 기업전략으로도 유명한데, 소규모 인터넷 기업과 합병을 거쳐 성장하는 한편, 계속 변화하는 회사의 전략과 맞지 않는 모든 사업부를 거리낌없이 매각했다.

다음은 아마존이 추진한 인수합병의 몇 가지 사례다. 대부분은 현금 유출을 최소화하기 위해 아마존이 주식을 발행해서 추진한 인수합병이다.

- 1998년: 인터넷 무비 데이터베이스(Internet Movie Database)
- 1999년: 알렉사 인터넷(Alexa Internet), 익스체인지닷컴(Exchange. com), 억셉트닷컴(Accept.com)
- 2003년: 씨디나우(CD Now)
- 2004년: 조요닷컴(Joyo.com, 중국 내 이커머스 포털 사이트)
- 2005년: 북서지(Book Surge, 주문형 프린팅 서비스), 모비포켓닷컴 (Mobipocket.com, e북소프트웨어), 크리에이트스페이스(CreateSpace, 주문형 DVD)

---

16 2021년 기준으로 5억 7,000만 달러, 원화로 약 6,200억 원
17 2021년 기준으로 20억 달러, 원화로 약 2조 2,000억 원
18 2021년 기준으로 11억 달러, 원화로 약 1조 2,000억 원

- 2007년: 브릴리언스오디오(Brilliance Audio, 오디오북 판매사)
- 2009년: 자포스(Zappos)
- 2012년: 키바시스템스(Kiva Systems, 창고용 로봇 기술)
- 2013년: 굿리즈(Goodreads, 도서 리뷰 및 후기 관련 서비스)

   이 모든 인수합병과 아마존이 추진한 많은 전략은 전자상거래에서 취급하는 상품 라인을 확장하고 고객이 온라인쇼핑몰을 더욱 간편하게 이용할 수 있도록 도와서 온라인 사업을 성장시키기 위해 고도로 계산된 행동이었다.

   마침내 아마존은 수많은 리테일 업체와 제조사, 이를테면 타깃, 시어스, 마크앤드스펜서, 갭, 랜드엔드, 노드스트롬, 라코스테, 티멕스 등과 협업하기 위해 협약을 맺었다. 아마존이 취급하는 상품의 범위는 무척 넓었다. 주요 상품으로는 도서, DVD, MP3 다운로드 서비스, 스포츠용품, 장난감, 손목시계, 공작도구, 자동차 부품, 보석, 그 밖에 고객에게 배달이 용이한 많은 제품이 있었다. 21세기 초에 들어서면 북미와 유럽 그리고 아시아에서 아마존으로 들어오는 한 달 주문 건수만 5,000만 건 이상이었다. 2007년 매출액은 150억 달러[19]를 넘어섰고, 순이익은 거의 4억 8,000만 달러[20]에 달했다. 아마존의 주식 가격은 계속해서 상승했고, 베조스의 개인 자산도 늘어갔다. 2014년 말에는 아마존에 근무하는 사람만도 15만 명이 넘었다.

---

19 2021년 기준으로 196억 달러, 원화로 약 21조 5,000억 원
20 2021년 기준으로 6억 3,000만 달러, 원화로 약 6,900억 원

하지만 밖으로 드러나는 상황을 살펴보면, 이 회사의 많은 직원이 폭주하는 업무량에 비명을 지르고 있었다. 아마존의 높은 이직률은 대부분 직원보다는 회사에 원인이 있는 경우가 많았다. 흥미로운 점은 이직자 상당수가 회사의 업무 강도를 견디지 못한 경우지만, 그중에는 아마존에서 쌓은 경험이 경력 계발에 큰 가치가 있었고 아마존의 경력을 토대로 더욱 성장하고 성공할 수 있었다고 회고하는 직원도 많았다는 것이다. 아마존의 전직 임원인 존 로스먼(John Rossman)은 "아마존에서 근무하는 많은 사람들이 상당한 압박감을 느낀다. 아마존은 가장 대단한 일자리지만 그곳에서 일하는 것은 혐오스럽다"고 말했다.

아마존은 또한 대중에게 많은 비판을 받아왔다. 일부 주정부 및 지방자치단체하고는 세금문제로 툭하면 분쟁을 벌였고, 아마존이 배달 트럭과 포장지를 과도하게 사용하고 배달에 드론을 활용해서 환경을 해친다는 비난도 자주 일었다. 하지만 고객들은 아마존 서비스의 사용을 줄일 생각이 전혀 없어 보인다. 아마존은 《포춘》에서 2016년 발표한 가장 가치 있는 500대 기업에 선정되었다.

이베이 eBay

이베이는 많은 사람에게 익숙한 온라인 옥션 사이트 회사다. 이 회사는 거의 완전한 분권 시스템으로 마케팅을 운영한다. 창업자인 피에르 오미다이어(Pierre Omidyar)는 프랑스에서 태어난 이란계 미국인이다. 이베이를 창업하기 전에는 1988년 터프츠대학교에서 컴퓨터공학을 전공했고, 애플사의 자회사[21]에서 근무하기도 했다. 그는 자신만의 최초 온라인 회사[잉크 디벨롭먼트사(Ink Development)]를 1991년에 창업했다. 4년이 지난 후인 28세에는 옥션 웹사이트를 만들었는데, 사람들은 이 웹사이트에서 모든 종류의 아이템을 수수료 없이 팔 수 있었다. 1995년에 이베이를 창업했을 때, 그가 내세운 구호는 "서로 모르는 사람들 사이에서도 신뢰할 수 있는 거래"를 마음 편히 할 수 있는 온라인 장터였다.

이베이는 세계 전역의 사람들이 중고품을 사고팔 수 있는 공룡 온라인 벼룩시장이 되었다. 2008년에는 전 세계 2억 2,000만 명의 고객과 30만 명의 정규 판매회원이 이베이에 등록했다. 판매회원의 20퍼센트가 전체 매출의 80퍼센트를 차지했다. 이베이는 그들 입장에서 보면 가게 앞마당 같은 공간이었다. 온라인 데이트 서비스 기업이나 페이스북 그리고 많은 블로그와 마찬가지로 이베이의 독창성이라면 바로 서로 교류할 마땅한 방법이 없었던 수많은 불특정 다수의 사람을 한자리에 불러 모았다는 점이다.

이베이의 자금 조달방식은 많은 면에서 아마존과 거의 동일했다. 우선 벤처캐피털에서 1997년과 1998년에 걸쳐 약 600만 달러[22]의 자금을 받았다. 그 후 1998년 발행주식을 IPO해서 7,250만 달러[23]

---

21 클라리스(Claris)로, 애플 컴퓨터 및 애플 OS에서 구동되는 소프트웨어를 제조하는 회사다.
22 2021년 기준으로 1,000만 달러, 원화로 약 110억 원
23 2021년 기준으로 1억 2,000만 달러, 원화로 약 1,300억 원

를 조달했고, 1999년 신주를 발행해서 13억 달러[24]라는 엄청난 규모의 자금을 모집했다. 이 회사의 매출은 온라인 장터를 이용하는 판매자들이 지불하는 수수료에서 나왔다. 수수료는 상품의 판매가격에 따라 다소 차이가 있었지만, 2008년 기준으로 판매되는 상품의 가치 80달러에 20센트가량을 부과했고, 판매가격에는 최대 5.25퍼센트까지 물렸다. 모든 판매상품이 경매방식은 아니었다. '지금 구매' 옵션을 클릭하면, 해당 상품을 즉시 구매할 수도 있었다. 이베이는 꾸준히 성장했는데, 건실한 성장 배경에는 경영진의 변화도 있었다. 1996년 오미다이어는 회장으로 남았지만, 회사 경영에 관한 일상적인 의사결정은 일선 경영자들에게 맡겼다. 처음 이 역할을 맡은 사람은 제프리 스콜(Jeffery Skoll)이었고, 다음에는 마거릿 '맥' 휘트면(Margaret Meg Whitman)이 그 자리를 물려받았다. 휘트면은 이베이에 있던 10년 동안 미국 재계에서 가장 저명한 여성 인사가 되었을 뿐만 아니라 빌리어네어가 되었다(부자가 된 것은 오미다이어와 스콜도 마찬가지였다).

수십억 달러 규모에 달하는 전체 거래의 구성을 면면이 살펴보면 대부분이 일상적으로 평이한 상품이나 수집품 같은 것들이다. 그러나 간혹 특이한 거래가 생기기도 한다. 1995년 이베이의 최초 옥션 거래물품은 망가진 레이저포인터였다(판매자는 부서진 레이저포인터를 수집하는 사람이었다). 2004년에는 로스앤젤레스 리산(Mount Lee)에 걸려 있던 할리우드 간판 원본이 이베이를 통해 45만 400달러에 팔

---

24   2021년 기준으로 21억 달러, 원화로 약 2조 3,200억 원

렸다.[25] 이듬해에는 영국인 라디오 디제이의 아내가 남편의 로터스 스포츠 자동차를 '지금 구매' 옵션으로 50펜스(약 800원에서 1,000원)에 팔아버렸다. 남편이 방송 중에 어느 유명한 모델에게 작업을 거는 장면을 보고 격분했기 때문이다. 그 로터스 자동차는 웹사이트에 올라오고 5분 안에 팔렸다.

이베이에서 거래하는 판매자와 구매자는 사실상 서로 정체도 알 수 없는 상태에서 거래물품과 대금도 직접 확인하지 못한 채 거래에 참여해야 하는 상당한 위험을 감수하는 셈이다. 그래서 언제나 사기 가능성이 있었다. 실제로 명의를 도용하거나 상품 설명을 부정확하게 기재하는 행위, 상품 판매가격을 인위적으로 올리는 행위[이베이에서는 이를 '쉴 비딩(shill bidding)'이라고 한다], 그리고 '스니핑(snipping)' (거래 종료 직전에 들어와서 거래 아이템을 낚아채는 행위, 이러한 부정행위를 저지르기 위해 특별히 소프트웨어 프로그램을 만드는 경우도 있었다) 등으로 이베이는 몸살을 앓았다. 결제수단을 도용하는 경우도 종종 있었다. 이베이는 자체적인 제재와 프로그램 교정을 통해, 익명의 사람들 사이에서 오가는 거래의 신뢰성을 높이기 위해 많은 노력을 기울이고 있고, 물론 앞으로도 이러한 노력은 계속될 것이다.

맥 휘트먼은 자신이 CEO 임무에 최적임자임을 증명해냈다. 프린스턴대학교에서 경제학을 전공했고, 하버드대학교에서 MBA 과정을 마친 휘트먼은 P&G에서 직장생활을 시작했고, 베인컨설팅(Bain & Company), 월트디즈니, 그리고 FTD(Floral Transworld Delivery, 이

---

25   2021년 기준으로 64만 6,082달러, 원화로 7억 원에 상당한다.

곳에서는 CEO로 근무했다)와 해즈브로(Hasbro, 대형 장남감 제조기업)에서 마케팅 경력을 쌓았다. 그녀가 이베이에서 채용 인터뷰를 할 당시만 해도 직원 수는 19명뿐이었고, 연간 매출은 4백만 달러 수준이었다. 10년이 지난 후에 휘트먼이 CEO 자리에서 내려온 2007년 당시, 이베이의 직원은 1만 4,000명이었고 연간 매출액은 77억 달러[26]에 달했다. 그녀는 2004년과 2005년 《타임》에서 발표한 100명의 가장 중요한 인물에 선정되었고, 《포춘》도 2005년 그녀를 미국 재계에서 가장 영향력 있는 여성으로 선정했다. 가장 눈에 띄는 것 중 하나는 《비즈니스위크》가 2000년부터 2007년까지 기간에서 미국의 가장 영향력 있는 25인에 그녀를 선정했다는 점이다.

2007년 이베이에서 한 경험을 회고하며 휘트먼은 다음과 같이 말했다.

피에르 오미다이어는 웹 세계의 커뮤니티에 대해 많은 것을 가르쳐주었습니다. 하지만 제가 CEO로서 이 회사에 공헌한 점이라면, 저 스스로 우리 회사가 더욱 성장하려면 어떤 점들이 필요한지를 인식하고 있었다는 것이겠지요. 제 임무는 어떤 점이 잘되고 있는지를 밝혀내는 일입니다. 제 생각에, 새로운 경영자가 부임하면, 회사에 어떤 문제점이 있고 어떤 점을 고쳐야 하는지를 밝혀내는 업무에 본능적으로 착수합니다. 하지만 이러한 방식은 그다지 좋은 전략이 아니라고 봅니다. 직원들은 자신들이 이룩한 것에 자부심을 느끼기에, 경영자의 이러한 태도는 마치 직원들을 항상 결과만 가지고 비판하는 것처럼 보이기

---

26 2021년 기준으로 100억 달러, 원화로 약 11조 원

때문입니다. CEO로서는 어떤 점이 잘되고 있는지를 밝히고 이를 발전시켜야만 더욱 성공할 수 있습니다. 이 과정에서 직원인 여러분은 회사에 어떤 문제점이 있는지를 밝히고 개선해나가야 할 것입니다.

사실 이베이가 안고 있는 문제점을 일일이 나열하자면 만만치는 않다. 휘트먼은 판매자와 구매자가 서로에게 평점을 매기는 피드백 시스템을 점검하도록 했다. 하지만 이를 통해 사이트 안에서 사기를 막는 데까지는 꽤 많은 시간이 걸렸다. 위조된 신용카드 번호 사용, 상품 배달에 대한 허위 확인(예를 들어 상품을 인도하고도 받지 않았다고 하는 경우 등), 부도수표 사용처럼 지불결제와 관련한 사기로 골머리를 앓던 휘트먼은 페이팔(Paypal)을 사용하기 시작했다. 페이팔은 1998년 설립된 온라인 결제 시스템 회사다. 2000년 2월에 페이팔은 매일 20만여 건에 달하는 이베이의 경매거래를 처리했다. 4월에는 그 숫자가 100만에 달했다. 2년 뒤에 휘트먼은 페이팔을 인수하기로 결정했는데, 인수대금이 15억 달러[27]였다. 2008년에는 페이팔에 등록된 계좌만 해도 전 세계에서 1억 6,500만 개에 달했다.

이베이는 아마존과 거의 같은 방식으로 휘트먼의 지휘 아래 여러 건의 인수합병을 거쳐 초고속으로 성장했다. 1999년 독일의 알랜도(Alando) 인수를 시작으로 여러 나라에서 온라인 경매회사들을 사들였다. 2004년에는 온라인 안내광고(광고나 신문에 싣는 소형 광고) 기업인 크레이그리스트(Craigslist)의 지분 25퍼센트를 인수했다. 이듬해

---

27 2021년 기준으로 23억 달러, 원화로 약 2조 5,000억 원

에는 인터넷을 통해 장거리 전화 서비스를 제공하는 유럽 기업인 스카이프(Skype)[28]를 인수했다(이 인수거래 소식에 일부 시장 애널리스트들은 당황했다). 또한 미국뿐만 아니라 영국과 프랑스에서 온라인 상품 비교 서비스를 제공하는 쇼핑닷컴(Shopping.com)을 인수했다. 크레이그리스트와 유사한 안내광고 기업을 몇 곳 더 인수했고, 2007년에는 연극과 공연 그리고 스포츠 경기 티켓 온라인 판매회사로서 당시 빠르게 성장하고 있던 기업인 스터브허브(StubHub)를 3억 700만 달러[29]에 인수했다.[30]

---

28 스카이프는 2003년 스웨덴의 니클라스 젠스트롬(Niklas Zennstrom)과 덴마크의 야누스 프리스(Janus Friis)가 설립했으며, 2005년 이베이에서 인수했다. 2009년 1월 이베이는 스카이프의 지분 65퍼센트를 사모펀드인 실버레이크(Silver Lake)와 벤처 캐피털펀드인 안데르센 호로위츠(Andreessen Horowitz, 네스케이프 창업자가 운용하는 벤처캐피털 회사다) 그리고 캐나다국민연금(Canada Pension Plan Investment Board, CPPIB)에 19억 달러(2021년 기준으로 24억 달러, 원화로 약 2조 6,000억 원)를 받고 매각했다. 2011년에는 마이크로소프트가 이 회사를 약 85억 달러(2021년 기준으로 102억 달러, 원화로 약 11조 원)에 인수해서 현재는 마이크로소프트사의 한 사업 부문이다.

29 2021년 기준으로 4억 달러, 원화로 약 4,400억 원

30 이베이는 2001년 한국의 토종 온라인 판매회사인 옥션 지분 50.4퍼센트를 약 1,500억 원에 인수했고, 그 후 99.9퍼센트까지 지분을 늘렸다. 또한 2009년에는 한국 지마켓의 지분 67퍼센트를 약 1조 4,000억 원에 사들였다. 2021년 6월 한국의 신세계그룹이 지마켓과 옥션을 포함한 이베이코리아의 지분 80퍼센트를 약 3조 4,000억 원에 인수했다. 이베이코리아의 실적이 흑자를 기록하는데도 이베이가 매각한 배경을 두고 다수의 시장 애널리스트들은 쿠팡과 네이버쇼핑 등 국내 토종 온라인 기업들의 도전에 향후 대처하기가 어려우리라고 판단한 것으로 추정한다. 이베이의 한국 진출과 퇴거 사례에서도 살펴볼 수 있듯이, 한국 이커머스 시장에서 일어나는 지각변동과 몇 차례에 걸친 스카이프 경영권의 이전은 휘몰아치는 변화의 바람에 좋은 일례가 아닐까 한다.

하지만 이베이는 성장세를 더 이어가지 못했는데, 그다지 놀라운 일은 아니다. 일각에서는 회사의 하락세를 두고 휘트먼의 리더십에 결함이 있다고 비판하기도 한다. 아마존의 주가는 2008년 초에 휘트먼이 이베이를 떠나기 2년 전부터 이미 이베이를 상당히 앞서 있었다. 스카이프 인수로 이베이의 전화 서비스 사용자 수는 크게 늘었지만, 스카이프 사업은 이베이가 핵심 사업 영역에 집중하는 데 장애요인이 되었다.

이베이의 2015년 매출액은 86억 달러였는데, 이는 최고점을 기록했던 2013년 160억 달러[31]에서 상당히 하락한 수치다. 하지만 이베이에서는 여전히 8억여 개의 상품이 진열되어 판매되고 있고, 2,500만 명의 판매자와 1억 5,700만 명의 구매자가 이베이를 통해 서로 거래하고 있다. 과거 전성기 대비 실적은 감소했지만, 여전히 이베이의 실적 수치는 IT 업계에서 결코 무시할 수 없을 정도다. 하지만 사업환경은 급격히 변화했다. 이제 판매되는 상품의 75퍼센트 이상은 (중고가 아닌) 신규 상품이고, 80퍼센트가량은 (경매방식이 아닌) 고정가격제로 판매되고 있다.

결과를 놓고 보면, 이베이는 인터넷에 접속할 수 있는 모든 사람에게 스스로 창업할 수 있는 기회를 열어준 셈이다. 역사상 최초로, 심각한 신체장애를 가진 사람들까지 포함해서 엄청나게 많은 사람이 온라인을 활용해 자신의 상품을 판매할 수 있게 된 것이다. 단순히 돈을 버는 일을 넘어 이처럼 많은 사람에게 스스로의 능력과 권리가

---

31 2021년 기준으로 186억 달러, 원화로 약 20조 5,000억 원

신장되었다는 자존감을 심어주는 심리적인 영향은 숫자로 표현되는 것 이상의 사회적 효능을 틔워주었다. 그 여파는 사람들이 단순히 생각하는 것 이상으로 많은 이들의 삶에 영향을 미치고 있다.

구글Google[32]

세르게이 브린(Sergey Brin)과 래리 페이지(Larry Page)는 둘 다 스탠퍼드대학교 대학원생 시절인 1995년 처음 만났다. 당시에는 서로 깊은 인상을 받지 못했다고 한다. 하지만 두 사람은 서로에게 품었던 의구심을 떨쳐내고 미국 기업사상 가장 흥미로운 기업 중 하나를 함께 설립하게 된다.

두 사람은 당시 22살 동갑내기였으며, 교육자 집안의 아들로 성장했다는 공통점이 있었다. 브린의 부모는 모두 모스크바국립대학교에서 수학 박사학위를 받았고 브린이 6살 되던 해에 더 나은 삶을 위해 서방세계로 이민을 떠났다. 수학 천재인 브린은 메릴랜드대학교에서 20번째 생일이 돌아오기 전인 1993년 컴퓨터공학 학사학위를 받았고, 미국 국립과학재단 장학생이 되어 스탠퍼드대학교를 다녔다. 래리 페이지의 아버지 역시 미시간주립대학교(Michigan State University)에서 컴퓨터공학 교수로 재직했고, 어머니도 같은 학교에서 프로그래밍을 가르쳤다. 페이지는 미시간대학교(University of

---

32 구글은 2015년 사업구조를 재편해서 현재는 알파벳(Alphabet Inc.)이라는 지주회사로 탈바꿈했다. 구글은 이제 알파벳의 자회사다.

Michigan)에서 1995년 컴퓨터공학 학사학위를 받았고, 브린보다 1년 늦게 스탠퍼드대학교에 입학했다.

브린과 페이지는 월드와이드웹이 보여주는 수많은 사업 가능성에 매료되었다. 둘 다 사용자들이 웹을 좀 더 이용하기 쉽게 만들고 싶은 열망이 있었다. 또한 세상의 웹사이트를 서로 연결하면 학술자료와 기사, 책을 찾거나 인용하는 등 웹의 사용 범위를 확장하는 열쇠가 되리라고 믿었다. 처음에는 두 사람 중 누구도 자신들의 아이디어를 상업적으로 구현하리라고는 생각도 하지 못했다.

여러 웹사이트를 연결하고 검색하는 엔진을 개발하는 프로젝트에서 핵심은 바로 링크 각각의 중요성을 다른 것과 비교해서 어떻게 구분하느냐에 있다. 좀 더 정확히 말하면 수천 개의 웹사이트를 찾아내서 다른 수천 개의 웹사이트와 비교하고, 나아가 수백만 개의 웹사이트 사이에서 어떤 것이 좀 더 중요하고 필요한 것인지를 어떤 방식으로 구현하느냐 하는 것이었다. 이는 마치 유리조각과 자갈, 지르콘 조각과 다이아몬드가 섞여 있는 100에이커의 넓은 들판에서 다이아몬드만을 골라내 크기와 색깔, 특징별로 나열한 다음 가장 적합한 다이아몬드 조각을 연결해서 값비싼 목걸이를 만드는 것과 비슷한 작업이다.

목걸이를 만드는 일은 수학이론에 따라 작동하지 않는 육체적인 작업이다. 그러나 계산하고 웹사이트를 분류하고 순위를 매기는 일은 다소 어려움이 있더라도 수학적으로 수행할 수 있는 작업이다. 브린과 페이지는 몇 단계의 작업을 묶어서 순차적으로 수행하는 일련의 알고리즘을 만들 필요가 있었다. 우선 웹을 검색해서 관련 웹사이트를 모은다. 그다음 각각의 사이트를 한 개 내지 그 이상의 카테고리로 분류한다. 마지막으로 어떤 사이트가 다른 사이트와 비교해서 더 중요한 것인지를 파악한다. 결정적인 돌파구는 마지막 단계를 마무리하는 데에서 완성되었다. 그들은 이 마지막 단계를 완성하는 데 막대하게 기여한 래리 페이지의 공로를 인정해서 여기에 페이지랭크 알고리즘(PageRank algorithm)이라고 이름을 붙였다.

그들의 '검색엔진'은 1990년대 인터넷 열풍시기에 개발된 다른 검색 프로그램들보다 훨씬 우수했다. 경쟁이 치열한 시장에서 구글의 성공사례는 포드자동차사가 일궈낸 성공신화와 닮은 점이 많다. '확장성'은 두 기업의 성공에 핵심요소였다. 컴퓨터 용량만 충분하다는 전제에서 구글의 검색엔진이 수백만 개 웹사이트를 손쉽게 분류하고 순위를 매길 수만 있다면, 이 엔진이 할 수 있는 일은 무궁무진해 보였다. 검색엔진이 처리하는 수많은 숫자를 보면서 청년 공학도 출신의 두 창업자는 자신들의 회사에 붙일 이름을 떠올렸다. '구글(Google)'은 수학용어인 '구골(googol)'을 가지고 만든 말장난 같은 이름이었는데, 구골은 10의 백승을 뜻한다(즉, 1 다음에 0이 백 개 있는 숫자다).

구글을 개발하는 데 스탠퍼드대학교가 중요한 역할을 했다. 특히 이 대학교는 브린과 페이지에게 학교 광역통신망의 10분의 1이나 되는 용량을 사용해도 좋다고 허락했다. 이 검색엔진은 1996년 가을에 스탠퍼드대학교의 인터넷망을 자주 다운시켰다. 자신들이 만든 검색엔진의 상업적 활용성에 눈을 뜨자, 브린과 페이지는 당시까지 유지하던 박사 과정 학생 신분을 버리기로 결심했다. 그들은 썬

마이크로시스템즈(Sun Microsystems)의 공동창업자인 앤디 벡톨샤임(Andy Bechtolsheim)에게 10만 달러를, 스탠퍼드대학교에서는 이보다 더 많은 액수의 자금을 지원받았다. 1999년 구글이 개인기업으로 설립되자, 곧바로 벤처캐피털 회사인 클라이너 퍼킨스와 세쿼이어 캐피털(Sequoia Capital)은 총 4,020만 달러의 자금을 투자했다. 이들 두 학생은 사업을 해본 경험이 없었기에 회사를 운영해줄 노련한 경영자를 찾아 나섰고, 한 헤드헌팅 회사에서 에릭 슈미트(Eric E. Schmidt)를 소개했다.

슈미트는 2001년 당시 46세였고, 프린스턴대학교에서 전기공학 학사학위를, UC버클리에서 전기공학 석사 및 박사 학위를 받았다. 그는 IT 산업의 기술과 경영을 전부 잘 이해하고 있었다. 이전에 벨연구소와 다른 연구기간들에서 근무했었고, 썬마이크로시스템즈에서도 일한 경력이 있었다. 그리고 노벨사(Novell)의 CEO로 재직하고 있었다. 슈미트는 구글의 CEO가 되었고, 페이지는 상품 담당 사장, 브린은 기술 담당 사장이 되었다. 페이지와 브린은 각각 구글의 지분 30퍼센트를, 슈미트는 5퍼센트를 보유하고 있었다. 2004년 이 회사가 기업공개를 하자, 세 사람은 모두 빌리어네어가 되었다.

구글은 광고로 수익을 올리고 있다. 구글의 검색엔진은 광고회사들이 자신들이 지출한 비용에 상응하는 효과를 볼 수 있도록, 어느 웹사이트로 가야 하는지 안내했다. 수백만 개의 광고는 광고주 상품의 장점을 소개하기도 하지만, 링크를 통해 광고주의 홈페이지로도 연결되게끔 했다. 구글 시스템은 구글의 가장 큰 경쟁자인 야후처럼 그림과 그래픽을 사용하는 방식이 아닌 간단한 텍스트 광고에 의존했다. 구글은 팝업창 광고라면 어떤 종류도 거부했다. 구글은 자사 광고 고객사들로부터 페이지뷰당 또는 클릭 횟수에 따라 과금하는 방식으로 수수료를 받았다. 각각의 페이지뷰와 클릭당 단가는 저렴했지만, 이를 총합하면 상당히 큰 액수가 되었다.

2004년 구글은 '구글이 발견한 10가지 진실'을 발표했다. 앞의 네 가지는 "고객에게 집중하라, 그러면 모든 것이 따라올 것이다", "한 가지를 정말 잘하는 것이 최고로 좋은 것이다", "빠른 것이 느린 것보다 낫다" 그리고 "월드와이드웹에서는 민주주의가 옳다"였다. 다른 많은 것과 마찬가지로 구글의 기업신조도 보기에 따라서는 흔하디 흔한 것이라고 할 수도 있지만, 구글 경영자와 직원 들까지 목표를 명확히 인지하고 다른 회사들보다 실천율이 훨씬 높았다는 점에서 차별된다.

구글은 처음부터 사회적 책임의식을 지니고 있었는데, 이 점은 이전의 'HP 방식'과 개념적으로 유사하지만, 다른 회사들과 차별되는 또 다른 요인이기도 하다. 구글의 초기 모토인 "사악해지지 말라"는 기업문화 곳곳에 아직까지도 배어 있다(2015년 여름에 구글은 회사의 모토를 "옳은 일을 하라"로 바꾸었다).

이 모토는 말하기는 쉬워도 지키기는 결코 수월치 않다. 실제로 구글은 사회 여러 측면에서 비난을 받고 있다. 구글이 수많은 개인정보를 사내 데이터베이스와 구글맵 곳곳에 저장하고 있어서 개인정보를 도용하고 사생활을 침해할 우려가 있다는 비판이 일고 있고, 그동안 출간된 모든 도서를 디지털화하겠다고 선언한 일을 두고는 지적재산권에 대한 피해를 우려하는 사람이 많다. 또한 구글이 방대한 컴퓨터(일각에서는 50만 대 정도로 추산한다)와 거대한 네트워크를 운용하며 막대한 전기를 사용하고 있는데, 이 전기 사용량이 궁극에는 지구 온난화를 가속화한다고 비난하는 사람들도 있다. 중국 당국의 검열 정책에 동조했다는 점 역시 비판받고 있다.

그러나 구글은 《포춘》이 매년 선정하는 '일하기 좋은 직장 리스트'에서 1위를 지키고 있다. 캘리포니아주 마운틴뷰에 있는 구글 본사인 구글플렉스에서는 직원들에게 어마어마한 편의를 제공하는데, 몇 가지만 예로 들면, 공짜 간식, 사내 피트니스 센터와 풀장, 구글 캠퍼스를 편하게 다닐 수 있도록 직원들에게 제공하는 자전거, 야구 연습장, 그리고 볼링장 등이 있다.

또한 에릭 슈미트는 70-20-10의 법칙을 선언했다. 말하자면 직원은 자기 시간의 70퍼센트를 회사의 핵심 업무에 할애해야 하고, 20퍼센트는 핵심 업무는 아니지만 이와 관련된 프로젝트에 할애하며, 10퍼센트는 업무와 관련이 없는 다른 새로운 개인 일들에 할애하라는 것이다. 구글은 사무실의 업무 공간을 수수한 책상과 가구들로 채웠다.

슈미트는 "우리는 전 세계 모든 정보를 사람들에게 제공하며 이 정보가 사람들에게 유용하도록 이끄는 사업을 하고 있다"고 강조해서 말했다. 2003년 구글은 블로거닷컴(Blogger.com)을 인수하고 이 회사의 서비스를 개선해서 개인이 비용을 부담하지 않고 그만의 블로그를 만들 수 있도록 했다. 구글이 2004년 인수한 피카사(Picasa)는 사용자가 사진 파일을 저장하고 편집할 수 있게 해준다. 2006년에는 유튜브(YouTube)를 인수했는데, 이 회사는 곧 월드와이드웹에서 가장 인기 있는 사이트 중 하나가 되었다. 그리고 2012년에 구글은 몇 개 도시를 선정하고 그 도시에서 구글 파이버(Google Fiber)를 개발 및 보급하기 시작했는데, 구글 파이버는 기존의 브로드밴드 서비스보다 100배가량 빠른 속도로 서비스를 제공했다.

2014년에 구글은 검색엔진 시장의 68퍼센트를 석권했고, 매출액은 660억 달러를 달성해서 전년도와 비교해 19퍼센트의 성장을 이루었다. 《포브스》에 따르면 2007년 브린과 페이지는 개인 자산 규모 기준으로 미국에서 공동 5위에 올랐다(각자 170억 달러 규모다. 에릭 슈미트는 68억 달러로 129위를 차지했다). 2004년 기업공개 이후부터 세 사람은 회사에서 받는 연봉을 1달러로 동결했다. 2011년에는 페이지가 슈미트를 대신해 CEO 자리에 올랐고, 슈미트는 고문으로서 역할을 다하고 있다.[33]

2015년 10월 브린과 페이지는 구글을 '알파벳'이라는 이름의 다국적 기업집단으로 재편했다. 그에 따라 구글은 구글(사업자회사로서의 구글), 구글 파이버, 칼리코(Calico), GV[이전의 구글 벤처스(Google Ventures)], 구글 캐피털 그리고 X(이전의 구글 X)라는 6개 사업자회사를 알파벳이라는 지주회사 아래 두게 되었다. 2015년 자신의 블로그에서 래리 페이지는 새로운 회사에 대해 다음과 같이 설명했다.

(상략) 알파벳은 대략 회사들의 집합체라고 할 수 있다. 이 중에서

---

33 2021년 말 기준으로 지주회사 알파벳의 연매출액은 2,576억 달러(약 283조 원), 순이익은 760억 달러(약 84조 원), 시가총액은 1조 8,416억 달러(약 2,000조 원)다.

가장 큰 부분은 당연히 구글이다. 더 새로워진 구글은 더욱 슬림해졌고, 자회사들은 알파벳의 우산 아래서 우리의 주력 인터넷 상품과 관련된 현장에 더 가까이 다가갈 수 있게 되었다. 근본적으로 우리는 이러한 조치를 통해 회사 경영의 관점을 더욱 넓히는 한편, 서로 관련이 없는 사업들을 독자적으로 운영할 수 있게 되었다. (중략) 요컨대, 우리 사업모델의 핵심은 역량 있는 여러 CEO를 통해 각각의 비즈니스를 좀 더 효율적으로 운영하는 것이다. 세르게이와 나는 필요하다면 언제든지 그들에게 도움을 줄 것이다. 우리는 엄격하게 자금 분배를 관리할 것이고, 각각의 사업이 잘 운영되도록 할 것이다. 이 새로운 구조는 우리가 구글에 잠재된 어머어마한 새로운 사업 기회를 발굴하는 데 집중할 수 있도록 해줄 것이다.

페이지와 브린은 자신들이 창업한 이 거대 IT 회사를 좀 더 효율적으로 관리하기 위해 구글을 다각화되고 다중부서 구조를 띤 기업으로 재창조했는데, 이는 사실상 알프레드 슬론이 만든 기업조직의 IT 버전인 셈이다. 알파벳은 기업집단이긴 하지만 슬론 방식의 다중부서 구조로서, 20세기 중반에 한창 유행하던 기업집단 형태, 즉 관련 없는 자회사들을 느슨하게 연결하는 형태의 기업집단과는 달리, 자회사들에 대한 통제력을 강력하게 유지했다. 알파벳의 변신은 제3차 산업혁명을 둘러싸고 휘몰아치는 변화의 바람을 사업 성장의 기회로 삼기 위해 의도된 움직임이었다.

인터넷의 확장
(클라우드 컴퓨팅, 공유경제 그리고 사물인터넷)

IT 혁명이 일으킨 휘몰아치는 변화의 일례로 '클라우드 컴퓨팅'을 들 수 있다. 클라우드 컴퓨팅이란 개인과 기업이 자신들의 로컬 하드 디스크 드라이브를 물리적으로 사용하지 않고도 막대한 용량의 자료를 저장하고, 필요하면 접근 및 사용할 수 있도록 해주는 서비스다. 이 서비스를 이용하려면 인터넷만 연결할 수 있으면 된다.

아마존은 킨들(Kindle) 사용자(도서)와 넷플릭스(Netflix) 사용자(영화와 텔레비전)를 위해 클라우드 서비스를 제공하고 있다. 애플은 사진과 음악 관련 클라우드 서비스를 제공하고 있으며, 애플 사용자는 이 서비스를 통해 달력과 이메일 그리고 연락처 정보를 동기화할 수 있다. 마이크로소프트는 사용자에게 클라우드 저장 공간뿐만 아니라 클라우드에서 구동하는 소프트웨어도 제공한다. 구글 드라이브, 구글독스(Google Docs), 지메일 그리고 피카사는 구글이 제공하는 클라우드 서비스의 좋은 예다. 구글 크롬북(Chromebook)은 하드 드라이브 저장 공간이 없고 클라우드에 기반한 컴퓨터다. IBM, 델 테크놀로지, 그리고 다른 많은 회사는 모든 업종의 기업고객들이 그들만의 목적에 적합한 클라우드 솔루션을 찾을 수 있도록 지원하는 서비스를 개발했다. 스타트업과 중소기업 들은 주문형 방식의 클라우드 서비스를 사용하기도 하며, 사용한 만큼 비용을 지불하고 있다. 일부 기업은 지적재산권을 보호하기 위해 자체적으로 클라우드 플랫폼을 개발하기도 한다. 2012년 클라우드 서비스는 1,000억 달러 규모의

시장인데, 2020년에는 2,700억 달러(약 300조 원)까지 성장할 것으로 예상된다.[34]

하지만 몇 가지 문제점이 있어 클라우드 산업의 미래가 밝지만은 않다. 무엇보다도 정보 보안이 중요한 문제다. 때로는 클라우드 서버가 다운되기도 하는데, 그러면 사용자들은 필요한 순간에 저장된 정보나 중요한 업무에 접속할 수 없다. 소유권 문제도 아직 해결되지 않았다. 예를 들어 페이스북에 게재된 사진의 '소유권자'는 페이스북 사용자인가 아니면 페이스북인가?

클라우드 서비스는 흔히 이야기하듯, 좀 더 넓은 개념인 '공유경제'의 일례라고 할 수 있다. 페이스북이 클라우드 서비스에 기반한 공유경제를 대표하는 기업이고, 그 밖에도 많은 기업이 있다. 킥스타터(Kickstarter)를 사용하는 개인은 사업에 투자하거나, 예술활동을 지원하거나, 가정형편 때문에 치료를 받기 힘든 환자를 후원하는 등의 사회활동에 참여하는 일과 관련해서 다른 사람들에게 조언을 들을 수 있다. 공유경제의 예로는 도그버시(Dogvacy, 애완동물 보호 관련 공유경제 서비스), 릴레이라이즈(Relay Rides, 시간당 또는 일당으로 과금하는 자동차 렌털 서비스), 태스크래빗(TaskRabbit, 사무실 잔무 대행과 식료품 배달 등 가사 지원 서비스), 렌딩클럽[Lending Club, P2P(Peer to Peer) 대출 서비스, 대출자는 더욱 싼 이자로 대출을 받을 수 있다], 키바(Kiva, 개인이 세계적인 예술가나 장인에게 펀딩할 수 있는 서비스), 그리고 코워킹(Coworking,

---

34 발표기관에 따라 차이가 있지만 IDC의 경우 2020년 클라우드 서비스 부문에서 실제 발생한 전체 매출액을 3,120억 달러로 추산한다.

사무실 공간과 사무용품을 공유할 수 있는 서비스) 등이 있다.

그중에서도 두 가지 공유경제 영역이 큰 관심을 받고 있다. 첫 번째는 '승차 호출 앱'이다. 이 서비스를 이용하는 고객은 자신의 휴대전화에 깔린 승차 호출 앱으로 근처에서 이용할 수 있는 자동차 운전자를 찾은 다음, 앱에서 몇 번만 클릭하면 이 운전자와 승차계약을 맺을 수 있다. 팁을 포함해서 승차요금은 이미 앱에 저장되어 있는 신용카드 정보를 이용해 전산으로 처리된다. 이 서비스는 요금도 저렴할뿐더러 지역 택시보다 이용도 편리하다. 우버(Uber)[35]와 리프트(Lyft)가 미국을 비롯해 전 세계에서 활동하는 승차 호출 앱 분야의 대표적인 업체다.

두 번째 영역인 에어비앤비(AirBnB)는 샌프란시스코에 본사를 두고 있으며, 기존의 평범한 호텔에 식상함을 느끼고 새로운 숙박 경험을 원하는(대개 숙박료도 싼 편이다) 사람들과, 아파트나 주택의 빈방을 활용해서 추가소득을 올리고 싶어하는 사람들을 연결해주는 공유경제 기업이다. 임차인과 임대인 모두 숙박 기간이 끝나면 설문조사를 통해 서로에 대한 피드백을 남겨서, 향후 다른 임차인과 임대인이 이들과 계약할 때 참고할 수 있게끔 한다.

승차 호출 앱과 에어비앤비는 모두 오랫동안 기득권을 누려오던 사업체계에 직접적인 공격을 퍼부은 것이나 다름없으며, 한편으로는 새로운 사업 기회를 노리는 사람들에게 창업 기회를 그리고 소비자

---

35 우버는 여러 차례 한국에 자사의 공유 라이딩 서비스를 도입하려 시도했으나, 택시 업계의 반발과 당국의 규제로 좌절되었다. 하지만 2022년 2월 기준으로 한국의 티맵모빌리티와 합작해 택시 호출 앱 서비스를 준비하고 있는 것으로 알려졌다.

에게는 선택의 폭을 넓혀주는 효과도 있다. 이렇게 사업 기회가 확장되어, 공유경제 앱과 서비스 개발이 더욱 흥미진진한 영역이 되었다.

앱 사용자들은 '공유'가 사회에도 긍정적인 역할을 한다고 평가했다. 과거 같으면 서로 접촉할 일도 없었을 사람들을 연결해서 모두에게 혜택을 준다는 측면에서 분명 긍정적인 기능도 무시할 수 없을 것이다. 특히 리프트는 사회 공헌을 장려했다(교통 운임을 '기부'한다). 그러나 하버드대학교 교수 두 명은 현재 공유경제 서비스 업체들이 사실상 '경제적 접근성'을 제공하는 것 이상의 역할은 하지 못한다고 주장한다. 실제 그들의 연구에 따르면 공유를 강조하는 업체(예를 들어 리프트)는 경제적 접근성과 낮은 가격을 제공하는 업체(예를 들어 우버)에 계속해서 시장을 잠식당할 것이라고 한다.

2010년대 중반 이후로 공유경제에는 몇 가지 문제점이 떠오르기 시작했다. 에어비앤비 사용자가 늘면서 이따금 투숙 지역 근처에서 낯선 사람들이 소란을 일으키자, 지역사회 주민들의 불만도 커졌다. 기존 호텔업계는 에어비앤비 임대인들이 과연 숙박과 관련한 주 정부의 법령 내지 지방자치단체의 규정을 제대로 지키고 있는지 의문을 제기했다. 또한 숙박설비를 사용하다가 우발적인 문제가 발생했을 때 에어비앤비 회사의 책임은 어디까지인지를 두고도 해결되지 않은 과제가 많다. 에어비앤비는 잠재적 손실을 대비해서 100만 달러가량의 보험계약에 가입해야만 했는데, 이는 사실상 가능하면 최대한 사업 부대비용을 줄이겠다는 자사의 사업정책 및 계획과 배치되는 결정이었다. 한 파리지앵은 필자에게 이렇게 농담을 건넸다.

"파리 마레(Marais) 지구[36]에는 이제 프랑스 사람들은 없고, 에어비앤비 투숙객들만 거주한다." 지방자치단체 공무원들은 에어비앤비 및 승차 호출 앱 서비스 회사들과 씨름을 계속하고 있다. 2016년 봄, 우버와 리프트는 텍사스 오스틴시 의회가 주민투표를 통해 두 회사에 고용된 운전자들의 지문을 등록하고 범죄 내역을 조회할 수 있도록 시 조례를 개정한 일을 두고 반발했다. 여기에 대응하기 위해 두 회사는 로비를 벌이고 소송을 치르며 1,000만 달러(약 110억 원)의 비용을 지출했으나, 실패했다.[37]

아마도 공유경제가 안고 있는 가장 심각한 문제는 바로 노동자들에 대한 열악한 처우일 것이다. 시간과 노동 비용을 줄이기 위해 공유경제 기업들은 인력을 계약제 근로자로 채우고 있다. 또한 승차 호출 서비스를 활용해 일을 하는 운전 노동자들은 스스로 자동차를 마련하고 본인 비용으로 보험에 가입해야 하며, 세금과 자동차 정비 비용 등도 본인이 부담해야 한다. 일부 도시에서는 운전 노동자들이 반발했으나, 특히 우버가 여기에 강경하게 대처하며 양측 간 갈등이 고조된 적도 있다. 공유경제에서 노동자와 사용자의 관계는 현재 정립되는 과정에 있다.

하지만 공유경제는 새로운 기회를 노리는 창업가에게는 사업 기회를 대거 제공하고 있고, 더욱 까다로워진 소비자에게는 선택의 폭을

---

36 파리 시내 센강 북부의 4구역에 있는 유명한 관광 명소 중 하나로, 퐁피두센터를 비롯해 아트 갤러리와 카페 및 레스토랑이 즐비하다.

37 2016년 당국과 교섭에 실패한 후 우버와 리프트는 오스틴에서 사업을 접었으나, 2017년 시 당국이 관련 규정을 다시 완화하면서 오스틴에서 사업을 재개했다.

넓혀주고 있다. 공유경제가 제공하는 기회에 매력을 느끼는 사람들은 비단 신세대인 밀레니얼 세대만이 아니다. 기성세대인 베이비 부머도 공유경제에 참여하는 비중이 점차 늘고 있다. 은퇴한 노년층으로서는 그들 소유의 클래식 자동차를 빌려주거나 자식들이 떠나간 집의 남은 방을 임대해서 추가소득을 올릴 수 있기 때문이다.

마지막으로, IT 산업에 부는 끊임없는 변화의 바람은 사물인터넷, 즉 IoT라는 새로운 영역을 창조해냈다. 2008년과 2009년 사이에 컴퓨터와 스마트폰을 통해 인터넷에 연결된 사물의 숫자가 인터넷을 사용하는 사람의 숫자를 넘어섰다. 2015년에 250억 개의 사물이 인터넷에 연결되었다. 유무선 통신과 인터넷이 결합하면서, 소비자는 원격으로 은행 계좌 잔고를 확인하고, 집 안 온도를 바꾸고, 집에 남겨진 반려동물의 상태를 살피고, 시계 알람을 설정할 수 있게 되었다. 센서를 통해 인터넷에 연결된 다른 사물/생명체로는 자동차, 가축, 전기 및 수량 계측기, 심지어 사람도 있다. 예를 들어 이제 일부 병원에서는 의사가 환자에게 모니터가 달린 알약 같은 기구를 삼키게 한 다음 여기에 연결된 무선통신을 이용해서 환자의 상태를 실시간으로 전달받아 환자의 상태를 진단할 수 있게 되었다. 최근에 서비스를 시작한 핏빗사(Fitbit)의 손목시계가 이와 동일한 기능을 하는데, 사용자에게는 거의 부담 없는 기술적 방식을 활용했다. 일부 애널리스트들은 사물인터넷 영역을 인류의 다음 세대로 나아가는 기술적 도약이라고 칭송한다.

IT 산업에서 휘몰아치는 변화의 바람과 발전 추세는 20세기 후반과 21세기 전반에 걸쳐 미국 경제가 성장하는 동력이었다. 이 장에서 설명한 여러 사례는 분명히 슘페터가 자본주의를 묘사하며 비유적으로 사용한 문구인 "창조적 파괴의 끊임없는 강풍"의 훌륭한 예시다. 실리콘밸리와 다른 테크 허브 지역에서는 창조적 활동뿐만 아니라 여기서 발생한 혼돈 상황도 그들의 기업문화와 경영의 일부분으로 받아들이고 있다. 실제로 페이스북은 기업공개 직전인 2012년경에 "재빨리 행동하고 기존의 것을 부순다"를 기업 모토로 내세웠는데, 그로부터 2년 뒤에 CEO인 마크 저커버그가 새로운 모토를 천명했다. "안정된 인프라에서 재빨리 행동하라." 시스템에 버그와 불편한 상황이 자주 발생해서 소비자들이 불만을 토로하자, 페이스북은 자사의 주요 전략에 변화를 줄 수밖에 없었던 것이다.

한편 컴퓨터와 통신 네트워크를 사내에 신속하게 구축한 경영자들은 이들 장비를 활용해 회사 조직 구성에서 몇 가지 불필요한 단계를 없앨 수 있다. 그래서 회사 운영에 꼭 필요한 최소한의 프로세스만 남기고, 불필요한 단계는 축소하기 시작했다. 많은 기업이 과거 8단계 내지 9단계를 거치던 의사결정 단계를 서너 개로 줄였다. 동시에 관리자들 각각의 관리 범위(또는 통제 권한 범위)를 확대하기 시작했다. 임원 한 명이 본인 PC로 홀로 처리할 수 있는 데이터의 양과 폭이 확대되자, 과거에는 여러 부서의 임원들이 담당하던 업무를 이제 임원 한 명이 처리할 수 있게 되었다. 그래서 각 기업이 처한 환경과 최고경영자의 의지에 따라, 물론 차이가 있긴 하지만, 의사결정 권한 범위가 일부 영역에 집중되기도 했다.

IT 분야의 발전과 변화의 부수적 효과로, 과거에는 필수 인력이던 중간관리자의 수가 줄어들게 되었다. 이 현상은 거시적 관점에서 현대적인 기업이 등장한 뒤로 처음 있는 일이었다. 통제 범위가 확대되고 계층구조가 수평화하면서, 수많은 기업이 인력구조를 '재구조화' 내지는 '다운사이징'할 수 있게 되었다. 최고경영자 입장에서 보면, 이는 역할이 필요 없어진 중간관리자의 보직을 변경하거나 정리하는 것을 의미한다. 그래서 중간관리자의 부재로 생기는 노하우의 잠재적 손실 효과와 이들의 감축으로 얻는 생산성 증가 효과 사이에서 치열하게 고민해야 하는 문제가 일부 CEO들 앞에 놓이게 되었다.

CHAPTER 10

자본주의의 금융화
(1980년대~2000년대)

1920년대부터 미국 경제에 나타난 가장 중요한 경향 중 하나는 금융권에서 거래되는 자금 규모가 엄청나게 커졌다는 점이다. 투자금 액과 투자에서 얻는 이익 규모가 몇 배수씩 증가했고, 저축과 투자 사이의 자금을 융통하는 시스템은 훨씬 더 효율적으로 변모했다. 20세기 초에 빠르게 성장하기 시작해서 뉴딜정책을 거치며 지속적으로 추진된 증권업의 민주주의화는 제2차 세계대전 이후에도 계속되었고, 개인적으로 또는 연기금이나 401K[1]를 통해 주식과 채권에 투자하는 일반인이 크게 늘었다.

1975년부터 2000년까지 금융권에 나타난 변화는 실물경제에서 일어난 변화와 상호작용하며 산업 전반에서 변화를 가속화했다. 이러한 변화로는 많은 산업에서 추진된 규제 완화, 모든 산업에 걸친 세계화 추세, 금융기관이 고수익 자산에 투자하려는 성향, 새로운 상품과 서비스 개발에 투자하기보다는 돈을 굴려서 돈을 벌고자 하는 경향의 확대 등을 들 수 있다. 시장 애널리스트와 주식 투자자 들은 금융기관의 여러 제도를 하루빨리 개선해 달라고 끈질기게 요구했다. 기업은 분할해서 매각하면 대개 더 높은 가치로 평가받곤 했다. 즉, 기업을 여러 개로 쪼개서 팔면 주식 투자자와 매도자 모두에게 더 많은 이익이 돌아갔다.

미국 안팎으로 가속화하던 자본주의의 '금융화'는 1980년대 미국의 저축은행 위기, 1990년대 후반에 있었던 아시아 주식시장의 폭

---

1   퇴직연금. 미국 세법(Internal Revenue Code)의 401조 K항에 관련 제도가 규정되어 있어, 일반적으로 401K라 부른다.

락, 2000년 그리고 2007년과 2009년 사이에 두 번에 걸쳐 미국을 비롯해 전 세계적으로 발생한 금융시장 붕괴의 한 원인이 되었다. 2007년과 2009년 사이의 금융위기를 제외한 세 번의 금융위기는 대공황과 비교하면 경제 전반에 미친 충격이 아주 크지는 않았고, 역사학자들이 흔히 말하는 '대안정의 시기(the Great Moderation)'에 이어진 경제성장의 추세에도 별다른 영향을 미치지 못했다. 1986년부터 2007년까지 이어진 경제 안정기 동안 물가가 상승했으나(특히 부동산 시장에서 자산가격이 크게 상승했다), 경제위기로 그 추세가 크게 꺾이지도 않았고 정부 정책의 제약을 심각하게 받지도 않았다. 그러나 2007년 주택담보 대출시장에서 위기가 터지자 이러한 추세에 급제동이 걸렸고, 이를 기점으로 주식시장에서 급매도가 시작되더니, 급기야 2007년과 2009년 사이의 대침체가 촉발된 것이다. 정부에 소속된 개혁 성향의 정책 입안자들은 이전의 경제위기 들에 능숙하게 대처했지만, 대침체 당시에는 그동안 은행업과 월스트리트 금융시장에서 진행되어온 변화를 쫓아가는 데 급급했다.

대안정기라는 용어가 주는 어감 때문에 이 시기가 큰 변화도 없이 평탄하게 경제가 성장한 시절이라고 생각할 수도 있지만, 사실 이 20년은 미국 기업들이 이 책 도입부에서 조지프 슘페터가 언급했듯이 "창조적 파괴의 끊임없는 강풍"에 휩싸인 시기였다. 이번 장에서는 오늘날까지도 경제에 영향을 미치고 있는 중요한 변화와 그 영향을 살펴보고자 한다. 이러한 변화로는 1차 및 2차 산업 중심의 일자리가 장기적으로 금융과 부동산 그리고 서비스업으로 변화(이를 탈공업화라고도 하나, 명칭 자체가 의미를 잘못 전달할 우려가 있다)하는 추세가 대표적이다. 여기에 더해, 시장 규제를 완화하고 공공 부문의 민영화를 추진하던 신자유주의 정부의 여러 시책, 시장의 글로벌화 추세, 기업활동의 금융화 등이 있다. 이러한 변화의 바람은 치열해진 경쟁 및 금융기관의 과도한 실적 변동 등과 뒤섞여 시장의 불확실성을 가중시켰다. 이 과정을 거치며 기업의 실적을 평가하는 방식도 과거와는 달라졌고, 경영자와 주주, 노동자의 관계도 변화를 맞았으며, 부와 소득의 불균등 현상은 과거보다 더욱 심각해졌다. 이러한 상황은 많은 측면에서 1920년대 중후반의 시대적 상황과 맥을 같이한다.

미국 기업들은 이 시기에 많은 성취를 일구었으나, 이 점은 외국의 경쟁 기업들도 마찬가지였다. 기업의 의사결정이 분권화되고, 소비자 권한과 참여 범위가 넓어지고, 창업 기회가 확대되면서, 새로운 부의 원천들이 생겨났다. 하지만 미국은 물론이고 전 세계의 많은 노동자들은 이렇게 증가한 부를 향유하지 못했다. 2010년 전후해서 금융화는 미국식 자본주의 시스템의 핵심 가치를 위협하기 시작했다.

탈공업화

학자와 전문가 들이 탈공업화라고 하면 대개 제조업, 농업, 광산업 고용인구의 실질적인 감소를 의미한다. 1차 및 2차 산업의 고용인구 감소는 1950년대 시작해서 1970년대 및 1980년대에 가속화했다. 이들 산업의 고용지표는 등락이 있긴 했지만 전반적으로 크게 감소했다. 1947년 제조업의 비중은 전체 GNP의 25.8퍼센트였다. 그러나 2009년에 이 수치는 11퍼센트까지 감소했다. 같은 기간에 유통 및 도소매업의 비중 또한 GNP 대비 15.9퍼센트에서 11.5퍼센트까지 감소했다. 에너지 및 광산업(3.8퍼센트에서 3.5퍼센트로 하락), 운송업(5.8퍼센트에서 2.8퍼센트로 하락), 그리고 농업(8.2퍼센트에서 1.0퍼센트로 하락)에서도 GNP 대비 비중이 감소했다.

반대로 금융업, 보험업, 부동산 관련 산업의 비중은 1947년 GNP 대비 10.5퍼센트에서 2009년 21.4퍼센트로 증가했고, 전문직과 비즈니스 서비스 영역의 비중은 3.3퍼센트에서 12.1퍼센트로 높아졌다. 교육과 의료 및 사회복지 관련 분야의 비중은 1.9퍼센트에서 8.3퍼센트로 증가했고, 정보통신업은 2.8퍼센트에서 4.4퍼센트로 증가했다. 건설업의 비중도 3.8퍼센트에서 4.1퍼센트로 증가했다. 호텔 및 요식업은 상대적으로 큰 변화가 없었다(2.8퍼센트에서 2.9퍼센트로 소폭 증가). 많은 사람들의 통념과는 달리, 공공 영역은 1퍼센트 이상 증가했다(GNP 대비 12.5퍼센트에서 13.6퍼센트로 증가).

제2차 세계대전 이후 전반적인 고용 구성이 제조업에서 서비스업으로 변화한 데에는 다양한 사회·경제적 변화가 원인으로 작용했다. 많은 미국의 다국적기업은 다른 나라들의 기업과 경쟁하는 과정에서, 비용 절감을 위해 해외에 제조공장과 판매사무소를 열었다. 신흥국들은 세제 혜택을 통해 다국적기업의 기능을 자국에 이전받아서 많은 일자리를 만들고자 했다. 이와 더불어, 미국의 제조업은 공장 자동화와 기타 사무기기 등을 도입해서 공장 노동자에 대한 수요를 줄이고 효율성을 크게 높였다.

전후 유럽과 일본이 산업을 빠르게 재건하면서, 이들 국가의 경제

구조에 변화가 두드러지게 나타났다. 1970년대와 1980년대 미국의 자동차, 소비재, 철강 관련 기업들은 외국 기업들과 경쟁하는 데 어려움을 겪으며 경영방식에서 한계를 드러냈다. 특히 일본의 자동차 회사들은 연비 효율이 좋은 소형 자동차 시장의 잠재력을 보여주었고, 일본의 가전회사들은 미국 경쟁사보다 효율적인 제조공정을 갖추기 시작했다. 이 두 산업에서 일본 기업들은 미국의 생산기술에 자국의 문화를 적극적으로 결합해나갔다. 일부 비평가들은 자동차와 가전제품 시장에서 미국의 점유율이 하락한 현상을 두고 미국 노동조합이 과도하게 임금 인상과 복지 향상을 요구했기 때문이라고도 하나, 사실은 노동자가 아닌 기업 경영진의 경영 실패에 그 원인이 있다고 볼 수 있다. 경영자들은 해외 경쟁자들이 도전해오리라고 예상하지 못했을뿐더러, 초기에 노동조합과 대화하고 협업하며 궁극에는 시장 변화에 적응하는 데 실패했다. 또한 미국 기업 경영자들은 시장환경이 변화하는 흐름을 읽지 못했고, 시장 개혁을 주장하는 사람들과 중요한 쟁점을 둘러싸고 대화하며 협업하기는커녕 대결로 치달았다. 그러는 동안 미국 기업 경영자들은 새로운 상품과 서비스를 개발하기보다는 '금융화'에 더욱 치중했다. 특히 증권업에서 나타난 변화로 미국 기업들의 금융화 추세는 가속화했다.

여기서 알아두어야 할 점은 미국에서 일어나고 있던 현상이 다른 나라에서도 발생하기 시작했다는 것이다. 20세기가 끝나갈 무렵 미국과 유럽 그리고 일본에서 활동하던 다국적기업들은 생산 및 판매 비용이 가장 저렴한 지역과 국가로 생산기지를 이전했다. 이는 생산 측면에서 저임금의 숙련된 노동력이 풍부한 지역으로 생산기지를 이전하는 것을 의미하고, 판매 측면에서는 무역장벽이 낮고 잠재시장 규모가 큰 시장으로 유통 채널을 이전하는 것을 뜻한다. 이 과정에서 신흥국의 경제가 성장했다. 탈공업화는 선진국 노동자에게 부정적으로 작용했지만, 소비자에게는 상품과 서비스를 저렴한 가격으로 공급한다는 긍정적인 단면도 있었다. 탈공업화는 다른 환경요소와 결합해서 기업의 경영방식에 변화를 일으켰다.

신자유주의와 경제학자의 시간

'신자유주의'는 긴 역사를 지닌 이념이나, 학자들은 최근에 들어서야 비로소 이 이념이 20세기 후반과 21세기 초반에 일어났던 많은 변화를 어떻게 이론적으로 뒷받침하는지 이해하기 시작했다.

자유주의에서 자유를 의미하는 영어 단어 'liberal'의 근원은 18세기 계몽주의까지 거슬러 올라간다. 미국혁명과 프랑스혁명은 자유와 개인주의에 대한 진보적(liberal)인 사상을 고취했다. 프랑스는 이를 자유방임주의(laissez-faire nous, 영어로 leave us alone, '우리를 내버려두라' 또는 '간섭하지 말라'는 의미지만 주로 자유방임주의로 번역한다)라는 용어를 사용해서 표현했고, 스코틀랜드의 철학-경제학자[2]인 애덤 스미스(Adam Smith)는 정부의 간섭이 없는(free) 시장에서 개인 사이의 경쟁이 지닌 미덕을 찬양했다. 스미스는 경제개발 과정에서 경쟁이

---

2 당시는 경제학이 하나의 분과가 아닌 철학의 한 지류였다.

아닌 정부의 조세제도와 정부 규제의 중요성을 강조하는 중상주의를 배격하고자 했다.

19세기 후반과 20세기 초반에 들어서면 유럽의 식민주의가 중상주의를 대체하게 된다. 영국의 사업가와 정치인 들은 특히 '자유무역' 이념을 강조하기 시작했다. 이들이 말하는 자유무역은 상품과 서비스의 거래물량과 가격이 정부의 명령이 아닌 시장의 힘에 의해 결정되는 무역방식으로, 제국 역내 무역에는 최소한의 관세와 세금을 물렸다. '자유무역'을 강조하긴 했지만, 산업화된 서구 유럽의 열강은 당연히 아프리카와 남아시아 및 동남아시아에 걸쳐 있는 자국 식민지의 정치와 경제에 강제력을 꾸준히 행사했다.

제1차 세계대전, 경제대공황 그리고 제2차 세계대전은 식민주의의 역사적 근간을 흔들었고, 세계적인 탈식민지화 추세와 식민지 해방을 가속화했다. 비록 대체로 수사에 그치긴 했으나, 미국의 정치지도자들은 소비에트연방의 영향력에 들지 않은 지역에 탈식민지 이념을 전파하고 제3세계 각국의 독립과 민주주의를 지원하는 한편, 자유주의와 자유무역도 주창했다. 미국은 IMF 및 세계은행을 설립하고 마셜계획을 추진하도록 지원했고, 이를 통해 자유시장 경제체제를 옹호하는 냉전시대 외교전략을 강조했다. 미국은 서유럽 각국이 경제공동체를 구성하도록 적극 지원했으며, 유럽 국가들이 관세를 낮추고 규제를 완화해서 국제무역의 혜택을 누릴 수 있도록 하고자 했다. 여기서 중요한 쟁점은 자유로운 상업활동이 소비에트연방의 팽창을 차단하고, 전 세계를 전쟁으로 치닫게 했던 국가주의 체제의 부활을 막을 수 있을 것인지, 나아가 모든 국가의 번영을 가져올 수 있을 것인지였다.

한편, 경제대공황과 제2차 세계대전의 경험에서 '케인스 혁명'의 기운이 일기 시작했다. 정부가 경기를 촉진하고 다양한 산업 규제에 나서며, 특히 R&D에 개입하자, 미국의 혼합경제는 역사상 생산성이 가장 높은 시기를 맞이했다.

일부 경제학자들은 케인스주의가 자유시장을 중심에 둔 자본주의의 자연스러운 강점을 퇴색하게 만든다고 주장하기도 한다. 자유주의 사상의 영향을 받아들인 시카고대학교 학자들과 대중 지식인들은 1960년대 들어 케인스주의를 쉴 새 없이 비판했고, 자유시장의 이념을 주창했다. 이른바 '시카고학파'라고 불리는 이들은 정부의 규제가 아닌 시장원리에 중점을 둘수록 경제성장의 폭이 넓어지고 국부도 증가할 것이라고 주장했다. 무엇보다도 이 신자유주의자들은 미국의 정치인들에게 여러 산업을 민영화하고, 사회복지 프로그램을 축소하며, 노동조합을 제한하라고 조언했다(이러한 긴축정책은 인플레이션을 낮출 수 있었다). 또한 이들은 관세를 줄이고 수출을 촉진했다.

1970년대와 1980년대에 미국 연방의회는 미국 하원 주도로 저축은행업과 금융업뿐만 아니라 항공업, 철도업, 운수업, 통신업, 전력 및 가스 사업과 같은 사회간접자본에 대한 규제를 완화했다. 결론부터 이야기하면 미국의 규제 완화는 그 성과가 성공적인 영역도 있지만, 중간 점수나 낙제점을 맞은 영역도 있었다. 가격과 서비스에 대한 규제가 사라지자, 전통적 기업부터 신생기업까지 많은 기업이 경쟁에 노출되었다. 항공업은 더욱 많은 승객에게 저가의 비행 서비스를 제공할 수 있었다. 철로 운송회사들은 규제가 사라진 틈을 타서 수익성이 맞지 않은 노선은 없애버리고 기존의 수익성 있는 노선 위주로 투자를 늘리는 한편, 전산화를 통해 교통 통제 시스템을 개선했다. 경제대공황 시기에 고용을 늘리기 위해 정부 정책에 따라 강제로 운영되던 적자 노선(심지어 텅 빈 트레일러를 싣고 운행하기도 했다)이 줄어들면서 육로 운송운임은 하락했고, 생산성은 향상되었다. 통신업은 규제 완화를 통해 성장했는데, 현재 미국 전역에서 사용하고 있는 휴대전화야말로 규제 완화의 긍정적인 효과를 만끽한 분야일 것이다. 천연가스 산업 역시 1970년대 말에 규제가 완화된 이후 크게 성장했다. 그러나 전력산업에서는 규제 완화가 더뎠고, 그마저도 미국의 모든 주에서 받아들인 것은 아니었다. 전력산업에 대한 규제를 완화한 주에서도 여러 경제이론이 예측한 것처럼 효과가 있지도 않았다. 곧 다루게 되겠지만, 은행업과 증권업에 대한 규제 완화는 참담한 결과를 가져왔다.

모든 산업에 걸쳐 규제를 철폐하거나 완화하는 움직임은 1970년대와 1980년대에 절정에 이르렀는데, 비단 미국에만 국한된 현상은 아니었다. 미국의 로널드 레이건(Ronald Reagan, 1911~2004) 대통령의 소울메이트라고 불리는 영국의 마거릿 대처(Margaret Thatcher, 1925~2013) 총리는 영국의 공공 전력과 가스, 교육 그리고 교통 시스템의 규제를 완화하고 민영화를 단행했다. 1990년대에 빌 클린턴 행정부는 자국에서뿐만 아니라 특히 대외적으로 신자유주의 정책을 끊임없이 추진했다. 워싱턴 컨센서스(Washington Consensus)는 과거 소비에트연방에 속했던 국가들과 라틴아메리카의 여러 국가에서 파급효과가 두드러졌다. 시카고학파의 영향력은 특히 라틴아메리카 국가들에서 엄청났는데, 많은 라틴아메리카의 경제학자들이 시카고학파의 스승들에게 수학하고 고국으로 돌아와서 신자유주의 정책을 지지했다.

이 책의 저자인 토머스 맥크로는 그의 저서 『규제의 선지자들』에서 1970년대와 1980년대 미국의 규제 완화 시기를 가리켜 '경제학자의 시간'이라고 언급했다. 이 기간이 정치 영역에서는 우리 저자들이 당초 예상했던 것보다 오래 지속되었다.[3]

20세기 후반 미국 기업사에서 흥미로운 아이러니 중 하나는 신자유주의를 신봉하는 정치인들이 많은 산업에서 정부 규제를 없애기도 했지만, 다른 영역에서는 오히려 소수인종의 인권 신장과 환경보호를 위해 많은 규제를 양산해냈다는 점이다(5장 참고). 환경주의자들은 신자유주의의 영향을 받아서 환경오염을 줄이기 위한 방편 중 하나로, 아이러니하게도 '탄소 배출권 거래 제도' 도입을 주장하기도 했다. 요컨대, 환경주의자들은 이른바 '오염시장'이라는 것을 만들어냈다. 이들은 오염물질의 총량을 제한했다(계획대로라면 시간이 지나면서 이 총량도 감소한다). 각각의 회사에 오염량을 할당했고, 이 할당량을 초과하면 정부에 벌금을 내도록 했다. 그리고 이들 기업이 환경친화적으로 생산공정을 혁신하거나 오염을 줄이도록 경제적 유인을

---

3 1970년대 이전만 해도 미국 정치인들은 경제학자들의 이론에 큰 관심을 두지 않았으나, 1970년 이후 자신들의 정치적 신념을 주장하는 근거로 경제학자들의 이론을 인용하면서, 경제학자들의 이론이 미국 경제 전반의 정책 수립에 많은 영향을 미쳤다. 긍정적인 영향도 많았지만, 실무보다는 이론에 치우친 경향이 있어 부정적인 영향도 적지 않았다.

제공했다. 사실상, 할당된 오염 허용량보다 적게 오염물질을 배출한 기업에는 일종의 '크레딧'을 주고, 할당량을 맞추는 데 어려움을 겪는 다른 기업에 이를 매도할 수 있게 했다. 1990년대에 탄소 배출권 거래 제도는 실제로 미국 중서부에서 발생하던 산성비의 양을 줄이는 데 기여했다.

신자유주의 정책과 사회 및 환경 관련 규제가 기업 경영자에게는 커다란 도전으로 다가왔다. 이제 과거와는 다른 기업환경에서 시시각각 변하는 제도와 시장 현황을 경영자들은 제대로 이해해야 했고, 기업의 이익과 가치를 증진하기 위해 효과적으로 조직을 운영해야 했다. 소비자의 권한과 참여 범위도 확대되었다. 그래서 일부 소비자는 수많은 저가 상품과 서비스 사이에서 너무 많은 선택과 의사결정을 해야 해서 부담감을 느끼기도 했다.

세계화 시대의 대두

초기 식민지 시대에도 '세계화'의 양상이 잘 나타나지만, 미국 기업들이 자유무역의 선봉장으로 나섰던 전후시대에 비할 바는 아니었다. 미국이 1940년대에 전 세계에서 가장 높은 성장세를 보여주긴 했지만, 다른 국가들이 세계무역에 참여하는 비중이 늘면서 미국이 세계시장을 좌지우지하던 시기는 오래가지 않았다. 미국이 전 세계 상품 교역량의 29퍼센트를 차지하던 1953년에 미국의 세계무역 기여도는 정점을 찍었다. 하지만 1963년에 이 수치가 17퍼센트로 떨어졌고, 1970년대에는 13퍼센트까지 더 하락했다. 그리고 2000년대 초반까지 10퍼센트 미만 수준에서 머물렀다.

하지만 이 수치는 상대적인 비교일 뿐이다. 제2차 세계대전 이후에 미국이 자유무역을 장려하고 지원하면서 세계 경제에서 차지하는 미국의 비중이 줄어들기는 했지만, 미국 경제는 성장세를 이어갔다는 점을 명심해야 한다. 미국 수출입 합계는 1960년 GNP의 9퍼센트 미만에서 2009년 30퍼센트 이상으로 성장했는데, 이는 실로 엄청난 변화다. 이 비율은 2010년 중반까지 30퍼센트 수준을 유지했다.

최근 학자와 평론가 들은 1980년대와 그 이후의 세계화에 초점을 맞추다 보니, 이전 시기의 세계화에는 큰 의미를 두지 않고 있다. 이들은 식민주의 시대와 냉전시대가 종식된 뒤에야 비로소 진정한 글로벌 경제가 형성될 수 있었다고 본다. 그리고 기술 발전, 특히 정보통신과 로봇 관련 기술의 발전이 1990년대부터 21세기 초까지의 시기를 그 이전 세계화 시기와 구분하는 기준이 되었다. 게다가 뉴욕, 런던, 파리, 도쿄, 상하이, 하노이, 뭄바이 및 모스크바 등 전 세계의 많은 주식시장이 현대 들어 전산으로 긴밀히 얽혀 있어, 1987년 주식시장이 붕괴(홍콩에서 시작)했을 때 최초로 전 세계 시장이 동시다발적으로 영향을 받았다.

최근의 세계화에는 많은 요인이 작용했다. 제2차 세계대전 기간에 미국 군인들은 다른 국가들에 코카콜라나 미국산 츄잉껌을 소개했고, 새로운 음식과 문화를 자국에 들여왔다. 이탈리아에 주둔하며 피자를 맛본 미군들은 피자를 너무 사랑한 나머지 귀국해서 미국 전역에 보급했다(사실 뉴욕시에는 이미 피자가 들어와 있긴 했다). 또한 1990년 대에는 과거보다 훨씬 많은 부를 축적한 사람들이 세계 곳곳에서 생겨났다. 이들은 미국과 서유럽은 물론이고 브라질, 칠레, 남아프리카, 인도, 태국, 한국, 일본, 중국 및 중동 여러 국가에서 부를 축적했다. 그리고 국적과 상관없이 전 세계에서 구매활동을 벌였다. 사업상 또는 교육이나 관광 목적으로 부유층 또는 중산층의 해외여행이 늘어난 데에는 항공산업의 성장도 크게 기여했다. 세계적으로 이민인구도 크게 늘었다. 예를 들어 1980년대와 1990년대에 이집트와 필리핀, 파키스탄과 수단 출신 이민자들이 돈을 벌기 위해 일본으로 입국했다. EU 시스템이 안정적으로 정착하면서 역내외 이민이 증가했고, 상업활동이 살아났다.

하지만 1990년대와 그 이후 시기에 세계화에 가장 큰 영향을 미친 것은 통신과 매스미디어의 발달이다. 매일 수십억 달러의 자금이 이체되는 속도는 정말 경이로울 정도다. 외환을 전산화된 시스템에서 과거보다 훨씬 더 빠른 속도로 거래하고 교환하고 있다. 뭄바이 슬럼가에 있는 하층민도 케이블 텔레비전을 손쉽게 시청할 수 있고, 이제 대부분의 중국 가정에는 텔레비전이 있다. 인터넷 카페가 증가하기 시작했고, 당연히 오늘날 더욱 많은 사람들이 휴대전화와 PC를 사용해서 전 세계의 경제 현황을 실시간으로 살펴보고 있다. 2013년에 발간된 UN 보고서에 따르면, 지구상의 70억 인구 중 60억 명이 휴대전화를 지니고 있다고 한다. 하지만 화장실을 갖추고 있는 인구는 45억 명에 지나지 않는다. 2015년에는 전 세계 인구의 42.4퍼센트가 인터넷에 접근할 수 있었다(2000년과 비교하면 750퍼센트 증가했다). 사하라사막 이남 지역에서 휴대전화를 사용하는 인구의 30퍼센트는 휴대전화를 모바일 결제에 활용하고 있는데, 이는 기업인과 소비자가 경제활동에서 차지하는 권한과 역할의 범위가 크게 확대된 점을 방증한다.

신자유주의와 세계화의 부정적 단면

분명히 신자유주의 정책과 세계화 추세는 세계 경제에 긍정적인 변화를 가져다주었다. 하지만 지금부터는 부정적인 측면을 살펴보고자 한다.

소비에트연방과 소련 공산당 정부가 붕괴한 이후, 워싱턴 컨센서스에서 발의한 정책들은 러시아 경제를 재건하는 데 실패했다. 러시아는 국유자산을 너무 빨리 너무 낮은 가격으로 민영화해서 매각했고, 자산 대부분은 공산당 간부들과 그 특수 관계인들에게 넘어갔다. 법치제도가 정착하고 건전한 은행제도가 자리 잡는 데에도 많은 시간이 걸렸다. 러시아 정부는 세금 징수에도 많은 어려움을 겪었다. 원유시장은 깊은 침체기에 빠져 있었다. '정실情實 자본주의'는 경제를 성장시키거나 부를 축적하지 못했다.

아르헨티나에 강요된 신자유주의 역시 아르헨티나를 잘못된 방향으로 이끌었다. 해외 대출에 의존한 국가경제는 건전한 경제성장을 가로막았다. 이유인즉, IMF와 세계은행이 아르헨티나에 새로운 대출금을 제공하기 전에 기존 대출을 전액 상환하라고 강요했기 때문이다. 또한 '워싱턴 컨센선스'는 아르헨티나 정부에 대출조건으로 공무원 수를 감축하도록 강요했고, 이는 곧 대량실업 사태와 정부 불안정을 가져왔다.

비슷한 형태의 신자유주의 정책은 세계의 다른 지역도 병들게 했는데, 남유럽이 대표적이다. 2010년대 중반 무렵 스페인은 장기 침체에서 벗어나는 듯했다. 그리스는 여전히 장기 부채의 늪에서 빠져나오지 못한 채 경제 상태가 표류하고 있었다. 논쟁의 여지가 있지만, 2016년 영국이 국민투표를 통해 브렉시트(BREXIT)를 결정하고 프랑스와 독일에서 극우정당이 득세한 현상은 신자유주의적인 긴축재정 정책의 실망스러운 결과에 국민들이 느낀 혐오감이 반영된 것이라고 볼 수 있다.

일반적으로 워싱턴 컨센서스를 비판하는 사람들은 여기서 합의된 정책들이 세계적인 대형 은행들과 각국의 은행, 다국적기업들과 부유층에게는 상당히 유리한 반면, 가난한 국가들에는 상당히 가혹한 조치였다고 주장한다. 무엇이 잘못되었는가? 워싱턴 컨센서스가 추진한 신자유주의 정책들은 일부 국가가 하룻밤 만에 미국과 유럽 선진국 스타일의 자본주의 경제로 바뀌기에는 충분히 발전하지 않았다는 현실을 전혀 고려하지 않았다. 이들 국가는 사회간접자본이 부실했고, 적합한 은행 시스템이나 교육제도가 갖추어져 있지 않았으며, 투자 자금도 부족했다.

정부가 경제 전반을 강력하게 감독하고 과감하게 투자할 필요가 있었다. 중국과 일본, 한국과 심지어 베트남조차도 워싱턴 컨센서스를 따르지 않았다. 이들 국가는 비록 자본주의에 입각한 기업가정신을 장려했지만, 정부가 경제 전반에 영향력을 행사했다. 하지만 오히려 이들 국가는 세계시장에서 워싱턴 컨센서스를 따르는 국가들보다 상대적으로 더 좋은 성과를 내고 있다.

농업 세계화에는 많은 국가의 정부가 저항했는데, 이들 국가는 자국 농업이 보유한 비교우위를 미국에 넘기고 싶어하지 않았다. 이들 정부는 관세를 높이고 다른 제한 조치를 통해 자국 농민을 보호하려 했다.

또한 미국과 유럽 각국 및 다른 선진국들이 주도해서 신흥국들에 환경보호 정책의 도입을 강요했던 조치 역시 저항에 부딪혔다. 신흥국들은 이 정책을 생산원가를 높이고 자국의 비교우위를 약화하는 통제장치로 인식했다. 이들 정부는 오히려 환경보호 정책에 동참하지 않고 '무임승차자'가 되어, 환경보호와 관련한 비용을 부담하지 않고 세계시장에서 효과적으로 경쟁할 수 있었다. 결국 세계화는 기업활동의 새로운 기준을 이들에게 강요한 셈이었는데, 이 기준이라는 것이 각국의 문화와 언어 그리고 정체성을 해칠 수 있었다. 당연히 이러한 변화는 반감을 살 수밖에 없었다.

세계화는 미국 경제에도 절반의 축복이었다. 소비자는 저렴한 수입제품을 소비할 수 있어서 혜택을 누렸지만, 자국 생산자는 손실을 봐야만 했다. 제조업 일자리는 계속해서 해외로 빠져나갔다. 그래서 미국 산업의 근간이 공동화空洞化하는 부정적 결과를 초래했고, 동시에 '아웃소싱'이 정치적 이슈로 떠올랐다. 더불어 고임금의 생산직 일자리가 사라지면서 중산층이 급격히 줄어들었다. 노동조합에 가입

한 조합원마저 줄어들고, 이들의 정치·경제적 영향력도 점점 빛이
바래갔다.

21세기가 도래하기 직전에 세계화는 첨예한 정치적 논쟁거리가 되
었다. 특히 NAFTA(North American Free Trade Agreement, 북미자유무
역협정, 1994)부터 중국과의 교역에서 발생하는 엄청난 규모의 무역
적자, 월마트에 진열된 수입제품의 파격적인 저가 공세 등을 둘러싸
고 논쟁하는 과정에서, 세계화는 격렬한 논쟁의 주제가 되었다. 21세
기로 접어들면서 이들 이슈는 점점 더 뜨거운 쟁점이 되었고, 미국을
지역과 계층에 따라 분열시키기까지 했다.

미국 기업은 세계화된 시장에서 훨씬 더 많은 사업 기회를 만났지
만, 질풍 같은 변화와 커져가는 불확실성과 복잡성에 대처해야 했다.
그래서 경영자들이 언제 무엇을 해야 할지 결정 내리기가 무척 까다
로워지고 있다.

자본주의의 금융화

20세기 후반의 신자유주의와 세계화라는 시대적 흐름 속에서 미
국 기업들 역시 금융 시스템의 두드러진 변화에 대처해야 했다. 은
행, 증권사, 보험사 그리고 주택대출 기관까지 점점 더 많은 금융기
관의 경영자들이 금융투자기구를 통해 수익을 올리는 일에 집중했
다. 금융투자기구는 새로운 아이디어나 상품을 만들어내지 못했지
만, 투자자산의 가치를 키웠다. 나중에야 드러나지만, 투자 성과의

혜택은 결국 최고경영진에게 돌아갔다. 이러한 현상은 '주주가치'를 증대하기 위한 여러 시도로 인해 나타난 것이다. GE의 CEO를 지낸 잭 웰치(Jack Welch, 1935~2020)[4]는 1981년 '저성장 경제에서 고속 성장하기'라는 주제로 열린 강연에서, 주주가치를 증대하는 일이 회사 경영진의 가장 중대한 목표여야 한다고 역설했다. 이 사상은 미국 기업이 이룩한 다른 여러 발전 요소와 함께 기업의 경영방식에도 변화를 가져왔다. 그런데 그 변화가 기업 이익을 증진하고 고위 임원의 급여를 높여주는 과정에서 미국식 자본주의의 매우 중대한 부정적 측면을 드러냈다.

정보의 홍수

20세기 들어, 기업 내부 관리자와 외부 투자자들에게 제공하는 정보의 양이 계속 증가하면서 금융 시스템의 효율성은 크게 제고되었다. (여기에는 기업의 내부 요인, 기업 외부의 제도적 요인 그리고 제3의 기술적 요인이 작용했다.) 기업 내부적으로는 비율 분석을 비롯한 여러 경영관리 기법이 개발되면서 판매활동이라든지, 수익성과 재무안정성 등여러 측면에서 기업을 분석한 데이터가 방대하게 만들어지고 활용되었다. 기업 외부적으로는 정부 감독 당국이 표준화된 회계제도를 지정하고 이를 준수하라고 요구했으며, 동시에 기업이 이전까지는 외

---

4 1960년 GE에 입사해서 기업 내부의 치열한 경쟁을 뚫고 1981년부터 2001년 퇴직 할 때까지 CEO와 회장을 역임했으며, 회장 재임 시절 과감한 구조조정으로 중성자 탄 잭(Neutron Jack)이라는 별명을 얻었다.

부에 공개하지 않던 고급 정보를 시장에 공시하도록 의무화했다. 제 3의 기술적 요인으로는 정보통신 기술, 즉 IT 기술의 급격한 진화를 들 수 있다. 과거 두꺼운 종이로 된 회계 원장을 수기로 기록하고 보관하던 모습에서 벗어나, 컴퓨터와 스프레드시트를 활용해 재무 시스템을 전산화하기에 이르렀다. 그래서 최근에는 수많은 개인 투자자와 초과 수익을 추구하는 기관 투자자 중심의 이른바 '데이 트레이더'들이 온라인 거래를 통해 시장에 참여하고 있다. 이렇듯 과거에는 생각지도 못했던 방대한 양의 데이터에 접근하고 분석할 수 있게 되자, 모든 단계에서 의사결정 또한 매우 높은 수준으로 정교해졌다.

20세기 동안, 공공 부문부터 민간 영역까지 모든 시장 참여자가 새로운 금융기법을 만들어냈고, 이를 표준화하고자 했다. 1975년까지 연방거래위원회(FTC)와 연방준비제도(FRS), 증권거래위원회(Securities and Exchange Commission, SEC) 그리고 다른 공공기관들은 다양한 민간기구와 협업했다. 이를 통해 미국공인회계사회(American Institute of Certified Public Accountants), 미국 재무회계기준심의회(Financial Accounting Standards Board), 뉴욕증권거래소 그리고 전미증권딜러협회(National Association of Securities Dealers, NASD, 나중에 NASDAQ 거래소의 모태가 된다) 등이 설립되었다. 공공 부문과 민간 영역이 원활하게 협의하고 공조를 이루어 자본시장의 효율적인 인프라스트럭처를 구축했고, 미국의 자본시장은 20세기 중반에 전 세계에서 가장 규모가 크고 발전한 시장으로 거듭났다.

산비탈을 굴러가는 눈덩이가 불어나듯, 시장에 투자정보가 넘치자 더 많은 투자자가 시장에 참여했고, 기업에 유입되는 자본시장의 자금도 매년 늘어났다. 경제대공황으로 성장세가 주춤할 때도 있었지만, 재난 같은 상황에 대처하기 위해 정부에서 직접 내놓은 새로운 규제와 정책이 자본시장에 성장의 불씨를 다시 살려냈다. 경제성장을 가능하게 한 것은 통제장치가 없는 자본주의가 아닌 혼합자본주의 경제체제였다.

한편, 미국 자본시장의 규모도 계속 확대되었고, 자본시장에서 자금을 조달하는 기업의 범위도 더욱 넓어졌다. 자본시장 발전의 중요한 분기점 중 하나는 1920년대부터 보통주를 적합한 투자 대상으로서 대중이 받아들이기 시작한 시점인데, 보통주 시장은 60년 후인 1980년대에 높이 도약했다. 두 번째 분기점은 1930년대에 들어서자 연방정부가 막대한 규모로 자금을 지출할 필요성이 커진 시점이다. 그 후 제2차 세계대전와 냉전시기를 거치고 복지정책이 확대되면서 정부 지출의 필요성은 더욱 커졌다. 1990년대 중반에 미국 양당 정부가 모두 균형재정을 이루던 시기도 있었지만, 특이하게도 2000년대 들어 미국 연방정부는 조세를 늘리지 않고 두 번의 전쟁을 치렀고, 메디케어 정책도 확대했다.

마침내 1974년에 발효된 미국의 근로자퇴직소득보장법(Employment Retirement Income Security Act, ERISA)은 미국 증권시장에 장기간 지대한 영향을 미쳤다. ERISA는 모든 기업에 직원의 연금계획을 세우도록 의무화하지 않았고, 지방자치단체나 주정부의 공무원 연금에도 적용되지 않았다. 하지만 이 법은 퇴직금과 관련한 자금계획을 세우는 기업에 한해서 반드시 회사의 고유자산과는 분리된 신탁 형태의 펀드에 자금을 별도로 관리하도록 해서, 현재 또는 미래에 예상되는 퇴직자들의 연금 지급에 차질이 없도록 대비하고자 했다. 이 새로운 법으로 인해 장기간에 걸쳐 연금 자금 규모가 증가했다. 또한 법령에 따라 이 자금이 생산적이고 신중하게 운용되도록 했다. 주식시장이 대개 가장 높은 수익률을 보이고 있었기 때문에, 이 거대한 자금의 투자처로서 주식시장이 가장 선호되었다.

미국 연기금 가운데 가장 큰 기관 중 하나인 캘리포니아공무원퇴직제도(California Public Employees Retirement System, CALPERS)는 주식시장에 대거 투자했다(2014년 총 투자자산은 3,000억 달러를 넘었다[5]). 그래서 궁극에는 CALPERS가 주식시장에서 주요 주주로서 권한을 확보해, 상당한 지분을 보유한 기업들의 경영정책에 영향력을 행사하기도 했다. 1980년 대부터 CALPERS와 다른 기관 투자자들의 영향력은 더욱 커졌고, 기업의 의사결정권을 경영자에게서 다시 주주들이 되찾는 상황이 벌어졌다. 처음부터 이러한 변화가 급작스럽게 시작된 것은 아니었다. CALPERS가 많은 미국 기업에 엄격한 회계 기준 및 재무적 준칙을 지키도록 강력하게 요구했지만, 과거와 마찬가지로 경영자들은 여전히 단기 성과(이를테면 분기 단위)를 내는 데 주력했다. 잭 웰치는 1981년 연설에서 주주가치를 제고할 것을 주창했는데, 이는 기업더러 단기 성과에 집중하라는 뜻이 아니었다. 그 스스로가 단기 성과에 몰입하는 일을 "가장 멍청한 생각"이라고 주장했다.

---

5 2022년 1월 말 기준으로 총 투자가치는 약 4,800억 달러(약 528조 원)다. 비슷한 시기인 2021년 11월 말 기준으로 한국 국민연금기금의 총자산 규모는 924조 원이었다.

1960년대에 급속하게 성장하기 시작한 뮤추얼펀드는 1990년대 들어 자본시장을 더욱 깊이 있고 폭넓게 만들었다. 많은 기업이 퇴직연금제도를 도입하자, 뮤추얼펀드의 수도 많아졌고, 개인 가입자들이 자신의 퇴직연금으로 투자할 수 있는 뮤추얼펀드의 선택권도 넓어졌다. 일부 퇴직연금제도에서는 개인이 직접 주식을 살 수도 있었다. 일정한 수준의 소득이 있는 사람들은 이제 퇴직을 더욱 잘 준비할 수 있게 된 셈이다.

21세기에는 단순히 집에서 컴퓨터와 태블릿 단말기 앞에 앉아 있기만 해도, 1920년대 또는 심지어 1980년대 투자자나 트레이드들보다 더 많은 정보와 더 다양한 투자방식을 만날 수 있게 되었다. 패스트푸드 대리점에는 메뉴가 정해져 있지만 각자가 케첩과 양념의 양을 어떻게 조절하느냐에 따라 각자의 햄버거 맛이 괜찮을 수도 아니면 기대 이하일 수도 있는 것처럼, 투자에서도 물리적인 편의와 엄청난 양의 정보로 인해 일반인 각자가 돈을 벌 수 있는 기회와 함께 돈을 날릴 수 있는 위험도 커졌다. 이러한 현상은 많은 사업 기회를 제공하는 한편, 의사결정권을 분권화하기도 했다. 금융 시스템 전반의 팽창과 성장의 밑바탕에는 1930년대에 입법으로 강화된 재무적 투명성이 있었다. 하지만 불행히도 투명한 금융 시스템은 20세기가 끝나가는 시점에 점차 장점을 잃어갔고, 여러 부정적인 단면을 드러내기 시작했다. 금융사기를 방지하기 위해 만든 기존의 법체계가 시장의 혁신과 범죄 스캔들을 쫓아가지 못하는 상황은 언제라도 발생할 수 있기에, 정부는 시장의 변화 속도를 따라가기 위해 노력해야한다.

증가하는 금융의 중요성

1980년대 들어 새로이 모이는 자금의 규모가 점점 커졌고, 이 돈은 뮤추얼펀드와 금융기관의 자금 원천이 되었다. 이 자금은 다양한 기업에 투자되었다. 골드만삭스, 리먼브라더스 및 모건스탠리 같은 투자은행이 전통적으로 인수하던 기업의 채무증권은 재무적으로 안정된 기업이 발행한 '투자 등급' 채권[6]이었다. 보험회사와 여러 금융기관, 그리고 부유한 개인들이 채권의 주요 투자자였다. 채권은 매수자 입장에서 위험이 그리 높지 않았기 때문에, 이자율이 상대적으로 낮았다.

시장에서 가용한 자금의 총계(전통 투자자와 연금으로 조성된 신규 자금)는 저위험 저수익의 전통방식 투자처가 수용할 수 있는 자금 규모를 넘어서기 시작했다. 이렇게 새로운 환경에서, 혁신적인 금융가들은 기존 시장에서 눈을 돌려 새로운 방식의 투자 기회를 모색하기 시작했다. 그들은 시장에 많이 발행되어 있는 저위험 투자 등급 채권뿐만 아니라 고위험 고수익의 채권시장에도 주목하기 시작했다. 이 신규 채권은 상대적으로 위험도가 높아서 '정크본드'라고 불렸다.

투자은행인 드렉셀 버넘 램버트(Drexel Burnham Lambert)의 마이클 밀컨(Michael Milken)이 정크본드 시장을 개척했다. 그는 인수한 정크본드를 뮤추얼펀드와 보험회사, 저축은행 같은 금융기관에 팔았

---

6 통상 S&P, 무디스 그리고 피치 같은 신용평가기관에서 BBB(S&P 및 피치 기준) 또는 Baa(무디스 기준) 이상의 신용 등급을 부여한 채권

다. 1980년대에 마이클 밀컨은 터너 방송사(Turner Broadcasting)의 테드 터너(Ted Turner)와 MCI사(MCI Communications)의 윌리엄 맥고원(William McGowan) 같은 거칠 것 없는 대담한 사업가들에게 고수익 파이낸싱 기업을 연결해주었다. 특히 윌리엄 맥고원이 경영하던 MCI는 당시까지 AT&T가 독점하다시피 한 장거리 통신사업에서 AT&T의 아성에 도전한 첫 회사다. 여러 측면에서 이 거래는 모든 관계자에게 혜택을 가져다주었다.

투자자가 정크본드를 대량으로 매입하면, 때로는 대상 회사의 적대적 M&A가 가능했다. 이 적대적 M&A는 1980년대 당시 빈번하게 일어나고 있었다. RJR 나비스코(Nabisco) 같은 초대형 기업의 경영권도 정크본드를 활용한 레버리지바이아웃(LBO)을 통해 하룻밤 새 다른 사람 손에 넘어가기도 했다. 여기서 '레버리지'는 인수자가 피인수 기업의 자산을 담보로 제공하고 정크본드를 발행해서 인수에 필요한 자금을 조달하는 방식으로 회사의 경영권을 매입하는 새로운 금융기법을 말한다. 벤처캐피털처럼 프라이빗 에쿼티(Private Equity) 투자의 또 다른 형태이나, 활용 범위가 좀 더 좁은 편이다. 이 기법은 혁신적인 산업이나 기업의 성장을 위해 투자하는 방식이라기보다는, 기업 처지에서 허비되는 잉여이익을 이른바 '기업사냥꾼'이 수취하기 위해 활용되었다. 기업사냥꾼은 종종 자신의 행동에 대한 명분으로 '주주가치'를 내세우곤 했다.

금융 개척자들은 더러 합법과 불법 사이 회색지대에서 활동했고, 때로는 선을 넘어 불법적인 행태에 연루되기도 했다. 몇몇 금융가는 증권업법에 따라 기소되었고, 징역형을 선고받기도 했다. 밀컨은 다수의 갈취와 사기 및 탈세로 기소되었고, 플리바긴(plea bargain)을 거쳐 6년형을 선고받았으나, 22개월만 복역하고 출소했다. 1990년 밀컨의 회사인 드렉셀 버넘 램버트는 법원에 의해 강제로 파산 절차에 돌입했고, 역사 속으로 사라졌다.

새로운 자본 조달방식과 하이일드 채권의 등장으로, 훨씬 다양하고 많은 미국 기업이 과거보다 손쉽게 자본에 접근할 수 있었다. 일부 논평가는 미국의 금융제도가 발전한 덕분에 과거에는 특혜를 받은 일부 기득권에게만 기회와 보상이 돌아가던 자본시장이 이제는 '민주주의화'되었다고 주장했다. 다른 일부 비평가는 '민주주의화'가 적합한 용어는 아니라고 주장한다. 그들의 주장을 들어보면 금융 조작행위로 발생한 상당한 이익이 선택된 소수의 금융 사업가들에게 돌아갔고, 부와 소득의 편중 현상이 국가 단위로 심화되었다는 것이다.

증권거래에서 일어난 또 다른 혁신은 '헤지펀드'의 등장이다. 헤지펀드는 명칭과 의미에 상당한 괴리가 있는데7, 명칭이 의미하는 것처럼 투자 손실을 보호하는 역할을 하지 않는다. 헤지펀드 투자회사들은 보통 투자활동이 베일에 싸여 있어 외부에서 자세히 알기가 쉽지 않은데, 주로 파생금융상품에 투자한다. 이 파생금융상품에는 선물, 옵션, 스와프, 선도계약, 기타 전통적 증권 및 원자재 상품에서 파생된 투자기구들이 포함되었다. 많은 헤지펀드가 어마어마하게 큰 돈을 벌었는데, 주로 복잡한 수학모델에 근거한 대규모 트레이딩을

---

7   영어의 'hedge'는 덤불이나 관목 등으로 된 정원의 울타리를 의미한다.

사용해서 투자했다. 이 모델은 위험량을 지속적으로 펀드에 밸런싱하는 방식으로 설계되어 있는데, 여기서 위험은 주로 세계 경제 변화와 같은 거시경제적 변수와 얽혀 있었다.

헤지펀드는 막대한 규모의 자금을 관리했다. 이들 펀드가 고수익을 추구하는 뮤추얼펀드의 펀드매니저나 연기금 및 부유한 개인 투자자들에게는 아주 매력적이었다. 이들은 재산 규모가 크지 않은 개인 소매 고객의 자금은 받지 않았다. 헤지펀드는 빠른 속도로 성장했고, 헤지펀드 운용사는 미국에서 가장 똑똑한 사람들을 펀드매니저로 고용했다. 그중에는 대학교수와 노벨상 수상자[8]도 있었다. 하지만 더러 상당한 투자 손실을 보는 펀드도 있었다.

1998년 대형 헤지펀드 회사인 LTCM(Long Term Capital Management)이 파산했는데, 여파가 심각해서 연방정부의 구제금융이 필요한 상황이었고, 결국 미국 연방준비위원회가 나서서 사태를 해결했다. 그럼에도 헤지펀드는 높은 수익을 고객에게 돌려주고 있었기에 빠른 속도로 줄곧 성장했다.

그러나 1960년대부터 20세기 후반까지 이어진 발전 과정을 곱씹어보면, 네 가지 사실이 두드러진다. 첫째, 미국인 수천만 명이 투자자로서 금융 시스템에 참여하고 있다. 전체 인구 대비 참여자 수를 놓고 보면, 미국 역사상 어느 시점보다도 훨씬 높은 비율이다. 둘째,

---

8   대표적으로 LTCM의 마이런 숄즈(Myron Scholes)와 로버트 머튼(Robert C. Merton)이 있는데, 이 두 학자는 LTCM의 핵심 운용 인력이자 이사였고 1997년 파생상품평가 평가 모델인 블랙숄즈 모형(Black-Scholes Model)으로 노벨 경제학상을 수상한 바 있다.

가용 자금의 규모가 훨씬 증가했고, 자금의 원천도 무척 다양해졌다. 셋째, 금융 시스템에 대한 규제가 느슨해졌고, 시장환경은 과거보다 훨씬 불투명해졌다. 이 점은 사실상 1930년대 이후로 자본시장에서 신뢰성의 근간이 되어온 투명성 원칙을 크게 훼손했다고 할 수 있다. 마지막으로 넷째, 소수의 투기꾼과 투자은행 종사자들이 어마어마한 규모의 부를 축적했다.

1950년 미국 경제에서 금융 부문이 차지하는 비중은 GDP의 3퍼센트였는데, 2014년에는 6.5퍼센트였다(2006년 7.5퍼센트로 최고점을 기록했다). 논의를 좀 더 끌고 나가보면, 1950년 금융 부문이 미국 전체 기업의 순이익에서 차지하는 비중은 8퍼센트였는데, 1990년에는 20퍼센트로 크게 상승했고, 2003년에는 34퍼센트로 더 올랐다. 이는 금융업이 미국 경제 규모, 즉 GDP에서 차지하는 비중을 생각하면 믿을 수 없을 정도로 높은 수치다. 2007년부터 2009년까지 있었던 금융위기와 뒤이은 대침체기가 미국의 금융 부문에 큰 영향을 미치긴 했으나, 2012년 금융업의 이익 비중은 전체 기업 이익의 24퍼센트 수준으로 여전히 높은 비율을 차지했다.

금융 부문이 벌어들이는 막대한 이익의 원천은 무엇인가? 그 막대한 자금은 기업과 정부, 소비자와 주택 보유자 그리고 학생들이 금융권에서 빌린 대출금의 이자였다. 특히 대출시장이 호황을 누리면서 금융권에 막대한 이익을 안겨다주었다. 1981년부터 2008년까지, 거의 한 세대를 지나는 기간 동안 일반 소비자 대출금의 가처분소득에 대한 비율은 27퍼센트가량 증가했고, 주택담보대출의 가처분소득에 대한 비율은 44퍼센트가량 증가했다. 2009년에는 미국 전체에서 신용카드 미결제 잔액(일종의 대출)이 약 1조 달러가량 되었다(1981년 기준으로 미결제 잔액은 500억 달러였는데, 물가수준을 감안해서 2016년 기준으로 환산하면 약 1,325억 달러[9]다). 주택담보대출은 2009년 11조 달러[10]였다. 미국에서 이 두 가지 대출은 서로 얽혀 있다. 많은 사람들이 주택담보대출을 받으면, 이 돈으로 신용카드 미결제 잔액부터 갚는다. 미국 신용카드 소지자의 절반 정도는 매달 최소 결제금액만을 갚고 나머지 금액은 이연하는 방식으로 카드 빚 만기를 계속 연장한다.

은행업의 금융화 역시 신용카드업에 영향을 미쳤다. 신용카드 소지자들은 카드를 사용하며 무분별하게 소비지출을 늘렸고, 카드회사나 은행이 이익을 늘리려고 고안한 여러 장치에 걸려들었다. 여기에는 신용카드 연회비부터, 신용카드 대출금의 높은 이자율, 과도한 수준의 연체수수료(다른 무엇보다 가장 수치스러운 부분이다)와 함께 '보편파산'이라는 제도가 있었다. 보편파산 메커니즘에 따르면, 신용카드 소지자가 이용대금 납입을 카드 결제일로부터 하루라도 지체할 경우 적용되는 이자가 증가하는데(대개 상당히 큰 금액으로 증가한다), 이때 연체가 발생한 카드뿐만 아니라 해당 소지자가 사용하는 다른 카드의 이자도 상향 조정된다.

요약하면 카드사와 은행이 만든 제도와 더불어, 이들 금융기관이 신용카드를 일반 대중에게 거리낌 없이 발급해주는 행태로 인해 수백만 명의 미국 시민이 카드 빚의 늪에 빠져 헤어나올 수 없게 된 것

---

9   원화로 약 146조 원
10   2021년 기준으로 14조 달러, 원화로 약 1경 5,000조 원

이다. 소비자 다수는 어떻게 해서 본인이 이러한 상황에 빠져들었는지 잘 파악하지 못했다. 신용카드 약관은 심지어 전문가도 해독하기 힘들다. 신용카드를 발급하는 카드사나 은행은 월별 청구서에 중요한 정보 몇 가지를 의도적으로 누락한다. 대표적인 것으로, 최소 결제금액만을 납입하게 되면 전체 잔액을 다 갚을 때까지 얼마만큼의 시간이 더 필요한지, 또는 상환계획을 변경하면 이자비용이 어떻게 변동되는지 등에 관한 정보는 소비자가 청구서에서 찾아보기 무척 힘들다. 이렇게 전체 시스템을 조건만 놓고 보면, 마치 19세기 지주와 무력한 소작농 사이의 계약과 닮은 구석이 많다.

이와 비슷한 상황이 수백만 명의 주택 보유자에게도 발생하고 있다. 1980년대 저축은행 위기 이전에는 미국의 저축은행이 많은 지역에서 주민공동체 경제의 중요한 축이자 주택담보대출의 핵심적인 자금 원천이었다. 지방 저축은행은 대출 신청자의 대출상환 능력을 면밀히 심사했지만, 전국 규모의 모기지 대출 브로커들은 기만적으로 작성된 대출계약서를 주택 구입자에게 들이밀었는데, 이들 주택 구입자는 대출 기간 동안 사실상 매월 다가오는 대출 원리금을 갚을 만한 여력이 되지 않았다. 그래서 3천 곳가량의 시중 저축은행 가운데 1,000곳 이상이 곧 파산하고 시장에서 사라졌다.

20세기 마지막 10년 동안 '사모펀드(Private equity funds)'(이 말은 1980년대 적대적 M&A를 전문으로 하는 기업사냥꾼들이 자신들의 투자방식을 미화해서 완곡하게 표현하기 위해 사용한 용어다)가 미국 금융시장에서 눈에 띄는 역할을 하기 시작했다. 기업사냥꾼과는 반대로, 벤처캐피털리스트들이 이끄는 사모펀드는 기업 지분의 일정 부분(또는 스톡옵션)만을 인수했고, 바이오테크, 컴퓨터 소프트웨어, 그 밖에 하이테크 산업의 많은 기업에 투자했다. 이들이 투자하는 기업들은 대개 스타트업이었고, 대부분이 상품 개발에 필요한 자금이 부족한 신생 기업이었다. 대표적인 회사를 꼽아보면 마이크로소프트, 페더럴 익스프레스(Federal Express), 애플(Apple Computer Company), 시스코 시스템즈(Cisco Systems), 그리고 제넨텍(Genentech) 등이다. 기업이 성장하고 실적이 나아지면, 상장을 통해 투자자로 참여한 벤처캐피털리스트들이나 회사 창업을 이끈 사업가들은 모두 수백만 달러를 벌어들였다. 또한 이 사업가들이 기업공개를 하면 이들에게 금융과 관련해 조언하고 이들의 주식을 주식시장에 발행하고 매각하는 데 주도적인 역할을 한 월스트리트의 금융회사들에도 막대한 수익이 돌아갔다.

월스트리트와 주식시장

주식 및 채권 투자가 큰 수익을 가져다줄 수도 있으나, 증권시장은 한편으로 카지노와 비슷한 면이 있다. 내부자가 연루된 주식거래 부정행위가 일어날 가능성도 상당해서, 헨리 포드와 많은 경영자가 월스트리트를 불신했다. 그러나 뉴딜 시기에 단행된 개혁정책들은 증권업의 성장을 촉진했고, 많은 투자자에게 이익을 거둘 수 있는 기회를 제공했다.

1920년대부터 20세기 초까지 주식 투자자들이 배당과 주식가치의 상승을 통해 벌어들인 금액으로 계산하는 '실질' 수익률(인플레이션율을 감안해서 계산한 수익률)은 평균적으로 대략 연 7퍼센트 수준이었다. 주식 투자 수익률 7퍼센트와 비교해서, 통상 안전한 투자로 인식되고 있는 국채와 투자 등급 회사채 투자의 연간 투자 수익률은 평균 2퍼센트 수준밖에 되지 않았다. 그래서 장기적으로 보면 주식시장에 참여하는 투자자들은 양호한 투자 성과를 실현해왔다(단기 성과는 변동 폭이 커서 1920년대에는 연평균 수익률이 거의 15퍼센트 수준이었으나, 1930년대는 -0.63퍼센트, 1950년대는 19퍼센트, 1980년대와 1990년대는 18퍼센트, 2000년대는 1퍼센트 수준이었다).

제1차 세계대전 이전까지는 많은 사람이 투자자 민주주의를 막연히 꿈꾸었으나, 그마저도 1929년 주식시장 대붕괴로 좌절되고 말았다. 하지만 20세기 중반 이후로 들어서면서 현실이 되기 시작했다. 20세기 초만 해도 50만 명 정도의 미국인만이 주식을 보유하고 있었다. 당시 기준으로 주식시장의 미국 역사상 최대 호황기가 1929년까지 지속되며, 이 수치는 20배가량 상승해 1천만 명으로 늘었다. 1990년대에 더 큰 호황기를 거치고 21세기 초가 되자, 주식을 보유한 미국인이 1억 명 이상이나 되었다. 대부분은 뮤추얼펀드나 연금 계좌를 통해 주식을 보유하고 있었다. 1990년에는 뮤추얼펀드가 약 2,400개였는데, 2014년에는 7,900개를 넘어섰다(가치로는 15조 8,500억 달러[11] 수준이다). 그러나 펀드 수가 늘어나면서 손실을 내는 펀드도 증가했다. 2000년부터 2010년까지 손실이 난 펀드는 전체의 7퍼센트 수준이었는데, 1960년대 1퍼센트가량이었던 것과 비교

---

11 2021년 기준으로 약 18조 달러, 원화로 약 2경 원

하면 상당히 증가한 수치다.

뉴욕증권거래소에서 하루에 처리되는 평균 주식 거래량은 1960년 대 이전만 해도 3백만 주에 다소 못 미쳤는데, 1990년에는 1억 6,000만 주 정도로 치솟았고, 2007년에는 16억 주까지 증가했다. 한편 저위 험 저수익의 저축예금과 예금증서(Certificates of deposit, CD), 그리고 채권에 묶여 있던 막대한 자금이 주식시장으로 몰려들었다. 1980년 대만 해도 미국 가계자산의 10퍼센트 정도만이 주식시장에서 운용 되고 있었는데, 21세기 초에는 이 비율이 25퍼센트까지 상승했다.

미국 증권업에서 나타난 또 다른 변화는 1990년대 하이테크 산업 이 성장하는 데 중요한 자금의 원천이었던 풍부한 벤처캐피털과 관 련이 있다. 전 세계 다른 어떤 국가보다 미국의 스타트업에 투자 자 금이 대규모로 모여들었다. 이 현상에는 여러 이유가 있었다. 바로 우호적인 조세제도, 기업에 유리한 파산법, 그리고 무엇보다 창업을 장려하는 문화다. 1990년대 중반까지 매사추세츠주에 투자된 벤처 캐피털 자금만 해도 영국 전체 벤처캐피털 자금 규모만큼 되었다. 캘 리포니아에 모여든 벤처캐피털 자금은 유럽 대륙 전체의 벤처캐피 털 자금을 합산한 것보다 큰 규모였다. 1990년대 미국 벤처캐피털 자금의 약 37퍼센트는 스타트업에 투자되었는데, 유럽은 12퍼센트 에 그쳤다. 하지만 그 후 몇 년간은 여전히 벤처캐피털 관점에서 미 국은 투자하기 좋은 지역이었으나, 미국의 벤처캐피털 투자금의 총 합은 감소하기 시작했다. 이제 유럽이 벤처캐피털뿐만 아니라 적대 적 M&A를 포함한 사모펀드의 투자 지역으로서 미국을 따라잡기 시 작했다.

하이테크 기업의 주식에 투자가 대거 늘어나면서, 주식시장의 기존 속성을 크게 변화시켰다. 20세기 말까지, 매출액과 고용 순위가 높은 기업은 전반적으로 '시가총액(발행된 주식가치의 총합)'이 높았다. 월스트리트의 투자자들이 책정하는 서류상의 자산가치(시장에서 거래되는 주식가치의 총합)는 고정자산으로 구성되는 '실물'경제, 이를테면 제철소 설비시설이나 자동차 공장 또는 다른 형태의 유형자산 가치와 상당한 상관관계에 있었다. 설비시설과 자동차 같은 고정자산은 제2차 산업혁명의 상징과도 같은데, 이 제2차 산업혁명의 근간은 기계로 가동되는 대량생산 시스템과, 저렴하고 빠른 운송 및 통신 수단에 기반을 두고 있었다.

정보기술에 기반한 제3차 산업혁명이 일어나면서 일부 하이테크 기업의 시가총액은 이들 회사의 재무제표상 매출액, 고정자산 규모 또는 직원 수 같은 수치와 그다지 상관성이 없게 되었다. 예를 들어, 20세기 말 미국의 가장 큰 양대 자동차 회사인 GM과 포드의 연간 매출액 합계는 3,060억 달러 정도고, 고용인원 수 합계는 94만 명이며, 시가총액 합계는 1,340억 달러 정도였다. 반면, 당시의 양대 소프트웨어 기업인 마이크로소프트와 오라클의 매출액 합계는 220억 달러 정도고, 고용인원 수는 6만 3,000명(두 IT 회사의 매출액과 고용인원 수는 포드와 GM에 비해 14분의 1 수준이었다)이지만, 시가총액 합계는 4,620억 달러로 양대 자동차 회사 시가총액의 약 3.5배 수준이었다. 마이크로소프트의 시가총액만 해도 4,180억 달러 수준이었다. 이 회사의 엄청난 시가총액 규모에는 이 회사의 컴퓨터 오퍼레이팅 시스템이 표준제품으로 시장에서 독보적인 자리를 굳건히 차지하고 있고, 인터넷을 통해 상당한 수익성을 실현하고 있는 점이 반영되었다[12].

연방준비제도 이사회 의장이던 앨런 그린스펀(Alan Greenspan)을 포함해서 일부 정부 고위 관료는 하이테크 기업의 주가가 위험한 수준으로 과대평가되어 있다고 경고했다. 1996년 12월에 그린스펀은 투자자들이 보이는 '비이성적 과열'에 대해 논평했는데, 그는 당시 상황을 정확하게 인지하고 있었다. 많은 하이테크 기업이 수익을 내지 못했다. 2000년에 닷컴 거품이 터지면서 수많은 개인이 손실을 보았고 국가경제가 침체되었다. 특히 주택 및 부동산, 채권시장의 거품이 연방준비제도 바로 코밑에서 부풀어 오르기 시작했다.

20세기 후반 들어 증권업계에는 과거와는 상당히 다른 변화의 조짐이 나타나기 시작했다. 주식 애널리스트와 일반 주식 투자자뿐만 아니라 금융 당국이 모두 이 현상을 제대로 이해하지 못하고 혼란스러워했다. 주식시장에서 평가하는 기업가치와 그 기업의 실제 실적 사이에 큰 괴리가 생기고 월스트리트 문화가 장기 성장보다는 단기 성과에 집착하는 방향으로 바뀌면서, 수많은 부정부패 스캔들의 원인이 되었다.

---

12 2021년 말 기준으로 마이크로소프트의 시가총액은 2조 1,628억 달러, 매출액은 1,849억 달러, 직원 수는 약 18만 명이고, 오라클의 시가총액은 2,741억 달러, 매출액은 414억 달러, 직원 수는 약 13만 명이며, GM의 시가총액은 788억 달러, 매출액은 1,270억 달러, 직원 수는 약 16만 명이고, 포드의 시가총액은 719억 달러, 매출액은 1,363억 달러, 직원 수는 약 18만 명이다. 2021년 말 기준으로 두 IT 회사와 두 자동차 회사의 시가총액 차이는 16배로 더 벌어졌고, 직원 수는 이제 비슷해졌다.

월스트리트의 변화는 앞서 설명한 세계화 추세와 상호작용했다. 1990년대까지 월스트리트에서 발생한 일들은 다른 국가에도 상당한 영향을 미쳤는데, 부분적으로는 기업활동이 그만큼 세계화되었기 때문이다. 높은 투자수익을 가져다주는 투자 기회가 세계 여기저기서 생겨나면서, 단기 자금과 그밖에 다른 형태의 자본이 국가 사이를 이동하는 속도가 무척 빨라졌다.

미국 자본주의는 과거보다 점점 더 금융 자본주의화가 되어갔고, 미국의 컨설팅 회사들은 미국식 자본주의를 전 세계에 보급하는 데 상당히 기여했다. 1980년대와 1990년대 들어 경영 컨설팅 회사들, 특히 매킨지사(McKinsey & Company)는 '기업문화'라는 개념을 창안하고 전 세계에 보급했다. 당시 기업 경영자들의 의사결정과 불투명한 기업활동을 둘러싸고 많은 소송이 제기되었는데, 사실 그 배후에는 이들 컨설팅 회사가 있었다. 매킨지와 투자회사들은 신자유주의의 영향을 받아서 월스트리트에 새로운 문화를 형성했고, 이제 미국 기업들은 장기 성장보다는 단기 성과에 집중하는 방향으로 사업방식을 전환했다.

인류학자인 캐런 호(Karen Ho)가 언급했듯이, 1990년대까지 투자은행들은 직원 대부분을 아이비리그 대학교 출신으로 채용했다. 인사 담당자들은 학업 성적이 우수하거나, 열성적으로 업무에 매진할 것 같거나, 가장 뛰어나고 똑똑한 지원자를 직원으로 뽑고자 했다. 이들 회사는 신규 직원들에게 그들이 얼마나 특별한 인재인지를 상기시키며 성취욕을 불어넣은 다음, 몇 년간 혹사하고 나서 해고해버리기 일쑤였다.

투자은행은 종종 컨설팅 회사와 함께 인수할 만한 회사를 찾아 나섰다. 당시 월스트리트의 문화는 M&A와 관련해 자문을 제공하고 그 대가로 수수료를 받는 일을 가치 있는 비즈니스로 여겼는데, 이때 대개 기업을 사업부별로 쪼개서 파는 방식으로 수익을 올렸다. 기업 전체보다 분할해서 매각해야만 자문사에 돌아가는 수수료가 더 많았던 것이다. 당시 월스트리트의 금융회사들은 젊은 직원을 소모품처럼 쓰고 버리듯 기업들도 그렇게 대했다. '주주가치'라는 구호가 기업의 장기 성장과 재무 건전성이라는 가치를 대체해버린 것이다. R&D에 투자하기보다는 자사주를 매입하는 행위가 투자은행에 더 많은 수익을 가져다주었다. 딜을 더 많이 할수록, 월스트리트 금융가들은 더 많은 보너스를 받을 수 있었다.

이러한 월스트리트의 문화는 과거 20세기 중반까지 미국사회에서 기업을 대하던 태도와는 많은 차이를 보였다. 그리고 그 결과는 대부분 부정적이었다.

1980년대부터 미국 경제에 금융시장과 상품 및 서비스 중심의 '실물'경제 사이에 괴리가 나타나기 시작했다. 세간에서는 1980년대를 두고 '탐욕의 십 년'이라고 부르기도 했다. 마이클 밀컨 같은 금융 혁신가들이 자신이 지분을 소유하지도 않은 회사에서 일 년 치 성과 보수로 5억 5,000만 달러[13]를 받은 것은 미국 역사상 처음 있는 일이었다. 밀컨이 일하던 드렉셀 버넘 램버트의 IB 사업부는 '프레데터 볼(Predator's Ball)'이라 불리는 연례행사를 지원했다. 이 행사에

---

13 2016년 기준으로 12억 3,000만 달러, 원화로 약 1조 3,500억 원

서 드렉셀과 참석자들은 자신이 벌어들인 일 년 치 부를 과시했는데, 심지어 토스타인 베블런(Torstein Veblen, 1857~1929)[14]도 그 광경을 보면 놀라서 쓰러졌을 것이다. 베블런은 19세기 경제학자로 '과시적 소비'라는 용어를 만들어낸 장본인이다. 1987년 개봉된 유명한 영화인 〈월스트리트(Wall Street)〉는 탐욕스러운 금융가들이 대상 기업의 이익을 편취하고 나서 회사를 무분별하게 여러 개로 쪼개는 과정을 잘 그려내고 있다. 톰 울프(Tom Wolfe)의 베스트셀러 소설인 『허영의 불꽃(The Bonfire of the Vanities)』은 덧없는 욕망에 질주하는 금융인들의 세계를 잘 묘사했다.

현실 세계에서 기소되고 최종적으로 법원에서 징역형을 선고받은 투기꾼도 일부 있다. 앞서 설명한 마이클 밀컨(캘리포니아대학교 버클리캠퍼스에서 학부를 졸업하고, 펜실베이니아대학교의 MBA 과정인 와튼스쿨을 다녔다)과 이반 보스키(Ivan Boesky, 지금은 미시간주립대학교로 바뀐 디트로이트대학에서 법학을 전공했다)는 주가를 불법으로 조작해서 수억 달러를 갈취한 혐의로 징역형을 선고받았다. 타이코 인터내셔널(Tyco International)의 데니스 코즈로우스키(Dennis Kozlowski, 시튼홀대학교 졸업)는 2005년에 24년 징역형을 선고받았다. 1년 뒤에 초대형 통신 회사인 월드컴(WorldCom)의 버니 에버스(Bernie Ebbers, 미시시피대학교 졸업)는 25년형을 선고받았다.

---

14 유한계급론으로 잘 알려진 미국의 경제학자. 그는 수요이론과 관련해 베블런 효과를 제시했는데, 가격이 오를수록 수요가 증가하는 이유는 사치재의 경우 가격이 오를수록 상층 소비자의 과시적 소비욕구가 상승하기 때문이라고 설명했다.

1990년대에 또 다른 한 건의 부정부패 스캔들이 터져서 미국의 한 대도시가 들끓었다. 이 사건을 주제로 미국 자본주의에 관한 중요한 다큐멘터리가 제작되기도 했다. 휴스턴에 본사를 둔 에너지 트레이딩 회사인 엔론(Enron)은 1990년대 당시 미국의 모든 기업을 통틀어 가장 혁신적이고 수익성 높은 기업 중 하나로 인식되고 있었다. 하지만 이는 이 회사 홍보부서가 언론을 통해 만들어낸 이미지였다. 돌이켜보면, 엔론 사태는 신자유주의 이념과 월스트리트에서 추구하는 가치로 무장한 기업 경영자들이 조장한 기업문화가 새로운 것을 창조한다는 명분 아래 기존의 것을 얼마나 무분별하게 파괴하는지를 여실히 보여준 사건이었다.

엔론의 경영진은 젊은 트레이더들이 캘리포니아주의 전기와 가스 공급에 관한 규제가 완화된 틈을 노려서 대량의 에너지를 번갈아 사고팔며 에너지 시세를 조작하는 방식으로 이익을 편취하도록 주문했다. 이 트레이더들은 실제로 상품을 만들어내지도 않았고, 그렇다고 소비자가 원하는 서비스를 제공하지도 않았다. 단순히 공공 서비스 규제가 완화된 틈을 타서 가상의 시장을 만들어냈다. 천연자원을 개발해서 공급망을 확대하며 한때 사회적으로 존경받는 에너지 기업으로 인식되던 이 회사는 존재하지도 않은 가상 시장에서 에너지를 사고팔며 에너지 가격[15]을 조작해서 일반 시민의 돈을 갈취하는 회사가 되었다. 처음에 엔론의 CEO인 케네스 레이(Kenneth Lay)는 자신과 회사를 포장해가며 휴스턴 지역사회에서 환심을 샀다. 자

---

15 주정부에서 지급하는 에너지 공급가격

사의 실적을 언론에 광고하며, 지역의 예술단체와 자선단체에 기부도 했다. 대중매체를 통해 엔론은 휴스턴이 국제도시가 되고, 시민들에게도 부를 가져다줄 것이라는 거짓 비전을 홍보했다. 사실 엔론 경영진과 트레이더들이 회사 장부를 철저히 조작하고 은폐했기 때문에, 문제가 외부로 알려지고 당국의 조사관들이 들이닥쳤을 때는 사내 변호사와 회계사 들조차 상황을 정확히 이해하지 못해서 사태 수습이 불가능했다.

2001년 엔론의 주가는 90달러를 넘었으나, 곧 몇 센트 수준으로 급락했다. FBI와 SEC의 조사가 시작되고 난 후, 이 회사의 사장인 제프리 스킬링(Jeffery Skilling, 하버드대학교 MBA)과 CFO인 앤드루 패스토우(Andrew Fastow, 노스웨스턴대학교 켈로그 경영대학원 MBA)는 장기 징역형을 선고받았다. CEO인 레이(휴스턴대학교 경제학 박사 출신)는 스킬링과 같은 시기에 기소되었으나, 2006년 유죄를 선고받고 얼마 지나지 않아서 심장마비로 숨졌다. 엔론의 회계감사법인이자 세계 최대 회계법인 중 하나였던 아서 앤더슨(Arthur Andersen)은 파산했고, 엔론과 함께 역사 속으로 사라졌다. 엔론의 임직원 2만 명은 일자리뿐만 아니라 회사 주가에 연동되어 있던 퇴직연금마저 잃었다. 이 사태로 캘리포니아주는 에너지 가격과 관련해 위기를 맞았고, 주지사인 그레이 데이비스(Gray Davis)는 주민 소환에 불려나갔다. 이 사태의 불똥은 다른 주들로 튀어서, 다른 주들이 추진하고 있던 규제 완화 프로그램에 제동이 걸렸다. 2005년 방영된 다큐멘터리 영화인 〈엔론: 세상에서 제일 잘난 놈들(Enron: The Smartest Guys in the Room)〉은 엔론 사태의 이면에 있는 여러 문화적 요인과 개인들의 성향을 잘 보여준다. 영화평론가인 로버트 에버트(Robert Ebert)는 이 영화에 (총 4개 중) 3.5개의 별을 주며 이렇게 말했다. "이 영화는 정치 다큐멘터리가 아닌 범죄 이야기다. 당신이 어느 정당을 지지하건, 이 영화 〈엔론: 세상에서 제일 잘난 놈들〉을 보고 나면 아마 광분할 것이다. 이 영화는 엔론이라는 회사가 본질적으로 폰지 사기(Ponzi scheme)를 통해 성장하고 미국에서 7번째로 큰 대기업이 되어가는 과정을 따라가며, 마지막에는 시간을 조금이라도 더 벌어보려고 회사 직원들의 연금마저 강탈해가는 비극을 잘 보여준다."

엔론-아서 앤더슨 사태와 다른 기업 관련 부정부패 스캔들에서 자극을 받은 미국 정부는 뉴딜개혁에는 한참 미치지 못하지만 변화하는 시장을 따라잡기 위해 여러 개혁 조치를 시도했다. 가장 중요한 개혁으로는 2002년 미국 연방국회에서 통과된 사베인스-옥슬리(Sarbanes-Oxley) 법안이 있는데, 이 법은 회계법인의 회계감사 서비스와 컨설팅 서비스를 분리하고, 일반 기업이 외부 컨설턴트를 고용해서 회사의 내부 경영방침이 법률적 범위를 벗어나지 않게끔 점검하도록 권장했다.

경영자와 펀드매니저의 과도한 보상문제

이반 보스키, 마이클 밀컨, 그리고 엔론의 경영진과 기타 부정부패 스캔들의 연루자들은 처벌을 받았지만, 많은 사람의 예상과는 달리 최고경영진의 과도한 급여 수급처럼 공정하지 않은 행태를 바로잡는 데에는 그다지 효과가 없었다. '주주 지배권'에서 많은 개혁 조치가 있었지만, 이 조치들도 고위직 펀드매니저들의 높은 연봉을 줄이는 데에는 실패했다. 1965년 CEO와 일반 직원 간 평균임금 비율은 약 20 대 1이었는데, 1989년 59 대 1로 상승했다. 1995년에는 123 대 1, 2000년에는 383 대 1, 그리고 세계 금융위기가 닥쳤던 2007년에는 351.3 대 1이 되었다가 2013년에 296 대 1로 하락했다. 이는 유럽과 일본의 CEO와 일반 직원 간 평균임금 비율보다 훨씬 높은 수치다. 경영자들에게 과도한 보수를 지급하면 일반 직원에게 돌아갈 재원을 줄이고, 나아가 국가의 경제성장을 제한하며 일반 노동자가 경제적인 신분을 상승할 수 있는 기회를 박탈하게 된다.

과거에는 없던 이러한 괴리 현상은 20세기 동안 다른 국가들이 선망해 마지않던 미국 기업의 전통을 깼다. 세계 대공황 시기에 P&G의 CEO 레드 듀프리는 P&G 직원과 고객 들의 재정적 어려움을 고려해서 본인 급여를 삭감했고, 본인 보너스까지 정지시켰다. IBM의 토머스 J. 왓슨을 포함한 많은 CEO들 역시 자발적으로 급여를 삭감했다. 심지어 제2차 세계대전 시기와 1960년대 같은 호황기에도 많은 최고경영자들은 선관주의의 의무를 다할 뿐만 아니라 자신들의 경제적 보상도 절제할 줄 알았다. 그러나 20세기 후반 들어 미국의 최고경영자들은 마치 프로스포츠 선수처럼 과도한 금전적 보상에 지나치게 집착했다. 차이점이라면 운동선수는 실제 자신의 성과에 따라 보상을 받는다는 것이다.

경영자의 급여가 대폭 상승한 가장 큰 이유는 스톡옵션이었는데,

이사회에서 스톡옵션을 후하게 결정하는 경향이 있었다. 최근에 나온 그럴 듯한 이론에 따르면, 경영자가 자사에서 상당한 성과를 올리면 그에 따라 경영자의 급여가 상승했다고 한다. 하지만 대개 경영자에게 지급된 보상은 회사의 성과와 상관없이 상승했다. 《뉴욕타임스》가 실시한 연구를 보면 1993년부터 1997년까지 CEO가 동일인으로 유지되었던 대기업 383곳의 평균 주가는 같은 기간 동안 2배가 되었는데, 이들 CEO의 금전적 보상은 4배가 되었다. CEO들의 평균 급여 금액은 연간 280만 달러에서 1,000만 달러[16] 이상으로 상승했다. 급여 보상 전문 컨설턴트들은 마치 운동선수의 에이전트 회사나 연예인의 기획사처럼 일을 하며 경영자들을 위한 스톡옵션이나 다른 인센티브 프로그램의 설계안을 작성했는데, 이 안은 대개 회사의 실적과 상관없이 경영자에게 금전적인 보상을 보장해주도록 짜여 있었다. 때로는 회사의 사내 변호사나 회계사 들도 최고경영진의 총 급여 수준을 계산하기 힘든데, 이들이 연봉 계약서에 본인에게 유리한 우발조항을 복잡하게 넣거나 난해한 주석을 달아놓아서 계약 내용을 의도적으로 이해하기 어렵게 만들었기 때문이다. 그중에서도 최악은 스톡옵션의 가파른 업사이드(환경이 변화하면 행사가격을 종종 낮추기도 하는데, 이는 변명의 여지 없는 악습이다)로 인해 고위 임원들이 회사에, 나아가서는 국가경제에 위험한 경영전략을 선택하도록 조장한다는 점이다. 기업 경영자들이 저지르는 이러한 악습은 민간경제의 모든 영역에 스며들었다.

---

16 2016년 기준으로 1,500만 달러, 원화로 약 165억 원

위험의 절정은 2007년에 다가왔다. 당시 월스트리트의 5대 회사가 서브프라임 주택 모기지 대출위기가 발생하자, 잘못된 투자 판단으로 총 740억 달러의 손실을 보았다. 그 직후에, 이들 회사는 임직원에게 보너스로 380억 달러를 지급했다. 보너스 대부분은 최고경영진의 몫으로 돌아갔다. 이 다섯 회사는 리먼브라더스, 모건스탠리, 골드만삭스(골드만삭스는 그해 타사 대비 상대적으로 실적이 양호했다), 메릴린치(메릴린치는 대중의 비판과 저항에 직면해서 보너스의 일부를 삭감했다), 그리고 베어스턴스(Bear Stearns, 역시 보너스의 일부를 취소했다)였다. 그와 동시에 손실을 보전하기 위해, 일부는 수십억 달러어치 자사 주식을 중동의 석유 재벌 국가나 기업들에 매각했다. 요컨대 최고경영진이 자신이 몸담고 있는 회사의 일부분을 팔아버리고, 그중 수십억 달러의 돈을 보너스라는 명목으로 제 주머니에 챙겼던 것이다.

비슷한 이야기가 헤지펀드 업계에도 있다. 2004년경 헤지펀드 매니저들이 연간 10억 달러를 초과하는 급여를 받기 시작했다. 2007년 한 매니저는 37억 달러[17]를 벌어들였고 다른 두 명은 거의 30억 달러를 받았다. 이 돈은 대부분 그들이 운용하는 헤지펀드 가치의 상승분에서 나온 것이다(헤지펀드가 운용하는 자산의 규모는 1990년 389억 달러에서 2015년 거의 3조 달러까지 상승했다). 그러나 이 매니저들은 펀드 운용에 본인의 개인 자금을 투자하는 식으로 위험을 부담하지는 않았다. 미국 연방세법은 정기 수익보다는 자본이익에 많은 혜택을 주

---

17   2021년 기준으로 약 48억 달러, 원화로 약 5조 3,000억 원

고 있어서, 헤지펀드 매니저들이 정기 수익 형태로 받아갔으면 일반적인 35퍼센트 세율로 조세를 부담했겠으나, 그렇지 않아서 15퍼센트만 부담했다. 그래서 헤지펀드를 운용하는 대가로 30억 달러를 급여로 받은 대표 매니저는 같은 회사에서 사무직으로 일하는 직원들이 부담하는 세율의 절반 정도만 부담하며, 연간 6억 달러를 절세했다. 비슷한 보상체계는 뮤추얼펀드 업계에서도 나타났다. 전체 뮤추얼펀드의 수탁고는 1992년 1조 6,000억 달러에서 2015년 16조 달러(약 1경 8조 원)로 성장했다.

경영진 및 펀드매니저의 급여와 일반 노동자의 급여 사이에 나타나는 현격한 차이는 미국 전역의 언론에서 보도한 바 있다. 이 격차는 21세기 초 이념적으로 이미 분열되어 있는 미국 정치의 갈등만 더욱 심화시켰고, 정치적 갈등에 발이 묶여서 오히려 고위 경영자의 보상체계를 개혁하려는 정치적인 시도가 제한되는 결과를 초래했다.

정보의 불투명성

과거의 많은 사례를 보아도 알 수 있듯이, 대부분의 기업은 기업의 내부 사안을 가급적 공개하지 않으려고 한다. 기업이 본질적으로 사악해서가 아니라, 영업기밀을 유지하고 경쟁사들의 견제를 버텨내기 위해서다. 그리고 가족기업의 경우에는 오래된 가족 전통을 지키려고 하는데, 내부의 민감한 정보가 의도치 않게 공개되면 자금 조달이 어려워질 수도 있다. 그래서 규제 당국에서 요구하는 정보 공개를 가능하면 피하려고 한다. (하지만 시장에서 정보의 불투명성이 커지면, 역설적으로 자유시장 경쟁원리를 해치는 결과를 가져온다. 이론적으로 자유시장은 모든 경쟁자가 동일한 수준의 정보를 가지고 동일선상에서 경쟁하는 시장이다.)

최근 몇십 년간 휘몰아친 엄청난 금융혁신은 기업활동에 내재된 속성, 즉 기업이 내부 정보 공개를 거부하는 경향을 키웠다. 만약 당신이 헤지펀드의 고위 임원으로서 파생상품을 거래하고 있다면 모든 정보를 투명하게 시장과 대중에게 공개하기를 꺼릴 테고, 일반 상장회사들도 SEC(Securities & Exchanger Commision, 미국 증권거래위원회, 한국의 금융감독원 또는 금융감독위원회에 해당)에 상시적으로 제출하는 자료를 웬만해서는 드러내고 싶지 않을 것이다. 만약 당신이 한 회사를 바이아웃(상장된 보통주식을 모두 매입)하면, 이들 상장사는 당연히 제출해야 할 여러 자료를 이제 SEC에 굳이 제출하거나 보고할 필요가 없어진다. 그래서 한편으로는 '고잉 프라이빗(Going Private)'에 어쩌면 또 다른 생산적인 측면도 있을 수 있다. 이를 통해 경영자들이 분기마다 회사 실적을 놓고 논평해대는 주식시장 애널리스트들이나 언론 미디어의 압박을 피하고 기업의 '장기' 계획을 세울 수 있기 때문이다. 이 점은 2013년 마이클 델(Michael Dell)이 델컴퓨터(Dell Inc.)의 주식을 전량 매입해서 델 테크놀로지(Dell Technologies)라는 회사로 새로이 만든 이유이기도 하다. 기업 인수를 내부 경영자가 하건 외부 투자자가 하건, 또는 그 인수합병의 성격이 적대적이건 우호적이건 상관없이, 사모펀드를 통해 인수합병을 하는 중요한 동인 중 하나는 정보의 비공개다. 이것이 바로 사모펀드의 장점 중 하나다.

그러나 기업정보가 난해하거나 투명하지 않으면 많은 부작용을 낳기도 한다. 예를 들어, 주가를 부양하기 위해 기업 이익을 부풀려 놓고 슬그머니 정정 공시하는 건 명백히 기업의 복잡한 회계정보를 부당하게 이용하는 행위다. 수천 개의 주택 모기지 대출을 번들로 묶어서 최소한의 정보만 공시하고 매각하는 행태도 정보의 불투명성을 악용한 부정적인 관행이다. 매수자로서는 거의 이해되지 않는 증권들, 특히 비규제 대상 증권을 판매하는 행위[구조화 금융상품, CDO(Collateralized Debt Obligation), 크레디트디폴트스와프(Credit Default Swap)]와 학자금 대출처럼 모집이 쉬운 '대출자산'을 묶어서 매각하는 행위도 마찬가지다. 고객과 난해한 신용카드 계약을 체결하고서 보편파산제도(universal default)를 통해 높은 수수료와 이자를 챙기는 것도 정보의 불투명성과 제도의 허점을 악용하는 행위다. 이미 제공한 스톡옵션을 장부(재무상태표)에 슬그머니 소급해서 기재하고 당해 연도 회사 손익계산서에서 비용 처리를 누락하는 방식으로 투자자들 눈을 속이는 행위도 공시제도의 허점을 이용해서 기업정보를 불투명하게 처리하는 사례다.

이러한 방식은 기업, 특히 금융기업의 장부상 이익을 올리는 데 이용된다. 미국의 자본주의 규제정책은 기본적으로 60년 동안 투명성을 근간으로 삼았는데, 점차 많은 기업과 금융기관이 정보 공개 의무를 조직적으로 계속 회피하면서 미국 금융 시스템의 많은 부분이 규제장치가 거의 작동하지 않는 '그림자 금융 시스템'화되었다. 투명성보다는 불투명성을 선호하는 기업문화 때문에, 규제 일변도의 금융 시스템에서 벗어나 탈규제 시스템으로 경제 전반이 움직이는 것은 불가피해졌다. 만약 향후에 규제를 개정하거나 개선하지 않으면, 금융시장에서 불투명성은 더욱 심화할 것이다. 기업정보를 투명하게 공개하도록 보장하지 않으면, 시장에 대한 신뢰성(credibility)이 사라질 테고, 신용(credit) 자체도 조만간 사라질 것이다. 이 두 영어 단어는 라틴어 'credo'에서 나왔는데, 'credo'는 '나는 믿는다'라는 뜻이다. 이렇게 미국 금융시장에 만연한 정보의 불투명성과 제도의 복잡성으로 인해, 2007년 주택시장의 거품이 꺼지고 이듬해 금융 시스템이 거의 붕괴하는 수준에 이르렀음에도, 상황을 통제하기 위해 필요한 조치를 실행하는 일이 미국 역사상 그 어느 때보다 어려웠던 것이다.

CHAPTER 11

대침체기의 발생과 극복

"우리가 금융 시스템의 규제를 너무 많이 풀어서, 이제 금융 시스템은 금융 당국이 제어할 수 있는 범위를 넘어서버렸다."

– 미국 연방국회 금융위기 관련 국정조사위원회 보고서

(The Financial Inquiry Report, 2011)

우리는 이 책에서 미국의 상공업 활동이 혼합경제 방식으로 이뤄졌다고 언급한 바 있다. 즉, 경제활동에 민간 영역과 공공 부문의 역할이 섞여 있되, 민간 영역의 경제활동이 공공 부문보다 좀 더 강조되는 방식으로 미국 경제는 움직여왔다. 그래서 2007년과 2008년 금융위기와 뒤이은 2008년과 2009년 대침체의 원인 제공자로, 민간 영역과 공공 부문을 모두 지적하는 건 그리 놀라운 일이 아니다. 전반적으로 정부 당국이 제동을 걸지 않은 채 민간 영역에서 잘못된 의사결정과 불법행위를 일삼았는데, 사실상 일부는 파악조차 되지 않았다.

금융위기와 대침체의 관계는 1929년 주식시장 대붕괴와 경제대공황의 관계와 유사한 점이 많다. 주식시장 대붕괴와 경제대공황이 그랬던 것처럼 금융위기와 대침체는 미국 경제의 문제점을 여실히 드러냈다. 경영자들이 받는 과도한 보상체계, 기업활동과 금융시장의 불투명성, 그리고 갈수록 악화되는 부의 불균형 문제가 이 위기의 배경에 도사리고 있었다. 또한 주택시장에서 지속적으로 문제가 되고 있던 왜곡 현상과 금융시장에서 연일 일어나던 부정 스캔들도 빠질 수 없는 문제점이었다. 특히 금융업에서 '그림자 금융'기관들은 규제 당국의 레이더망에 전혀 포착되지 않고 있었다. 블랙코미디 영화인 〈빅 쇼트(The Big Short)〉는 이러한 왜곡과 부정행위 이야기를 실감나게 잘 그려냈다.

미국에서만 870만 개의 일자리가 사라졌다. 실업률은 2009년 10월에 10.1퍼센트로 고점을 기록했고, 그 후 8퍼센트 이상을 유지하다가 2012년 9월에 가서야 7.8퍼센트로 하락했다. 수천 명의 미국인이 주택가치가 폭락하면서 막대한 자산 손실을 입었다(일각에서는 7조 달러[1]가량 자산가치가 하락했다고 예상한다). 살던 집을 잃은 사람만도 7백만 명이나 되었다. 2012년까지 모기지 담보대출을 받은 부동산의 28.6퍼센트에 해당하는 1,280만 개의 부동산 자산이 '언더 워터(under water)' 상태였다(언더 워터는 미국 부동산 업계에서 사용하는 용어로, 담보대출 금액이 담보자산의 시장가치를 상회하는 것을 의미한다). 임차인들은 임대료가 상승해서 상대적으로 재산 피해를 더 많이 보았다. 주식시장에서만 11조 달러[2]가 증발했고, 그 때문에 연금자산에서 3조 4,000억 달러[3]의 손실이 있었다. 금융기관들은 대내외적으로 상당한 압력을 받았다. 리먼브라더스를 포함한 일부 기관은 파산 절차에 돌입했고, 일부 기관은 규모가 더 큰 금융기관에 흡수되었다. 2014년에 미국에서 빈곤층으로 분류된 사람만 해도 4,620만 명 정도로 추산되어 50년 만에 최고 수치를 기록했다(전체 인구의 15퍼센트에 못 미치는 수준이었는데, 1980년대 초와 1990년대 초에도 이 정도 수치를 기록했다).

---

1   2021년 기준으로 8조 8,000억 달러, 원화로 약 9,700조 원
2   2021년 기준으로 원화 약 1경 5,000조 원
3   2021년 기준으로 원화 약 4,700조 원

미국 경제가 악화하자, 정부에서 여러 조치를 내놓았다. 이로써 금융시장의 패닉 상태가 다소 진정되었고, 자동차 회사와 대형 은행 들은 구제되었다. 그러나 정부 조치는 미국 경제를 빠르게 예전의 정상궤도로 올려놓기에는 미흡한 점이 많았다. 전후시기에 여러 차례 경기침체가 있었지만, 이번의 경기침체는 회복 속도가 전후시기 통틀어 가장 더뎠다. 정부기관과 양대 정당의 여러 이념적 계파를 포함한 많은 정치단체는 개혁 법안을 발의했으나, 이들 법안은 복잡했고, 이행되는 과정에서 지연되거나 철회되기도 했다.

주택 모기지 대출시장의 혼란

주택시장의 문제와 금융시장의 문제가 얽혀서 2007년과 2008년 사이의 금융위기와 뒤이은 대침체가 발생했다는 것이 일반적인 정설이다. 2000년대 초에 나타난 주택시장의 거품 현상을 이해하려면 간단하게나마 1930년 이후 주택시장의 역사를 살펴볼 필요가 있다.

경제대공황의 여파로 주택시장의 자금 공급방식에도 중대한 변화가 찾아왔다. 뉴딜개혁안에서는 일반인이 주택을 구입하기 위해 프라임 모기지 대출을 받으려면 반드시 상당한 액수의 계약금(주택가격의 10퍼센트에서 20퍼센트 수준)을 지불하도록 했고, 주택 구매자의 소득과 부채 현황, 자산 상태를 정확하고 상세하게 기재하도록 했으며, 부채의 원리금 분할상환 기간(1930년 이전에는 통상 3년에서 6년 사이에 갚도록 했으나, 뉴딜개혁안에서는 처음에는 15년, 그 후에는 30년까지 연장했다)을 장기로 설정하도록 요구했다. 1938년 미국 의회는 패니매 (Fannie Mae, Federal National Mortgage Association, FNMA)를 설립했다. 패니매는 연방주택청(Federal Housing Administration, FHA, 1934년 설립)과 공조해서, 모기지 대출의 유통시장[4]을 확장해나갔다. 유통시장을 활성화하는 방법으로는 패니매가 MBS(Mortgage Backed Securities, 모기지 담보증권)[5]를 발행하는 방식을 많이 동원했는데, 여기에는 대출 채권이 부실해지면 정부가 보증을 설 것이라는 암묵적인 전제가 깔려 있었다. 종전 후 참전군인을 위한 지원정책 또한 저축은행업의 활성화에 기여했다. 정부의 암묵적인 보증제도 존속했지만, 시간이 지나면서 패니매는 완전히 민간기업이 되었다. 또 다른 정부기관으로는 1960년대 말에 설립된 지니매(Ginnie Mae, Government Insurance National Mortgage Association)가 있다. 지니매가 가진 대출채권에도 역시 미국 연방정부가 암묵적인 보증을 섰다. [세 번째 주택대출 관련 정부기구로는 1970년에 설립된 프레디 맥(Federal Home Loan Mortgage Corporation, FHLMC)이 있다.] 이들 정부기구를 만든 이유는 분명하다. 유통시장에서 모기지 담보대출의 거래를 활성화해서, 모기지 대출을 실행하는 금융기관에 자금을 공급하고 새로운 주택 구매자에게 대출 서비스를 원활하게 제공하기 위해서였다. 바로 이것이 자본주의 체제가 더 많은 자금을 융통시켜서 이론적으로는 노동자의 고용을 늘리는 방법이다.

---

4   이미 실행된 대출채권을 제3자끼리 매매할 수 있는 시장
5   일종의 자산 유동화 증권(Asset-backed Securities, ABS)으로, 부동산의 모기지 담보 대출채권을 기초자산으로 삼아서 발행하는 증권

민간 영역과 공공 부문이 주택 소유자를 늘리기 위해 노력했으나, 1970년대와 1980년대 변화한 기업문화와 당시의 경제적 문제점 때문에 저축은행과 모기지 대출기관의 영업환경은 상당히 악화되었다. 단순하게 이야기하면, 인플레이션, 감독 당국의 규제 완화, 모기지 대출기관 담당자들의 부정부패 등으로 1980년대에 저축은행 위기가 발생한 것이다. 높은 예금이자율과 낮은 모기지 대출이자율 간의 역전 내지 불일치가 나타나면서, 저축은행 담당자들은 수익을 내기 위해 새로운 방법을 모색했다. 정부 통제가 느슨해지자, 담당자들은 상업용 부동산과 신용카드뿐만 아니라 자신들이 잘 알지 못하는 악성 투자기구 등에 손을 대기 시작했다. 게다가 토지를 '단타 매매(flipping)[6]'하는 거래와 얽힌 사기들이 있었는데, 감독 당국은 시간이 한참 지난 후에야 진상을 겨우 파악했다.

저축은행 위기가 터지자, 정부는 파산한 많은 저축은행을 결국 매입했고 그중 다수를 폐쇄했다. 약 1,240억 달러에서 1,320억 달러[7]에 이르는 국민 혈세가 혼란스러운 상황을 수습하는 데 쓰였다. 국민이 낸 세금으로 저축은행들을 구제하는 방법은 많은 논쟁을 불러일으켰다. 일각에서는 이러한 해결방법이 '도덕적 해이'를 야기해서 미래의 나쁜 상행위를 부추기는 역효과를 가져올 것이라고 주장했다. 연방의회는 규제 당국이 저축은행업을 감독하는 절차를 개혁해서

---

6   토지의 일정 필지만을 사서 짧은 기간만 보유하고 해당 토지에 대한 개발이나 개선이 전혀 없는 상태에서 매우 높은 가격으로 되파는 거래를 의미한다.

7   2016년 기준으로 약 2,770억 달러에서 2,950억 달러, 원화로 305조 원에서 325조 원 수준

문제를 해결하려 했다. 동시에 정치인들은 미국인이 본인 주택을 소유하는 이른바 '아메리칸 드림'을 실현할 수 있도록 패니매와 지니매를 통해 계속 지원하고자 했다.

사실상 저축은행 위기가 시작되면서 미국 경제는 이른바 '대안정기'의 시기에 들어서게 되었다. 1986년부터 2007년까지 긴 기간 동안 미국 경제는 한 건의 대형 금융위기도 겪지 않았다. 약간의 금융위기 조짐만 보여도 민간 영역과 공공 부문이 쉽게 해결해나갔다. 게다가 이 기간 동안 GDP 성장률의 진폭이 거의 없었는데, 특히 1950년과 1986년 사이의 시기와 비교하면 상당히 안정적이었다. 인플레이션도 마찬가지였다. 이유가 무엇일까? 부분적으로는 많은 기업 경영자와 소비자가 연방준비제도의 통화정책을 신뢰하게 되었다는 점을 들 수 있다. 또한 기업들은 IT 기술을 활용해서 효율적으로 재고를 관리할 수 있었고, 시장 수요에 큰 편차와 시차 없이 공급을 맞출 수 있었다. 그렇게 재고가 통제되고 금융위기가 잦아들면서(심지어 자잘한 수준의 금융위기조차 거의 없었다고 봐야 한다), 경기침체가 거의 없었다. 대안정기의 또 다른 요인으로는 원유가격의 안정화를 들 수 있다. 원유가격은 1970년대와 1980년대에 들쭉날쭉했지만, 대안정기에는 큰 변동 없이 안정적으로 유지되었다.

안정된 경제는 시기를 두고 주택시장에 영향을 주었다. 1990년대 말부터 2006년 사이에 집값은 130퍼센트 상승했다. 주택 구매자들은 집값이 계속해서 상승하리라고 예상하고 주택 구매에 나섰다. 금융기관의 대출 담당자들은 이익을 늘리는 데 혈안이 되어서, 모기지 대출을 위한 심사 기준을 완화하면서까지 더 많은 주택 구매자에게 대출상품을 팔려고 들었다(차주에게 요구하는 계약금도 없었고, 심지어 차주의 소득에 대해 묻지도 않았다). 뿐만 아니라, 주택 소유자가 이미 보유한 주택을 담보로 대출을 일으켜서 그 돈으로 학자금이나 휴가여행 경비 등으로 쓰도록 부추겼다. 그러던 중에 감독 당국의 규제가 느슨해졌다. 정치인들은 패니매가 대출 심사 기준을 완화하도록 압력을 넣어서, 계약금조차 없는 저소득층[이들을 가리켜 논프라임(non-prime) 차주 또는 서브프라임(sub-prime) 차주라고도 불렀다]도 주택시장에 진입할 수 있도록 조치했다. 2004년에 이 서브프라임 모기지 대출이 전체 대출에서 차지하는 비중은 30퍼센트에 근접했고, 2005년과 2006년에 가서는 30퍼센트를 초과하게 되었다. 그러다가 2007년에 20퍼센트 이하로 하락했다. 이 서브프라임 모기지 대출의 50퍼센트 이상은 차주의 상환능력을 기재한 서류조차 제대로 구비하지 않은 상태였다(관련 서류 자체가 없는 경우도 있었다).

2000년대 초반에 모기지 대출을 취급하던 금융기관들은 서브프라임 모기지 대출채권을 MBS로 구조화해서 팔며 떼돈을 벌었다. 게다가 정부가 1998년에 이 구조화 증권을 감독 대상에서 제외해서, 이 상품은 규제 당국의 레이더망에서도 벗어나 있었다. 이 점이 당국이 위기의 낌새조차 느끼지 못한 결정적인 이유였다. 1980년대 이후로 신자유주의 기조에 입각해서 긴축재정 정책을 펼친 결과, 연방정부에서 은행의 경영활동을 감시하고 규제하는 기능이 크게 약화되었다. 한 가지 예를 들면, SEC는 자체 감독 기능 중 일부를 외부 민간 영역으로 아웃소싱했다. 대표적인 것이 채권에 신용 등급을 매기는 기능이었는데, 이 기능을 무디스와 S&P(Standard & Poor's) 같은 신용평가기관으로 내보냈다. 이 방침은 채권신용평가기관들과 그들의 고객사 간에 이해상충 문제를 일으켰다(은행과 증권사가 대표적인 고객사인데, 이들은 MBS를 발행하고 그 등급과 평가를 평가사에 의뢰하며 대가로 일정한 수수료를 지급한다). 이제 고객사들이 아무도 경험해보지 않은 상품, 특히 MBS의 평가를 의뢰한 것이다. 만약 평가사가 이들 은행에서 대량으로 판매하는 유동화 증권에 '투자 등급'을 매기지 않으면, 고객사는 투자 등급을 선정해줄 만한 다른 평가사로 갈 테고, 그러면 이 평가사는 알짜배기 사업 기회를 놓치게 된다. MBS 평가시장이 성장하면서 평가사들의 수익성은 크게 향상되었는데, 이는 사실상 채권가치를 공정하고 중립적으로 평가해야 하는 자신들의 직업상 책무를 방기한 처사에 대한 대가였다. 기업 투명성을 제고해야 하는 평가사의 중요한 역할이 심각하게 훼손된 셈이다.

많은 투자자, 은행 그리고 정부기관은 은행업과 증권업에서 일어나고 있는 사태를 전혀 파악하지 못했다. 일부는 사태를 사전에 파악하고 조치가 필요하다고 주장했으나, 이들의 주장은 심각하게 받아들여지지 않았다. 당시에는 많은 사람이 대안정기의 경제적 안정에 흠뻑 취해서 주택가격이 계속해서 상승하리라고 믿어 의심치 않았기 때문이다. 하지만 그렇게 생각한 건 이들뿐이었다. 일반 주택 소유자 중에 월별 이자를 상환하지 못하는 사람도 생겨나면서, 서브프라임 모기지 대출을 근거로 발행된 구조화 증권 일부가 투자자 배당에 실패했고[8], 증권시장의 불안정성도 커져갔다. 당연히 가장 취약한

---

8   가장 후순위인 증권 트렌치는 본원 자산인 모기지 대출채권에 손실이 생기면, 구조

은행과 투자회사에서 문제가 터지기 시작했다. 당시 연방준비제도는 1930년대 연방준비제도 개혁안이 의도했던 것만큼 철저하게 은행을 감독하지도 않았다. 이제 이를 개선해야 할 시간이 다가온 것이다.

연방정부의 금융산업 개혁

지난 30년 동안 발생했던 중요한 경제적 변화와 금융자본주의의 등장이 경제에 미친 영향은 1930년대 경제대공황을 촉발한 경제위기, 즉 1929년 주식시장 대붕괴의 그것보다 대체로 더 컸다고 볼 수 있다. 과거의 경제위기와 다른 점이라면, 이 위기를 해결해야 할 책임을 떠안은 정부의 고위 관료들이 경제대공황 사례를 참고할 수 있었다는 것이다. 특히 이들은 학계에서 드높은 명성을 날리며 이론적으로 잘 준비되어 있거나, 여러 정부기관을 거치며 공직에서 성공리에 경력을 쌓은 사람들이다. 고위 관료들은 경제대공황에 대해 서로 이해와 의견을 모았고, 이를 토대로 삼아서 금융위기를 종식하기 위한 정부 정책의 골격 전반을 만들었다.

2000년대 위기에 대응한 방식은 1930년대 경제대공황 시기를 극복한 대처와 일맥상통하는 점이 있다. 바로 정부 관료와 민간 경영자가 위기 종식을 위해 공동으로 대응했다는 점이다. 그래서 상당 기간 지속되어 영향이 클 수도 있었을 경기침체를 비교적 짧은 시간에 종

화 채권 특성상 가장 먼저 손실을 입는다.

식할 수 있었다.

위기의 정점은 조지 W. 부시 행정부에서 버락 H. 오바마 행정부로 권력이 이양되는 시점에 찾아왔지만, 두 행정부의 초당적인 대처와 민간 기관의 협력으로 위기를 종식할 수 있었다. 이와 같은 초당적인 협력은 경제대공황이 한창이던 1932년 11월에서 1933년 3월까지 허버트 후버 행정부(공화당)에서 FDR 행정부(민주당)로 권력이 이양되던 시기에는 이뤄지지 않았다.[9]

금융 부문을 개혁하기 위한 시도들은 2010년에 시작되었다. 정부와 민간이 금융위기를 해결하기 위해 협력한 과정을 복잡하게 설명하기보다는, 단순하게 정부기관을 이끌었던 핵심 인물을 중심으로 이야기를 끌어가고자 한다.

이들은 재무 건정성이 양호한 은행들과 협력해서 부실한 금융기관의 독소가 주변으로 번지지 않도록 막았다. 이들은 2008년 긴급경제안정화법(Emergency Economic Stabilization Act, 일명 TARP)과 2009년 미국재건및재투자법(American Recovery and Reinvestment Act)을 제정하는 데 기여했고, 최종적으로는 향후 발생할지도 모를 금융위기를 방지하기 위한 여러 개혁 조치를 공동으로 설계했다. 여기서 가장 중심에 서 있는 의제는 금융 분야였고, 미국 기업 시스템이 무너진 원인과 그에 대한 단기 처방 및 장기적 개혁방법을 논의하는 것이 핵심 과제였다.

---

9 실제로 루스벨트 대통령의 취임식 연설을 위해 이동하던 차량에 두 전현직 대통령이 동석한 이후로 한 번도 교류가 없었다고 한다.

연방정부의 금융회사 지원책과
유동성 공급

미국 행정부 소속으로 금융위기에 대처하고 극복하는 데 앞장섰던 인물로는 연방준비제도 의장이었던 벤 버냉키(Ben S. Bernanke)가 가장 대표적이다. 사우스캐롤라이나주의 한 유대인 가정에서 태어난 버냉키는 하버드대학교에서 경제학 학사와 석사(최우등 졸업) 학위를, MIT에서 박사학위를 받았다. 스탠퍼드대학교에서 MBA 과정 교수로 재직하다가(1979~85), 프린스턴대학교로 자리를 옮겼다. 프린스턴대학교에서는 종신교수직을 보장받았고, 1996년 경제학부 학장에 올랐다. 뒤이어 2002년 연방준비제도 중앙이사회의 일원이 되었고, 쉰둘의 나이로 2006년 초에 연방준비제도 의장이 되었다(의장 취임 직전에 부시 행정부의 백악관 경제자문위원회 의장을 잠시 맡기도 했다). 공직에 오르기 전에는 학자로서 경제대공황의 원인과 정부의 대처에 관해 이미 상당한 연구를 진척시키고 있었다. 2002년 그는 이른바 버냉키 독트린이라는 원칙을 발표했는데, 내용은 디플레이션을 피하려면 경제 시스템에 유동성(즉, 자금)을 충분히 제공해야 하고, 이를 위해서는 통화 공급을 늘리는 것은 물론이고 필요하다면 이자율을 0퍼센트 수준까지도 낮추어야 한다는 것이었다. 버냉키는 2004년 당시까지 이어지던 경제적 안정기를 가리켜 '대안정'이라는 표현을 공개적으로 사용했다.[10]

---

10 '대안정'이라는 표현을 최초로 사용한 사람은 하버드대학교 경제학 교수인 제임스

2007년과 2008년 금융위기로 경제 상황이 악화하자, 버냉키는 다른 고위 관료들과 이 위기의 확산을 막기 위해 다방면으로 협업했다. 버냉키와 더불어 당시의 금융위기를 타개하기 위해 헌신한 고위 관료들로는 버냉키의 연방준비제도 이사회 동료이자 연방준비은행 뉴욕 지점 총재였던 티모시 가이트너(Timothy Geithner), 미국 재무부 장관이었던 행크 폴슨(Hank Paulson), 그리고 미국연방예금보험공사(FDIC) 의장이었던 쉴라 베어(Sheila Bair)를 들 수 있다. 버락 오바마는 대통령에 취임하고 나서 부시 행정부 시절 재무장관이었던 폴슨의 자리를 가이트너에게 넘겼다.

버냉키와 함께 금융위기에 대응한 동료들은 모두 버냉키의 학문적 성과나 경력과 비교해도 손색이 없는 인물들이었다. 행크 폴슨은 1970년 하버드대학교에서 MBA 과정을 밟은 후 1973년까지 미국 국방부와 닉슨 행정부에서 공직 생활을 거쳤다. 이듬해에는 골드만삭스의 시카고 지점에서 근무했는데, 연간 수백만 달러의 연봉을 받았다. 골드만삭스 시절 그는 중국을 70회 이상 방문했고, 2006년 6월 예순의 나이에 미국 재무부 수장 자리에 올랐다.

티모시 가이트너의 아버지는 독일계 미국인으로 포드재단에서 일했는데 직업 특성상 해외 근무가 잦아서, 가이트너는 아프리카, 인도 그리고 태국에서 유년기를 보냈다. 다트머스대학교에서 행정학과 아시아학을 전공했고, 1981년 북경대학교에서 중국어를 공부했으며,

---

스톡(James Stock)과 프린스턴대학교 교수인 마크 왓슨(Mark Watson)이었으며, 버냉키가 2004년 한 연설에서 인용하고부터 대중에게 알려졌다.

1982년에는 북경사범대학교를 다녔다. 그는 키신저 어소시에이츠(Kissinger and Associates)[11]에서 잠시 근무했고, 1988년부터 2001년까지는 미국 재무부에서 해외 업무를 담당하는 부서를 두루 거쳤다. 그 후 미국외교협회(Council of Foreign Relations)와 국제통화기금(IMF)에서 잠시 근무하다가, 2003년 52세에 연방준비은행 뉴욕 지점의 총재로 취임했다.

쉴라 베어는 캔자스대학교에서 철학을 전공했고, 잠시나마 은행에서 창구직원으로 일했다. 그 후 모교로 돌아와서 법학대학원 과정을 마쳤다. 1981년 공화당의 캔자스주 상원의원이던 밥 돌(Bob Dole)의 사무실에서 근무한 다음에 뉴욕증권거래소와 상품선물거래위원회(Commodity Futures Trading Commission, CFTC) 그리고 재무부에서 공직 경력을 쌓았다. 2002년부터 2006년까지 매사추세츠대학교 앰허스트 캠퍼스의 아이젠베르크 경영대학에서 공공정책을 가르쳤다. 2006년에는 52세에 미국연방예금보험공사 의장이 되어 2011년까지 자리를 지켰다.

버냉키와 폴슨, 가이트너 그리고 베어 네 사람은 모두 베이비 부머 세대로 성장기에 미국의 안정된 풍요로움의 혜택을 입었고, 체계적인 교육과 훈련을 받으며 공직 생활을 했다. 모두 핵심 정부기관의 수장이 되어서는 당시 통제 불능의 금융시장을 안정시켰고, 향후 금융위기를 방지하기 위한 여러 조치를 실시했다. 때로는 그들 사이에 갈등도 있었다. 특히 베어와 가이트너가 자주 충돌했다. 가이트너가

---

11 헨리 키신저(Henry Kissinger)가 1982년 설립한 정치외교 분야의 컨설팅 회사

거시적인 관점에서 사태를 바라보며 시장에 유동성을 공급하고 투자자를 보호하는 문제 그리고 전 세계 시장의 혼란을 방지하기 위한 조치를 수립하는 문제에 집중했다면, 베어는 미시적인 관점으로 접근했는데, 그녀의 주된 입장은 예금자를 최우선으로 보호하고 투자자의 손실은 어느 정도 용인하자는 것이었다. 왜냐하면 투자자들은 위험을 인지하고 이를 기꺼이 감수한 셈이었기 때문이다. 또한 이들은 시장 상황이 좋았을 때 이미 상당한 수익을 누렸기 때문에, 성과가 부실한 투자를 제대로 살펴보지 않은 책임을 져야 한다고 베어는 생각했다. 하지만 연방준비제도, 연방준비은행 뉴욕 지점, 그리고 재무부의 세 리더들은 종종 베어와 다른 견해를 고수했고, 이 미국연방예금보험공사의 여성 의장을 빼놓고 논의를 하곤 했다.

이러한 긴장관계의 원인으로는 세 가지를 들 수 있다. 성차별이 한 원인인 것은 분명하다. 그 가능성을 배제하기에는 의사결정 과정에서 베어가 소외되는 경우가 너무 많았기 때문이다. 세 남성 수장들이 만나는 수많은 자리에 그녀는 초대조차 받지 못했다. 둘째, 베어는 미국 중서부에서 자라고 공부했는데, 나머지 세 명은 모두 동부 지역 출신에 동부 아이비리그에서 공부했다. 게다가 그녀는 일반 시민의 예금을 보호하는 데 목적을 둔 FDIC의 업무 특성상 지역 중심의 사고를 견지할 수밖에 없었다. 반대로 세 남성, 특히 가이트너는 글로벌한 시각으로 미국시장과 다른 국가의 금융시장 그리고 기업 경영자와 주주 등의 관계성에 주목하고 있었다. 셋째, 각 조직의 구조적 특성도 이러한 긴장관계에 한몫했다. FDIC는 업무와 권한에 대한 가이드라인이 명확하게 정해져 있었다. FDIC의 가장 중요한 의무는 금융기관의 부정행위와 부적절한 의사결정으로 생기는 손실로부터 예금자를 보호하는 것이었다. 역사적으로 FDIC는 1930년대 설립된 이후 상당히 효과적으로 본연의 역할을 수행해왔다. 그래서 이 조직의 업무 자체는 흥미롭지 않고 다소 지루하기까지 했다. 반대로 연준과 재무부는 거시경제에 방점을 두고 미국과 전 세계 금융시장이 문제없이 가동되도록 유동성을 시장에 공급하는 데 집중했다.

버냉키는 그의 학문적 연구만 놓고 보면 적시적소에 자리를 잡고 있었던 셈이다. 금융시장에는 유동성이 필요했고, 연준은 유동성을 공급하는 중요한 수단, 즉 기준금리(fed fund rate)를 낮출 수 있는 권한이 있었다. 이 기준금리는 연준의 회원인 대형 시중은행들이 그들끼리 자금을 거래할 경우 하루에 적용되는 차입이자율이다. 2006년 6월부터 2008년 말까지 버냉키는 기준금리를 5.25퍼센트에서 1퍼센트로 인하하는 결정을 내렸다. 기준금리는 2008년 12월 이후에 최저 0퍼센트에서 0.25퍼센트 사이까지 더 하락했다. 기준금리 하락은 필요한 조치였지만 그것만으로는 충분하지 않았다.

재무장관 폴슨과 가이트너, 연방준비제도 의장 버냉키, FDIC 의장 베어를 비롯한 정부기관이 유동성 공급에 대해 내세운 입장은 비슷했다. 이들의 접근법은 정부와 대형 은행을 중심으로 시장에 유동성을 공급해서, 은행업에 대한 시장의 신뢰를 회복하는 것이었다. 이러한 조치가 2007년과 2008년에 걸쳐 정부기관들이 추진하고자 했던 방침이다. 한편 당시 미국에서 가장 큰 모기지 대출 금융기관인 컨트리와이드 파이낸셜(Countrywide Financial)이 거의 파산 직전 상황으로 내몰리고 있었다. 컨트리와이드 파이낸셜을 뱅크오브아메리카

(Bank of America)에서 인수하도록 서둘러 조치해서 규제 당국은 급한 불을 껐지만, 사실 뱅크오브아메리카에는 도움이 되지 않는 조치였다.

2008년 3월 버냉키, 폴슨 그리고 가이트너는 세계적 증권사인 베어스턴스의 상황을 우려하고 있었는데, 베어스턴스는 아시아 시장과 MBS 시장에 상당한 자금을 투자하고 있었다. 그래서 세 고위 관료는 제이피모건체이스은행(J. P. Morgan Chase Bank)의 CEO인 제이미 다이아몬드(Jamie Diamond)와 면담하며, 체이스은행이 다소 위험을 감수하고서 베어스턴스를 낮은 가격에 매입하도록 설득했다. 이 방식으로 정부와 민간 영역의 대표자들은 공동으로 대응해서 베어스턴스의 파산을 막았다.

미국에서 가장 큰 저축은행 지주회사인 워싱턴뮤추얼(Washington Mutual, Inc.)의 핵심 자회사인 워싱턴뮤추얼은행(Washington Mutual Bank)에서 일주일 동안 뱅크런 사태가 지속하자, 이번에도 유사한 방식의 대처방안이 도입되었다. 저축은행 감독기구인 OTS(Office of Thrift Supervision)[12]는 FDIC에서 이 저축은행의 자산관리를 맡도록 지시했다. 워싱턴뮤추얼은 약 20억 달러[13]에 제이피모건체이스은행으로 매각되었고, 체이스은행은 워싱턴뮤추얼은행의 무담보 채무 손실을 부담하기로 합의했다. 그래서 별칭으로 WaMu(와무)라 불리던 워싱턴뮤추얼은 파산 신청을 하게 되었다.

---

12 재무부 산하 저축은행 감독기구로, 1989년 설립되었다.
13 2021년 기준으로 25억 달러, 원화로 약 2조 7,000억 원

한편 패니매와 프레디 맥이 재정적 어려움에 처하자, 재무장관인 행크 폴슨은 정부에서 두 기관을 보증할 것을 제안했다. 그래서 2008년 9월 연방주택금융감독청(Federal Housing Finance Agency, FHFA)이 설립되어 패니매와 프레디 맥, 두 기관을 감독하기 시작했다. 재무부는 현금을 지원해서 두 기관을 구제하는 한편(각각의 기관에 1,000억 달러[14] 한도로 자금 제공), 10억 달러에 달하는 우선주를 취득했다. 이 우선주에는 보통주를 매입할 수 있는 워런트가 포함되어 있었는데, 이 워런트를 행사하면 최대 79.9퍼센트의 지분을 소유할 수 있었다. 또한 연준과 재무부는 두 주택대출기관을 구제하기 위해, 추가로 이 두 기관이 발행한 부채와 MBS를 매입했다. 연준과 재무부는 이러한 조치를 통해 경제 시스템에 유동성을 주입하는 데 그치지 않고, 패니매와 프레디 맥이 주택 구매자에게 주택담보 대출 서비스를 계속할 수 있도록 허용했다. 또한 MBS를 매입해서 모기지 대출시장이 이전처럼 정상적으로 작동할 수 있도록 조치했다.

　　베어스턴스와 와무에 구제 조치를 시행하던 때와는 달리, 폴슨과 버냉키는 2008년 당시 미국 내 4위 투자은행이었던 리먼브라더스의 구제에 나설 만한 기관을 찾지 못했다. 영국계 은행인 바클레이즈(Barclays)가 처음에는 이 기관 인수에 관심을 보였고, 컨트리와이드 인수로 자금 사정이 여의치 않았던 뱅크오브아메리카도 믿기지 않겠지만 리먼브라더스 인수에 관심을 보이긴 했다. 그러나 리먼브라더스의 재무 상태가 워낙 좋지 않아서, 두 기관 모두 결국에는 인

14　2021년 기준으로 1,260억 달러, 원화로 138조 원

수를 거절했다. 폴슨, 버냉키 그리고 가이트너는 결국 베어스턴스나 와무와 달리 리먼브라더스에는 정부가 대출 지원을 하더라도 이 대출 원리금을 감당할 만한 충분한 담보력이 없다고 판단했다. 2008년 9월 리먼브라더스는 파산 절차에 돌입했고, 이 뉴스는 전 세계 금융업뿐만 아니라 경제 전반에 큰 충격을 안겨주었다. 이러한 미국 정부 감독 당국의 조치와 결정이 적절했는지를 둘러싸고 전문가들조차 이견이 분분했다.

2008년 긴급경제안정화법

드디어 2008년 10월 초 미국 연방의회는 긴급경제안정화법안(2008 Emergency Economy Stabilization Act)을 통과시켰고, 곧이어 부시 대통령도 이 법안에 서명했다. 그 후 폴슨, 버냉키, 가이트너 그리고 베어는 최대 7,000억 달러[15]에 달하는 자금의 재량권을 쥐고 부실 은행 및 금융기관의 구제에 나섰다. 이 자금은 긴급경제안정화법에 근거해서 설립된 부실자산구제프로그램, 일명 TARP(Troubled Asset Relief Program)를 통해 조달했다. 폴슨이 이 법안의 초안을 대부분 작성했고, 버냉키와 베어 그리고 가이트너가 법안의 실행을 맡았다.

TARP 자금은 곧 유용하게 활용되기 시작했다. 그해 11월에는 연방준비제도와 재무부가 전 세계에서 가장 큰 보험사 중 하나인 AIG(American Insurance Group) 구제금융안을 마무리했다. AIG는 MBS

15　2021년 기준으로 8,800억 달러, 원화로 약 1,000조 원

시장에 과도하게 투자해서, 재무 상황이 상당히 악화되어 있었다. 폴슨과 버냉키 그리고 가이트너는 만약 이 회사가 파산하면 그 여파는 미국 경제뿐만 아니라 전 세계 경제에도 재앙일 것으로 내다보았다. 그해 9월에 이미 연준이 850억 달러[16]의 대출을 제공했으나, 그것으로는 충분치 않았다. 그래서 재무부가 400억 달러[17]를 AIG 우선주 매입에 투자했고, 연준은 AIG가 보유하고 있던 MBS를 525억 달러어치[18] 매입했다. 이렇게 신규 자금을 투입받아서, AIG는 MBS 시장에 대한 익스포저(exposure)를 줄이고 파산을 피할 수 있었다. 이 거래로, 정부도 이익을 보았다. 2012년 정부는 보유하고 있던 AIG 주식을 매각해서 최종적으로 230억 달러[19]의 수익을 거둬들였다.

한편 쉴라 베어와 FDIC는 TARP 자금을 활용해서 일반인의 예금을 위한 보험을 실행하기 위해 3,000억 달러(약 415조 원)에 못 미치는 자금을 풀었다. 이로써 중소은행들은 예금자가 보유한 예금의 이탈을 막을 수 있었다. 재무부는 2,050억 달러(약 284조 원)가량의 단기 대출(단일 건당 30만 달러에서 2,500만 달러가량)을 5퍼센트에서 7.7퍼센트 금리(5년 이내 상환하지 않으면 금리는 9퍼센트에서 13.8퍼센트로 급상승)로 700곳 이상의 금융기관에 제공해서 이들 기관을 구제했다. 이 대출금에는 우선주와 보통주 워런트(매입권)가 담보로 제공되었다.

2009년 1월에는 재무부가 시티은행과 뱅크오브아메리카 두 대형

---

16   2021년 기준으로 1,000억 달러, 원화로 약 118조 원
17   2021년 기준으로 500억 달러, 원화로 약 55조 원
18   2021년 기준으로 661억 달러, 원화로 약 73조 원
19   2021년 기준으로 290억 달러, 원화로 약 32조 원

은행에 각각 200억 달러(약 28조 원)의 채무보증확약서를 제공했고, 그해 말에 이 두 기관이 대출금을 상환해서 정부는 이자로만 30억 달러(약 4조 원)를 벌어들였다. 동시에 재무부, 연방준비제도 그리고 FDIC는 공동으로 뱅크오브아메리카에 1,180억 달러(약 163조 원)까지 손실을 보증해주었다. 결과적으로 뱅크오브아메리카는 해당 금액만큼의 보증은 사실상 필요없었고, 대신 그해 말 해지 수수료만 4억 2,500만 달러[20]를 정부에 지불해야 했다. 세 정부기관은 또한 시티그룹에 3,010억 달러[21]가량을 보증해주었고, 시티그룹은 담보로 7퍼센트 수익률의 우선주 71억 달러[22]를 제공했다. 시티그룹은 실제로는 자금을 빌리지 않았지만, 정부에 4억 4,000만 달러[23]의 이자를 지급해야 했다. 유사한 방식으로 보통주를 매각해서, 정부는 120억 달러[24]를 벌어들였다.

베어를 포함해서 많은 정부 관료는 정부의 이러한 조치를 대형 금융기관을 '구제'하는 장치라고 인식했지만, 정부 조치는 사실상 정부 관료들의 협상과 노력을 통해 제로섬게임이 아닌 포지티브섬게임으로 결실을 맺었다. 연방정부가 시장에 유동성을 늘려서 경제 붕괴 현상을 막았을뿐더러, 우량 금융기관들에 세금을 투자해서 능숙하게 수익도 거두어들였기 때문이다. 물론 일부 부실 은행과 여기에 연루

---

20 2021년 기준으로 5억 3,500만 달러, 원화로 약 5,600억 원
21 2021년 기준으로 3,800억 달러, 원화로 약 420조 원
22 2021년 기준으로 89억 달러, 원화로 약 10조 원
23 2021년 기준으로 5억 5,000만 달러, 원화로 약 6,000억 원
24 2021년 기준으로 151억 달러, 원화로 약 16조 6,000억 원

된 투자자와 채권자 들은 금전적으로 손실을 보았고, 그래서 반감을 가진 사람도 있었다. AIG의 주주들은 용감하게도 정부를 상대로 소송을 걸고, 정부와 AIG의 협상에 참여한 일부 담당자들이 부당한 이득을 보았다고 주장했다. 와무 또한 재산보전 처분 당시 FDIC의 행보를 두고 FDIC에 소송을 걸기도 했다.

공공 부문과 민간 영역이 협력하며 거둔 긍정적인 효과는 위기에 처한 양대 자동차 업체인 GM과 크라이슬러사를 구제하러 나선 정부에 힘을 실어주었다. 장기적으로 하락 추세에 있던 자동차 수요와 높은 임금 그리고 과중한 부채로 생긴 이자비용 등으로 두 자동차 회사는 경영상 어려움을 겪고 있었다.

하지만 정부로서는 중요한 지점이 고용문제였다. 이는 단순히 두 회사만의 고용문제가 아니었다. 두 회사를 포함해서 미국 전역과 캐나다의 모든 자동차 회사에 부품을 납품하는 하도급 업체들 소속 노동자의 고용과 직결되는 문제였다. 전문가들은 두 회사가 파산하면 3백만 명 이상의 노동자가 일자리를 잃을 것이라고 예측했다. 심지어 규모가 더 작은 크라이슬러만 해도 파산하면 수많은 노동자가 실직하리라고 예상되었기 때문에, 크라이슬러를 파산시키는 안도 배제되었다.

하지만 오바마 행정부의 경제 관료들은 미국도 일본 경제가 거의 20년 동안 그랬던 것처럼, 미국도 침체의 늪에 빠지지 않을까 우려하고 있었다. 일본은 정부에서 기업을 구제하려고 조치에 나섰음에도 경기가 개선될 조짐이 전혀 없었고, 오히려 장기 불황을 겪고 있었기 때문이다. 크라이슬러와 GM의 구제 조치는 제시 존스가 1930년대 RFC(Reconstruction Finance Corporation)를 이끌 당시와 매우 유사했다. 차이점이라면 이번 경제위기에서는 미국 정부가 훨씬 더 적극적으로 구제 대상 기업의 회생에 관여하고 있다는 것이었다. 일부 노동자를 정리해고하고 두 회사의 퇴직금 부채를 구조 조정하기로 합의하자, 정부가 이들 회사의 주식 및 채권에 투자하는 방안도 합의에 이를 수 있었다. 미국 연방정부는 두 회사를 회생시키기 위해 797억 달러[25]를 지출했고, 양사는 정리 절차를 통해 신생회사로 거듭났다[크라이슬러와 피아트(Fiat)는 합병하게 되었다]. 정부는 704억 달러[26]를 회수했고, 약 91억 달러[27]의 손실을 보았다. 하지만 정부의 구제 조치가 없었다면 노동자들의 실직으로 국민경제에 소득 손실과 세수 감소가 발생했을 터이므로, 구제 조치로 생긴 손실 자체는 미국 국민과 납세자들로서는 적은 손실이었다.

2009년 미국재건및재투자법[28]

대통령에 당선된 오바마는 2008년 말부터 2009년 초까지 미국 경제를 재건하기 위한 법안을 만드는 작업에 착수했다. 이 법안은 그가 취임 선서를 하는 즉시 발효될 예정이었다. 이 법안을 만든 취지는 단순하다. 7,000억 달러의 TARP 자금만으로는 미국 경제가 비록

---

25   2021년 기준으로 1,000억 달러, 원화로 약 110조 원
26   2021년 기준으로 889억 달러, 원화로 약 98조 원
27   2021년 기준으로 115억 달러, 원화로 12조 6,000억 원
28   흔히 Stimulus package of 2009로 알려져 있다.

대공황 수준은 아니더라도 장기 침체기에 접어드는 것을 막기에 부족하므로, 추가로 경기 활성화 대책이 필요했다. 민주당이 상하원 모두에서 다수당이었고 오바마 행정부가 초당적으로 결과를 도출하기를 희망한다고 시사했지만, 합의안을 이끌어내는 길은 험난했다. 그래서 결국 2009년 2월 민주당 의원들이 중심이 되어(공화당 상원의원은 3명만이 이 법안에 찬성표를 던졌다) 이 법안을 통과시켰다.

미국재건및재투자법(American Recovery and Reinvestment Act) 또는 약칭으로 ARRA라 불리는 이 법은 당연히 복잡하고 많은 내용을 담고 있었다. 세제 혜택이 이 법안에서 가장 큰 부분(2,880억 달러[29])이었고, 주정부 또는 하위 지방자치단체에 지급하는 보조금이 두 번째로 큰 부분(1,440억 달러[30])이었다. 그다음으로는 사회간접자본 및 기술과학에 대한 투자(1,110억 달러[31])가 포함되었고, 나머지 지원 항목으로는 실업수당 확대, 의료보험, 교육, 에너지 효율을 위한 프로그램, 주택 관련 사항, 농업, 지방 치안, 연방예술기금 등이 있었다. 총 규모는 7,870억 달러[32]였다. 2011년 7월 대통령 경제자문위원회(Council of Economic Advisors)의 보고서에 따르면, ARRA는 미국 경제를 회생시키는 데 상당히 기여했다. GDP는 2년 전 경기 저점을 지나서 계속 성장했고, ARRA가 시행되면서 240만 명 내지 360만 명의 추가 일자리가 생겨났다.

---

29 2021년 기준으로 3,638억 달러, 원화로 약 400조 원
30 2021년 기준으로 1,819억 달러, 원화로 약 200조 원
31 2021년 기준으로 1,400억 달러, 원화로 약 154조 원
32 2021년 기준으로 9,940억 달러, 원화로 약 1,100조 원

미국 경제를 재건하기 위한 이 법안에도 상당한 저항이 있었다. 1980년대 이후로 신자유주의적인 긴축재정 프로그램을 지지해온 사람들은 여전히 자신들의 이데올로기를 굽히지 않았다. 그들은 정부가 세금만 감면하고, 민간기업 영역에서 손을 떼야 한다고 주장했다. 비판가들은 대침체와 같은 위기 상황에서 민간경제를 회생시키려면 오히려 정부가 재정을 확대해야 하는 모순을 잘 이해하지 못했다. 또한 일각에서는 경제성장을 촉진하고자 시도하는 케인스주의적 조치들이 전반적으로 규모도 작고 그렇게 빠른 속도로 경제를 완전하게 재가동시키지 못할 것이라고 주장했다. 금융위기를 진단한 이들의 견해가 옳은지 여부를 떠나서, 경제가 정상 궤도에 올라오기까지는 상당한 시간이 걸릴 것이라는 점에서 그들의 예상은 틀리지 않았다.

2015년 중반에 가서야 실업률이 5.5퍼센트 이하로 하락했다(2016년에는 실업률이 5퍼센트 이하로 떨어졌다). 구직활동을 포기한 사람의 수가 여전히 많은 점을 두고 다수의 경제학자와 정부 정책 입안자 들은 당혹해했다. 유럽의 경제문제, 중국의 경제성장 속도의 감소, 신흥국 경제의 낮은 성장률(일부 국가는 마이너스 성장을 기록하기도 했다), 그리고 미국 달러가치의 강세 현상은 세계 경제의 회복을 더디게 했다.

한편 미국은 점차 재정적자와 무역적자 폭이 줄어들었고, 유럽과 다른 지역들하고 비교해 상대적이지만 경제가 성장하기 시작했다. 여기에는 연준의 공로가 컸다. 연준은 기준금리를 올리지 않았을뿐더러, 이른바 '양적 완화'를 통해 장기 MBS와 회사채를 사들여서 연준의 자산 규모를 8,000억 달러[33]에서 4조 달러[34]까지 늘렸다. 이러한 정책 덕분에, 시중에는 민간 영역의 대출 재원이 증가하게 되었다. 이 기간에 연준 기준금리는 역사적으로 낮은 수준을 유지했는데, 기껏해야 2015년 말에 0.25퍼센트에서 0.50퍼센트까지 상승했을 뿐이다. 낮은 기준금리와 양적 완화 정책으로 더욱 많은 투자가 진행되어야 했지만, 경제 전반의 상황은 여전히 좋지 않았다. 이는 버냉키 독트린이 예상하지 못한 결과였다. 이처럼 결과치가 예상에 미치지 못한 원인 중 하나는 의회에서 양당이 교착 상태에 빠져 적절한 재정정책을 실행하지 못했기 때문이다. 연준의 통화정책이 제대로 효과를 내려면 재정정책도 뒷받침되어야 했다. 하지만 실물경제는 여전히 침체에서 벗어나지 못했으나, 금융시장이 회복세를 보이기 시작했다. 다우존스산업평균지수는 오바마 임기 중 마지막 몇 개월을 제외하고는 120퍼센트가량 상승했다. 이 책에서 다루는 기간에 재임한 대통령 중 다우지수가 상승한 대통령으로는 먼저 캘빈 쿨리지 대통령을 꼽을 수 있는데, 재임 시절 다우지수가 251퍼센트 상승했다. 다음은 프랭클린 루스벨트인데, 재임 시절 다우지수가 126퍼센트 상승했다. 드와이트 아이젠하워 재임 시절에는 127퍼센트 상승했고, 로널드 레이건 재임 시절에는 121퍼센트 상승했다. 빌 클린턴 시절에는 다우지수가 225퍼센트 상승했다.

---

33   2021년 기준으로 1조 달러, 원화로 약 1,000조 원

34   2021년 기준으로 6조 3,000억 달러, 원화로 6,900조 원

미국은 공공 부문과 민간 영역이 공조해서 2007년과 2008년 금융위기를 진정시키고 많은 은행의 도산을 막을 수 있었다. 이를 통해 자칫 경제대공황 수준의 위기로 이어질 수 있었던 경제 상황을 어느 정도 회복할 수 있었다는 것이 대체로 합리적인 결론일 것이다. 그러나 좌우 양 진영에서 민관 공조가 올바른 일인지를 두고 의문을 제기하기도 했다. 베어를 비롯한 많은 비판가는 경영에 실패한 은행들이 자연스럽게 도태되도록 내버려두었어야 한다고 주장했다. 이들은 정부의 금융기관 및 대기업 구제 조치 이면에는 집과 직업을 잃은 많은 일반 시민이 있었던 반면, 대형 은행과 그 경영자 들은 금융위기의 영향을 거의 받지 않았다고 지적한다. 당시 은행들은 일반 시민의 주택담보대출을 더는 차환해주지 않았고, 정부도 일반인들의 대출 차환을 지원하지 않았다(이 점은 1930년대 상황과 유사하다). 무엇보다 훨씬 많은 사람이 직업을 구하지 못했다. 이러한 위기 상황에서 은행과 금융기관은 쉽게 손을 털고 나갔지만 일반 시민은 너무 많은 것을 잃었다는 일반 여론이 형성되었고, 금융제도 개혁을 둘러싼 논의에 불이 붙었다.

도드-프랭크법을 통한 개혁

오바마 대통령의 임기 초반에 해당하는 2009년에서 2010년까지 기간에 여당인 민주당은 의회에서 다수당이 되기에 충분한 의석수를 확보하지 못한 상태였는데[35], 이는 프랭클린 루스벨트 대통령의 임기 초인 1933년에서 1934년까지 기간에 여당인 민주당이 다수당이었던 점과 대조적이다.[36]

그래서 오바마의 개혁 조치는 뉴딜정책과 비교하면 일반 시민의 인식에서나 실제적인 효과 측면에서 부족한 점이 많았다. 당연히 개혁 조치는 좌우 양 진영에서 요구하는 수준에 한참 미치지 못했다. 대표적으로 대형 은행을 중소은행으로 분할하자는 요구도 많았지만, 고려하지 않았다. 전반적으로 금융산업의 기본 근간에는 큰 변화가 없었다. 하지만 향후 금융위기를 예방하기 위해 기존과는 다른 조치들이 마련되었다.

금융제도 개혁안을 추진하던 정치인과 관료 들은 신속히 움직였으나, 각론으로 들어가서 어떤 조치를 추진해야 할지를 둘러싸고 의견이 일치하지 않았다. 개혁안 구상에 참여한 모든 이가 각자 본인이 이상적이라고 생각하는 이론과 프로그램을 개혁안에 반영하고자 했다. 그 결과물이 848쪽에 달하는 도드-프랭크월스트리트개혁및소비자보호법(Dodd-Frank Wall Street Reform and Consumer Protection

---

35 2009/2011년 111차 회기 중 상원은 민주당이 57석, 공화당이 41석, 무소속이 2석이었고, 111차 하원은 민주당이 257석, 공화당이 178석이었기에, 이 부분은 저자의 오류인 듯하다. 2007/2009년에는 110차 회기 중 상원에서 민주당이 49석, 공화당이 49석, 기타가 2석이었는데, 기타 2석은 무소속의 버니 샌더스를 포함해 친민주당 계열이었다.

36 1933/1935년 75차 회기 중 상원은 민주당이 59석, 공화당이 36석, 기타가 1석이었다. 같은 시기 하원에서는 민주당이 322석, 공화당이 103석, 기타가 10석이었다.

Act, 법안 발의자의 성을 따서 도드-프랭크법이라고 한다[37])이었다(1913년 발효된 연방준비제도법이 32쪽, 1933년 글래스-스티걸은행개혁법이 37쪽 분량인 점과 비교해보라). 이 법은 2010년 7월 대통령이 서명해서 발효되었다. 1930년대 이후로 금융산업을 개혁하기 위한 조치 가운데 가장 광범위한 법안으로 칭송받았으나, 지나치게 복잡했다. 이 법은 16개 장으로 구성되어 있었고, SEC, FDIC, 연방준비제도 및 신규로 설립되는 다른 정부기관들의 의무사항을 규정하고 있었다. 내용 안에는 87개 이상의 새로운 연구결과도 포함되었는데, 일부 연구는 미완 상태여서 법이 제정되기 전까지 종결되어야 했다. 예상하다시피, 여러 특수한 이해관계가 작용해서 일부 조항을 개정하자는 요청이 있었고, 받아들여졌다. 그래서 새로운 규제사항을 실행하는 데 시간이 더 걸렸다. 또한 이의를 받아들여서 추가한 사항이 오히려 더 불분명하기도 했고, 막상 실행 단계에서 애로사항이 발생하기도 했다. 입안자들이 초기에 의도한 것보다 훨씬 완화된 형태로 실행되는 경우도 있었다. 기업들은 새로운 보고서를 정부기관에 제출해야 했고, 새로운 법을 지키기 위해 기업 내부에서 어떤 조치를 취해야 하는지, 또는 이 법과 관련한 법정 분쟁이 발생하면 어떻게 대처해야 하는지 법률 전문가에게 자문을 구하는 등 추가적인 부담을 떠안아야 했다.

도드-프랭크법이 일으킨 변화는 다음과 같다.

신규로 설립된 정부기관 중 하나는 재무부 산하 금융안정성감독

---

37 법안 발의자는 민주당 소속 상원의원인 크리스토퍼 도드(Christopher J. Dodd)와 같은 당 하원의원인 바넷 프랭크(Barnett Frank)다.

위원회(Financial Stability Oversight Council, FSOC)인데, 금융시장을 규제 및 감독하는 여러 기관의 공조를 이끌어내고 금융시장에 긴급 위기가 또다시 닥치게 되면 감독기관 간 협업을 통해 이를 해결하는 것이 설립 목적이다. 금융안정성감독위원회의 의결권을 가진 위원은 연준, FDIC, 통화감독청(Office of the Comptroller of the Currency, OCC), SEC, 상품거래위원회(CFTC), 연방주택금융감독청(FHFA), 전국신용조합감독청(National Credit Union Administration, NCUA), 그리고 소비자금융보호국(Bureau of Financial Protection)의 각 수장들이었다.

모기지 담보대출의 감독을 개선하기 위해 저축은행업을 규제하는 업무를 연준과 연방예금보험공사(FDIC) 두 기관이 나누어서 맡았다. 연준은 저축은행을 소유한 지주회사를 감독하고, FDIC는 각 주마다 산재한 저축은행을 감독했다. 과거 저축은행을 감독하던 기존 OTS는 사라지게 되었다. SEC는 1억 달러 규모 이상의 헤지펀드를 감독할 권한을 거머쥐었고, 은행은 헤지펀드 투자나 사모펀드 투자를 제한받게 되었다[이른바 볼커 룰(Volcker Rule)[38]]. CFTC와 SEC에는 파생상품 거래를 감독할 권한이 새로이 생겼다. 은행은 더욱 엄격한 자

---

38 도드-프랭크법 제619조를 가리키며, 이 법안의 제안자인 폴 볼커(Paul Volcker, 1927~2019)를 기리기 위해 법안에 그의 이름을 붙였다. 폴 볼커는 미국의 경제학자며 연준 의장을 지냈고, 오바마 행정부에서 대통령 경제고문이었다. 이 법안의 골자는 상업은행과 투자은행의 업무를 구분하고, 특히 상업은행이 고유 계정으로 헤지펀드를 포함한 위험자산에 투자하는 행태를 제한하는 것이었다. 폴 볼커는 카터 행정부와 레이건 행정부 시절에 연준 의장을 역임하며 오일 쇼크 이후 미국 경제에 닥친 스태그네이션을 헤쳐나가는 데 큰 역할을 했다.

본금 조건을 준수해야 했고, 매년 금융시장에 충격이 오는 사태를 대비해서 이를 감내할 수 있는 충분한 자본금을 보유하고 있는지 검증하는 과정인 이른바 '스트레스 테스트'를 통과해야 했다. 그 밖에도 여러 규제사항이 추가되었다.

주목할 점은 두 명의 여성 리더가 개혁안에 이르는 주요 의제에 영향을 미쳤다는 것이다. FDIC의 수장인 쉴라 베어는 폴슨과 버냉키 그리고 가이트너가 설계했던 기존의 금융기관 구제안을 향후 금지하는 법안을 만드는 데 주도적인 역할을 했다. 그녀는 '도덕적 해이'를 조장하는 기존 체제에 반발하는 여러 단체로부터 지지를 받았다. 이 법안에 따르면 부실 금융기관을 구제하기보다는 FDIC가 수십 년간 설계하고 실행해온 통제된 청산 절차를 밟아 파산할 수 있도록 했다. 예금자와 대출 고객에게 우선적으로 보호 조치를 실행하도록 했고, 주주의 투자금이 가장 마지막에 보호되도록 했다. 그리고 청산 중인 은행의 임원들은 해고할 수 있도록 했다. 또 다른 여성 리더는 당시 하버드대학교 교수였던 엘리자베스 워런(Elizabeth Warren)[39]이다. 그녀는 금융상품 고객에게 보호 조치를 취하도록 끊임없이 정부와 국회에 압력을 넣었다. 도드-프랭크법 제10장에서는 불투명성 문제를 다루었고, 이 장을 근거로 소비자금융보호국이 설립되었다. 소비자금융보호국은 설립 초기에 모기지 대출, 신용카드 그리고 학자금 대출에 관한 규정을 일반인도 이해하기 쉽게 고쳤다.

---

39 법학자고 미국 민주당 소속 매사추세츠주 상원의원이며 강한 개혁 성향의 정치인이다. 특히 월스트리트 및 금융업 개혁에 강경한 태도를 보인다.

표면적으로 도드-프랭크법은 연방정부 기구의 수장들이 2008년과 2009년에 폴슨과 버냉키 그리고 가이트너 3인이 그랬던 것처럼 각자의 재량에 따라 더는 거래하지 못하도록 금지했다. 또한 향후에는 기존과 같은 대규모 구제행위가 없도록 조치했다. 하지만 이는 도드-프랭크법의 수많은 다른 개혁 조치가 실제로 작동해야만 실효를 거둘 수 있는 사항들이었다. 특히 이 개혁안을 만드는 과정도 험난했고, 법안 자체 내용도 과도하게 복잡했지만, 무엇보다 법안이 신뢰를 얻지 못했다.

여기서 미국과 다른 국가의 사례를 비교해보면 좀 더 유익할 것이다. 유럽 국가들은 미국 은행에 비해 자국 은행의 자본금 요건이 훨씬 낮았기 때문에, 금융위기의 충격이 아일랜드와 아이슬란드 그리고 독일에서 훨씬 심각했다. 이들 국가는 물론이고 유럽 역내 다른 국가들도 정부 주도의 금융기관 구제안을 발의하고 시행했다. 다수의 미국 은행과 금융기관(예를 들어 AIG)이 전 세계 다른 국가의 은행들과 엮여 있었기 때문에, 미국과 다른 국가의 금융 당국 책임자들은 협의를 거쳐 은행들이 유보해야 할 보통주 자본금 요구 수준을 지정했다[바젤협약(Basel Agreements) I, II, III]. 여기서 지정한 비율 자체가 충분했으므로, 은행들은 적정하게 현금을 보유해서 1년 이상의 경제적 충격과 뱅크런에 대응할 수 있게 되었다. 2010년대 중반에는 미국과 유럽 각국이 은행의 자본금 수준을 지정하는 바젤협약 III에 합의했고, 유럽과 미국의 은행은 이전보다 안정되었다. 사실상 미국 은행들은 유럽 각국의 은행보다 재무구조도 안정적이었고, GDP 대비 은행업 규모도 유럽보다 작았다.

연방정부가 주도하는
금융산업 개혁의 한계

논쟁의 여지가 있지만, 미국 정부가 경제위기에 대처한 방안 중에서 두 가지는 다소 미흡했다. 첫째로 모기지 담보대출 조건을 조절하는 방안이 부족했고, 둘째로 부정행위를 저지른 모기지 담보대출 담당자들의 처벌 수위가 너무 낮았다. 1930년대에 FDR 행정부가 HOLC(Home Owners Loan Corporation, 주택소유지원대출회사)를 적극 지원해서 일반 주택 소유자의 파산을 막았던 때와 달리, 오바마 행정부는 가치가 감소한 주택의 담보대출을 차환해주는 정책을 실행하는 데 상당한 어려움을 겪었다. 정부 관료들은 실질적인 조치가 실행되지 않은 이유로 당시 시장 상황이 매우 복잡했다는 점을 들었다. 그 복잡한 상황에서 금융 당국이 주택 소유자의 대출금 상환능력을 어떤 근거로 판단할 수 있겠는가. 정부 관료들은 모기지 대출 차주가 거듭해서 대출 원리금을 상환하지 못하게 되면 대출금을 차환해주는 조치가 무의미하다고 주장했다. 실제로 당시 은행들은 대출 원리금 상환실적이 그다지 좋지 않았다. 하지만 이 판단을 비판하는 사람들은 당국이 오히려 모기지 대출 채무 불이행을 막기 위해 재빨리 선제적 조치에 나서면 자산가격이 오를 테고, 디폴트(Default)가 다수 발생한 지역에서도 부동산 시장의 하락세를 막을 수 있다고 주장했다. 또 다른 사람들은 모기지 대출 차주를 지원하면 '도덕적 해이'를 부추길 수 있고 문제도 더 커질 수 있다고 반박했다.

이 책을 집필하고 있는 2016년 늦은 여름까지, 2007년과 2008년 금융위기 이전과 그 기간에 부정행위로 교도소에 가거나 막대한 벌금을 낸 은행의 고위 임원은 한 명도 없었다. 법무부는 일부 금융기관에 벌금을 물렸고, 자신들이 실행한 모기지 대출에 과오가 있었다는 시인을 받아냈다. 골드만삭스는 51억 달러(약 5조 6,000억 원)를 지불했고, 제이피모건체이스는 230억 달러(약 25조 원), 뱅크오브아메리카는 166억 달러(약 17조 6,000억 원), 시티그룹은 70억 달러(약 7조 7,000억 원) 그리고 모건스탠리는 32억 달러(약 3조 5,000억 원)를 지불했다. 비판적인 사람들이 보기에는 조치가 미약한 데다 너무 늦었고, 금융위기로 타격을 입은 수백만 미국인의 삶에 아무런 실질적인 도움이 되지 않았다. 이들 금융기관의 경영진 중 누구도 개인적인 책임을 지거나, 급여를 삭감당하거나, 교도소에 가지 않았다. 금융위기로 각 금융회사가 겪은 경영상의 어려움은 인과관계가 복잡해서, 법무부가 법정에서 이 문제를 두고 다투기에는 많은 어려움이 따랐다. 미국 법무부 소속 검사들은 본인이 판단하기에 승소 가능성이 낮으면 기소조차 하지 않았다. 그래서 법정 소송까지 간 경우도 적었고, 당연히 벌금을 내거나 징역형을 받는 등의 실질적인 처벌사례는 더욱 적었다. 이 점이 연방정부가 금융기관의 부정행위를 처벌하거나 금융업의 문제점을 개선하는 데 실패한 주요 원인이기도 하다.

2016년에야 비로소 기업과 금융기관의 부정행위를 조사하기 시작했다. 신설된 소비자금융보호국(Consumer Financial Protection Bureau, CFPB)은 2016년 웰스파고(Wells Fargo)의 5,300명 직원이 고객 동의도 없이 150만 개의 계좌를 개설하고 56만 5,000개의 신용카드를 발급한 부정행위를 적발해서 회사에 1억 8,500만 달러(약

2,000억 원)의 벌금을 부과했다. 최소한 2011년까지 거슬러 올라가는 이 부당행위로, 웰스파고는 고객의 동의도 받지 않은 채 수수료 명목으로 부당한 이익을 편취했다. 이 은행의 직원들이 부정한 영업행위에 연루된 가장 큰 원인은 경영진이 부당하게 직원들에게 카드 발급실적을 강요했기 때문이다. 과거 여러 금융 당국의 대응과는 달리 CFPB의 이 조치는 대내외에서 찬사를 받았지만, 법무부와 공동으로 조사하는 단계로까지는 이어지지 않았다. 그래서 웰스파고의 일반 직원들까지 법적 조치를 하는 데에는 제한이 따랐다. 한편 연방의회에서 양당이 모두 웰스파고에 압력을 넣어서, 이 회사 이사회는 CEO인 존 스텀프(John Stumpf)와 은행 자회사의 대표이사가 향후 받기로 한 회사 주식을 반납하게 했다[두 사람은 각각 4,100만 달러(약 450억 원)와 1,900만 달러(약 210억 원)어치의 주식을 반납했다]. 게다가 내부 조사가 진행되는 동안, 스텀프의 급여 지급은 동결되었다. 하지만 다른 회사에서도 웰스파고처럼 부정행위에 연루된 경영자를 징계할지는 미지수였다. (스텀프는 이 조치 이후 퇴사했다.)

2016년 중반까지 경제 회복이 더뎠던 점도 금융개혁이 지지부진했기 때문이다. 현재 일반적인 인식은 경제 상황이 2016년 시점에도 여전히 크게 개선되지 않았다는 것이다. 금리가 인하되고 시중에 상당한 자금이 있었음에도 투자활동은 지연되고 있었다. 너무나 많은 노동자가 구직활동 자체를 포기했다. 일부 산업, 특히 IT와 산업용 공작기계 분야에서는 적합한 지원자를 찾기가 어려웠다. 주주들은 계속해서 기업 경영진에 회사의 단기 실적을 만들어내도록 요구했지만, 경기침체로 단기 실적 위주의 전략은 비생산적이었다. 일반 시민들은 금융위기 이전에 받아놓은 대출을 상환하고 있었지만, 과거보다 소비재에 지출하는 비용이 줄었다. 연준은 시장 데이터가 개선되기 전까지는 금리를 인상할 생각이 없었다. 그래서 연준은 막다른 골목에 몰린 것처럼 보였고, 연준 위원들은 연준이 경기를 부양할 권한을 지닌 유일한 기관은 아니지 않냐고 항변했다. 사실 이 주장에는 타당한 면도 있었다. 그들은 의회, 즉 정치권도 여기에 책임이 있다고 주장했다. 그러나 2016년 중반에 들어서는 민주당과 공화당이 모두 이 의무를 다하는 데 관심이 없었다.

당연하게도 최종적인 판단은 아직 나오지 않았다. 과연 개혁안을 통해 앞으로 오게 될 또 다른 경제위기를 방지할 수 있을지, 그때 미국 정치권이 경제 시스템을 충분히 보호할 수 있을지는 향후 어떤 조치를 내놓느냐에 달려 있다. (미국 의회와 정치권이 이념 갈등에 몰입하는 바람에 오랫동안 제 기능을 다하던 뉴딜의 금융개혁안이 좌초된 점을 기억하기 바란다.) 게다가 우리는 긴 대안정기 이후에 금융위기가 찾아오는 역사적 흐름에 비추어 또 다른 위기가 있을 수 있다는 걸 알고 있다. 다음번 위기가 미국 경제에 닥친다면, 부실 금융기관에 대한 쉴라 베어의 접근방식(신중하고 조용한 방식으로 금융기관의 영업 기능을 축소하고[40] 위기 상황을 진정시키는 방안)이 사실상 효과를 거둘지 지켜보는 일도 흥미로울 것이다.

---

40 예금자와 대출자를 보호하면서 금융기관의 파산을 허용하는 방안

PHOTO 3

1933년 뉴욕주 롱아일랜드에 있는 RCA 송신센터에서, RCA의 데이비드 사노프
와 무선통신 발명가인 줄리에모 마르코니

1939년 4월 20일, RCA 사장이자 NBC 수장인 데이비드 사노프는 RCA 파빌리온을 봉헌했다. 이 이벤트는 NBC 방송국에서 텔레비전 뉴스로 보도했다. 사노프는 제2차 세계대전 이후 치열해진 시장 경쟁에 발맞춰 RCA의 경영구조를 재편하는 데 실패했고, 결국에는 회사의 쇠락을 막아내지 못했다.

레이먼드 A. 크록은 미국 전역과 전 세계에 패스트푸드 레스토랑을 보급하겠다는
비전을 실현하기 위해 인재를 모았다. 맥도날드는 공격적인 사업전략으로 인해 미
국 기업사에서 가장 악명 높은 성공사례 중 하나로 회자되었다.

자료: 가드, 《아프로 아메리칸 뉴스페이퍼》 제공

1960년대 한 초등학교에 등장한 로널드 맥도날드. 이 화면 아래 자막에는 "로널드 맥도날드가 그로브파크초등학교 2학년의 크리스틴 리크스 선생님 반 학생들에게 안전 교육을 하고 있다"라고 쓰여 있다. 20세기 중반 당시 많은 미국 기업은 민간 단체나 예술단체를 지원하며, 사회 기여에 공을 들었다.

1946년경 찍은 애니악의 실제 모습. 애니악은 1만 7,468개의 진공관을 내장하고 있었고, 무게는 30톤에 달했다. 또한 폭이 100피트(약 30.48미터)에 높이는 8피트 (약 2.44미터)였다.

시스템/360은 IBM이 1964년 4월 7일 발표하고 1965년부터 1979년까지 출하한 메인 프레임 컴퓨터 시스템으로, 상업용 및 과학용을 포함한 초기 다목적 컴퓨터다. IBM은 이 제품을 시장에 출시하고서야, 비로소 그동안 쏟아부은 막대한 R&D 투자의 결실을 맺게 되었다. IBM이 거둔 엄청난 상업적 성과는 IBM을 IT 산업의 절대 강자 반열에 올려놓았고, 30년 동안 이 회사의 사명은 전 세계 IT 산업 동의어로 통했다.

페어차일드의 8인 또는 8인의 배신자. 왼쪽부터 고든 무어(유명한 무어의 법칙을 선언한 당사자), C. 셸던 로버츠(C. Sheldon Roberts), 유진 클라이너(벤처캐피털 회사인 클라이너 퍼킨스의 공동창업자), 로버트 노이스(Robert Noyce), 빅터 그리니치(Victor Grinich), 줄리어스 블랭크(Julius Blank), 장 회르니(Jean Hoerni) 그리고 제이 래스트(Jay Last)(1960). 트랜지스터를 공동 발명해서 노벨상을 수상한 윌리엄 쇼클리가 설립한 쇼클리 반도체 연구실에는 쟁쟁한 인재들이 모여들었다. 하지만 이들 핵심 임직원 중 여덟 명은 회사를 떠나서 자신들만의 회사인 페어차일드 반도체사를 설립했다.

1984년 애플IIc 앞에 서 있는 애플사 CEO 존 스컬리. 양옆에는 애플의 공동창업자인 스티브 잡스(왼편)와 스티브 워즈니악(오른편)이 자리하고 있다.

《포춘》 1991년 7월 21일자, 스티브 잡스와 빌 게이츠. 애플과 마이크로소프트의 두 창업자인 잡스와 게이츠는 20세기 후반과 21세기 초반에 걸쳐 훗날 IT 혁명이라 불리는 산업의 변화를 이끌었다. 잡스의 자선사업은 일관되지 않았으나, 게이츠는 자선사업에서 주도적인 역할을 하며 다른 빌리어네어들도 동참하도록 설득했다. 빌앤드멜린다게이츠재단은 세계에서 가장 큰 개인 복지재단이다. 이 재단은 전 세계에서 활동하며 찬사와 비판을 동시에 받고 있다.

왼쪽부터 구글의 전 CEO인 에릭 슈미트, 구글의 두 공동창업자인 래리 페이지와 세르게이 브린. 2008년 7월 10일 목요일, 미국 아이다호주 선밸리에서 열린 제26차 앨런사 주최 미디어 테크놀로지 콘퍼런스(Allen & Company Media Technology Conference)에서 언론과 인터뷰하고 있다. 언론사 콘퍼런스에서 이렇게 격식을 차리지 않는 평상복 차림의 모습은 예전 IBM 스타일인 흰색 셔츠와 검정색 넥타이를 착용하고서 격식을 차리는 분위기와 사뭇 대조적이다. 슈미트는 구글이 "전 세계 정보를 활용 가능하고 유용하게 만드는 비즈니스를 하고 있다"고 언급했다.

거대 전자상거래 기업인 아마존의 CEO인 제프 베조스가 신문과 잡지 그리고 교과서용으로 제조한 킨들DX를 2009년 5월 뉴욕에서 열린 한 프레스 콘퍼런스에서 선보이고 있다.

자료: 애덤 룬트리, 블룸버그 제공

2005년 3월 15일, 월드컴의 전 CEO인 버나드 에버스와 그의 아내 크리스티가 맨
해튼의 연방법정을 나서고 있다. 이날 배심원 재판에서 버나드는 110억 달러에 달
하는 회계 부정사건에 연루되어 사기 혐의로 유죄를 선고받았다. 63세의 에버스
는 공문서 위조를 공모한 혐의로도 유죄를 선고받았다. 현재 그는 25년형을 선고
받고 교도소에 복역 중이다.

2005년 5월 25일, 엔론의 전 CEO인 제프 스컬링(중앙)이 그의 변호사인 대니얼 페트로셀리와 함께 휴스턴의 밥 케이시 미국 연방법원에서 사기 모의 혐의와 관련해 열린 공판에 참석한 후 나서고 있다. 16주간의 증언과 6일간의 심의를 거친 후에 배심원은 19개 항목에서 스컬링에게 유죄를 선고했다. 항고를 했지만 일부 죄목에서 기각되었다. 스컬링은 2028년까지 징역형을 선고받았다. 이후 일부 플리바긴을 통해 2017년 풀려났다. 그는 또한 피해자들에게 손해배상으로 4,200만 달러를 지불해야 했다.

FDIC 의장인 쉴라 베어가 2011년 3월 17일 워싱턴DC에서 열린 FSOC 회의에서 연설을 하고 있다. 그녀 옆에서 미국 재무장관인 티모시 가이트너(중앙)와 연준 의장인 벤 버냉키(왼쪽)가 경청하고 있다. FSOC는 금융위기를 방지하기 위해 미국의 여러 금융 규제 당국의 협의체 형태로 설립되었다. 베어는 FSOC에 참여한 기관들을 대상으로 금융기관의 부실화를 막는 데 필요한 감독기관의 추가 조치를 제안하고 있다.

왼쪽부터 워버그 핀커스(Warburg Pincus LLC)의 회장이자 전 재무장관인 티모시 가이트너, 메타의 COO인 셰릴 샌드버그, 폴슨인스티튜트(Paulson Institute)의 회장이자 창립자며 전 미국 재무장관이고 골드만삭스의 오랜 직원이었던 행크 폴슨, 그리고 CFR(Council of Foreign Relations)의 공동회장이자 전 재무장관이며 26년간 골드만삭스에서 투자전문가로 활동한 로버트 루빈. 이들은 모두 2015년 4월 27일 미국 캘리포니아주 베벌리힐스에서 개최된 밀컨 인스티튜트 글로벌 콘퍼런스에서 패널 토론에 참여하고 있다. 이 콘퍼런스에는 수백 명의 CEO와 정부 고위 관료들 그리고 전 세계 금융시장의 유명한 투자자들이 참석해 경제, 사회, 정치 의제를 놓고 토론한다. 이 사진은 미국의 공공 부문과 민간 영역 사이에서 끊임없이 이뤄지는 인적 교류를 잘 보여준다(혹자는 이를 두고 '회전문 인사'라고 비판하기도 한다).

에필로그

　1920년에서 2010년대 중반까지 미국 기업의 수는 미국 인구수보다 빠른 성장세를 보였다. 1920년에 약 34만 6,000개의 미국 기업이 영업을 하고 있었으나, 94년 후에는 580만 개로 1920년의 수치와 비교해 거의 17배 늘었다. 그 기간에 미국 인구는 1억 500만 명에서 2015년 3억 2,500만 명으로 3배 조금 넘게 증가했다. 이러한 수적 증가를 통해 우리는 간단하게나마 미국의 많은 기업가가 현재까지 미국의 상공업 활동에 영향을 미치고 있는 네 가지 시대적 흐름에 어떻게 대처했는지를 이해할 수 있다.

휘몰아치는 변화의 바람

　경제대공황과 제2차 세계대전을 지나고 20세기 중반으로 접어들면서 미국은 명실상부한 경제 대국으로 자리 잡게 되었다. 일부 기업은 1930년대를 지나는 동안 전시동원 체제에서 특수를 누리며 자리를 잡아갔다. 국내 경제는 전쟁 기간 동안 군수물자 생산에 편중된 상황에서도 성장했다. 전시의 억눌렸던 수요는 종전이 되자 폭발적으로 늘어나며 경제성장을 견인했다.

　그 후 세계화 추세로 인해, 그동안 세계 경제의 챔피언으로서 기득권을 영원히 누릴 것만 같았던 미국 기업들은 여러 산업에서 외국 기업의 새로운 도전에 직면하게 되었고, 시장 경쟁이 치열해졌다. 산업용 기계, 타이어 제조, 가전제품 그리고 자동차 산업에서 미국은 선도적 지위를 점차 잃어갔고, 그 자리를 유럽과 일본에 본사를 둔 기업들이 차지하기 시작했다. 그러나 프랜차이즈 사업이라든지 컴퓨터 하드웨어 및 소프트웨어, 항공산업 및 많은 브랜드 소비재 산업에 속한 미국 기업들은 세계시장에서 주도권을 쥐고 있었고, 그 주도권은 21세기까지 이어졌다.

변화가 휘몰아치는 경영환경은 노사관계뿐만 아니라 기업과 사회의 관계에도 영향을 미쳤다. 20세기 중반 무렵에는 많은 대형 제조사가 의료보험과 퇴직연금 같은 복지 혜택을 통해 노동자들의 이탈을 막고, 이들이 평생 회사에서 일할 수 있도록 유인책을 제공했다. 물론 복지 혜택이 늘어난 배경에는 노동조합의 압력이 작용하기도 했다.

20세기 후반에 이르면 금융기관과 하이테크 기업들은 완전히 새로운 기업문화를 만들어내게 된다. 예를 들어 높은 연봉이 복지 프로그램을 대체하게 되었고, 직업 안정성도 유명무실해졌다. 사실상 이직을 통한 신분 상승과 소득 증가가 장려되었다. IT 회사들은 사무실에 피트니스센터를 갖추기도 하고, 공짜 음식을 제공하기도 하며, 직원들이 개인 프로젝트를 진행할 수 있도록 타임오프(Time-off)제도를 신설하는 등 부가적인 혜택을 선사했다. 20세기 중반에는 대기업들이 지역사회를 위해 자선활동을 펼치거나 교육 프로그램 및 예술단체를 지원하기도 했는데, 일부 기업은 현재까지 활동을 지속하고 있다. 그러나 20세기 말에는 많은 제조사가 그동안 자리 잡고 있던 지역을 떠나서 다른 지역이나 심지어 외국으로 근거지를 옮겼다. 그래서 미국의 많은 도시, 특히 중서부에 있는 도시들에서는 일자리가 사라지고 세수가 감소했다.

20세기 후반에 세계화 추세 속에서 폭발적으로 성장한 IT 산업은 기업환경에서 쉴 새 없이 변화의 바람이 몰아쳤다. IT 덕분에 경제 금융화가 엄청나게 빠른 속도로 진행되었는데, 그 변화의 속도는 정부가 도저히 따라잡을 수 없을 정도였다. 한편 기업문화에서도 장기 전략을 중심으로 새로운 제품을 만들고 개발하기보다는 단기 이익에 집중하고 돈으로 돈을 버는 식의 경영방식이 지배적으로 자리 잡았다. 이렇게 변화된 기업문화와 산업환경은 앤드루 카네기와 J. P. 모건 같은 19세기 말부터 20세기 초의 여러 기업가와 금융인 들이 보았다면 무척 당황스러웠을 것이다. 오늘날 인공지능(Artificial Intelligence, AI) 분야, 드론과 무인자동차, 그리고 사물인터넷(Internet on Things, IoT)에서 발전한 사례를 보면, 끊임없이 진보하는 기술이 기업환경을 쉴 새 없이 그리고 인정사정없이 변화시키고 있다는 사실을 알 수 있다.

소비자와 기업가의 역할과 권한 확대

20세기 들어 소비자의 영향력과 역할은 계속 확대되었다. 그에 비례해서 생산업자와 판매업자의 영향력과 권한은 축소되었다. 20세기 후반과 21세기 초반에 걸쳐 소비자의 가처분소득은 1920년과 비교해 크게 늘어났고, 소비자는 자신이 구매하는 상품과 서비스를 선택할 권한을 더욱 많이 갈구했다. 그래서 기업이 광고를 통해 소비자의 이러한 욕구와 수요에 끊임없이 영향을 미치려고 애를 썼지만, 소비자의 권한은 과거보다 훨씬 커졌다. 월드와이드웹과 인터넷을 사용하게 되면서, 과거 어느 때보다도 일반 소비자는 특정 상품의 상대적인 장단점을 더 많이 알 수 있었다. 소비자의 영향력이 이렇게 증가한 배경에는 생산업자들 간에 치열해진 경쟁이 있었다. 만약 생산업자가 소비자의 선호도를 충족하지 못하면, 과거 RCA의 사례처럼 다른 경쟁사에 의해 시장에서 퇴출될 수 있다. 오랜 기간 시장을 독점해온 택시업체들은 승차 호출 업체의 도전에 직면했고, 일반 소비자가 인터넷과 앱 서비스를 통해 다양한 호텔과 레스토랑을 비교하며 선택할 수 있게 되자, 기존 호텔과 레스토랑 업계의 경쟁이 무척 치열해졌다.

기업가 역시 20세기 후반과 21세기 초반에 걸쳐 권한과 영향력이 커졌다. 자본주의의 금융화로 시장에는 유동성이 풍부해졌고, 상당한 투자금이 모였다. 인터넷과 월드와이드웹은 스타트업이 활동할 수 있는 기반을 제공했을 뿐만 아니라, 애플리케이션 디자이너에게도 활동 무대를 마련해주어서, 디자이너들은 모바일 기기를 위한 새로운 프로그램을 만들며 다양한 도전을 할 수 있게 되었다. 주택 소유자 중 빈방이 있는 사람들은 에어비앤비를 활용해 추가소득을 올리기도 한다(숙박과 관련한 국가 또는 지역별 규제에 따라 정도의 차이는 있다). 여성과 소수인종은 1960년대부터 제도화된 정부의 여러 프로그램에서 지원을 받으며, 미국 곳곳에서 새로운 기업을 창업할 수 있었다. 사업가와 소비자의 역할과 권한 확대로, 기존 비즈니스 세계에도 변화의 바람이 휘몰아치게 되었다. 이러한 환경 변화를 많은 사람이 흥분하며 기꺼이 받아들이는가 하면, 일각에서는 불길하고 위험한 조짐으로 생각했다.

중앙집중형 방식과
분권형 방식의 경쟁

휘몰아치는 변화의 바람과 소비자 및 기업가의 역할과 권한 확대로, 기업환경은 과거와 다른 양상으로 변하고 있었다. 이 새로운 기업환경에서 기업 경영자들은 기존 중앙집권형 경영 시스템과 분권형 경영 시스템의 긴장관계 속에서 균형점을 찾으려고 노력했다. 대체로 제2차 산업혁명이 진행되던 시기에 경영방식에서 변화가 일었다. 앤드루 카네기와 많은 기업가의 주도로 정립되어온 중앙집중형 방식에다 기능별로 조직을 구분하는 경영관리 기법이 과거 대세를 이루었다면, 1920년대부터 알프레드 슬론이 도입한 분권형의 다중부서 구조를 채택한 경영관리 기법이 널리 퍼지기 시작했다. 이러한 경영방식은 경제대공황 이후부터 미국뿐만 아니라 전 세계 많은 국가 및 지역으로 보급되었다. 그 후 20세기 후반에 제3차 산업혁명기가 도래하면서 이러한 진화 과정은 절정을 맞이했다.

이 책에서는 알프레드 슬론, 닐 맥엘로이, 퍼디낸드 에버슈타트, 레이 크록, 제프 베조스, 맥 휘트먼, 래리 페이지, 세르게이 브린, 그리고 에릭 슈미트의 이야기를 다루고 있다. 이들은 복잡다단한 기업의 경영자로서, 의사결정 방식을 두고 중앙집중형 접근법과 분권형 접근법 사이에서 지속적인 트레이드오프에 직면했고, 그때마다 자신만의 혁신적인 방식으로 대응했다. 이들 경영자는 기업의 목표를 달성하기 위해 회사 내 다양한 직군과 부서의 직원들과 의사소통하고 협업하는 방식을 끊임없이 고민하고 조율했다.

헨리 포드가 자신이 설립한 포드사의 모든 의사결정권을 본인 손아귀에서 놓지 않으려고 애썼던 반면, 알프레드 슬론은 GM사의 경영과 관련한 의사결정권을 체계적으로 아래로 위임해나갔다. 다중부서 사업구조를 구축하는 과정에서, 슬론은 중앙집중형 방식과 분권형 방식 각각의 장점을 취합하는 나름의 방식을 만들어냈는데, 이른바 '조율화된 분권방식'이 그것이다. 1930년대 P&G에서는 닐 맥엘로이의 브랜드 매니지먼트 시스템을 통해 의사결정권을 비슷한 방식으로 분권화했다. 개별 브랜드 매니저들은 최고 의사결정권자에게 보고를 해야 했지만, 본인의 업무 영역에서는 스스로 의사결정권을 쥐고 있었다. 게다가 P&G의 다른 이들, 이를테면 폴 스멜서와 그가 이끌던 시장조사 팀의 전문가들은 핵심적인 지원 역할에 충실했는데, 이 방침은 개별 브랜드의 손익을 직접적으로 책임지는 많은 부서의 임원들이 시장과 고객에 대한 이해도를 높이는 데 상당히 기여했다.

제2차 세계대전 기간에 퍼디낸드 에버슈타트는 이 책에서 다루는 사례 중 가장 큰 규모로 분권형 의사결정 시스템의 또 다른 버전을 창조했다. 그는 CMP에 따라서 철강과 구리, 알루미늄을 육군과 해군 그리고 다른 수요처에 할당했는데, 할당 기준은 이들 수요기관 및 군 당국과 계약을 체결한 군수업체들의 예상 수요량이었다. 필요에 따라 군 당국은 공급받을 원료의 사용처를 탄력적으로 조정할 수 있었다. 이들이 이러한 권한을 지닐 수 있었던 건 에버슈타트가 CMP의 의사결정 구조를 '수직적'으로 구성하되, 원재료를 분배할 권한을 일선의 하위 부서로 위임했기 때문이다. CMP는 가장 정확하고 많은 정보를 보유한 담당자에게 결정 권한을 위임하는 방식으로 조직 체계를 구성했는데, CMP의 가동체계는 거의 무결점에 가까운 프로세스를 보여주었다. 당시 CMP와 더불어 분권형 의사결정 체제의 다른 예로는 지역별로 자치 운영되던 장병 징집제도가 있었고, 또한 턱없이 부족한 생필품을 시민에게 배급하는 일을 감독하기 위해 조직된 각 지방자치단체의 보급위원회가 있었다. 이러한 분권방식의 관리 시스템은 제2차 세계대전 당시 전시동원 체제에서 발생하는 여러 문제를 대하는 CMP의 독창성을 잘 보여준다.

　데이비드 사노프와 RCA의 사례는 중앙집권형 방식으로 조직된 기업에서 발생할 수 있는 긍정적이고 부정적인 결과를 모두 여실히 드러낸다. 라디오가 보급되기 시작한 초창기에는 최고경영자가 프로그램의 송신과 시장조사 그리고 장비 제조와 마케팅까지 모든 부문을 감독하는 일에 의미가 있었다. 당시에 라디오는 통신 시스템 전체를 바꾸는 하나의 혁신이었고, 사노프처럼 능력이 출중하고 카리스마 넘치는 리더가 전체를 책임지고 이끄는 방식은 기업의 여러 요소가 동시에 맞물려 나아가도록 하는 데 큰 역할을 했다. 하지만 RCA의 규모가 확대되고 여러 강력한 경쟁자가 시장에 진입하는 상황에서, 사노프는 한 세대 전의 헨리 포드와 마찬가지로 회사의 의사결정 구조에 변화를 가져오기를 거부했다. RCA의 최고경영자가 의사결정 구조를 분권형 방식으로 바꿀 때가 되었다는 점을 받아들이지 못하면서, 회사는 어려움을 겪었다. 한편, IT 분야에서는 아마존의 제프 베조스와 애플의 스티브 잡스가 포드나 사노프와 비슷한 리더십 성향, 즉 본인이 모든 것을 통제하고 관리하려는 특징을 보였다. 하지만 이들 회사는 끊임없이 성장했는데, 바로 이들 회사의 경영관리 시스템이 분권화되어 있었기 때문이다.

1920년대 이후로 결정권을 아래로 위임하는 의사결정 방식은 21세기가 되면서 각 회사와 지역의 특성에 맞게 분화되어갔다. '직원 임파워먼트(employee empowerment)'라는 개념은 1990년대 들어 진부해지긴 했지만, 이와 같은 현상을 반영한 용어였다. 아무리 진부하게 들린다 해도, 당대 현실을 가장 잘 반영한 단어다.

경제 시스템의 붕괴를 막기 위한
규제 및 개혁 조치

모든 선진국과 마찬가지로 미국은 철저히 '혼합'경제 시스템을 채택하고 있고, 실제로 정부지출이 상당히 큰 비중을 차지하고 있다. 1929년 GDP의 3퍼센트 내지 4퍼센트가량을 차지하던 정부지출은

2014년 GDP의 38퍼센트까지 증가했다. 정부지출의 대부분은 사회보장 관련 지출과 의료보험(Medicare) 그리고 실업수당 등이 차지하고 있다. 복지 관련 정부지출 항목과 함께, 혼합경제의 여러 특징 중 특히 정부가 적극적으로 추진하는 정교한 금융정책과 재정정책으로 인해 경기변동 폭은 완화되었다. 이러한 정부 정책은 적어도 2007년까지 시점을 놓고 보면 경기 확장과 경기침체 사이의 진폭을 과거 제2차 세계대전 당시보다 훨씬 줄이긴 했다.

유럽 국가들과 비교하면 미국은 확실히 여러 사회보장제도를 도입하는 데 늦었고, 유럽처럼 적용 대상이 광범위한 실업 보장 관련 법이나 건강보험 및 복지 관련 법을 제정하지도 않았다. 게다가 복지 관련 지출 규모도 작았다. 21세기 초에 미국 정부는 막대한 규모의 군사비를 지출하고 있었지만, 다른 선진국들에 비해 국민 소득 대비 세금 부담도 낮은 수준이었다.

다수의 해외 전문가와 국내 비평가가 지적하듯이, 미국 방식의 자본주의는 사회적 비용이 용인할 수 없을 정도로 높은 편이다. 노동조합은 1950년대 들어 영향력을 잃기 시작했는데, 여기에는 여러 요인이 있다. 우선 노동조합 내부의 만연한 부패가 있고, 또 다른 이유로는 기업 경영자들이 정부에 로비를 한 결과로 기업 차원에서 기존에 제공하던 많은 복지 프로그램을 정부가 정부 정책 삼아 보편적으로 실행하면서 노동조합의 입지를 줄인 점을 들 수 있다. 그래서 미국의 기업 시스템은 대기업이 대규모로 정리해고를 단행하거나 중소기업이 도산하더라도 대량실업의 충격을 어느 정도 흡수할 수 있게 되었다. 하지만 이 시스템은 경쟁력이 약화된 사람에게는 거의 도움이 되지 않았다. 대체로 미국의 의료보험제도는 최악의 상황이라 할 수 있다. 2010년 환자보호및부담적정보험법(Patient Protection and Affordable Care Act)[1]이 제정되었지만, 수백만 미국 시민은 여전히 의료보험의 혜택을 받지 못했고, 제때 치료를 받을 수 있다는 희망조차 없었다. 최상위층과 하위층의 격차는 다른 선진국들에 비해 훨씬 더 커졌다.

자본주의의 속성상 외부에서 인위적인 제한을 받지 않으면 경제적인 힘과 정치적인 힘은 몇몇 소수에게 집중되는 경향이 있다. 만약 중하위층이 최소한의 생활에 필요한 상품과 서비스를 구매할 만한 소득의 여력이 없으면, 궁극에는 자본주의 경제의 성장 자체가 꺾이게 될 것이다. 이것이 본질적으로 경제대공황이다. 그래서 상아탑의 일부 학자들[특히 프랑스 경제학자인 토마 피케티(Thomas Piketty)가 대표적이다]이 보내는 여러 경고를 듣고, 학자들은 물론이고 정치인들도 최근 들어 상위 1퍼센트와 나머지 사이의 소득과 부의 격차에 주목하기 시작하며 공감대를 형성하고 있다.

피케티와 많은 학자는 소득과 부의 불균형을 강조하며 격차를 줄이기 위한 새로운 정책들, 이를테면 고소득층의 세율을 인상하고 사회 기간시설에 대한 투자를 확대해야 한다고 요구하고 있다(이러한 접근법은 제2차 세계대전 이후에 비정상적인 상황에 놓인 경제를 부흥하기 위해 도입된 바 있다). 이들 주장은 타당한 측면이 분명 있다. 그러나 이들은 또 다른 중요한 점을 간과하고 있다. 상대적인 불균형이 증가함에도,

---

1   줄여서 Affordable Care Act라고도 하며, 흔히 오바마 케어라 부른다.

미국인 대부분의 삶의 질은 절대적인 의미에서 개선되었다는 점이다. 특히 미국의 중상위층은 1979년 전체 인구의 12.9퍼센트(3인 가정 기준으로 연소득이 3만 6,500달러에서 12만 7,700달러 사이)에서 2014년 29.4퍼센트(인플레이션율을 고려해서 연소득 10만 달러에서 35만 달러 사이)까지 증가했다. 조금 달리 설명하면, 미국의 중산층은 줄어든 반면 중상위층은 늘어난 것이다. 1980년대와 비교해서 경제적으로 윤택해진 사람 중에는 높은 연봉을 받는 은행 CEO뿐만 아니라 과거 중산층이라 불리던 사람들도 있었다. 전반적으로 삶의 질은 모든 분야에서 개선되었다. 미국 기준으로 20세기 말에 한 시간 노동임금으로 구매할 수 있는 재화와 서비스는 1920년대 수준과 비교해 네 배 내지 다섯 배까지 증가했다.

여전히 많은 중상위층 가정이 상위층으로 계층 이동하고 있지만, 일부 가정은 중산층 아래로 하락하기도 했다. 미국의 빈곤층 수가 너무 많아서, 미국이라는 나라가 과연 계층 이동이, 특히 상층으로의 이동이 유연한지 의문이 든다. 역설적이게도 제3차 산업혁명을 선도하는 기업들, 이를테면 IT 및 AI 관련 기업들과 에어비앤비 및 우버 같은 애플리케이션 기반의 기업들은 임금 수준을 낮추거나 일자리를 줄이는 방식으로 미국의 고용 패턴에 영향을 미치고 있다. IT에 기반한 직업이 늘어나고 로보틱 기술이 보편화하면서 많은 일자리가 감소했는데, 감소 폭이 과거 세계화와 자유무역이 보급되던 때보다 훨씬 컸다.

넓은 의미로 보면, 과거 90년 동안 미국식 기업체제가 확대되면서 미국사회가 경제적으로 얻은 이익이 그 반대급부로 나타나는 사회적 비용을 넘어섰는지에 대해서는 당연하지만 아무도 명확한 답을 낼 수 없다. 더불어 그 이익과 비용의 관계를 연결할 수 있는 공식도 도출할 수 없다. 이 책은 이들 이슈의 직접적인 해결책을 제시할 수 없다. 이 책의 초점이 다른 곳에 있기 때문이다. 바로 기업 시스템의 내부 작동원리다. 그러나 한 가지 눈여겨보아야 할 점은 창조적 파괴가 일어나는 상대적인 속도는 대부분 정치적 선택이라는 것이다. 즉, 국가의 자원 배분에서 우선순위를 결정하는 정치적 선택이 경제환경의 변화 속도를 제어하거나 촉진할 수 있다는 얘기다. 또 한 가지 눈여겨보아야 할 점은 미국 기업들이 그동안 이룩해온 괄목할 만한 경제적 성취가 무조건 자축할 일은 아니라는 것이다. 그 이면에 수많은 부작용과 어두운 측면이 있기 때문이다. 그래서 우리는 피케티와 그의 주장에 동조하는 사람들, 그리고 그 밖의 비평가들이 하는 이야기를 경청해야 한다.

하지만 사람들은 개혁을 바라는 요구에 주의를 기울이지 않는 듯하다. 1920년대 이후부터 현재까지 미국인은 전반적으로 자본주의 시스템을 다른 어떤 나라의 국민보다 더 열성적으로 받아들였다. 미국인은 기업활동뿐만 아니라 이와 관련한 입법활동에도 확실히 기업가다운 면모를 보여주었다. 미국인은 다른 나라 국민과 비교하면 자본주의 시스템을 고치기 위해 투표나 다른 정치적 집단행동에 나서지 않는 경향이 있다. 미국인 노동자의 조합원 비율은 훨씬 낮았고, 그마저도 감소했다. 미국인은 훨씬 덜 사회주의적이라고 할 수 있다. 미국인은 경쟁에 적극적이었고, 심지어 경쟁을 통해 시장에서 경쟁자를 도태시키는 일에도 거부감이 적었다.

미국인은 실패에도 훨씬 관용적이었다. 미국인은 부채를 지는 일에 두려움이 거의 없고(사실상 없는 것이나 마찬가지다), 파산에는 개인 차원이건 회사 차원이건 놀라울 정도로 개의치 않았다. 대부분의 나라에서 파산은 영원히 낙인을 찍히는 일이나 마찬가지다. 그러나 미국에서는 파산을 사업가들이 부를 이룩하기 위해 관행적으로 거쳐 가는 관문 정도로 인식한다. 미국 역사를 관통하며, 다른 나라들에 비해 많은 미국인이 일반적으로 받아들이는 통념은 부와 빈곤이 순전한 개인의 책임, 심지어 개인의 선택이라는 것이다. 미국 시민 대다수는 이러한 결과가 순전히 개인의 운이나 사회적 배경 또는 구조적 결함에 의해 결정된다는 점을 믿지 않는다. 하지만 여러 학술연구에 따르면 이들 환경요인이 실제로 많은 미국인이 부를 이루는 데 영향을 미치고 있다. 일부 정치인이 일부 지역에서 낮은 임금 수준과 높은 실업의 원인으로 '월스트리트'와 '세계화'를 지목하며 표를 얻고 당선하지만, 이러한 정치 구호는 형식에 그치며 사람들을 호도할 뿐이다. 이들 구호는 미국 기업 시스템의 핵심 가치를 반영하지도, 경제적인 곤궁의 실제 원인을 제대로 지적하지도 못한다.

미국인은 장기간 몰아치는 창조적 파괴라는 돌풍, 즉 미국식 자본주의 시스템을 어쩌면 전혀 이해하지도 못한 채 받아들이고 있는지도 모른다. 지난 십여 년 동안 실시된 여론조사 결과를 보면, 미국 국민의 60퍼센트 내지 80퍼센트는 미국이라는 나라가 올바른 방향으로 나아가고 있다고 생각하지 않는다고 대답했다. 그럼에도 많은 미국인의 소득과 부가 성장하고 있다는 점을 고려하면, 미국이라는 국가의 방향과 국정의 우선순위가 다시 결정되지는 않을 것 같다. 그래서 가혹하게 몰아치는 변화, 소비자와 기업가의 권한과 역할 확대, 중앙집중형과 분권형 경영방식 간의 끊임없는 교체, 그리고 변화하는 시장을 따라잡기 위한 정부의 노력이 향후에도 미국 경제의 방향에 영향을 미칠 것이다.

헌사

내가 그동안 일궈온 모든 작업과 마찬가지로, 이 책이 나오기까지 많은 조언과 도움을 준 수전 맥크로(Susan McCraw)에게 특별히 많은 빚을 지고 있다. 그녀는 내가 아는 그 누구보다도 포용할 줄 알고 지적인 사람이다.

하버드대학교 경영대학원에서 보낸 20년이 넘는 기간 동안, 나의 학생과 동료 그리고 조교 들은 물론이고 하버드와 다른 대학교의 친구들, 그리고 내가 몸담고 있는 기업사학회 회원들로부터 헤아릴 수 없이 많은 도움을 받았다. 이 책이 출간되기까지 도움과 조언을 아끼지 않은 스벤 베커트, 제프리 번스타인, 로라 뷰레스, 빌 차일스(이 책의 공동저자), 월터 프리드먼, 맥스 홀, 데이비드 모스, 로웨나 오레가리오, 포레스트 라인하르트, 딕 로젠블룸, 제프 스트라본, 리처드 테드로, 데이비드 토머스, 피터 투파노, 딕 비터, 펠리스 휘텀, 메리 예거, 그리고 하버드대학교 베이커도서관에서 근무하는 정말로 훌륭한 참고문헌실 직원들에게 감사를 표한다.

2008년 매사추세츠주 벨몬트에서

토머스 K. 맥크로(1940~2012)

톰 맥크로는 1970년대 텍사스오스틴대학교에서 내가 학부와 대학원 시절을 보낼 당시 나의 지도교수였다. 1978년 하버드대학교 경영대학원으로 자리를 옮긴 뒤에도 맥크로 교수는 나의 논문 심사 위원회를 맡았고, 『규제의 선지자들』을 집필할 때 나를 조교로 불러주었다. 1990년대에 맥크로 교수는 나에게 《20세기 미국에 관한 백과사전》에 에세이를 기고하라고 권유했다. 2000년대에는 그분의 마지막 두 저서를 탈고 직전에 읽을 수 있는 영광을 누렸다. 그분과 나는 원제 'American Business Since 1920: How it worked'의 초판과 제2판에 대해 자주 이야기를 나누었고 이메일을 주고받았다. 무엇보다 내가 제3판에 공동저자로 참여하는 것을 허락해주고, 특히 예리한 교정까지 맡아준 수전 맥크로에게 감사의 마음을 전하고 싶다.

할랜드데이비슨출판사의 전 대표이자 지금은 윌리출판사에 몸담고 있는 앤드루 데이비슨의 지지와 도움이 없었다면 이번 개정판을 시도조차 못 했을 것이다. 할 리브세이, 메리 이에거, 그리고 월터 프리드먼(맥크로 교수의 하버드대학교 동료이자 《비즈니스 히스토리 리뷰》의 공동편집자)은 내가 이 프로젝트를 시작하기 전부터 통찰력 있는 조언을 해주었다. 맨젤 블랙포드는 항상 훌륭한 조언을 아끼지 않았다.

릴리아 페르난데스와 카를로스 K. 블랜턴은 히스패닉계 기업에 관한 문헌을 찾는 데 도움을 주었다. 텍사스오스틴대학교 역사학부와 오하이오주립대학교 역사학부는 많은 문헌과 자료를 제공해주었다. 항상 그러듯이 수전(Suzanne)에게 감사를 보낸다.

2016년 10월 텍사스 오스틴에서
윌리엄 R. 차일스 (오하이오주립대학교 역사학 명예교수)

감수자의 말

　나는 10년 남짓의 교수 생활 중 6년은 미국 중서부의 퍼듀대학교에서, 4년은 고려대학교에서 경영대 교수로서 재직하였다. 나는 이두 학교에서 주로 경영전략에 관한 과목을 강의하였고, 강의의 핵심은 기업들이 어떻게 다른 기업들과 다른 독특한 가치를 제안함으로써 소비자들이 선호할 만한 상품과 서비스를 제공할 수 있는가에 대한 것이었다.

　이 경영전략 수업 중에 학생들이 가장 흥미로워하는 수업 방식은 바로 케이스 스터디였다. 케이스 스터디란 학생들이 실제 사례를 가지고 학생들이 롤플레잉을 하면서 '내가 저 상황에서 저 기업의 CEO였다면 어떤 결정을 내렸을까'를 고민해보고 토론하는 수업 방식이다. 예를 들면, 내가 사용했던 케이스 중 Harvard Business Case에서 나온 아마존 기업에 관한 것이 있다. 이 케이스에는 아마존이 온라인 비즈니스에서 오프라인 비즈니스로 다각화를 추진하는 과정에 대한 설명이 자세히 쓰여 있으며 여러 가지 토론 거리를 제시한다. 특히 아마존이 기존에 오프라인 시장으로 들어오기 위한 어떠한 노력들을 했는지, 그리고 'Amazon Go'라는 독특한 방식으로 어떻게 오프라인 시장에 진입하려고 하는지에 대한 내용을 담고 있다. 학생들은 주어진 내용을 가지고 아마존의 CEO가 내린 결정이 아마존이 독특한 가치를 제공하는 데 어떻게 도움이 될까를 토론한다. 또한 과연 이 다각화 전략이 성공하기 위해서는 어떠한 상세한 전략들이 뒤따라야 하는지에 대한 의견을 서로 나누기도 한다.

이러한 케이스 스터디는 미국과 한국에서 모두 학생들의 토론 참여가 가장 활발한 수업 방식이었다. 흥미로운 것은 두 대학에서의 문화 차이가 크기 때문에 토론의 진행 역시 완연한 차이를 보였다는 것이다. 퍼듀대학에서의 토론은 주로 주어진 상황에서 어떠한 추가 전략을 세울 것인가라는 주제에 학생들이 더 초점을 맞추었다면, 고려대학교에서의 토론은 왜 이러한 선택들을 했는가라는 주제에 학생들이 더 초점을 맞추었다. 분명한 것은 두 대학 모두 흥미로운 주제로 열정을 가지고 학생들이 토론에 참여하여 많은 것을 얻어갔다는 것이다.

다만, 고려대학교에서 강의를 할 때 한 가지 안타까웠던 점은 케이스 스터디에서 다루는 사례들이 대부분 미국 기업들의 사례였다는 것이다. 미국 기업들이 국내 기업들보다 아직은 더 알려지고 세계적으로 성공한 기업들이 많아서 좋은 모범 연구 사례가 되는 것은 사실이나 한국 학생들 입장에서는 이러한 미국 케이스들을 완벽히 이해하고 토론하는 데에는 한계가 있기 마련이다. 우리가 미국 드라마를 재미있게 보기도 하지만 종종 그 드라마에서 나오는 핵심적인 내용들을 잘 이해하지 못하고 지나가는 경우도 많지 않은가. 만약 우리가 미국의 시대적 상황을 잘 이해하고 있었다면, 미국 드라마들에서 나오는 표현 또는 유머들이 훨씬 더 우리를 즐겁게 해주고 드라마에 몰입할 수 있게 해줄 것이라고 생각한다. 마찬가지로 이러한 문화적 또는 역사적 배경을 정확히 이해하지 못하고서는 케이스 스터디를 할 때 미국의 성공적인 기업들이 왜 이러한 전략적 선택을 했는지, 그리고 그 전략적 선택이 어떤 결과를 가져왔는지에 대한 정확한 이해를 할 수 없는 경우가 많았다.

이와 같은 점에서 이 책은 미국의 성공 기업 사례들을 이해하고 공부하려는 국내의 많은 학생 및 회사원들에게 큰 도움이 될 것이라고 생각한다. 이 책은 주로 미국이 산업시대의 강자가 된 1920년대부터 미국이 세계시장을 이끄는 현재까지 미국 사업 환경에서 가장 큰 발자취를 남긴 기업들에 대한 이야기를 하고 있다. 예를 들어 자동차의 상용화를 이끌어낸 포드와 그의 경쟁사인 GM의 사례부터 현대사회의 거대 기업인 아마존과 구글의 성공 스토리도 담고 있다. 이 책의 묘미는 단순히 그 기업들의 사례를 담는 데 그치지 않고 이를 정확히 이해할 수 있도록 그 시기의 미국의 문화적, 경제적 상황을 설명함과 동시에 그 기업의 창업자 또는 경영자의 스토리도 같이 담고 있다는 것이다. 이러한 사회적 배경을 아는 것은 기업의 전략과 성과를 이해하는 데 큰 도움이 된다. 전략은 결국 외부 환경을 잘 분석한 후, 그 환경적 변화에 맞춰서 실행되어야 하기 때문이다.

이 책은 경제학을 공부하고 있는 학생 또는 경제학자들이 미국 시장의 변화를 한 눈에 이해할 수 있도록 도와준다. 미국 경제를 이해하기 위해서 가장 중요한 것 중 하나는 각 산업의 발달 원인을 파악하는 것이다. 왜 자동차 산업은 미국의 가장 주력 산업이었다가 그 위치를 빼앗겼는가? 어떻게 미국의 주력 산업은 제조업에서 서비스업으로 이동되었고, IT 등 기술적 혁신의 프론티어에 있는 산업들을 지배하고 있는가? 이러한 질문들을 이해하기 위해서는 대표적인 기업들의 흥망과 더불어 그 시대의 사회적 배경을 공부하는 게 큰 도움이 된다. 미국의 최고 명문인 하버드대학이나 펜실베니아대학에 세계 경제적 환경의 역사를 연구하는 학자들과 세계 기업들의 역사를 연구하는 학자들이 많다는 것은 그만큼 과거의 기업 활동으로부터 우리가 지금도 얻어갈 것이 많다는 것을 반증한다.

우리나라의 기업 환경은 미국의 기업 환경과 같지 않다. 언급한 대로 사회적 환경과 문화가 다른 곳에서는 같은 전략이 다른 결과를 가져올 수 있다. 그래서 무조건적으로 미국의 성공 사례를 한국에 옮겨오는 것이 한국 기업의 성공 방정식이 될 수 없다. 예를 들어 미국 최대의 유통기업인 월마트의 경우, 한국에서 역시 거대 유통기업이 성공할 것이라고 전망하고 한국에 1990년대에 본격적으로 진입한다. 미국에서의 성공 공식을 기반으로 한국에서 경쟁하였으나 2000년대 중반에 월마트는 실패를 인정하고 한국에서의 사업을 접게 된다. 이 사례는 많은 경영학자들에게 미국 거대기업의 한국 현지화 실패 사례로 쓰인다. 특히 월마트가 미국에서 "왜" 성공했는 지에 대한 이해 없이 한국에도 미국에서의 성공 전략을 그대로 적용시켰다가 실패한 사례로 쓰인다. 미국의 시대적·상황적 배경을 이해하고 미국 기업의 성공 사례와 전략을 우리나라 환경에 맞춰서 받아들일 때에 우리 기업들은 성공적인 결과를 얻을 수 있을 것이다.

『아메리칸 비즈니스』가 미국 기업의 성공 사례를 우리가 적용할 수 있는 지식으로 만드는 데 핵심 역할을 해주리라 기대한다. 분명한 건 내 수업을 듣는 한국 학생들에게 이 책은 꼭 읽어야 하는 책으로 추천할 것이라는 점이다.

2022년 12월

이준만(서울대학교 경영대학 교수)

찾아보기

526

185, 244
흑백텔레비전 30, 275~276, 278, 284
히타치 278, 360

A

A모델 64, 171~172
ABC방송사(the American
    Broadcasting Company) 269
AIG(American Insurance Group)
    468~469, 471, 481
Airbus Industrie 165
AMD(Advanced Micro Devices)
    238~239
ARPA(Advance Research Project
    Agency) 365
ARPANET 365
AT&T 81, 209, 268, 279, 286, 351,
    424

B

BET(Black Entertainment Television)
    222

C

CALPERS 421
CBS(Columbia Broadcasting System)
    266, 269, 275
CDC(Control Data Corporation) 194
CMP 4, 10, 37, 143, 147~150, 283, 510

D

DAR(Day After Recall) 113

D

DDT(dichlorodiphenyltrichloroetha
    ne) 292
DNA 290, 299

E

EDS(Electronic Data Systems) 356

F

FDIC(Federal Deposit Insurance
    Corporation) 10, 462, 464~466,
    468, 470~471, 478~480, 501
Federal Reserve System(Fed) 83
FeDex 50
Flivver King 54

G

GE(General Electric) 153, 265~271,
    274, 285~286, 418
GM(General Motors) 4, 6~7, 10, 37,
    51, 57~65, 66, 69~70, 74, 76~77,
    89, 103, 109, 117, 127, 133, 146,
    148, 153, 155, 171~172, 283,
    433~434, 471, 509, 523
GMAC(General Motors Acceptance
    Corporation)
GNP 86, 94, 155, 183, 308, 403~404,
    412

H

HDTV(고화질 텔레비전) 30
HOLC(주택소유지원대출회사, Home
    Owners Loan Corporation) 482

아메리칸 비즈니스
미국 기업은 어떻게 성장했는가

초판 1쇄 발행 2023년 6월 30일

지은이 토머스 K. 맥크로, 윌리엄 R. 차일즈
옮긴이 양석진
감수 이준만

발행인 임정근
편집 강경희, 송규인, 최지인
디자인 urbook

펴낸곳 잇담북스
펴낸이 임정근
주소 서울특별시 강남구 삼성로 570, 5층
대표전화 02-521-2999
홈페이지 https://itdam.co.kr

ISBN 979-11-982226-0-2 93320